SÉNÉGALAIS DE L'ÉTRANGER

Frontières linguistiques, Formations
raciales et Imaginaires diasporiques.

Maya Angela Smith

Traduit par Raphaëlle Etoundi

TBR Books
New York - Paris

TBR Books est un programme du Centre pour l'Avancement des Langues, de l'Éducation et des Communautés. Nous publions des chercheurs et des praticiens qui cherchent à engager diverses communautés sur des sujets liés à l'éducation, aux langues, à l'histoire culturelle et aux initiatives sociales.

CALEC - TBR Books
750 Lexington Avenue, 9th floor, New York, NY 10022 USA
198 Avenue de France, 75013 Paris FRANCE
calec.org | contact@calec.org
tbr-books.org | contact@tbr-books.org

Photographie : Carles Martinez
Design de couverture : Nathalie Charles - Mise en page : Emma Rodriguez
ISBN 978-1-63607-104-6 (rigide)
ISBN 978-1-63607-105-3 (brochée)
ISBN 978-1-63607-106-0 (livre électronique)

Titre original : Senegal Abroad, Linguistic borders, Racial formations & Diasporic Imaginaries (The University of Wisconsin Press, 2019)

N° de contrôle de la bibliothèque du Congrès (pour la version originale) : 2018014266

Remerciements

Au cours de ces années de travail et d'amour, de nombreuses personnes m'ont apporté un soutien émotionnel et intellectuel indéfectible. Je tiens avant tout à remercier mon partenaire, Rohit, mes parents, Emily et Elton, et mon frère, Jonathan, qui ont toujours été là pour moi et m'ont souvent permis de reprendre mon souffle.

Je tiens également à remercier les nombreuses personnes qui ont lu les différentes versions de mon manuscrit et m'ont apporté leur éclairage et retours réfléchis et détaillés : Louisa Mackenzie, Danny Hoffman, Rick Kern, Rich Watts, Livi Yoshioka-Maxwell, Jonathon Repinecz, Stan Thangaraj, Lynn Thomas, Laada Bilaniuk, Dorothy Kim, Jesse Shipley, María Elena García, Tony Lucero, et les lecteurs anonymes contactés par le biais des presses universitaires University of Wisconsin Press.

Beaucoup d'autres m'ont apporté leur soutien de différentes manières, notamment en me conseillant, en m'offrant la possibilité de discuter de mon projet dans le cadre de conférences et de séances de brainstorming, en m'apportant une relecture pour la transcription et la traduction en langue étrangère, en m'indiquant où obtenir un soutien financier, et en rédigeant des lettres de recommandation pour l'obtention de bourses : Trica Keaton, Sarah Zimmerman, Paap Alsaan Sow, Keyti, Xuman, Binta Faye Gaye, Daniele Santoni, Beatrice Arduini, Denyse Delcourt, Nadine Amarelo, Lise Lalonde, Sabrina Tatta, Geoff Turnovsky, Mairi McLaughlin, Claire Kramsch, Stephanie Maher, Ralina Joseph, Manka Varghese, Frieda Ekotto, Martin Repinecz, Clorinda Donato, Jeannette Acevedo Rivera, Deborah Thomas, Frédéric Viguier, Kathy Woodward, Brian Reed, Bob Stacey et les femmes de WIRED de l'Université de Washington.

Je suis également reconnaissante pour le soutien financier et le congé de recherche qui m'ont permis de mener à bien ce projet : la bourse Woodrow Wilson Career Enhancement Fellowship, le fonds Research Royalty de l'Université de Washington ainsi que la dotation de de la Society of Scholars de l'Université de Washington.

Je serais négligente si je ne remerciais pas mon éditeur, Dennis Lloyd, dont l'enthousiasme et le soutien tout au long de mon projet interdisciplinaire ont été un véritable réconfort. Dennis a été un grand interlocuteur et a démystifié le processus de publication. Lui, ainsi que le personnel de l'University of Wisconsin Press, ont rendu cette expérience incroyable.

Je voudrais remercier toute l'équipe de CALEC - TBR Books pour le soin apporté à l'élaboration de cette traduction. Tout d'abord, mes remerciements à Raphaëlle Etoundi pour sa traduction précise et réfléchie. Les concepts de ce livre n'étaient pas faciles à traduire en français ; elle a su relever le défi d'une entreprise colossale et la faire briller comme sa propre itération.

Je voudrais également remercier Carles Martinez, Nathalie Charles, Emma Rodriguez, et les autres volontaires de CALEC pour le travail de conception, de couverture, de relecture, de mise en page et de production. Enfin, je voudrais exprimer ma plus sincère gratitude à Fabrice Jaumont qui a compris dès le début mon désir de célébrer un monde multilingue. Cette traduction n'existerait pas sans lui, et j'ai hâte de travailler avec lui sur de nombreux projets à venir.

Enfin, mais surtout, je tiens à exprimer ma gratitude aux nombreuses personnes qui ont pris le temps de me confier leur histoire. Les Sénégalais de la diaspora interrogés dans ce livre ont répondu à mes questions et enquêtes avec introspection, réflexion et humour. Ils m'ont offert des points de vue captivants et stimulants que ce soit sur le plan intellectuel ou émotionnel. Ce livre n'existerait pas sans eux.

Table des Matières

Introduction

Comprendre la formation de l'identité sénégalaise mondiale à travers la langue et le mouvement

À l'hiver 2009, j'étais assise sur un banc dans un parc de Rome et je discutais avec deux migrants sénégalais. Ndiaga, né dans une petite ville du nord-est du Sénégal mais élevé à Dakar, vivait à Rome depuis huit ans. À ce stade de mon travail de terrain en Italie, je l'avais rencontré régulièrement et il semblait apprécier nos conversations sur sa vie à Rome, ses expériences en tant que migrant et sa relation avec les langues qu'il parlait. Ce jour-là, il m'a présenté son ami, un homme qui se décrivait lui-même comme studieux et que l'on surnommait le Professore.[1] Né dans la région du Fouta au Sénégal mais élevé à Saint-Louis, Professore avait passé les cinq dernières années à Rome. Ayant accepté la demande de Ndiaga de se joindre à nous pour l'après-midi, Professore a laissé Ndiaga parler la plupart du temps, tout en répondant occasionnellement à mes questions avec une suspicion à peine voilée. Cependant, au milieu de la conversation, Professore s'est un peu rapproché de moi et a commencé à participer plus activement.

La conversation se déroule à la fois en français, la langue officielle du Sénégal, et en italien, la langue officielle du pays dans lequel nous résidons tous actuellement. Même si Professore devenait de plus en plus bavard au fur et à mesure que le temps passait, ce que je devais à la camaraderie naturelle entre Ndiaga et moi, lorsque je l'interrogeais sur ses expériences de vie en Italie, il semblait ne pas arriver à répondre. Ndiaga a répondu pour lui en français en me demandant si j'avais vu *La couleur pourpre*, un film adapté du roman éponyme d'Alice Walker, qui décrit les luttes des femmes afro-américaines aux États-Unis. Il a ensuite présenté sa version de la déclaration provocante du personnage principal, Celie : « Je suis *nero*, je suis *brutto*, *ma* je suis *vivo* ! » (Je suis *noire*, je suis *laide*, *mais* je suis *vivante* !).[2] Ndiaga a habilement orienté la conversation vers ses expériences en Italie autour du thème de la race en reprenant ce personnage marginalisé à travers plusieurs langages. En utilisant l'expérience d'une femme noire maltraitée comme moyen de parler de ses expériences vécues, Ndiaga s'est appuyé sur le genre et l'origine ethno-raciale de ce personnage pour amplifier la propre marginalisation à laquelle lui et Professore ont pu être confrontés en Italie.

En plus de la signification de ces mots, le passage du français à l'italien pour le mot *nero* attire l'attention sur sa position racialisée dans la société italienne et sur l'exclusion qu'elle entraîne. Paradoxalement, en utilisant des adjectifs descriptifs en italien, il a également indiqué qu'il se considérait partiellement italien, et la force avec laquelle il a appuyé sur le mot *vivo* a suggéré un ton marqué d'une certaine défiance. Il ne commentait pas seulement le contexte racial en Italie, mais il en faisait aussi un lieu de négociation.

Outre l'utilisation créative du langage, Ndiaga et Professore ont également montré comment la production culturelle dans une partie du monde pouvait être utilisée pour articuler les relations à la négritude (*blackness*) et à l'appartenance dans une autre partie de la diaspora noire. Il est intéressant de noter que *La couleur pourpre* relie et juxtapose des expériences aux États-Unis et en Afrique, car plus tard dans notre conversation, Professore a constaté sa racialisation en Italie en remarquant qu'en Afrique il n'avait jamais été décrit comme « noir » mais qu'il avait pris conscience de sa couleur de peau une fois arrivé en Italie.[3] Alors que Ndiaga et Professore commençaient à partager leurs difficultés en tant qu'hommes noirs à Rome, Professore a fait remarquer que parce que j'étais moi-même noire, je pouvais comprendre ce qu'ils disaient. La production culturelle des États-Unis lui permettait non seulement de donner un sens à son environnement actuel, mais aussi de créer un lien avec moi. Professore s'appuyait sur mon identité d'Afro-Américaine pour coconstruire un récit de l'exclusion des Noirs dans les espaces blancs.[4] Dans les chapitres qui suivent, j'analyse de nombreuses histoires de ce type partagées par mes interlocuteurs, des Sénégalais d'Europe et des États-Unis, afin de comprendre comment les langues fonctionnent comme des objets de production identitaire.

La migration sénégalaise a suscité l'intérêt de chercheurs issus de diverses disciplines. La plupart des recherches anthropologiques approfondies du monde entier s'appuient sur une optique économique pour mettre en lumière l'intégration sociétale, l'appartenance transnationale et la différenciation raciale/religieuse.[5] En outre, une critique littéraire solide sur la production culturelle littéraire a étudié la représentation des expériences des immigrants sénégalais à l'étranger, en particulier en France.[6] Ce qui manque, c'est le traitement privilégié de la langue, ce que propose ce livre.

D'une part, ma recherche qualitative sur la diaspora sénégalaise choisit un cadre sociolinguistique sous-utilisé au lieu de mettre l'accent sur l'axe économique plus populaire que l'on trouve dans ces textes anthropologiques, afin de se concentrer sur la formation de l'identité dans ces lieux. D'autre part, à l'instar des études littéraires et culturelles, mon approche sociolinguistique et ethnographique aborde les questions de formation de l'identité, mais les fonde sur des expériences linguistiques concrètes. En d'autres termes, à travers un examen critique des langues et des pratiques multilingues, *Sénégalais de l'étranger* montre combien la langue est essentielle pour comprendre la formation des identités nationales, transnationales, postcoloniales, raciales et migratoires chez les Sénégalais de Paris, Rome et New York. Ce livre traite des attitudes linguistiques, de la façon dont elles influencent les interactions locales et globales des gens avec le monde, de la façon dont elles changent à travers l'expérience de la migration, et de la façon dont elles affectent à leur tour l'utilisation de la langue par les migrants. Les Sénégalais sont un cas exemplaire, tant par leur capacité de mouvement que par leur relation complexe à la langue.

L'approche multi-située que j'utilise souligne clairement à quel point la langue et l'identité sont mobiles. De nombreux migrants sénégalais vivent et travaillent dans plusieurs villes aux langues différentes au cours de leur vie. De plus, leurs expériences mettent en évidence le fait que les identités non seulement nationales mais aussi raciales s'expriment à travers le langage.[7] Alors que la catégorie « Sénégalais » ne désigne pas nécessairement la noirceur de la peau, les expériences des Sénégalais vivant comme phénotypes noirs dans des milieux majoritairement blancs mettent la question de la race au premier plan.[8] En demandant aux personnes que j'ai interrogées ce que c'est que d'être simultanément un immigrant noir, un sujet postcolonial, un apprenant et un utilisateur de la langue, je démontre de quelle manière la langue se place au centre de nombreux autres phénomènes généralement débattus en relation avec les migrants et l'immigration.

Mon travail de terrain s'est concentré sur les migrants sénégalais et les personnes d'origine sénégalaise, âgés de dix-sept à cinquante-huit ans, à Paris, Rome et New York. Dans chacune de ces villes, j'ai mené des entretiens et des observations participantes avec vingt-cinq à trente participants sur une période de trois mois.[9] Le fait d'échanger avec des personnes issues de milieux éducatifs et linguistiques différents (dont le séjour dans les trois pays d'accueil a varié de quelques mois à des années, voire à des vies entières a soulevé de nombreuses questions relatives à la complexité de la formation de l'identité chez les migrants et leurs descendants : Quel rapport les communautés sénégalaises hors du Sénégal entretiennent-elles avec les langues qu'elles parlent ? Comment les migrants naviguent-ils entre les choix linguistiques et les idéologies dans des contextes sociétaux spécifiques, dont beaucoup excluent spécifiquement la possibilité d'appartenance des Noirs à la société, surtout lorsqu'ils parlent une langue qui les éloigne d'autant plus de la norme ? Comment les Sénégalais de la diaspora abordent-ils l'intégration dans chaque contexte et participent-ils aux discussions transnationales sur l'appartenance dans un postcolonial et racialisé ? Comment comprennent-ils leur identité multilingue et comment revendiquent-ils le pouvoir et le capital symbolique que ces langues leur offrent ? Ce n'est pas seulement ce que mes informateurs déclarent qui traduit une certaine compréhension de soi et de l'environnement. C'est aussi la manière dont ils parlent : leurs manières particulières de passer d'une langue à l'autre et de structurer leur discours, qui façonne leur identité.

MULTILINGUISME ET MOBILITÉ
D'UN POINT DE VUE SÉNÉGALAIS
Naviguer entre les langues

C'est à l'université que j'ai commencé à m'intéresser aux relations entre la langue, l'identité et le contexte. Pendant mes études à l'étranger, à Paris et à Dakar, j'ai fait l'expérience de la nature sociale de l'apprentissage d'une langue et de la manière dont cette pratique sociale varie en fonction du contexte. Pour moi, apprendre le français à Paris a été une expérience plus difficile que d'apprendre le français à Dakar. Beaucoup de Parisiens semblaient avoir peu de patience avec les apprenants en langues, et j'étais souvent embarrassée par mes compétences en français : je craignais de faire des erreurs. En revanche, en apprenant le français à Dakar, j'ai ressenti moins de pression pour parler parfaitement le français, en partie parce que j'étudiais simultanément le wolof, la langue nationale la plus parlée au Sénégal. Le Sénégal, cependant, représentait une énigme pour moi. Bien que je n'aie pas ressenti la même imposition du français standard que lors de mes études en France, il y avait toujours une déférence pour la langue française qui me surprenait. Les personnes que j'ai rencontrées à Dakar insistaient sur le fait que les Sénégalais parlaient le meilleur français d'Afrique et même mieux que beaucoup de Français. Je ne m'attendais pas à ce qu'un pays africain soit aussi fier d'une langue européenne coloniale, tout en défendant avec enthousiasme les différentes langues nationales sénégalaises.

La relation historique entre le Sénégal et la France éclaire les attitudes actuelles envers la langue française, le multilinguisme et les schémas migratoires. Les Français sont arrivés en Afrique occidentale au début du XVIIe siècle et ont établi des comptoirs commerciaux le long de la côte sénégalaise. Au XIXe siècle, les Quatre Communes, qui étaient les villes coloniales de Saint-Louis, Dakar, Gorée et Rufisque dans l'actuel Sénégal, constituaient le siège du gouvernement colonial français. En 1848, les personnes nées dans ces quatre villes ont techniquement acquis les droits de la pleine citoyenneté française même si dans les faits très peu ont pu exercer les dits droits.[10] Quoi qu'il en soit, la France avait plus de contacts directs avec le Sénégal qu'avec toute autre colonie de la région, et sur le plan administratif, certains citoyens des Quatre Communes recevaient une éducation française afin d'aider à gouverner d'autres parties de l'Empire français d'Afrique de l'Ouest.[11]

Durant la formation de l'État sénégalais, la langue française a occupé le devant de la scène. Comme le note Fiona McLaughlin, Léopold Senghor, premier président du pays, « exhorta son peuple à parler français "comme (des) bourgeois de Paris" et fut par la suite (sinon par conséquent) élu membre de l'Académie française. »[12] Abdou Diouf, qui a succédé à Senghor à la présidence, a continué à vanter les mérites de la langue française en tant que secrétaire général de l'Organisation internationale de la francophonie (OIF) pendant plus d'une décennie après la fin de son mandat. Pour de nombreux Sénégalais, le français est un moyen d'interagir avec la France et les autres pays francophones. Le commerce et l'éducation continuent de lier le Sénégal et les autres anciennes colonies françaises à la France.[13] En outre, le fait de parler une langue occidentale offre une certaine forme d'intelligibilité nationale à l'échelle mondiale et un moyen de naviguer sur la scène internationale.

Étudiant à l'Université Cheikh Anta Diop (UCAD) à Dakar, j'ai été immergée dans le français et je me suis émerveillée de l'amélioration de mes compétences en langue française. Cependant, cette image du Sénégal en tant que premier espace francophone était constamment remise en question par mes interactions quotidiennes avec les autres dans divers domaines. Ce que j'ai appris en classe de wolof était vital pour me débrouiller. Lorsque je prenais les car rapides, la version chaotique des transports en commun de Dakar, je n'entendais presque jamais parler français. De plus, je devais me fier à mes connaissances limitées en wolof si je voulais acheter de la nourriture de rue, comme l'appétissante fataya (pâte frite fourrée à la viande et recouverte de sauce piquante). Même ma famille d'accueil, très instruite, parlait la plupart du temps en wolof, et ne s'exprimait en français que lorsqu'elle voulait m'inclure dans la conversation. Les deux femmes de chambre, habitantes d'un village voisin, ne parlaient pas du tout français et communiquaient entre elles dans l'une des quelques vingt-cinq langues indigènes du Sénégal et avec ma famille d'accueil en wolof.[14] En réalité, à peine 10 % de la population sénégalaise parle couramment le français, et 21 % de la population a une maîtrise partielle de la langue. Dans le même temps, plus de 80 % de la population parle le wolof.[15] La situation diglossique du Sénégal, où le français est la langue « haute » des élites et le wolof la langue « basse » des masses, illustre l'importance historique et contemporaine de ces langues, les attitudes sociétales à leurs égards et les dynamiques de pouvoir complexes qui sont en jeu.[16]

Alors que le statut spécial du Sénégal dans l'Empire français d'Afrique de l'Ouest nécessitait l'utilisation du français, c'est paradoxalement le wolof, en tant que lingua franca, qui s'est répandu le plus vigoureusement. Pendant la colonisation, les chefs wolofs ont coopéré avec les Français plus que les chefs des autres groupes ethniques, ce qui a conféré au wolof un statut spécial. Par la suite, la France a établi la colonie du Sénégal en territoire wolof. Les Quatre Communes, à leur tour, ont attiré des migrants de l'intérieur qui ont alors appris le wolof parce qu'il s'agissait d'une langue commerciale importante. Depuis l'indépendance, la migration vers ces centres wolofophones n'a fait qu'augmenter, faisant davantage pencher la balance en faveur d'une nation wolofophone.[17] En outre, le déclin économique du Sénégal à partir des années 1980 a entraîné une diminution des embauches au sein de l'administration, ce qui n'incite guère les gens à cultiver leur français et ouvre la voie à une utilisation accrue du wolof et des autres langues locales dans les domaines de la vie courante.

D'un point de vue sociopolitique, il existe depuis longtemps une tendance à légitimer les langues africaines traditionnelles plutôt que de capituler devant l'imposition mondiale des langues européennes. Pour beaucoup de Sénégalais, le soutien à une langue comme le wolof est primordial pour respecter l'intégrité nationale. Pendant la période de décolonisation, des universitaires tels que Cheikh Anta Diop ont commencé à promouvoir les langues africaines pour lutter contre la marginalisation des cultures et des sociétés africaines. Suivant cette rhétorique, l'auteur et cinéaste sénégalais Ousmane Sembène a commencé à utiliser les langues africaines dans ses œuvres dans les années 1960. *Mandabi* (*Le mandat*) de Sembène a été tourné en wolof, devenant ainsi le premier long métrage dans une langue africaine.[18] Pendant ce temps, l'intense politique de la langue se jouait dans d'autres parties du continent africain. À partir des années 1970, l'auteur kenyan Ngũgĩ wa Thiong'o a publié des critiques littéraires sur l'importance de produire de la littérature dans les langues africaines, et a commencé à écrire des pièces de théâtre et des romans en kikuyu et en kiswahili.[19] Dans une déclaration au début de *Decolonizing the Mind*, il a déclaré qu'en plus de son écriture créative en kikuyu et en kiswahili, il n'écrirait plus de prose explicative en anglais. Cependant, ses publications subséquentes en prose ont été en anglais, soulignant la difficulté pour les langues africaines à s'imposer dans l'environnement linguistique du monde de l'édition. Plus récemment, dans *Something Torn & New*, il a théorisé les différences nuancées de la façon dont le linguicide (génocide linguistique) se produit à la fois sur le continent et dans la diaspora, situant ce phénomène sur la scène mondiale.[20] En d'autres termes, la production culturelle des écrivains, des cinéastes et des théoriciens, ainsi que l'utilisation des langues africaines par la population, tant en Afrique qu'à l'étranger, témoignent de la lutte permanente contre la colonisation linguistique européenne et des complications qui en découlent.

Cependant, dans le cas sénégalais, toute déclaration claire et nette concernant la langue et l'identité va au-delà des influences persistantes du colonialisme européen. La diversité linguistique et ethnique qui existait avant l'arrivée des Français entraîne des répercussions actuelles sur la politique linguistique. Bien que le wolof soit la langue la plus parlée, remplacer le français par le wolof comme langue officielle est compliqué car il existe d'autres groupes ethniques largement représentés. Les Peuls et les Toucouleurs, qui parlent le peul ou pular, représentent 24 % de la population sénégalaise, suivis par les Sérères (15 %). De nombreux locuteurs peul, en particulier, s'insurgent contre l'idée que le wolof puisse être considéré comme langue officielle sénégalaise car il considère le wolof comme une langue colonisatrice tout comme certains sénégalais perçoivent le français comme langue colonisatrice.[21]

La décision de défendre ou non le wolof comme langue officielle est rendue encore plus problématique par la question suivante :

quelle variété de wolof ? Selon Leigh Swigart, un nombre de groupes socio-économiques variés des grandes villes, de l'élite éduquée aux familles de la classe moyenne en passant par la population dans son ensemble, utilisent le « wolof urbain », qui est fortement influencé par le vocabulaire français, tandis que le « wolof profond » ou « wolof pur », la variété que l'on trouve encore dans les villages ruraux, est souvent perçu comme arriéré.[22] En même temps, l'usage excessif du français dans de trop nombreux contextes fait d'une personne une « victime trop consentante de la mission civilisatrice française ».[23] Par conséquent, l'appellation Wolof fait référence à un large spectre allant de l'absence d'influence française à une langue hybride franco-wolof très complexe, dans laquelle la quantité de français présente permet aux locuteurs de faire valoir certaines revendications identitaires.

La théorisation de la nature du wolof met également en évidence les difficultés à expliquer les phénomènes linguistiques dans les sociétés multilingues. Dans le cas du wolof urbain, au moins deux langues sont présentes dans la conversation, ce qui dénote l'existence de l'alternance codique. Cependant, il est essentiel de se demander si le wolof urbain est constitué de deux langues distinctes ou s'il a évolué vers une seule langue. Fiona McLaughlin soutient que le wolof de Dakar, la variété de wolof urbain parlée dans la capitale, est une langue hybride dont le wolof est la matrice du langage et le français est le langage intégré.[24] Elle démontre que de nombreuses personnes qui utilisent une variété de wolof fortement influencée par le français ne parlent pas réellement le français, ce qui démontre que dans ces cas-là, une seule langue est utilisée.

L'intention de mon livre, cependant, n'est pas de se concentrer sur la définition et la distinction entre les différents types de phénomènes multilingues, mais de montrer de quelle manière les individus s'engagent dans un acte d'équilibrage stratégique lorsqu'ils utilisent plusieurs langues et comment, en ce qui concerne la formation de l'identité, ces choix linguistiques constituent un moyen puissant de se situer dans un contexte donné. [25] Le Sénégal est marqué par la prévalence de l'alternance codique dans le sens le plus général du terme, où l'utilisation du wolof et du français, ainsi que d'autres langues locales (par exemple, le peul, le sérère) et mondiales (par exemple, l'anglais, l'arabe), est au cœur de la communication quotidienne et se manifeste de diverses manières.

En d'autres termes, la situation linguistique au Sénégal et la négociation de ces espaces linguistiques sont extrêmement complexes. Même s'ils nourrissent des ressentiments intenses à l'égard de certaines langues, la plupart des individus reconnaissent la valeur du multilinguisme.[26] Si le Sénégal est l'une des nombreuses nations multilingues confrontées à l'héritage du colonialisme et à ses implications sur les idéologies linguistiques actuelles,[27] c'est aussi un pays où les modèles de migration influencent profondément les attitudes et l'utilisation des langues. Comme le fait remarquer McLaughlin, peu de recherches se sont penchées sur « les effets de la migration sur le répertoire linguistique des Sénégalais, alors même que de nombreux migrants de retour au pays maîtrisent plusieurs langues européennes ».[28] En outre, Jan Blommaert appelle à ce que les études sur le multilinguisme analysent plus vigoureusement les effets de la mobilité sur les répertoires linguistiques.[29] En utilisant le Sénégal et sa diaspora comme étude de cas, ce livre présente les attitudes souvent contradictoires et paradoxales envers la langue dans l'imaginaire sénégalais et retrace la transformation de ces attitudes dans le contexte de la migration.

Transcender les frontières

Lors de mes échanges avec les habitants de Dakar, je me suis rendu compte que la plupart des gens avaient été à l'étranger, prévoyaient d'y aller ou avaient de la famille à l'étranger. Le Sénégal était déjà un espace mobile construit et géré à travers divers cadres diasporiques. Beaucoup d'étudiants de l'UCAD avaient passé du temps à étudier en France ou prévoyaient de le faire, et je supposais que cette mobilité était liée à la classe sociale. Cependant, je me suis vite rendu compte que des individus de toutes classes sociales avaient accès au monde au-delà des frontières sénégalaises. Par exemple, les vendeurs du Marché Sandaga, le plus grand marché de Dakar, lorsqu'ils se rendaient compte que j'étais américaine, me parlaient de leurs expériences de vie à New York et du nombre de membres de leur famille qui y étaient encore. Ils montraient fièrement l'anglais qu'ils avaient appris. D'autres, en entendant parler de mes voyages en Espagne et en Italie, me parlaient de leur séjour dans ces pays, et nous comparions nos expériences. Il ne s'agissait pas d'incidents isolés. Chacun avait une histoire à raconter de son expérience à l'étranger.[30] Ces conversations informelles que j'ai eues avec des Sénégalais sont donc devenues le point de départ d'une enquête plus formelle sur la langue et la migration dans la diaspora sénégalaise.

Selon bon nombre des personnes que j'ai interviewées, personne n'accorde plus de valeur à l'apprentissage des langues et à la liberté de mouvement que les Sénégalais. Bien que je m'interroge plus en détail sur cette affirmation dans les chapitres qui suivent, les Sénégalais ont en effet une solide histoire de migration à l'intérieur et à l'extérieur du Sénégal. Outre l'exode rural continu vers la capitale et l'importance du Sénégal en tant que pays d'accueil pour les migrations intrarégionales en Afrique de l'Ouest, il y a eu un flux constant d'immigration vers la France depuis la période coloniale. De nombreux Sénégalais sont arrivés en France métropolitaine en tant que « tirailleurs sénégalais » : membres des régiments coloniaux français d'Afrique de l'Ouest qui ont combattu pour l'armée française lors de diverses guerres, notamment la Première et la Deuxième Guerre mondiale. En 1960, alors que les pays d'Afrique de l'Ouest commençaient à obtenir leur indépendance, la nouvelle politique française a permis aux citoyens du Sénégal, du Mali et de la Mauritanie d'entrer librement en France. L'essor économique de la France dans les années 1950 et 1960 a accru la demande de main-d'œuvre étrangère non qualifiée, attirant en particulier les migrants toucouleurs, peuls et soninkés de la partie nord du Sénégal. Cependant, le ralentissement économique dans les années 1970 et 1980 a conduit à des politiques migratoires de plus en plus restrictives et sélectives en France. La plupart des migrations à cette époque consistaient en des regroupements familiaux où les épouses et les enfants rejoignaient leurs maris déjà établis.[31]

Les statistiques les plus récentes estiment que plus de 90 000 Sénégalais résident en France métropolitaine, un chiffre qui ne reflète pas toute l'étendue de la communauté sénégalaise car il exclut les citoyens français d'origine sénégalaise qui s'identifient comme Sénégalais ou Français sénégalais. De nombreux Sénégalais sont particulièrement attirés par Paris, la plus grande ville de France et celle qui compte le plus grand nombre d'immigrants, parce qu'elle représente un lieu important dans l'imaginaire culturel sénégalais.[32] Pour de nombreux étudiants sénégalais à la recherche d'une éducation supérieure francophone, Paris est le summum des possibilités éducatives. Pour ceux qui s'intéressent au commerce et aux affaires, Paris offre des perspectives économiques émanant à la fois d'un centre francophone et européen. Pour ceux qui poursuivent une longue tradition de migration, Paris est au cœur de ce récit. Et pour ceux qui ont grandi dans diverses régions de France, Paris les attire comme elle attire de nombreux autres citoyens français. Dans un pays aussi centralisé que la France, Paris est un arrêt nécessaire pour beaucoup.

Alors que la France en général et Paris en particulier ont une longue histoire d'attraction des Sénégalais, les restrictions françaises sur la migration à la fin du XXe siècle, de concert avec des politiques plus libérales en Italie et aux États-Unis, ont réorienté les flux migratoires. En plus d'un changement de destination, la démographie des migrants s'est également modifiée. La majorité des personnes se rendant dans des endroits tels que l'Italie et les États-Unis dans les années 1980 et 1990 étaient principalement des hommes wolofs originaires des régions du nord-ouest du Sénégal. Ils bénéficiaient de l'aide d'un réseau migratoire très complexe organisé par la confrérie mouride, une secte soufie de l'Islam, qui contrôlait également la grande majorité du commerce au Marché Sandaga. La confrérie mouride accueillait les nouveaux arrivants en Italie et aux États-Unis en leur offrant une formation de vendeurs et un accès à leurs vastes réseaux commerciaux.[33] La mobilité est essentielle pour comprendre cette vague de migration. Comme l'affirme Bruno Riccio, « l'engagement des Wolofs en faveur de la mobilité des hommes [...] semble être démontré par le fait que, lorsque l'installation et le regroupement familial semblaient être le seul modèle disponible en France au milieu des années 1970, ils ont choisi de s'installer en Italie ou aux États-Unis ».[34]

Les données les plus récentes montrent que plus de 100 000 sénégalais vivent actuellement en Italie ; un nombre qui ne comprend pas les immigrés sans papiers. En termes de chiffres, l'Italie est, à égalité avec la France, l'une des destinations les plus populaires pour les migrants sénégalais.[35] Bien que Rome n'ait pas l'attrait historique ou linguistique de Paris pour les Sénégalais et qu'elle n'affiche pas non plus le nombre d'habitants de certaines villes du nord de l'Italie, elle attire les Sénégalais d'une manière surprenante.[36] Un groupe de musiciens et de danseurs que j'ai suivi a trouvé Rome accueillante envers leur métier. Cela était particulièrement évident dans les cours de danse africaine que j'ai suivi, auxquels assistaient des Italiennes enthousiastes. Rome est devenue un point de chute pour ceux qui arrivent avec un visa d'artiste et qui partent ensuite en tournée dans toute l'Italie. Rome s'avère également utile pour le commerce avec un réseau très étendu de commerçants wolofs qui s'installent quotidiennement autour de la gare centrale et des attractions touristiques. De bouche à oreille, Rome a été présentée comme une ville animée, mais sans les problèmes logistiques de Paris : moins de contrôles de passeports, un temps plus chaud, des gens plus décontractés.

Entre-temps, selon le *American Community Survey 1-Year Estimates* de 2015 du Bureau du recensement américain, il y a environ 20 000 Sénégalais aux États-Unis.[37] La communauté sénégalaise aux États-Unis est concentrée à New York, la ville d'immigration par excellence des États-Unis, connue pour ses nombreuses enclaves d'immigrants spécifiques qui synthétisent l'esprit des pays d'origine des migrants.[38] New York représente une sorte de Mecque pour les diasporas africaines qui s'intéressent à la culture américaine et afro-américaine, à l'anglais mondial, aux opportunités économiques et aux réseaux de parenté. Les personnes interrogées dans les trois lieux d'étude considèrent le Little Senegal de Harlem comme un petit morceau du Sénégal, et les réseaux commerciaux bien établis fournissent aux gens tout ce qu'ils peuvent imaginer du pays d'origine, minimisant ainsi l'océan qui sépare les deux pays.

Il est important de noter que l'étude des différentes relations que les Sénégalais entretiennent dans divers lieux mondiaux nuance la théorisation postcoloniale qui suppose souvent certaines notions temporelles et géographiques. Remettant en question la logique linéaire qui réduit le postcolonialisme à une simple période postérieure au colonialisme, Anne McClintock affirme que « la rupture historique suggérée par la préposition *post* dément à la fois les continuités et les discontinuités du pouvoir qui ont façonné l'héritage des empires coloniaux européens et britanniques officiels ». De plus, afin de mettre en lumière ce qu'elle appelle « une multiplicité de pouvoirs et d'histoires », McClintock plaide pour « une prolifération de théories et de stratégies historiquement nuancées [...] afin de s'engager plus efficacement dans la politique de l'affiliation et les dispenses actuellement calamiteuses du pouvoir. »[39] En examinant les communautés sénégalaises de Paris, Rome et New York, je montre qu'une façon de penser la postcolonialité n'est pas seulement d'analyser l'héritage du colonialisme qui émerge de la relation entre un ancien colonisateur et une ancienne colonie, mais aussi de reconnaître la capacité des migrants à voyager au-delà des voies migratoires façonnées par l'empire. L'Italie et les États-Unis auraient certainement été des options très improbables pour les Sénégalais avant 1960. D'une certaine manière, ce projet reconnaît que l'attraction de l'ancienne métropole coloniale, c'est-à-dire la France métropolitaine, est faible. En même temps, il montre à quel point la France et la langue française restent importantes dans l'imaginaire sénégalais. En exprimant la complexité de la relation entre les migrants transnationaux sénégalais et ces divers espaces mondiaux, j'ai pu constater que la France et la langue française sont toujours très présentes dans l'imaginaire sénégalais. Je soutiens qu'ils acceptent et rejettent simultanément les revendications d'appartenance à la France et à la francophonie. De plus, ils nouent des liens complexes avec des destinations plus récentes comme l'Italie et les États-Unis, tout en maintenant des liens avec le Sénégal et une diaspora sénégalaise en constante expansion. Par conséquent, les modèles et les expériences qui émergent de la migration et de la diaspora sénégalaises sont des exemples éloquents du type de phénomènes décrits par McClintock. En considérant les expériences vécues par les Sénégalais dans diverses destinations mondiales et les différentes manières dont ils interagissent avec les héritages du colonialisme, cette recherche offre un aperçu des articulations actuelles du postcolonialisme.

En outre, les entretiens que j'ai menés avec des Sénégalais dans ces trois sites indiquent des passages de frontières simultanés de toutes sortes. Ils n'ont jamais parlé uniquement de la relation entre le pays d'accueil et le Sénégal. Ils ont décrit des vecteurs multiples ; une constellation de différents lieux géographiques à travers le monde et les divers chemins utilisés pour les atteindre. Beaucoup des personnes que j'ai interrogées à New York, par exemple, avaient passé du temps au Sénégal, mais aussi en France, en Italie, en Espagne et dans d'autres pays européens. Il en va de même pour les personnes que j'ai interrogées à Paris et à Rome, qui ont pu profiter de la relative porosité des frontières au sein de l'Union européenne. Dans une recherche sur la migration sénégalaise entre la France, l'Italie et l'Espagne, Sorana Toma et Eleonora Castagnone notent que de nombreux migrants atteignent une destination et décident ensuite de s'en aller vers une autre, dans ce qu'elles appellent la « mobilité vers l'avant (onward mobility) ».[40]

Plutôt que de parler de « migrants » ou d'« immigrants », le terme « transmigrants » serait peut-être plus approprié pour désigner ces personnes qui ne semblent pas spécialement attachées à la vie dans un pays d'accueil en particulier ou au Sénégal. Nina Glick Schiller définit les transmigrants comme « les personnes qui, ayant migré d'un État-nation à un autre, vivent leur vie au-delà des frontières, participant simultanément à des relations sociales qui les inscrivent dans plus d'un État-nation ».[41] Cependant, ce dépassement des frontières se heurte souvent aux attentes que les pays d'accueil placent dans les migrants, notamment en matière d'intégration. Par le biais des discours, les pays d'accueil véhiculent certaines conditions linguistiques, raciales, religieuses et civiques qui ne correspondent pas toujours à la vision que les Sénégalais de mon étude ont d'eux-mêmes ou à la manière dont ils souhaitent s'engager dans ces environnements.

En outre, de nombreux Sénégalais que j'ai interrogés ne se considéraient tout simplement pas comme liés à un pays d'accueil, quelle que soit la durée de leur séjour. Qu'il s'agisse du franchissement physique des frontières nationales ou de l'envoi de fonds au Sénégal, les Sénégalais se positionnent autant à l'intérieur des frontières qu'au-delà de ces dernières.[42] Je soutiens tout au long de ce livre que ces multiples couches de négociations, revendications et refus de l'identité nationale se font autant par le biais de codes linguistiques que par celui étudié par les études anthropologiques classiques.

LIER LES IDÉOLOGIES LINGUISTIQUES ET LA FORMATION RACIALE DANS LES ESPACES NATIONAUX ET TRANSNATIONAUX

En tant que sociolinguiste, ethnographe et spécialiste de la diaspora africaine au sein d'un département d'études françaises, j'adopte une approche qui reflète mes différents antécédents disciplinaires et mon désir de les faire dialoguer. Si les études françaises analysent la littérature, le cinéma, la musique et d'autres types de production culturelle pour mieux comprendre l'expérience humaine et la manière dont les différentes cultures se présentent et se représentent, ces études sont souvent largement biaisées. Par exemple, les auteurs, cinéastes et musiciens qui transmettent ces expériences humaines ont accès aux institutions qui leur permettent de partager ces idées et ces expériences. En retour, la production culturelle suit souvent des conventions établies. Les entretiens que j'ai réalisés avec des personnes traversent davantage les clivages de classe et de société et représentent un éventail d'expériences beaucoup plus large et varié.[43]

Les spécialistes de la littérature et de la culture peuvent également s'intéresser à la langue des textes, mais cette exploration se limite souvent au texte, sans nécessairement se concentrer sur les implications de la langue dans des scénarios appliqués au monde réel. Très peu de linguistes sont hébergés dans les départements de langues, et s'ils le sont, une distinction nette est généralement faite entre la recherche linguistique et la recherche littéraire. Or, je soutiens qu'il devrait y avoir davantage d'interactions entre ces disciplines.

La pratique littéraire qui consiste à lire attentivement les textes des entretiens ethnographiques permet de révéler quelque chose de nouveau sur la condition humaine. En même temps, un cadre ethnographique et sociolinguistique rend plus saillantes les expériences souvent véhiculées par la production culturelle. En d'autres termes, la juxtaposition de la production culturelle et des expériences linguistiques vécues permet d'articuler la formation de l'identité de manière novatrice.

L'orientation multilingue de ma recherche s'écarte du parti pris monolingue inhérent aux études françaises et francophones. Comme l'explique Christopher Miller, « l'étude de la littérature africaine noire en français exige une approche sensible...aux effets d'homogénéisation de la langue française ».[44] La plupart des écrivains sénégalais et des écrivains d'origine sénégalaise publient en français, ce qui leur permet d'accéder à un public plus large et plus mondial, mais qui les prive également du multilinguisme qui est au cœur des expériences sénégalaises. En plus de l'effet d'aplanissement que la publication en français a sur cette dynamique multilingue, lorsque les auteurs africains incluent l'arabe, le wolof ou d'autres langues africaines dans leurs œuvres en français, ils ajoutent souvent des notes de bas de page sur l'usage linguistique ou des notes ethnographiques pour expliquer les traditions culturelles, ce qui a pour effet d'altérer leur culture.[45] Même si les entretiens multilingues présentés dans ce livre sont suivis d'une traduction en français afin d'atteindre un public plus large et de permettre au lecteur de mieux comprendre les phénomènes en jeu, mon approche sociolinguistique et ethnographique restitue l'ensemble complexe des pratiques multilingues d'une manière qui cherche à éviter d'altérer ou d'exotiser les personnes interrogées. L'exploration du multilinguisme dans ma recherche est une composante clé plutôt qu'une réflexion après coup. Cette exploration, par conséquent, souligne les divers types de formation identitaire qui sont souvent au cœur des expériences des personnages de la littérature francophone, mais qui sont parfois rendus invisibles par une restitution exclusivement francophone.

Outre la mise en avant des identités multilingues dans le cadre des études en langue française, ma recherche répond à l'appel du numéro spécial du PMLA sur les racialisations comparées, coordonné par Shu-mei Shih. Shih affirme que les départements de sciences humaines, en particulier les départements français, qui ont tendance à reproduire l'idéologie républicaine omniprésente en France, sont souvent réticents à discuter et à analyser la race.[46] Les auteurs de ce numéro spécial s'attaquent à la pénurie de travaux de recherche en sciences humaines sur la race en faisant intervenir « le plus grand nombre possible de conversations provenant de différents lieux disciplinaires et en insistant pour que ces conversations ne soient pas une option mais une nécessité ». [47] La perspective sociolinguistique qui guide ma propre recherche ne développe pas seulement une dimension sous-développée des études de la langue française. Elle entretient également un dialogue direct avec les travaux sur la race et la migration des chercheurs des départements d'études ethniques et d'études africaines et leur apporte un éclairage précieux.

Nous commençons à voir apparaître des travaux qui font l'effort de dépasser ces clivages disciplinaires. Dans le cadre de l'étude de la langue française, Denis Provencher explore la manière dont les discours linguistiques du système républicain français accordent aux gays et aux lesbiennes l'égalité des droits tout en les réduisant au silence en les invisibilisant. [48] Son ouvrage *Queer Maghrebi French* poursuit cette incursion dans l'interdisciplinarité en examinant comment ceux qui s'identifient à la fois comme gays et musulmans se positionnent dans les débats sur l'immigration, l'intégration et la citoyenneté. Sa recherche ethnographique sur la façon dont la langue s'entrecroise avec les identités queer, nationales et postcoloniales contribue à éclairer la façon dont j'analyse la langue pour découvrir la relation entre les identités racisées et diverses autres identités dans *Sénégalais de l'étranger*.

Le volume édité par Suresh Canagarajah, intitulé *The Routledge Handbook of Migration & Language*, montre comment un autre domaine universitaire fournit un effort interdisciplinaire lorsqu'une variété de chercheurs en linguistique appliquée réfléchissent à la relation entre la langue et la migration dans leurs recherches. Canagarajah s'empresse de souligner que, bien qu'il s'agisse d'un effort d'un effort transdisciplinaire, les travaux de chercheurs d'autres domaines des sciences humaines et sociales n'apparaissent pas dans ce volume.[49] Je présente *Sénégalais de l'étranger* comme un moyen de pousser encore plus loin la convergence interdisciplinaire.

Les domaines de la sociolinguistique, des études culturelles, de la théorie critique de la race et des études sur la diaspora africaine ne sont pas à eux seuls totalement adaptés aux histoires qui doivent être racontées. Cependant, la combinaison de ces domaines et des méthodologies qui leur sont associées (par exemple, l'analyse textuelle, l'ethnographie) nous donne l'occasion de comprendre les perspectives des individus en matière de langue et d'identité. Ma recherche se situe donc à l'intersection de ces diverses tendances, et je soutiens que c'est grâce à cette perspective interdisciplinaire que je peux le mieux raconter les histoires des Sénégalais de mon étude.

Langue et identité nationale

Je centre mon travail sur la notion d'idéologies linguistiques : les ensembles de croyances que les locuteurs ont sur les langues, les personnes qui les parlent et les contextes dans lesquels elles sont parlées. Les recherches sur les idéologies linguistiques apportent un éclairage sur toute une série de questions allant de la façon dont les sociétés considèrent les langues standard et marginalisent les locuteurs de langues non standard telles que l'anglais vernaculaire afro-américain (AAVE) jusqu'aux attitudes que les individus développent à l'égard de certaines langues, comme nous l'avons précédemment observé à travers les recherches sur le Sénégal et le multilinguisme.[50] La comparaison de Paris, Rome et New York (et, par extension, de la France, de l'Italie et des États-Unis) me permet de mettre en évidence la manière dont les idéologies sociétales en matière de langue (différentes conceptions historiques et contemporaines de la langue et des identités linguistiques) influent non seulement sur les populations natives de ces pays, mais aussi sur l'intégration et les attitudes linguistiques des nouvelles populations arrivantes. La France a la réputation d'être une nation qui met l'accent sur une norme linguistique standardisée, à tel point que l'ouvrage fondateur d'Einar Haugen sur la standardisation, qui a démontré le lien entre l'identité nationale et une norme linguistique, s'est concentré sur le cas du français en France. Lors de l'établissement de la France moderne, la promulgation d'une langue française standardisée fut un moyen d'unifier un État-nation naissant. Au moment de la Révolution française, seule une petite partie de la population française parlait le français, tandis que la majorité du pays parlait des langues régionales ou des dialectes.[51] Par conséquent, les citoyens français étaient encouragés à parler le français en signe de loyauté envers la nation. Aujourd'hui, de nombreux Français considèrent leur langue comme un trésor national.[52] Cependant, ces attentes à l'égard de la langue française peuvent susciter de l'anxiété chez les apprenants en langue à l'intérieur et à l'extérieur de la salle de classe et entraîner des conséquences pour ceux qui demandent la citoyenneté.[53]

   L'Italie, quant à elle, est souvent décrite comme un pays où l'existence et l'utilisation d'une langue nationale standardisée ainsi que le concept de nation sont arrivés relativement tard en comparaison avec d'autres nations européennes.[54] Actuellement, les variétés d'italien régional sont toujours parlées à travers l'Italie à un degré bien plus élevé qu'en France. Le pays reste encore quelque peu fragmenté sur le plan linguistique, même si l'utilisation des dialectes régionaux semble décliner.[55] Cette diversité linguistique remet en question la notion d'une identité nationale italienne cohérente et allège le fardeau des apprenants en langues, qui peuvent se sentir lestés du poids de la parfaite maîtrise linguistique d'une langue standardisée. Cependant, elle peut également compliquer les progrès de l'apprentissage de la langue pour les étrangers qui souhaitent communiquer dans la langue préférée de la population locale et qui doivent donc apprendre une langue ou un dialecte local en plus de la langue officielle qu'est l'italien.[56]

   La situation aux États-Unis pose un autre type de problèmes en ce qui concerne les idéologies linguistiques. Contrairement à la France et à l'Italie, les États-Unis n'ont pas de langue officielle au niveau fédéral ; cependant, l'anglais est la langue officielle de plus de la moitié des États, et le mouvement en faveur de l'anglais officiel gagne du terrain depuis des décennies. [57] Les différentes vagues d'immigration et les réactions xénophobes qui en découlent ont contribué à la montée d'une conscience anglophone. Les questions relatives à la langue sont donc au cœur même de la formation de l'identité américaine. [58] Dans le même temps, en raison de son identité linguistique particulière, la ville de New York représente une anomalie non seulement à l'échelle des États-Unis mais aussi à l'échelle du monde entier. New York est souvent qualifiée de ville la plus diversifiée du monde sur le plan linguistique, avec environ 800 langues qui y sont parlées. [59] Selon le *American Community Survey 2012-2016 : Quick Facts New York City* du recensement annuel américain, 49 % des New-Yorkais parlent une autre langue que l'anglais à la maison. L'espagnol est la langue la plus couramment parlée, avec 25 % de la population générale qui la parle à la maison. Si l'isthme multilingue de la ville de New York signifie que les étrangers n'ont pas nécessairement besoin d'apprendre l'anglais pour survivre, ceux qui veulent apprendre l'anglais n'ont pas toujours la possibilité de s'en imprégner.

Les personnes participant à mon étude sont certainement influencées par les attitudes linguistiques prédominantes des lieux vers lesquels elles ont migré. Si les Sénégalais des diasporas ont déjà des opinions très arrêtées sur leurs langues avant de migrer, ces attitudes continuent d'évoluer au sein des endroits où ils vivent. Les discussions analysées dans ce livre montrent la manière dont ces contextes spécifiques contribuent à la formation de l'identité linguistique et à quel point cette dernière va au-delà de la langue pour influencer d'autres marqueurs identitaires tels que la formation d'une identité raciale.

La formation de l'identité raciale
à travers le prisme sociolinguistique

Alors que certaines études sur les migrations sénégalaises, comme *States of Grace* de Donald Carter, explorent l'identité raciale parmi d'autres formes de distinction sociale (religion, nationalité, statut de citoyen), *Sénégalais de l'étranger* donne la priorité à la formation de l'identité raciale.[60] Dans les entretiens que j'ai menés, je n'ai pas abordé le sujet de la race à moins que la personne interrogée ne le fasse d'abord de sa propre initiative dans le cadre d'une discussion sur l'identité linguistique. Cependant, comme je l'ai vite compris, l'expérience linguistique est essentielle à la formation de l'identité raciale.[61]

Afin de situer les expériences racialisées de mes informateurs, je m'appuie sur la théorisation de la formation raciale de Michael Omi et Howard Winant. Décrivant la formation raciale comme « le processus sociohistorique par lequel les identités raciales sont créées, vécues, transformées et détruites », ils introduisent le concept de projets raciaux historiquement situés pour expliquer comment la race est tissée dans toute société donnée depuis les structures sociales au niveau macro aux expériences personnelles au niveau micro. « Un projet racial est à la fois une interprétation, une représentation ou une explication des identités et des significations raciales, et un effort pour organiser et distribuer les ressources (économiques, politiques, culturelles) selon des critères raciaux particuliers. Les projets raciaux relient la signification de la race à une pratique discursive ou idéologique particulière et la manière dont les structures sociales et les expériences quotidiennes sont racialisées, en fonction de cette signification. Les projets raciaux sont des tentatives de façonner la manière dont les structures sociales sont signifiées de manière raciale et la manière dont les significations raciales sont intégrées dans les structures sociales ».[62] Alors qu'Omi et Winant mettent l'accent sur l'organisation et la distribution des sources économiques, politiques et culturelles, je démontre que les ressources linguistiques sont tout aussi essentielles à la compréhension de la race. Je révèle comment Paris, Rome et New York, en tant que contextes linguistiques, ont une incidence sur la formation raciale, tant au niveau sociétal que dans les expériences linguistiques quotidiennes de mes interlocuteurs.

Mon approche sociolinguistique pour comprendre la formation de l'identité raciale émerge de la recherche menée dans les domaines de l'anthropologie linguistique et de l'acquisition d'une langue seconde (ALS), qui étudie les divers liens entre formation de l'identité et langue. Les études démontrent que les interactions sociales que les individus entretiennent avec leurs locuteurs dans un contexte particulier sont en partie responsables de la façon dont ils apprennent une deuxième langue et des sentiments qu'ils éprouvent à l'égard de cette expérience. Par exemple, Bonny Norton met l'accent sur les relations de pouvoir, la propriété de la langue, l'investissement dans la langue cible et la capacité à revendiquer le droit à la parole pour expliquer les succès et les échecs des femmes migrantes apprenant l'anglais au Canada. Les travaux de Ben Rampton examinent les connaissances sociales des participants sur les groupes ethniques et leurs interrelations desquelles découlent des attitudes à l'égard du prestige, de la légitimité et des positions dans la société. [63] Dans le même ordre d'idées, les études sur la légitimité à parler une langue mettent en avant que la question de la légitimité s'étende bien au-delà du langage mais inclue également la nationalité, l'origine ethnique, la race, la religion et la couleur de peau.[64]

Parallèlement dans le domaine émergent de la raciolinguistique, Jonathan Rosa et Nelson affirment qu'une perspective raciolinguistique « cherche à comprendre l'interaction de la langue et de la race dans la production historique de la gouvernementalité de l'État-nation/colonial, et la manière dont les distinctions coloniales à l'intérieur et entre les frontières de l'État-nation continuent de façonner les formations linguistiques et raciales contemporaines ».[65] Je m'appuie sur leurs travaux basés aux États-Unis pour démontrer que les phénomènes qu'ils décrivent avec éloquence dans le contexte américain se manifestent également dans des contextes européens.

D'autres études mettent davantage en évidence le lien entre négritude et idéologies linguistiques. Par exemple, la recherche sociolinguistique d'Awad el Karim M. Ibrahim sur les jeunes francophones d'Afrique de l'Ouest au Canada met en évidence le pouvoir de l'imaginaire social, qu'il décrit comme « un espace discursif ou une représentation dans lequel [les jeunes noirs] sont déjà construits, imaginés et positionnés et sont donc traités par les discours hégémoniques et les groupes dominants respectivement comme des personnes noires ».[66] En bref, il met en évidence la façon dont la négritude est une construction sociale imposée à des personnes qui, autrement, ne se considéreraient peut-être pas comme noires.

La recherche d'Ibrahim montre la manière par laquelle cette nouvelle affiliation à la négritude influence les étudiants de son étude à faire des choix spécifiques concernant les langues qu'ils apprennent. Ils cultivent une identité noire en apprenant ce qu'Ibrahim appelle l'anglais stylisé noir (*Black Stylized English*, BSE), en imitant ce qu'ils entendent dans la musique rap et d'autres productions culturelles noires.[67]

L'aspect multisites de mon travail théorise davantage le lien entre la formation de l'identité raciale (en particulier noire et linguistique) en révélant la manière dont ces formations diffèrent pour les Sénégalais en fonction des contextes nationaux spécifiques. Je soutiens que la formation raciale des personnes étudiées ne peut être pleinement appréciée que dans le contexte racial de chacun des trois États-nations. Dans le cas de la France et de l'Italie, les conceptualisations de la race sont ancrées dans la période coloniale, bien qu'à des degrés différents. Non seulement il existe des différences évidentes dans les relations entre le colonisateur et le colonisé, mais les effets de la colonisation sur la construction de l'identité nationale du colonisateur diffèrent également entre la France et l'Italie. Les personnes que j'ai interrogées à Rome se sont opposées à l'altération raciale parce qu'elles trouvaient que cette altération les déshumanisait. À Paris, cette différenciation raciale était encore plus problématique car, en plus de la déshumanisation, elle les empêchait, de manière inattendue, d'accéder à la citoyenneté culturelle française ou de revendiquer la propriété de la langue française. Parallèlement, les discussions sur la race aux États-Unis s'axent autour de l'institution historique de l'esclavage et de ses séquelles, ainsi qu'autour de la recherche de compréhension de la diaspora africaine. Les informateurs de New York ont concentré leur attention sur les clivages dans la formation de l'identité noire et sur la tension entre Africains et Afro-Américains.

Il est intéressant d'examiner plus en détail les histoires spécifiques de la formation raciale dans chacun de ces trois contextes nationaux. Dans le cas de la France, Frantz Fanon a mis en lumière les implications historiques du colonialisme français d'un point de vue linguistique et culturel.

L'un des vestiges du colonialisme est le complexe d'infériorité internalisé qui est directement lié à l'imposition de la langue et de la culture françaises au détriment de la langue et de la culture locales. Dans le discours de Fanon, les concepts de langue et de culture se racialisent : « Le Noir Antillais sera d'autant plus blanc, c'est-à-dire se rapprochera d'autant plus du véritable homme, qu'il aura fait sienne la langue française... il y a dans la possession du langage une extraordinaire puissance.»[68] Fanon assimile la blanchité à l'acquisition de la langue du colonisateur. Ici, le degré de blanchité ne fait pas référence à la couleur de la peau mais à l'appropriation culturelle et linguistique et au processus de « civilisation ». Ces conceptions de race, de culture, de langue et de pouvoir, inscrites dans les pratiques coloniales, persistent longtemps après la fin de la colonisation et influencent la façon dont la France, ses citoyens et ses immigrés se perçoivent et perçoivent les autres aujourd'hui encore. Ces perceptions affectent à leur tour la manière dont ces groupes se construisent et s'intègrent dans une identité nationale.

Le discours politique dominant sur la relation entre la France et l'Afrique maintient ces hypothèses tenaces d'infériorité et de supériorité. Le discours de l'ancien président français Nicolas Sarkozy à l'UCAD de Dakar en 2007 a touché une corde sensible chez nombre des Sénégalais que j'ai interrogés. Après avoir souligné les aspects positifs du colonialisme, Sarkozy a fait valoir que l'Afrique n'était pas suffisamment entrée dans l'histoire : « Le problème de l'Afrique (permettez à un ami de l'Afrique de le dire), il est là. Le défi de l'Afrique, c'est d'entrer davantage dans l'Histoire, c'est de puiser en elle l'énergie, la force, l'envie, la volonté d'écouter et d'épouser sa propre histoire. Le problème de l'Afrique, c'est de cesser de toujours répéter, de toujours ressasser, de se libérer du mythe de l'éternel retour, c'est de prendre conscience que l'âge d'or qu'elle ne cesse de regretter ne reviendra pas pour la raison qu'il n'a jamais existé. »[69]

Avec condescendance, Sarkozy se positionne comme un ami de l'Afrique pour suggérer qu'il a le droit de la critiquer. La majuscule du mot histoire que l'on retrouve dans la version publiée sur un site officiel du gouvernement implique que l'histoire dont il parle est l'histoire principale, son histoire, l'histoire du premier monde, une histoire dans laquelle l'Afrique n'est pas entrée.[70] Achille Mbembe, dans sa lettre ouverte, a reproché au discours de perpétuer les mêmes attitudes racistes que celles du XIXe siècle, arguant que la mentalité postcoloniale de la France n'est pas différente de sa mentalité coloniale.[71] Tout comme Mbembe, les personnes que j'ai interrogées se sont opposées à ce qu'elles considèrent comme la perpétuation des discours racialistes. En effet, nombre d'entre eux se sont directement opposés au discours de M. Sarkozy. Ce livre permet d'offrir une voix aux préoccupations, objections et contre-arguments de mes interlocuteurs.

Ce « forum » est particulièrement important car ceux qui comprennent les connotations raciales de ces discours ont souvent du mal à avoir des discussions franches sur la race et ses effets en France car le sujet de la race est souvent considéré comme tabou.[72] Le modèle républicain, qui a été noblement construit pour assurer l'égalité pour tous, rend difficile l'étude du concept de race et de la façon dont il affecte les individus. Paradoxalement, alors que les Noirs en tant que groupe social distinct n'existent pas dans les statistiques gouvernementales, de nombreux répondants ont noté la visibilité de leur corps noir et l'impact de cette visibilité sur tout : du logement et de la recherche d'emploi à la revendication de leur légitimité en tant que citoyens.[73] Le débat sur la conceptualisation de la race, et en particulier la conceptualisation de la négritude, se joue au niveau du discours français par l'évitement du minuscule mot monosyllabique noir.[74] C'est comme si le fait de prétendre que la race et la négritude n'existent pas signifiait que les problèmes systémiques qui émergent d'une hiérarchie racialisée cesseraient également d'exister. Cependant, comme le montrent les expériences relatées dans ce livre, refuser de reconnaître les groupes raciaux ne signifie pas que les membres de ces groupes n'ont pas d'identité racialisée.[75]

Au cours de la dernière décennie, certains universitaires et commentateurs culturels ont commencé à problématiser le modèle de cécité aux couleurs et à donner la priorité à la race, et à la négritude en particulier, dans les discussions sur l'identité nationale française.[76] En outre, l'émergence de la littérature sur la migration dans les études francophones sur l'Afrique subsaharienne nous a permis de mieux comprendre la manière dont les écrivains africains francophones, tant en Afrique qu'en France, font avancer la conversation sur la race, la migration et l'appartenance par le biais de la production littéraire.[77] En abordant la race et l'identité nationale à travers une lentille ethnographique et sociolinguistique, mon travail, qui se concentre sur les attitudes et l'utilisation de la langue, offre une perspective complémentaire sur ces phénomènes. Les expériences analysées dans ce livre soulignent que la compétence linguistique est souvent déterminée par bien plus que la simple capacité à utiliser une langue. La compétence linguistique dépend de la capacité à prouver la légitimité culturelle, qui est étroitement liée aux conceptualisations de la race. Par exemple, en prouvant la validité de la théorisation de Fanon sur la langue et la race, les Sénégalais que j'ai interrogés à Paris se plaignent de l'association de la langue française avec la blanchité, de sorte que peu importe la façon dont ils parlent, ils ne seront jamais acceptés comme propriétaires légitimes de la langue. En outre, je démontre que la relation particulière du Sénégal à la langue française rend cette exclusion encore plus douloureuse.

Même les pays qui n'ont pas colonisé ou qui ont eu des possessions coloniales limitées ont des perspectives fortement racialisées qui influencent les expériences linguistiques. Par rapport à la France, l'Italie présente un terrain d'étude très différent dans sa compréhension de l'interconnexion entre race, langue et nation. Néanmoins, le concept de race en Italie, et les conceptions de la négritude et de la blanchité, se sont fermement enracinés pendant la période coloniale, même si le pays était une puissance coloniale mineure.[78] Comme l'affirment Ruth Ben-Ghiat et Mia Fuller, « Bien que le colonialisme italien ait été plus limité dans sa portée géographique et sa durée que les empires français et britannique, il n'en a pas moins eu un impact sur le développement des conceptions métropolitaines de la race, de l'identité nationale et des imaginaires géopolitiques ».[79] La politique coloniale et les suites postcoloniales en Italie ont tenté de créer une identité nationale. Cette identité nationale a été renforcée par l'impérialisme et le racisme afin de lutter contre la fragmentation du pays, qui se manifeste souvent par une division Nord-Sud.

La fracture Nord-Sud de l'Italie, également connue sous le nom de « question méridionale », est un phénomène historique et contemporain dans lequel les provinces du Nord ont dominé économiquement le Sud, provoquant une migration massive du Sud vers le Nord et engendrant des sentiments de supériorité culturelle chez les résidents du Nord. L'existence de ce clivage Nord-Sud est apparue très clairement lors de l'unification italienne. Selon certains habitants du Nord, les habitants du Sud de l'Italie n'étaient pas supérieurs aux habitants du continent africain.[80] Cette rhétorique a contribué à justifier ce que Pasquale Verdicchio appelle la première phase du colonialisme : « la "libération" du Sud ».[81] Afin de créer une identité nationale uniforme qui efface les différences identifiées entre le Nord et le Sud, Benito Mussolini a dû convaincre les Italiens de leurs points communs en éliminant toute idée que les habitants du Sud étaient apparentés aux Africains.[82]

Cette racialisation historique de l'identité italienne entraîne encore des répercussions aujourd'hui. Par exemple, la xénophobie exprimée par la Ligue du Nord utilise une rhétorique racialisée.[83] De plus, un nombre croissant d'Italiens d'origine africaine écrivent sur leurs expériences racialisées.[84] Alors que la littérature produite par les personnes noires en Italie offre une perspective indispensable sur la race, ma recherche offre un point d'entrée linguistique au sujet. Je montre la manière dont les migrants sénégalais de mon étude utilisent l'alternance codique et d'autres caractéristiques discursives pour construire des notions de négritude dans un pays où la blanchité est la norme. Certains utilisent l'alternance codique pour souligner leur exclusion de la société, tandis que d'autres utilisent la langue de manière créative, comme mon interlocuteur Idi qui, au chapitre 4, affirme d'un ton taquin qu'il peut changer de nationalité simplement en changeant de langue. En soulignant le lien entre la langue, la race et la nationalité, je dépeins la formation de l'identité comme un espace contesté où même les plus marginalisés peuvent négocier leur position.

De l'autre côté de l'Atlantique, les États-Unis se sont engagés dans un autre type de colonisation, s'appuyant sur le colonialisme de peuplement pour créer leur État-nation. Ce jeune pays a orchestré la quasi-extinction des populations indigènes ainsi que l'asservissement des Africains comme l'un des principaux moyens de production de richesses. Afin de justifier le traitement inhumain et le meurtre d'êtres humains, les personnes au pouvoir ont dû faire valoir que les Amérindiens et les Africains étaient moins qu'humains. Cette déshumanisation des populations amérindiennes et noires a jeté les bases de la formation des catégories raciales qui persistent aujourd'hui.[85]

Comprendre l'évolution de l'esclavage aux États-Unis est essentiel pour les conceptualisations de la négritude qui exercent une influence croissante dans le monde entier. Bien que l'institution de l'esclavage existe depuis des millénaires dans le monde entier, c'est au XVIIe siècle que l'esclavage est devenu pour la première fois synonyme de négritude. Dans les colonies américaines, alors que les statuts juridiques autorisaient l'asservissement de différents types de personnes, par exemple les prisonniers de guerre et les personnes condamnées pour des crimes, des connotations raciales liées à l'esclavage ont commencé à se former. [86] Au XVIIIe siècle, les idéologies raciales associaient encore davantage la négritude à la servitude, et même les Noirs libres avaient des droits limités en raison de leur catégorisation raciale.[87] La pseudo-science du XIXe siècle a, quant à elle, tenté de prouver l'infériorité des Noirs. Les stéréotypes associés à la négritude sont très présents dans les conceptions actuelles de la race et influencent tout, des préjugés raciaux dans le maintien de l'ordre à la représentation négative dans les médias, en passant par l'idée erronée qui associe la négritude à des normes linguistiques inférieures.[88]

Cependant, la construction de la négritude est plus complexe que le simple fait d'apparaître comme l'opposé binaire de la blanchité. Il existe souvent des conflits entre ceux qui s'identifient comme noirs, en particulier entre les immigrants africains et les Afro-Américains. Les complications surviennent en partie à la suite d'un conflit entre les anciennes et les nouvelles diasporas. Les stéréotypes dominants dépeignent les Afro-Américains comme paresseux et les Africains comme arriérés. Mon travail met en avant le rôle de la langue dans la création et le maintien des distinctions. Par exemple, je montre comment la perception des accents africains peut signaler des individus comme étrangers et donc éliminer leur revendication de la négritude telle que théorisée dans le contexte américain. De même, je souligne la manière dont les Africains francophones sont situés plus bas dans la hiérarchie des immigrants que les Africains anglophones. Les vignettes présentées dans ce livre accentuent le caractère désordonné des notions de diaspora.[89]

De la négritude transnationale à la subjectivité multilingue transnationale

En plus de fournir une analyse linguistique de la formation raciale dans des contextes nationaux spécifiques, *Sénégalais de l'étranger* utilise une perspective sociolinguistique pour aborder des sujets importants dépassant le cadre des frontières nationales. Les débats actuels sur la négritude transnationale tentent de la présenter soit comme une construction homogène pour souligner les similitudes de l'expérience noire à travers le monde, soit comme une construction à multiples facettes pour souligner comment différents espaces forgent différentes compréhensions de la négritude. Je soutiens que ce n'est qu'à travers ces deux prismes que nous pouvons complètement analyser la négritude. Tout en soulignant comment différents lieux, avec leurs histoires spécifiques, produisent différentes conceptions de l'appartenance et de la différence, en particulier en ce qui concerne la négritude, je montre également de quelle manière la conception de la négritude de mes interlocuteurs évolue au fur et à mesure qu'ils migrent, qu'ils partagent leurs expériences avec d'autres membres de la diaspora et qu'ils s'engagent dans la production culturelle à travers le monde.

Le volume édité par Manning Marable et Vanessa Agard-Jones, *Transnational Blackness*, et le numéro spécial consacré à la négritude de Thomas Fouquet et Rémy Bazenguissa-Ganga dans *Politique africaine*, établissent des cadres importants pour la théorisation de la négritude transnationale. Marable présente le volume édité comme un espace permettant de présenter des exemples de *blackness beyond boundaries as praxis* où les problèmes et les expériences auxquelles sont confrontées les communautés noires sont interrogés dans un contexte transnational plus large.[90] De même, Fouquet, dans *Politique africaine : Blackness*, soutient que le terme de « négritude » permet de conceptualiser et de représenter l'Afrique à l'intérieur et à l'extérieur du continent africain. Il souligne que les perspectives multiples (l'analyse de la négritude dans et à travers différents contextes géographiques, temporels et sociaux) offrent un aperçu de toutes les façons dont les individus appréhendent la formation raciale.[91]

Politique africaine : Blackness, en fournissant une lentille critique dans son examen de la négritude, ne présente pas seulement différentes approches d'analyse de la négritude, mais attire également l'attention sur la nature problématique de ce terme. Par exemple, dans son essai sur la façon dont les photographes africains, afro-américains et afro-européens dépeignent les représentations du corps noir, Sarah Fila-Bakabadio soutient que seule une perspective afro-cosmopolite permet de comprendre comment les artistes dépeignent la diversité du monde africain. Elle affirme que le terme *blackness* découle d'une situation sociohistorique spécifique aux États-Unis et ne devrait pas nécessairement être appliqué aux populations noires dans d'autres contextes, car il implique une représentation monolithique de la négritude qui, selon elle, n'existe pas. [92] Elle avertit également que l'accent mis sur la « race » efface la spécificité des expériences individuelles.

Pour leur part, Jemima Pierre et Camille Niauffre (même volume) s'opposent à cette critique, notant qu'en raison d'un long processus de racialisation dû à une réalité historique internationale (à travers l'esclavagisme aux Amériques et le racisme colonial sous ses diverses formes en Afrique), les Africains continentaux et les communautés noires à travers le monde participent à la construction d'une négritude transnationale et sont conscients de leur positionnement à la fois local et mondial en tant que Noirs. [93] La prémisse principale de la recherche de Pierre, articulée en détail dans *The Predicament of Blackness*, est qu'« un espace postcolonial moderne est, invariablement, un espace racialisé ».[94]

Alors que Pierre met en avant une notion homogénéisante de la négritude qui contraste avec la perspective plus variée de Fila-Bakabadio, ma recherche se situe quelque part entre les deux. *Sénégalais de l'étranger* montre que la négritude est effectivement un phénomène global créé par la racialisation mondiale, mais qu'elle se manifeste différemment selon le contexte.[95] En me concentrant sur les questions linguistiques dans de multiples contextes géographiques et sur ce qu'elles peuvent nous apprendre sur la formation de l'identité raciale, j'explore la manière dont les migrants sénégalais comprennent la négritude dans divers sites diasporiques, la manière dont ils établissent des liens entre leurs expériences et celles des autres, et la manière dont la langue est un outil de transmission de ces conceptualisations de la négritude. Par exemple, comme nous l'avons vu dans la vignette d'ouverture, l'interprétation multilingue de *La couleur pourpre* par Ndiaga utilise l'expérience afro-américaine pour expliquer ses propres difficultés à être noir en Italie.

Outre la déconstruction de la négritude transnationale, ce livre explore l'identité sénégalaise en tant que construction transnationale. La démographie du Sénégal s'étend au-delà de ses frontières. Les divers groupes ethniques et langues nationales associés au Sénégal sont représentés dans les pays voisins ; une conséquence de la colonisation européenne du continent qui n'a guère tenu compte des divisions ethniques et linguistiques déjà présentes. La façon dont les Sénégalais se positionnent dans le monde francophone montre qu'ils sont constamment tournés vers l'extérieur.

J'ai inventé le terme de « sénégalité mondiale » pour désigner un ensemble de traits de caractère principaux que mes interlocuteurs ont pu identifier à plusieurs reprises comme étant au cœur de l'identité et des pratiques des migrants sénégalais lorsqu'ils voyagent à travers le monde. Selon les multiples voix recueillies dans le cadre de mon travail, être mobile, parler plusieurs langues et pratiquer l'hospitalité (en particulier la variété linguistique) sont les aspects les plus importants de l'identité sénégalaise en diaspora. Bien que ces trois critères ne semblent pas nécessairement liés à première vue, ils le sont pourtant à de nombreux égards. La maîtrise de la langue engendre la mobilité et vice-versa. Plus on connaît de langues, plus on peut communiquer facilement en contexte étranger. Dans le même temps, l'immersion dans des environnements linguistiques étrangers facilite l'apprentissage des langues.[96] Comme l'explique Ousseynou, chauffeur de taxi à New York, lorsqu'il reçoit des clients qui ne parlent pas anglais, il aime trouver une langue commune afin d'améliorer leur expérience. L'une de ses plus grandes joies est de voir leur surprise lorsqu'il peut parler leur langue.

Il est important de noter que ces trois caractéristiques transcendent les frontières. Le fait même d'être mobile suggère le franchissement constant des frontières nationales. Le désir de multilinguisme signifie le démantèlement des barrières linguistiques, et l'aspiration à l'hospitalité signale l'ouverture de l'espace domestique aux autres, l'une des frontières les plus intimes. En réalité, c'est cet espace domestique qui nous fait dépasser les limites de la nation. Alors que les frontières d'une nation, selon Benedict Anderson, sont imaginées comme limitées et souveraines, le concept de foyer par rapport à la nation est un contre-espace où l'appartenance se démultiplie et devient globale.[97] En d'autres termes, la communauté sénégalaise imaginée est globale au lieu d'être simplement liée à un État-nation. Pour bon nombre des personnes que j'ai interrogées, bien qu'elles se souviennent avec nostalgie du Sénégal, ce n'est pas l'espace géographique qui les rend sénégalais, mais plutôt la cultivation d'une identité sénégalaise globale basée sur la mobilité, le multilinguisme et l'hospitalité. Ils imaginent leur communauté à la fois au sein de la nation sénégalaise et dans le monde entier.[98]

C'est en donnant l'exemple d'une sénégalité globale que les Sénégalais que j'ai interrogés réussissent. Ils considèrent la mobilité, le multilinguisme et l'hospitalité comme des marqueurs de ce que Pierre Bourdieu a appelé le capital symbolique, « l'acquisition d'une réputation de compétence et d'une image de respectabilité et d'honorabilité ».[99] Bien qu'une personne possède différents types de capital (capital économique, capital social, capital culturel), la reconnaissance et la légitimation de ces formes de capital les transforment en capital symbolique. Les Sénégalais de la diaspora ou ceux qui aspirent à voyager construisent un capital symbolique en traversant les frontières et les langues, car ils se positionnent dans un récit de longue date autour de la mobilité et le multilinguisme des Sénégalais.

Ils acquièrent également ce que Claire Kramsch et Anne Whiteside décrivent comme une compétence symbolique, qui leur permet d'utiliser ces langues de manière ludique et créative et d'aller au-delà de ce que les locuteurs monolingues du français, de l'italien ou de l'anglais sont capables de faire avec chaque langue.[100] Ces individus, que Kramsch décrit comme des sujets multilingues, jouissent du pouvoir qui découle de la capacité à manipuler les langues. En outre, grâce à cette subjectivité multilingue, elles construisent « des identités imaginées qui sont tout aussi réelles que celles imposées par la société ».[101] Alors que les sociétés d'accueil entretiennent certains clichés raciaux et linguistiques sur les migrants, ceux qui ont participé à mon étude sont capables de repousser le cadre de ces définitions étroites en fournissant leurs propres conceptualisations de ce qu'ils sont et de ce qui compte pour eux.

Les répertoires multilingues que les Sénégalais utilisent tant au Sénégal qu'à l'étranger montrent également de quelle manière les individus maîtrisent non seulement les langues mais aussi l'espace entre les langues. Selon Ofelia García, la notion de translangue, qui inclut et va au-delà de l'alternance codique, met en évidence les capacités des locuteurs à accéder à une variété de caractéristiques linguistiques « afin de maximiser le potentiel de communication » et « de donner un sens à leur monde multilingue ».[102] Dans ma description précédente de la complexité linguistique au Sénégal, j'ai mentionné la manière dont les individus utilisant le wolof urbain pouvaient parler une langue ou effectuer une alternance codique entre deux langues. Faire cette distinction présupposerait l'existence de langues distinctes.[103] Cependant, le translangue, dans lequel le « trans » attire l'attention non pas sur les langues distinctes mais sur l'espace liminaire entre les langues, nous permet de nous focaliser sur le mouvement et le comportement du langage dans le sillage de la mondialisation.[104] De même que la sénégalité mondiale remet en question la notion restrictive andersonienne du sénégalais en tant que construction nationale et que la négritude transnationale donne une vision de la formation raciale qui transcende les frontières temporelles et géographiques, le translangue met l'accent sur les abondantes ressources dont disposent les locuteurs multilingues et sur les possibilités que ces ressources leur offrent.[105]

La théorisation de la compétence symbolique, de la subjectivité multilingue et du translangue permet donc de privilégier les locuteurs multilingues au lieu de les marginaliser.[106] De même, ces concepts sociolinguistiques et d'autres du même type soulignent le rôle de la mobilité.[107] En appliquant ces concepts aux tendances actuelles des études sur la migration, qui ont commencé à s'intéresser à la centralité des frontières plutôt qu'à leur marginalité,[108] je montre de quelle manière les Sénégalais multilingues transnationaux se déplacent à travers de multiples langues et contextes géographiques. Et de quelle manière ce mouvement contribue-t-il à son tour à la formation d'une identité multilingue globale. Concrètement, les Sénégalais de mon étude utilisent souvent plusieurs langues de manière créative et comprennent en quoi leur mobilité les aide à atteindre cet objectif. Par conséquent, bien que les Sénégalais des trois lieux d'étude soient conscients des positions marginalisées qu'ils occupent, en particulier en ce qui concerne la négritude, ils utilisent le pouvoir linguistique pour conceptualiser et exploiter les nombreuses facettes de leurs identités complexes, ainsi que pour exploiter le pouvoir social que confère le multilinguisme.

LA TERANGA PAR LE PARTAGE D'HISTOIRES : CONSIDERATIONS METHODOLOGIQUES

Quiconque s'est rendu au Sénégal est bien conscient de ce que les Sénégalais appellent la *teranga*. Traduite du wolof par « hospitalité », elle semble être un mode de vie et une caractéristique que de nombreux Sénégalais de la diaspora considèrent comme intrinsèque à la sénégalité globale. Mais il ne s'agit pas seulement d'ouvrir la porte des maisons ou de partager la nourriture ; il s'agit aussi de partager des histoires et de vouloir entendre celles des autres.

Lorsque j'ai entrepris d'interviewer les communautés sénégalaises de Paris, Rome et New York, je savais que le fait d'avoir vécu au Sénégal et d'avoir appris quelques mots de wolof m'ouvrirait des portes ; cependant, je savais aussi que certains seraient hésitants, en particulier les migrants sans papiers. Cette hésitation est l'une des raisons pour lesquelles je n'ai jamais demandé aux gens leur statut de citoyen. Bien que cela aurait été une autre façon d'explorer les questions de légitimité et de capacité à revendiquer le droit à la parole, par respect et souci de leur bien-être, j'ai choisi de ne pas l'inclure dans les données démographiques que j'ai recueillies.[109] J'ai cependant été étonnée de constater qu'une fois convaincus que je n'étais pas une menace, même les individus en situation précaire étaient prêts à me partager leurs expériences, à décrire de façon vivante leur monde et à me laisser être témoin de leur voyage.

J'ai rencontré les personnes interrogées de différentes manières et participé à un large éventail d'interactions. Certaines personnes ont accepté des entretiens, qui duraient en moyenne une heure. D'autres sont devenus des informateurs principaux, avec lesquels j'ai régulièrement passé du temps et participé à diverses activités. En France, j'ai rendu visite à une famille toutes les deux à trois semaines, prenant des notes sur l'utilisation de la langue dans l'espace domestique.[110] Les parents, Duudu et Nafi, avaient une cinquantaine d'années et vivaient en France depuis près de vingt ans ; certains de leurs enfants étaient nés au Sénégal et d'autres en France. Nous avons pris plaisir à converser autour de repas sénégalais faits maison. Parmi mes autres interlocuteurs principaux, citons Lucie, 31 ans, de Marseille, qui m'a invitée à diverses réunions avec ses amis, Sébastien, 28 ans, qui a organisé un dîner avec des amis français et sénégalais, et Abdu, 31 ans, rappeur sénégalais, qui vit en France depuis quelques années. Abdu m'a permis d'assister aux répétitions de son groupe multinational, d'assister à ses concerts et de le rencontrer à plusieurs reprises. Il m'a donné accès à toute sa musique et à ses paroles, et j'ai pris des notes lors de tous ses événements afin de comprendre comment il utilisait le langage pour interpeller son public.

Afin de trouver des personnes à interviewer, j'ai utilisé plusieurs approches différentes. Pour rencontrer des étudiants, je me suis inscrite sur des listes de diffusion universitaires, ce qui m'a ouvert la porte à des événements et des conférences. Pour accéder à un autre groupe démographique, j'ai traîné dans les espaces publics de Paris comme la Gare du Nord, Barbès-Rochechouart et le Sacré-Cœur pour entamer des conversations avec les passants, en particulier les vendeurs. J'ai mangé dans des restaurants sénégalais et interrogé le personnel et les clients. J'ai suivi des cours de wolof et de français. J'ai également assisté à plusieurs conférences et réunions, comme celle d'une association d'étudiants sénégalais des Grandes Écoles, celle d'une association d'entrepreneurs sénégalais, une autre sur la vie dans les foyers (résidences communales pour travailleurs migrants) d'hier et d'aujourd'hui, et encore une autre sur l'enseignement du français aux migrants. Mon objectif était de décrire l'utilisation de la langue dans une variété de contextes à travers un échantillon représentatif des différents types de migrants sénégalais et de personnes d'origine sénégalaise que l'on trouve à Paris.

J'ai utilisé des méthodes similaires à Rome.[111] Mes principaux sites pour rencontrer des interlocuteurs potentiels et mener des entretiens et des enregistrements étaient les lieux où les Sénégalais se réunissaient pour les repas. La gare centrale de Rome, Roma Termini, était un autre endroit intéressant pour tenter de rencontrer des migrants sénégalais, en particulier des hommes, en raison de la forte concentration de vendeurs ambulants. J'ai également suivi l'importante communauté d'artistes chanteurs, danseurs et musiciens en assistant à des cours et des spectacles. De nombreux membres de ce groupe étaient particulièrement mobiles, effectuant des tournées en Italie et dans d'autres régions d'Europe. L'un de mes principaux interlocuteurs était Idi, un danseur de 33 ans, qui m'a invitée à ce que les Sénégalais appellent « le restaurant sénégalais secret » et m'a présentée aux clients habituels. Nous nous retrouvions souvent au restaurant pour discuter autour d'un repas, et j'enregistrais les conversations que nous avions avec ses amis et ses collègues. Il m'emmenait également chez ses amis pour que je puisse interviewer les personnes dans leur environnement personnel. Il y avait aussi Ibou, 42 ans, un homme d'affaires qui était en contact permanent avec un grand nombre de personnes et qui était disposé à me laisser observer ces interactions. Un autre de mes interlocuteurs principaux était Ndiaga, 36 ans, dont le travail consistait à distribuer des brochures pour différentes entreprises. Nous nous sommes rencontrés à plusieurs reprises dans différents contextes, et j'ai pu suivre l'évolution de ses réflexions et ses opinions sur certaines questions sur une période de trois mois. En plus des entretiens et des conversations avec des Sénégalais, j'ai observé le cours de langue élémentaire pour migrants d'une enseignante italienne et assisté à sa *classe média*.[112] J'ai également interviewé un avocat spécialisé dans les questions migratoires, un sociologue qui m'a aidée à comprendre certains phénomènes spécifiques à l'Italie, et le professeur de la classe de langue que j'ai suivi.

À New York, j'ai principalement concentré mon travail de terrain sur Little Senegal de Harlem et, dans une moindre mesure, sur le quartier de Flatbush à Brooklyn, Parkchester dans le Bronx et Corona dans le Queens. J'ai mangé dans divers restaurants sénégalais de la ville, j'ai passé pas mal de temps au marché Malcolm Shabazz de Harlem, j'ai visité une association culturelle sénégalaise et j'ai traîné près de Columbus Circle, où de nombreux conducteurs de cyclo-pousse sénégalais essayaient de convaincre les touristes de faire le tour de Central Park. Parmi les personnes que j'ai interrogées, Madina, Omar et Julien sont devenus mes principaux interlocuteurs. Madina, jeune femme de 27 ans qui avait passé les quinze dernières années de sa vie aux États-Unis, dirigeait un programme d'été qui emmenait des étudiants au Sénégal afin de leur faire découvrir leur patrimoine. Omar était un homme de 31 ans préparant sa maîtrise et vivant aux États-Unis depuis trois ans. Il aimait m'emmener dans des endroits tels que sa laverie automatique locale pour que je puisse parler avec d'autres Sénégalais du quartier. Julien, un homme de 34 ans originaire de Casamance, vivait aux États-Unis depuis un an. Il avait une maîtrise en sciences mais travaillait actuellement chez Rite Aid. Grâce à lui, j'ai pu passer de nombreux dimanches avec des membres de l'Association catholique sénégalaise, qui m'invitaient à manger après le service religieux. En somme, ces trois informateurs m'ont présentée à de nombreux autres membres de la communauté, m'ont permis d'enregistrer diverses interactions et ont contribué à me donner accès à une grande variété de personnes et d'environnements.[113]

Étant donné que mes interlocuteurs à Paris, Rome et New York provenaient de différents milieux éducatifs, socio-économiques, linguistiques, ethniques et religieux, ainsi que de différents parcours de migration, ils m'ont offert un éventail de perspectives. Ils ont fourni des informations inestimables en décrivant leurs expériences et en élaborant leurs propres théories sur la façon dont ils existaient dans le monde. En outre, certains se sont positionnés comme des ethnographes, des linguistes et des historiens dans la manière dont ils ont raconté leurs histoires. Ils ont avancé des théories de chercheurs et d'universitaires, comblant souvent les lacunes. Tout au long de ces pages, je montre la nature réflexive des Sénégalais de la diaspora et comment leurs histoires contribuent à notre compréhension de la migration africaine et de l'utilisation des langues.

STRUCTURE DU LIVRE

Ce livre analyse une série de vignettes recueillies auprès de plus de 80 personnes qui s'identifient comme Sénégalais de la diaspora. À la fin de chaque entretien, je leur ai demandé s'ils souhaitaient ajouter quelque chose à la discussion. Un nombre impressionnant d'entre eux m'ont remercié de bien avoir voulu écouter leurs histoires, des récits qu'ils ont souvent partagés avec leurs amis ou leurs communautés alors qu'ils essayaient de trouver un sens à leur place au niveau local, national et international, mais qui n'ont jamais atteint un public plus large. L'objectif de ce livre est de présenter leurs expériences avec leurs propres mots et leurs réflexions sur la vie, la langue, le mouvement, l'appartenance, la nationalité, la citoyenneté et la négritude.

Le chapitre 1 étudie l'acquisition et l'utilisation de la langue en examinant la manière dont les personnes étudiées conçoivent leurs relations avec le français, l'italien, l'anglais, le wolof et d'autres langues nationales sénégalaises. En me concentrant sur les notions d'investissement et d'appartenance de la langue,[114] je montre la manière dont les Sénégalais développent certaines attitudes à partir de leurs expériences personnelles avec les langues et les communautés qui les parlent, ainsi qu'à travers une perception culturelle historiquement située. Les attitudes à l'égard de la langue française sont les plus complexes car elles sont très liées à un passé colonial et à un présent post-colonial. En revanche, pour la plupart de mes interlocuteurs, l'italien n'existe pas dans l'imaginaire culturel sénégalais ; il s'agit simplement d'une langue qu'ils apprennent s'ils migrent en Italie, mais qui est utile car elle renforce leur répertoire multilingue et contient une valeur symbolique. En ce qui concerne l'anglais, qu'ils soient à Dakar, Paris, Rome ou New York, tous sont motivés à l'apprendre en raison de son importance mondiale. Cependant, certaines des personnes interrogées à New York se rendent compte que l'anglais qu'elles apprennent à l'école ne les prépare pas nécessairement à la réalité anglophone qu'elles rencontrent à New York, en particulier à Harlem. Le chapitre se termine par une réflexion sur la façon dont les langues nationales sénégalaises en général et le wolof en particulier leur permettent d'entrer en contact avec d'autres personnes de la diaspora sénégalaise. Je m'interroge sur l'affirmation de l'une des personnes interrogées selon laquelle il faut parler le wolof pour être sénégalais, en examinant la manière dont cet état de fait crée un sentiment d'appartenance pour certains et d'exclusion pour d'autres.

Tandis que le chapitre 1 établit une comparaison linguistique entre les trois zones géographiques urbaines, le chapitre 2 explore les différentes manières dont les participants à mon étude s'efforcent d'obtenir une légitimité culturelle et une appartenance nationale tout en affrontant les barrières linguistiques et raciales dans chaque lieu. Je me concentre en particulier sur le désir d'inclusion qui émerge des facteurs historiques, sociaux et linguistiques que les migrants sénégalais manifestent. Parmi mes interlocuteurs, ceux de Paris sont ceux qui s'appuient le plus sur le lien culturel et linguistique entre le Sénégal et la France et qui sont les plus frustrés lorsqu'ils se retrouvent exclus de la société française. Ils se rendent compte que leurs identités raciales éclipsent souvent leurs capacités linguistiques. Mes interlocuteurs romains détaillent également l'exclusion à laquelle ils sont confrontés en Italie en tant que personnes racisées, montrant comment ils utilisent la langue pour signifier leur marginalisation. Cependant, les personnes interrogées expriment moins le désir d'être incluses dans la société que celles de Paris, et les effets de cette exclusion ont donc moins d'impact. Par ailleurs, les personnes interrogées à New York révèlent les dynamiques de pouvoir qui se jouent dans la diaspora, où les répertoires linguistiques des interlocuteurs servent à marquer la différence plus que la négritude partagée ne sert à marquer la similitude. Les attentes déçues soulignent le désir de beaucoup de créer une solidarité noire et la difficulté de la négritude à transcender la différenciation linguistique.

Le chapitre 3 se concentre sur la manière dont l'État et les sujets individuels des trois lieux d'étude abordent l'intégration. Quels sont les différents modèles d'intégration, et que peuvent nous apprendre les expériences des personnes interrogées sur l'efficacité de ces modèles ? Comment les idéologies et les actions des individus sénégalais et des pays d'accueil affectent-elles le succès de l'intégration ? Comment la tendance à regarder au-delà des frontières nationales influe-t-elle sur la capacité d'intégration ? Grâce à cette perspective transnationale, de nombreuses personnes interrogées dans les trois lieux ne se contentent pas de parler de la vie dans leur pays d'adoption respectif ; elles partagent également leurs expériences de vie et de voyage à travers le monde, ainsi que la manière dont ces pays existent dans l'imaginaire culturel sénégalais. Ma recherche révèle la manière dont les acteurs transnationaux réfléchissent aux notions d'appartenance sociale et nationale à travers de multiples idéologies linguistiques qui se chevauchent. En outre, il existe une longue tradition de dialogue afro-atlantique à laquelle les personnes interrogées participent en proposant des analyses comparatives de la formation de l'identité raciale et nationale aux États-Unis, en France, en Italie et au Sénégal.

Le chapitre 4 examine de plus près les façons complexes dont la langue et l'accès à de multiples langues créent et maintiennent certaines identités tout en établissant et en renforçant d'autres. C'est ici que je me penche en profondeur sur la figure du voyageur multilingue, sur les raisons pour lesquelles cet archétype est si séduisant pour les personnes participant à mon étude, et sur la manière dont il permet aux chercheurs d'aller au-delà des récits dominants sur les migrants, leurs raisons et leurs difficultés à migrer. Les personnes que j'ai interrogées suggèrent que la convergence du multilinguisme et de la mobilité est un mode de vie, qu'elles défendent à la fois pour sa valeur pratique et pour la joie qu'elle procure. Les données révèlent un sentiment dominant de plaisir et de prestige à l'égard du multilinguisme et de la mobilité. En outre, mes analyses révèlent l'aspect performatif de l'alternance codique et sa contribution à la formation de l'identité. Je soutiens donc que de nombreux Sénégalais apprécient le capital symbolique que leur confèrent le multilinguisme et la mobilité. Ils expriment ce capital par la compétence symbolique, qu'ils utilisent à leur avantage même lorsqu'ils occupent des positions marginalisées dans la société.

Ces chapitres montrent, dans leur ensemble, comment la langue est un moyen par lequel l'identité sénégalaise navigue dans la diaspora. D'une part, j'étudie comment les idéologies de la race circulent. D'autre part, par le biais d'une exploration du multilinguisme, notamment à travers la figure du voyageur multilingue, je soutiens que la mobilité et l'apprentissage/utilisation des langues vont au-delà de simples objectifs utilitaires. Je démontre que, si les personnes étudiées entretiennent des relations compliquées et tendues avec les langues qu'elles parlent et les lieux qu'elles habitent, nombre d'entre elles trouvent également de la joie et du plaisir dans les langues et les voyages. La plupart des travaux sur le transnationalisme décrivent les migrants africains comme succombant à des tentations économiques comme unique motivation migratoire et dressent un tableau déprimant de leur existence dans les pays d'accueil. Sans minimiser ces motivations et ces difficultés, je vais au-delà de l'économie politique et me concentre également sur la fierté, la passion et le bonheur que les personnes de ma recherche atteignent à travers leurs réflexions sur la langue. Leurs histoires brouillent les lignes entre utilité et plaisir, permettant une compréhension plus nuancée du pourquoi et du comment les Sénégalais se déplacent.

Chapitre I

What's language got to do with it? : Attitudes linguistiques et formation identitaire

U n samedi après-midi, je suis sortie de la station de métro de Villejuif Louis Aragon, après avoir pris la ligne 7 jusqu'au sud. Je n'avais jamais été dans cette partie de Paris. Les bâtiments étaient d'un gris et d'un brun sourds. Ils ne dominaient pas les gens comme dans les cités de banlieues, mais les rues étaient plus larges que ce à quoi l'on pouvait s'attendre dans un quartier central de Paris. J'ai suivi les indications que j'avais notées en parlant avec Ouria au téléphone et je suis arrivée à la porte d'un immeuble de cinq étages. Ouria m'a fait entrer et m'a accueillie sur le palier de son appartement.

Elle avait insisté pour que je vienne à l'heure du déjeuner après avoir entendu à quel point j'aimais la cuisine sénégalaise. Elle a préparé mon plat préféré, le poulet à la sauce yassa. Elle m'a dit que ses enfants adolescents étaient sortis pour faire des courses, et qu'il y aurait donc un peu de paix et de tranquillité pour notre entretien. Ouria avait une quarantaine d'années et travaillait dans une crèche. Elle s'était installée à Paris il y a vingt-cinq ans pour rejoindre son mari, arrivé cinq ans plus tôt. La transition a été très difficile pour elle, même après un séjour aussi long, elle continuait à se rendre au Sénégal aussi souvent que possible. La langue est l'une des raisons pour lesquelles le Sénégal lui manque. Ayant grandi dans une famille wolofophone, elle a trouvé son français limité lorsqu'elle est arrivée en France. Après vingt-cinq ans en France, elle avait toujours l'impression de ne pas maîtriser la langue française. Entre deux gorgées de bissap (jus d'hibiscus, la boisson nationale de facto du Sénégal), Ouria a exprimé sa frustration de voir les gens corriger ses fautes de français : « Ils essaient de me corriger. Je dis que je suis africaine. Laissez-moi tranquille. Je ne suis pas française. Je suis africaine. C'est pas ma langue. Je suis africaine. »[1] Ouria n'a jamais pris de cours de langue en France, mais son travail l'a obligé à parler français quotidiennement. Cependant, d'un ton défaitiste, elle a rejeté tout sentiment de nécessité de parler un français parfait. Ses paroles suggèrent qu'elle devrait être excusée pour ses compétences linguistiques en raison de son africanité. Dans son esprit, parler français et être africain se contredit.

Tandis qu'Ouria se demandait à voix haute pourquoi les gens qu'elle rencontrait mettaient tant l'accent sur l'apprentissage d'un français parfait, je réfléchissais à ce que signifiait investir dans l'apprentissage d'une langue. Définissant l'investissement comme « la relation socialement et historiquement construite des apprenants à la langue cible et leur désir parfois ambivalent de l'apprendre et de la pratiquer », Bonny Norton affirme qu'« un investissement dans la langue cible est aussi un investissement sur l'identité sociale propre à l'apprenant, qui change à travers le temps et l'espace ».[2] Bien que les apprenants saisissent la nécessité d'apprendre une autre langue, il peut y avoir des forces concurrentes qui annulent toute volonté d'atteindre cet objectif.

Ouria et les autres individus que j'ai interrogés donnent une idée de la manière dont divers expatriés d'origine sénégalaise donnent un sens à leur propre apprentissage et à l'utilisation de la langue ainsi qu'au type de liens qu'elles établissent entre cet apprentissage et les autres aspects de leur identité. Par conséquent, ce chapitre explore les relations que les personnes interrogées entretiennent avec les langues qu'elles parlent afin de mettre en lumière les attitudes et les idéologies des locuteurs. En examinant les témoignages recueillis à Paris, Rome et New York, je voulais comprendre ce qui motivait les gens à apprendre et à utiliser certaines langues et de quelle manière investissaient-ils dans ces dernières. Quelles notions de propriété véhiculaient-ils à l'égard de ces langues ? Quelle était la part dictée par l'expérience personnelle et celle dictée par des facteurs historiques et sociaux externes ? J'ai examiné plus particulièrement le français, l'anglais, l'italien et le wolof. Comme la plupart des personnes interrogées avaient une opinion sur ces langues, quel que soit leur lieu de résidence, j'ai organisé le chapitre par langue plutôt que par lieu de recherche spécifique. Les chapitres suivants examineront quant à eux comment ces attitudes linguistiques, ainsi que les compréhensions des identités raciales, nationales, transnationales, postcoloniales et migratoires, se manifestent dans les contextes spécifiques de Paris, Rome et New York. Ce chapitre offre un premier aperçu de ce que signifie pour les Sénégalais de l'étranger de parler, d'être compris et entendus.

LA PROPRIÉTÉ LINGUISTIQUE POSTCOLONIALE : LE CAS PARTICULIER DU FRANÇAIS

Si les Sénégalais développent des idéologies linguistiques à partir d'expériences personnelles autour des langues et des communautés qui les parlent, ils formulent également leurs idéologies à travers une perception culturelle historiquement située. Par rapport à l'anglais et à l'italien, la relation entre le français et les personnes que j'ai interrogées était plus tendue, car les Sénégalais doivent faire face à l'héritage direct du colonialisme et de l'empire français, et faire subir le poids du passé lié à cette langue. Les personnes interrogées dans les trois villes faisaient preuve d'ambivalence à l'égard du français, qu'elles considéraient comme une langue en perte d'attractivité internationale mais toujours utile. Paradoxalement, le français est une langue que certains considèrent comme nuisible à l'identité sénégalaise, mais qui est en même temps étroitement liée à cette identité.

Lorsque j'étais étudiante à Dakar, j'ai été frappée par deux types d'idéologies linguistiques diamétralement opposées. D'un côté, les uns me convainquaient de l'importance du français au Sénégal ; de l'autre, je constatais la prédominance quotidienne du wolof dans la plupart des lieux publics. Mes entretiens soulignent des opinions contradictoires non seulement au Sénégal mais aussi au sein de la diaspora. Certaines personnes ont parlé de l'insignifiance du français. Le français est la sixième langue la plus parlée au monde, avec plus de 220 millions de locuteurs, une représentation sur les cinq continents, et la langue officielle de 29 pays.[3] Pour autant, Boubacar, un homme d'affaires d'une quarantaine d'années, né à Dakar mais ayant passé les vingt dernières années à Paris de façon intermittente, m'a souligné combien le français pâlissait face à l'anglais au niveau mondial : « Mais l'anglais, c'est mieux parce que dans le monde entier on parle anglais. Le français, c'est ici. Dès que tu sors de France c'est fini, hein ? ». Il a travaillé en Belgique et en Suisse, deux pays frontaliers francophones, mais il m'avait dit que la plupart du temps il communiquait en anglais. Pendant ce temps, Diop, un journaliste de 51 ans originaire de la ville de Louga, dans le nord-ouest du Sénégal, qui vit actuellement à New York, a expliqué que si le français était toujours important au Sénégal en raison de son statut de langue officielle, son statut mondial était en déclin. Comme les Sénégalais de la diaspora pensent souvent à leur place dans le monde plutôt qu'à l'intérieur des frontières nationales, le statut mondial de la langue est une préoccupation majeure. Liant la langue française à l'importance économique de la France, il a affirmé : « La France était l'un des cinq pays les plus puissants et aujourd'hui elle est à la huitième ou neuvième place en termes d'économie, en termes de population. » Il a poursuivi en suggérant que la France et la langue française n'auraient jamais plus la portée mondiale qu'elles avaient autrefois.

Cependant, pour beaucoup, le français est encore très important pour communiquer dans les espaces sénégalais. L'exemple suivant montre à quel point la langue française est ancrée dans la diaspora sénégalaise, puisque deux personnes qui voulaient s'exprimer en wolof par écrit ont été obligées d'utiliser le français pour communiquer. Lucie, une enseignante marseillaise de 31 ans qui vivait à Paris avec sa mère et ses frères et sœurs et qui ne parlait que très peu le wolof, a raconté l'expérience suivante qu'elle a vécue avec sa famille au Sénégal : « Ma mère, quand elle écrit à sa mère, ça doit être en wolof parce que ma grand-mère ne parle que wolof. Mais ma mère ne sait pas écrire donc elle nous dicte ce qu'on doit écrire en français. Mon oncle au Sénégal va lire la lettre mais il va retraduire la lettre en wolof. En fait, deux personnes qui s'expriment en wolof doivent passer par le français. C'est parce que le français est tellement présent au Sénégal que c'est la passerelle en fait. »

Cette scène s'est rejouée de nombreuses fois : la traduction du wolof oral au français écrit puis au wolof oral est une scène classique de la production culturelle sénégalaise. Elle apparaît dans plusieurs films de Sembène, par exemple.[4] En raison de facteurs historiques, le français est la langue de la médiation, et Lucie démontre cette utilisation du français comme outil de communication, fortement ancrée au Sénégal et dans la diaspora.[5]

Pendant ce temps, Moussa, un homme de 58 ans originaire de Dakar, qui a passé les treize dernières années à New York, aime parler français à New York. En expliquant sa préférence, il a noté : « La France c'est comme le grand-père du Sénégal. [Rires] ... On apprend le français à l'école. Si tu es en France, tu vas le comprendre. Si tu es à Abidjan, c'est le français la langue internationale. Si tu es au Togo, c'est le français la langue internationale ». Contrairement à Boubacar et Diop, Moussa perçoit le français comme très utile sur la scène internationale qui permet de communiquer avec les gens des pays africains francophones.[6] Il était même capable de le parler avec les communautés francophones de New York. Plus important encore, il a abordé la question du postcolonialisme en qualifiant la France de grand-père du Sénégal et le français de langue nationale.[7]

D'autres, cependant, ont fait preuve d'une certaine ambivalence concernant le lien postcolonial entre la France et le Sénégal. Par exemple, à New York, Madina a partagé ce qui suit : « Je pense qu'au Sénégal, ils respectent le français encore plus que leur langue maternelle. Parce que depuis que nous avons été colonisés par les Français, ils pensent que... réussir, avoir de l'argent et gagner une certaine forme de respect signifie que vous devez parler, c'est comme un impératif pour vous de parler le français. Parce que cela vous donne l'impression, cela leur donne l'impression d'être plus éduqués qu'ils ne le sont. Mieux lotis. »

L'utilisation de pronoms déictiques traduit ce sentiment d'ambivalence entourant la langue française. Madina passe du « vous » au « ils » dans une démonstration complexe de perspective. Elle se distancie dans certains cas et s'inclut dans d'autres. Par exemple, elle utilise « ils » pour parler du respect du français et de son rôle dans la réussite, suggérant qu'elle ne s'inclut pas dans le groupe de ceux qui, au Sénégal, pensent que le français mérite plus de respect que les autres langues. Cependant, elle passe au « nous » pour parler du contrôle colonial de la France sur le Sénégal, indiquant qu'elle a également hérité de cette relation coloniale. En outre, elle emploie la voix passive pour parler de cette colonisation, limitant ainsi l'action des Sénégalais et sa propre action. En ce qui concerne l'impératif de parler français, elle souligne l'imposition du français en utilisant la deuxième personne du pluriel. Cela fonctionne comme un commandement auquel elle a été obligée d'obéir. Cependant, lorsqu'elle explique ce que l'on est censé ressentir, elle commence à la deuxième personne, puis se corrige en repassant à la troisième personne. L'utilisation de la troisième personne dans « cela leur donne l'impression d'être plus éduqués qu'ils ne le sont » lui permet de créer une distance entre elle et ceux qui adhèrent à cette hiérarchie.

Parallèlement, d'autres dénoncent sans équivoque la langue française et ses implications post-coloniales. Lorsqu'on lui demande quelles langues il sait écrire, Karafa, un homme d'une cinquantaine d'années qui réside en France, principalement à Paris, depuis une trentaine d'années, dresse un réquisitoire cinglant : « Le Sénégal était sous domination pendant cinq siècles. On nous a imposé ce qu'il faut faire, ce qu'il ne faut pas faire. On n'a pas eu cette capacité de pouvoir faire ce qui doit être fait pour ce pays en matière de langue. Tout doit être fait à travers la langue française au détriment de la langue wolof. Maintenant je commence un peu à écrire le wolof. »

Pour Karafa, le français lui a servi d'outil mais seulement parce qu'il lui a été imposé au détriment du wolof, qui aurait pu être aussi utile que le français. Il est possible d'avancer que l'arrivée du français a entravé la capacité du wolof à se développer en une langue écrite répandue. Son choix de mots est loin d'être neutre. Des mots tels que domination et imposer soulignent la dynamique de pouvoir existant entre les deux pays, tandis que le mot détriment souligne les conséquences de ces relations de pouvoir. L'héritage postcolonial n'a pas seulement influencé l'investissement dans la langue française, il a également remis en question la propriété de la langue. Comme dans la vignette d'ouverture où nous avons vu Ouria proclamer qu'en tant qu'Africaine, le français n'était pas sa langue, Karafa laisse entendre que bien qu'il parle couramment le français, s'il n'en tenait qu'à lui, il utiliserait le wolof. Le fait qu'il apprenne maintenant à écrire le wolof indique l'importance qu'il accorde au fait de donner plus de place au wolof dans sa vie.

Repenser le centre et la périphérie
à travers la langue française

Les réflexions sur cette longue histoire de domination démontrent la complexité de la relation entre la France et le Sénégal. D'une part, il existe toujours un ressentiment envers la domination continue de la France au Sénégal et l'arrogance du pays européen envers les Africains, telle que la réaction très médiatisée au discours de Sarkozy à l'UCAD en 2007. D'un autre point de vue, comme l'a laissé entendre Moussa, certaines personnes sont fières de la position privilégiée du Sénégal au sein de la colonisation française. La centralité historique du Sénégal dans le projet colonial français en Afrique, et le développement conséquent d'un français « de prestige » (c'est-à-dire codé blanc) dans les espaces colonisés, nous amène à repenser le cadre analytique postcolonial centre versus périphérie en termes plus nuancés. Lorsque nous ajoutons la performance linguistique à ce cadre, nous percevons la manière dont certains Sénégalais revendiquent leur relation au « bon » français, qui les centre en tant que locuteurs de prestige parmi d'autres sujets anciennement colonisés, révélant ainsi la nature artificielle des normes linguistiques et leur corrélation avec les processus de racialisation. Dans les lignes qui suivent, les sujets sénégalais réfléchissent à leur relation historique et linguistique complexe au français, à la fois comme héritage de l'oppression coloniale et, précisément en raison des inégalités structurelles résultant du colonialisme, comme véhicule de promotion sociale. En d'autres termes, parler un « français classique » idéal n'est pas un indicateur objectif de valeur linguistique mais une performance qui aligne le locuteur sur la blanchité, quelle que soit sa race.

　　Bien que la France ait eu un territoire colonial considérable en Afrique occidentale française, le statut singulier du Sénégal en tant

que centre administratif de la colonisation ouest-africaine a des
implications actuelles sur la façon dont les Sénégalais comprennent
leur place dans le récit colonial.[8] Nyambi, un restaurateur de Dakar,
gé d'une cinquantaine d'années et qui a passé la moitié de sa vie en
France, affirme : « Je pense que le Sénégal et la France sont très liés
dans des événements très difficiles. Pendant la guerre, pendant la
guerre mondiale même il y avait des Sénégalais dans l'armée
française. Donc les Sénégalais se retrouvent en France, par l'histoire
et puis par la culture. Parce qu'on est très français, les Sénégalais ».
Nyambi décrit les Sénégalais comme très français, car les deux pays
sont liés par une histoire commune. Ce lien est la principale raison
pour laquelle tant de Sénégalais viennent en France, attirés par ce
pays, non seulement en raison de l'histoire liée des deux pays mais
également en raison de l'existence d'un lien culturel. Nyambi ressent
une certaine fierté face à cette relation si complexe entretenue avec la
France, qui inclut le fait d'avoir combattu dans l'armée française et
d'avoir historiquement accès à la nationalité française.

Nyambi poursuit en disant qu'« au Sénégal on parle le vrai
français, ce français littéraire. Bon, on avait un président
académicien, Léopold Sédar Senghor donc nous, on était dans cette
culture du français, du beau français, du classique, voilà ». Il est
révélateur que, jusqu'à présent, tous les présidents sénégalais aient
étudié en France, et que chacun d'entre eux s'y soient installés après
la fin de leur mandat. Toutefois, Senghor se distingue en étant le
premier Africain élu membre de la prestigieuse Académie française.
La politique de Senghor dans les années 1960 et 1970, y compris la
négritude en tant qu'idéologie officielle obligatoire, était extrêmement
pro-française et pro-langue française, à tel point que Sembène a
critiqué Senghor pour être un pion des Français.[9]

Cette relation historique, qui défend la langue et la
culture française, contribue à la manière dont certains Sénégalais
décrivent le français parlé au Sénégal par rapport aux variétés de la
langue parlée dans d'autres nations francophones. Par exemple, j'ai
été témoin d'une conversation surprenante entre Yasmina et Hakim, un
couple marié que j'ai interviewé à Paris. Yasmina est née à Paris,
tandis que Hakim, né à Dakar, avait déménagé à Paris deux ans

auparavant. Au cours de l'entretien, ils ont fait remonter à la surface des attitudes latentes concernant le français sénégalais et sa position au sommet d'une hiérarchie des variétés africaines francophones. La discussion sur ce sujet a débuté pendant mon interrogation sur les accents. En parlant de la Côte d'Ivoire, Yasmina a affirmé : « Ils mangent quelques mots ou bien ils ne respectent pas la conjugaison. Mais nous, je pense que, quand on parle, on parle vraiment français parce qu'on respecte la conjugaison, les articles, tout ». Le choix des mots de Yasmina était particulièrement révélateur de son point de vue lorsqu'elle assimilait les mots manquants à un manque de respect, suggérant son opinion négative concernant les autres variétés de français. Hakim a ensuite étayé cette hiérarchie par un argument ethnocentrique selon lequel « dans toute l'Afrique de l'Ouest, il n'y a que les Sénégalais qui parlent bien le français ».

Fascinée par la tournure que prenait la discussion, je leur ai demandé d'exprimer plus précisément sa pensée :

H : Bon, c'est vrai que toute l'Afrique de l'Ouest a été colonisée par les Français mais nous avons la chance d'avoir cet accent-là, cet accent un peu différent des autres pays. Il y a le fait qu'on a eu des écrivains, comme Léopold Sédar Senghor qui était président de la République du Sénégal et était poète aussi. Ça a contribué à la culture du français, à la maîtrise du français. Il y a aussi le deuxième président, Abdou Diouf, qui vit maintenant en France. C'est vrai qu'il n'était pas poète mais il parlait très très bien le français. Il a fait ses études en France. C'est la raison qui fait que nous les Sénégalais, nous parlons mieux le français que dans les autres pays de l'Afrique de l'Ouest.

Y : Il y a aussi que peut-être les Français ont colonisé d'autres pays mais qu'ils étaient plus basés au Sénégal.

H : Voilà, ça aussi. Il y avait vraiment la base au Sénégal.

Y : Entre Gorée et Saint-Louis.

H : Si tu entends les Ivoiriens parler, on sait que c'est un Ivoirien. Les Ivoiriens ne prononcent pas le R. R, ils ont du mal à le prononcer. Les autres pays aussi comme le Congo, parfois, ils

ne mettent pas l'article. Par exemple, pour dire « je veux »,
parfois ils ne conjuguent pas. Parfois ils parlent comme
Tarzan. Tarzan, quand il parle, il ne conjugue pas. Il dit
« vouloir partir », « moi, avoir faim » voilà.

Hakim a couché son explication dans un cadre historique. Il a
présenté une existence historique partagée, sous la colonisation, mais
a fait valoir que par chance, un accent différent a évolué au Sénégal
par rapport au reste de l'Afrique francophone.[10] Il a attribué la nature
positive de cette variété française à l'impact que les ancêtres de la
République sénégalaise ont eu sur la création de l'État ; un État qui
valorise la langue française. Hakim a mentionné que les deux anciens
présidents Senghor et Diouf ont étudié en France, ce qu'il a assimilé
à une certaine fierté de la maîtrise de cette langue, ce qui l'a conduit
à conclure que les Sénégalais parlent mieux le français que les
citoyens de tout autre pays d'Afrique francophone. Yasmina a
ensuite ajouté un détail clé à la perspective historique de Hakim en
soulignant le statut important du Sénégal sous l'empire colonial.

Hakim est passé d'une perspective historique à une
démonstration linguistique profane, détaillant l'incapacité supposée
des Ivoiriens à prononcer le R uvulaire français et leur mépris des
conjugaisons. Ce qui m'a frappée, cependant, ce ne sont pas les
preuves qu'il a fournies mais la façon dont il a dressé son étude de
cas, en comparant leurs discours à celui de Tarzan.[11] Frantz Fanon a
diagnostiqué un « complexe d'infériorité » chez les colonisés, qui
persiste dans le contexte postcolonial : une partie de la stratégie
coloniale consistait à forcer psychologiquement les sujets du
colonisateur à se soumettre en établissant comme évidente leur
infériorité en matière de langue et de culture.[12] Fanon a écrit
spécifiquement sur la façon dont les Martiniquais qui allaient en
France étaient prêts à tout pour acquérir l'uvulaire français R, car
maîtriser la langue française standard signifiait devenir civilisé,
devenir blanc, ou du moins mettre un « masque blanc » sur la « peau
noire », pour citer son célèbre titre. La description par Hakim des
Ivoiriens parlant comme Tarzan est une reproduction des stéréotypes
racistes coloniaux. Dans ce cas, les Sénégalais jouent le rôle des
Blancs et les autres Africains celui des Noirs.[13] La conversation s'est

ensuite conclue autour de l'idée commune que les Ivoiriens parlent le français comme s'il s'agissait d'une de leurs langues, faisant apparemment une distinction avec le français sénégalais, qui est principalement réservé aux domaines de l'administration et de l'éducation. Ce domaine limité du français suggère également une distinction de classe dans laquelle seuls les Sénégalais d'une certaine classe peuvent avoir accès au français.

Cependant, Nyambi m'a montré que ces comparaisons n'étaient pas uniquement faites entre les pays d'Afrique de l'Ouest mais aussi avec la France métropolitaine : « Quand on est venu en France c'est tout-à-fait différent. Ma première difficulté, moi, j'avais du mal à comprendre les gens. » Il m'a raconté sa difficulté à comprendre le français en France, laissant entendre que la façon dont les Français parlaient dans la rue était inférieure à sa propre variété. L'expérience de Nyambi est intéressante car c'est généralement le « locuteur natif » qui a du mal à comprendre l'étranger lorsqu'il parle la langue officielle. D'autres répondants ont fait écho au sentiment de Nyambi, en décrivant la manière dont les soi-disant Français de souche (c'est-à-dire les locuteurs natifs blancs) leur avaient dit qu'ils (les Sénégalais) parlaient mieux que les « vrais » Français. [14] Par exemple, après avoir loué le système éducatif francophone au Sénégal, Hakim a expliqué : « Quand nous sommes venus en France, nous n'avons vraiment pas de problème. La preuve est qu'il y a des étudiants, des élèves [sénégalais], qui viennent continuer leurs études ici [en France]. Et ils réussissent beaucoup mieux que les Français qui sont élevés ici. » Pour les Sénégalais les plus instruits, la maîtrise et l'utilisation d'un registre plus formel du français confèrent un pouvoir linguistique.

La discussion sur la place du français sénégalais par rapport aux autres variétés africaines de français et même par rapport aux variétés de français parlées en France marque une valorisation et une hiérarchisation évidentes. Le discours des interrogés se prête à une analyse postcoloniale classique centre versus périphérie. Alors que le centre fait traditionnellement référence aux communautés économiquement avancées de l'Occident par opposition aux pays économiquement périphériques du monde « en développement », le

Sénégal peut être considéré comme occupant une position centrale par rapport au reste de l'Afrique francophone sur la base des différentes attitudes exprimées par plusieurs de mes interlocuteurs de la diaspora sénégalaise. Comme nous l'avons vu plus tôt, plusieurs ont mentionné que de nombreux ancêtres de la république, notamment Senghor, ont vécu et étudié en France. Ils ont immortalisé Senghor comme le précurseur d'une nouvelle ère qui n'a cessé d'être imprégnée de cette culture du français, du beau français, ce qui confère à Senghor un statut spécial par rapport à d'autres pays ayant une histoire coloniale similaire. De nombreux interrogés mettent également en avant les liens éducatifs étroits entrevus entre le Sénégal et la France, même cinquante ans après l'indépendance.

Ce qui est plus étonnant, cependant, est la façon dont certains locuteurs sénégalais se considèrent comme occupant une position centrale par opposition à la position périphérique des locuteurs français blancs natifs. [15] Selon la définition avancée par Suresh Canagarajah, le Sénégal ne peut pas être une représentation du centre en raison de sa position subordonnée en tant qu'espace anciennement colonisé. [16] Cependant, comme nous l'avons vu avec la citation de Hakim, les résultats de mes entretiens suggèrent que de nombreux Sénégalais instruits ayant suivi un cursus universitaire au Sénégal qui poursuivent leurs études en France considèrent leur variante du français standard comme étant aussi bonne, voire meilleure, que les « propriétaires » originaux de la langue française. Que signifient ces perceptions dans la définition et la compréhension du statut de centre ? Je soutiens que les théoriciens qui explorent les notions actuelles de centre et de périphérie devraient tenir compte de la manière dont les immigrants comprennent l'utilisation et les capacités de la langue dans un contexte postcolonial. Pour ces théoriciens, il pourrait être utile d'avoir une définition moins restrictive de ce que signifie être un membre du centre ou de la périphérie et d'étudier comment le modèle centre/périphérie s'applique à différentes situations. Pour développer davantage l'argument du centre face à la périphérie, la relation entre l'ancien colonisateur et le colonisé n'est pas la seule dichotomie qui mérite d'être discutée. Le Sénégal peut être considéré comme occupant une position centrale dans le contexte africain francophone en raison de sa position historiquement centrale, c'est-à-dire sa proximité culturelle perçue avec la France. Après la décolonisation, les vestiges de ce positionnement sont restés dans la psyché de certains Sénégalais, le Sénégal devenant une sorte de nouveau centre.[17]

Cependant, l'Occident ne représente pas seulement un emplacement géographique, mais implique également des composantes raciales et de classe. Alors que les membres du centre sont généralement supposés être des Européens blancs, si nous limitons notre considération du centre par rapport à la périphérie à l'Afrique francophone, la composante raciale est réarticulée. On pourrait lire Hakim comme soutenant essentiellement que les Sénégalais sont plus proches de la « blancheur », réelle ou imaginaire, que les Ivoiriens, les Congolais ou les autres Africains. Le paradigme du Sénégal comme centre est donc une reproduction du racisme colonial. Le seul point où il renverse les hypothèses coloniales est lorsque les locuteurs sénégalais se placent au-dessus des locuteurs français de France dans la hiérarchie du prestige linguistique. Cependant, la préservation de la hiérarchie linguistique elle-même dépend toujours des prémisses colonialistes et racistes, comme Fanon l'a articulé. Il est important d'aborder également l'élément de classe, dans lequel les élites du Sénégal occupent un statut central par rapport au reste du Sénégal et aux élites et masses des pays francophones voisins. La prise en compte de la classe et de l'éducation permet d'expliquer pourquoi Ouria, qui n'a pas terminé ses études secondaires, n'était pas à l'aise pour parler français ; une expérience très différente de celle de Nyambi, Yasmina et Hakim. La relation que les Sénégalais instruits d'aujourd'hui entretiennent avec la langue française fait écho à la manière dont les élites de l'époque coloniale pouvaient accumuler du capital culturel grâce à une éducation coloniale et à des voyages en France.[18] Il est important de noter que cette question de classe dissimule la question raciste latente de savoir qui est le meilleur pour imiter la blanchité. Par conséquent, s'il est compréhensible qu'une personne s'efforce d'acquérir la version de la langue qui lui confère le plus de capital symbolique, il est important de ne pas ignorer la manière dont les différents types de français sont hiérarchisés par les attentes raciales et de classe associées à ces variétés de français.[19]

APPRENDRE L'ITALIEN MALGRÉ
SON INSIGNIFIANCE MONDIALE

Alors que la section précédente s'est penchée sur le français, une langue très influente dans l'imaginaire culturel sénégalais, cette section explore l'italien, qui occupe l'extrémité opposée du spectre en ce qui concerne le même imaginaire, même s'il s'agit de langues étroitement liées. Très peu de personnes que j'ai interrogées s'intéressaient à l'italien ou y étaient exposées lorsqu'elles vivaient au Sénégal. En outre, la grande majorité des personnes interrogées ayant une opinion sur la langue italienne vivaient actuellement à Rome.[20] Alors que les personnes interrogées dans le cadre de mon étude situaient souvent la langue française dans un contexte mondial, beaucoup d'entre elles avaient tendance à parler de la langue italienne comme d'une langue essentiellement confinée à l'Italie. De plus, en ce qui concerne le français, ils conceptualisaient des hiérarchies dialectiques qui s'étendaient à la France et à l'Afrique francophone, tandis qu'en ce qui concerne l'italien, ils réfléchissaient davantage aux variantes régionales présentes en Italie.

Lors des entretiens menés à Rome sur leurs désirs d'apprendre l'italien, de nombreux Sénégalais ont fait remarquer que le manque de proéminence de l'italien dans le monde ne les incitait guère à apprendre cette langue. Au départ, il semblait que ce manque de motivation aurait pu avoir un impact négatif sur l'acquisition de l'italien, mais cet impact est contrebalancé par d'autres facteurs, notamment le sentiment que le multilinguisme est une bonne chose et que l'objectif est d'apprendre autant de langues que possible. Par conséquent, certaines personnes interrogées considéraient l'apprentissage de l'italien comme le simple ajout d'une langue supplémentaire à leur répertoire linguistique. Le multilinguisme célébré au Sénégal persiste lorsque les immigrants sénégalais émigrent en Italie : ils continuent à parler les langues maternelles et à acquérir de nouvelles langues.

Beaucoup de mes interlocuteurs se sont appuyés sur le français pour apprendre l'italien, car ce sont deux langues romanes qui présentent de nombreuses similitudes. Par exemple, Alfa, un homme de 39 ans originaire de Dakar, titulaire d'un diplôme d'études secondaires et ayant une certaine expérience de l'université, a affirmé qu'en tant que francophone, l'apprentissage de l'italien était assez simple : *Se hai studiato abbastanza francese, parlare italiano non è difficile. Prendere un dizionario, guardare per esempio il significato di tutto, guardare la televisione, parlare con la gente. Nel giro di un mese, quasi parlavo italiano.* (Si vous avez suffisamment étudié le français, parler italien n'est pas difficile. Prenez un dictionnaire, cherchez la signification de tout, regardez la télévision, parlez aux gens. En un mois, je parlais presque italien.) Avec une solide formation en français, Alfa s'est simplement immergé dans des contextes italiens et a utilisé un dictionnaire pour l'aider à faire des liens entre le français et l'italien.

Cependant, tout le monde ne peut pas autant compter sur le français, et l'alphabétisation en français en particulier, qu'Alfa. Ndiaga a le même âge qu'Alfa, mais n'ayant fréquenté que quelques années l'école primaire, il a un bagage éducatif beaucoup plus limité. Ce dernier a trouvé l'apprentissage de l'italien assez difficile au début, car le français et l'italien parlés ne se ressemblent pas du tout. Ndiaga a raconté avec émotion une expérience vécue juste après son arrivée en Italie, lorsqu'il est allé chercher des œufs au magasin local parce qu'il en avait assez de manger des pâtes tous les soirs :[21] *Il problema è che io non so come si dice « uovo » in italiano.* [Rires] *Ho cercato di fargli capire. Ho cercato di parlare anche in francese* 'des oeufs' *ma loro non capiscono.* 'Io voglio comprare des œufs.' 'Je veux acheter des œufs.' ... *Un altro giorno... volevo acqua. Ma non sapevo come si dice acqua in italiano. Se tu mi dici, « dammi un po' d'eau » non capisco.*[22] *Loro non capiscono.* (Le problème est que je ne sais pas comment on dit œuf en italien. J'ai essayé de leur faire comprendre. J'ai essayé de dire en français « des œufs », mais ils n'ont pas compris. « Je veux acheter des œufs. Je veux acheter des œufs. »... Un autre jour, je voulais de l'eau. Mais je ne savais pas comment dire eau en italien. Si tu me dis : « *dammi un po'* d'eau ». Je ne comprends pas. Ils ne comprennent pas.) Si sa tactique consistait à s'appuyer sur le français, une méthode que les personnes interrogées ont largement utilisée, *œufs* est l'un des mots les moins susceptibles d'être compris par les autres locuteurs romans, car le mot a été réduit à un simple son vocalique : [ø].[23] Il a été confronté à la même difficulté lorsqu'il a demandé de l'eau, un autre son voyelle simple en français : [o]. Une fois de plus, son incapacité à exprimer ce qu'il voulait par le biais des cognats l'a laissé les mains vides. Il riait en racontant cette histoire, mais dix ans plus tôt, un tel épisode était synonyme de frustration et d'impuissance.

Cependant, de nombreuses personnes interrogées disposent d'autres langues pour les aider dans leur quête d'apprentissage de l'italien en plus du français. Par exemple, Ibou explique que certaines personnes s'appuient sur les langues nationales sénégalaises pour faciliter leur apprentissage de l'italien : *Le lingue nazionali africane, o wolof, o pulaar, sono molto simili all'italiano... Wolof, pulaar sono scritti con l'alfabeto latino e spesso si leggono come l'italiano. Si leggono come si scrivono.* (Les langues nationales africaines, comme le wolof ou le peul, sont très proches de l'italien. Le wolof et le peul s'écrivent avec l'alphabet latin et se lisent souvent comme l'italien. Ce sont des langues lues comme elles sont écrites.)[24] Par ailleurs, Biondo, un artiste dakarois de 34 ans, surnommé Biondo en raison des cheveux blonds qu'il portait à son arrivée en Italie, a déclaré que le contexte multilingue du Sénégal l'avait aidé à apprendre l'italien sans effort : *Siamo abituati a parlare tante lingue in mezzo alla strada. Io non ho mai studiato l'italiano e lo scrivo perfettamente.* (Nous sommes habitués à parler plusieurs langues dans la rue. Je n'ai jamais étudié l'italien, et je l'écris parfaitement). Venant d'un pays où seule la langue officielle est enseignée à l'école tandis que toutes les autres langues sont apprises dans la sphère familiale ou dans la rue, les Sénégalais sont socialisés à apprendre plusieurs langues dans des contextes variés.

Une analyse plus détaillée de l'usage du multilinguisme est présentée dans mon étude au chapitre 4, mais le consensus général parmi mes interlocuteurs de Rome était le suivant : si les gens décidaient de s'installer dans un pays étranger, ils devaient apprendre la langue. D'autres affirmaient que l'italien valait la peine d'être appris parce qu'il ouvrait la porte à des opportunités d'emploi et rendait la vie quotidienne en Italie beaucoup plus facile. Parallèlement, presque tous les informateurs considéraient l'italien comme extrêmement limité et utile uniquement en Italie. Comme la plupart d'entre eux supposaient qu'ils vivraient en Italie pour une courte période, ils faisaient valoir que l'italien leur serait peu utile après leur retour au Sénégal ou leur déménagement dans un autre pays.

Néanmoins, mes interlocuteurs ne considéraient pas uniquement les raisons pratiques de l'apprentissage de l'italien ; ils étaient influencés par une diversité d'autres facteurs, dont certains ont entravé leur désir d'apprendre l'italien. La conversation suivante avec Ablaay, un homme de 40 ans originaire de Casamance dans le sud du Sénégal, souligne les multiples désirs qui peuvent influencer un être linguistique. Lorsque je lui ai demandé quelles langues il souhaitait que ses enfants apprennent, il a indiqué toutes les langues sauf l'italien. C'était une déclaration plutôt surprenante pour quelqu'un qui vivait en Italie depuis cinq ans, qui ne savait pas quand il rentrerait au Sénégal et qui décrivait l'italien comme une langue qu'il pouvait parler couramment :

M : Se tu hai bambini, quale lingua vuoi che parlino ?

A : Voglio che parlino tutte [le lingue] essetto l'italiano.[25]

M : Eccetto l'italiano ?

A : L'italiano si parla solo qua. La lingua internazionale, se parli, si può lavorare. L'italiano è una lingua che solo si parla in questo paese. E poi, sai che il Black no può trovare il lavoro che vuole qua. Perché quelle persone che vedi lavorare qua, tutte quelle che sono venute qua hanno cambiato professione.

[M : Si vous avez des enfants, quelle langue voulez-vous qu'ils parlent ?
A : Je veux qu'ils parlent toutes les langues sauf l'italien.
M : Sauf l'italien ?

A : L'italien n'est parlé qu'ici. La langue internationale, si vous la parlez, vous pouvez travailler. L'italien est une langue qui n'est parlée que dans ce pays. Et donc, vous savez qu'une personne noire ne peut pas trouver le travail qu'elle veut ici. Parce que les gens que tu vois travailler ici, tous ceux qui sont venus ici ont changé de métier.]

Si cette citation montre combien le manque d'importance de la langue italienne à l'échelle mondiale influence les opinions à son sujet, le lien entre la langue et la capacité à travailler est plus révélateur. En soutenant que sa capacité à travailler en Italie a été sévèrement étouffée non pas pour des raisons linguistiques mais pour des raisons raciales, Ablaay montre de quelle manière les expériences liées à sa couleur de peau ont affaibli sa motivation instrumentale à apprendre l'italien, pourtant pratique. Cependant, ses sentiments et ses désirs contradictoires illustrent la complexité et le dynamisme de l'investissement linguistique car, bien qu'il ait affirmé qu'il ne voudrait pas que ses enfants parlent italien, il a lui-même montré sa fierté de pouvoir le parler couramment.

Les personnes que j'ai interrogées n'ont pas seulement exprimé leurs souhaits concernant l'apprentissage de l'italien standard ; beaucoup avaient aussi énormément à dire sur les dialectes italiens. D'un point de vue pratique, il serait logique de se concentrer sur l'apprentissage de l'italien standard, en particulier parce que beaucoup des personnes interrogées ont vécu dans différentes régions d'Italie alors qu'elles cherchaient des opportunités d'emploi. Cependant, beaucoup d'entre elles pouvaient également parler au moins un peu de n'importe quel dialecte régional qu'elles rencontraient.[26] Par exemple, Anta est une danseuse de 26 ans originaire de Dakar qui vit à Rome depuis cinq ans. Sa sœur, Ngoné, l'a rejointe à Rome il y a deux ans. En tant que membres d'une troupe de danse qui voyageait dans toute l'Italie, elles ont décrit l'utilisation de l'italien standard comme une langue de médiation lorsqu'elles étaient sur la route. Lorsque je leur ai demandé si elles parlaient d'autres variétés d'italien, Anta a répondu :

A : Forse romano, un po' perché abitiamo a Roma. Quando vado io nelle altre città per fare spettacolo, quando parlo con loro, loro dicono « eh, tu, tu sei romana. » [Rires] ...

M : Preferisci l'italiano standard o l'italiano romano ?

A : L'italiano standard è meglio, così. Puoi parlare con tutti. È la lingua giusta.

[A : Peut-être le romano, un peu, parce que nous vivons à Rome. Quand je vais dans d'autres villes pour des spectacles, quand je parle avec eux, ils disent : « Huh, toi, tu es romaine ».[Rires]...

M : Préfères-tu l'italien standard ou le romanesco ?

A :   L'italien standard est bien mieux. Tu peux parler à tout le monde. C'est la langue correcte.]

L'adjectif *giusta* (correcte) et la nature inclusive de *puoi parlare con tutti* (tu peux parler à tout le monde) valident l'italien standard.[27] Cependant, bien qu'elles préfèrent l'italien standard pour des raisons pratiques, la façon dont Anta riait lorsque les gens d'autres villes l'appelaient romaine suggère un certain attachement à cette identité régionale que le dialecte lui offrait. Elle s'est approprié des aspects de la culture locale, qu'elle a adopté et qui l'a adoptée.

Keita, un musicien dakarois de 33 ans, a exprimé de manière très explicite la différence entre l'italien standard et le dialecte romain, le romanesco, lorsqu'il m'a dit : *'Cosa stai a fa' ? cerco di dirti in italiano, Che cosa stai facendo' ?* (Que fais-tu ?, j'essaye de dire en italien,   Que fais-tu ?). La préposition a avec un infinitif tronqué est un remplacement du présent progressif, un phénomène que l'on retrouve en romanesco.[28] Keita a appris à reconnaître les différences et a atteint un niveau de compétences suffisamment élevé dans les deux variétés pour pouvoir les utiliser dans leurs contextes respectifs. Dans les faits, il n'était pas inhabituel que les personnes interrogées ainsi que d'autres membres de la communauté sénégalaise fassent ces distinctions. Lorsque je leur demandais s'ils parlaient l'italien standard, le romanesco ou d'autres variétés, la plupart des gens ont répondu qu'ils parlaient principalement l'italien standard, même s'ils se rapprochaient souvent de la variété de leur interlocuteur. Par exemple, Alfa, qui avait passé encore plus de temps en Italie que Keita, traitait les variations locales de la manière suivante : *Anche gli Italiani, non è che loro parlano l'italiano al cento per cento perfetto. Io cerco di parlare l'italiano perfettamente. Per se sei a Roma e tu parli con una persona romana, subito tu parli romano* (même les Italiens, ce n'est pas comme s'ils parlaient l'italien parfait à 100 % ... J'essaie de parler italien parfaitement. Mais si tu es à Rome et que tu parles avec un

Romain, subitement tu parles romano). Tout comme au Sénégal, où les gens passent d'une langue à l'autre pour s'adapter à la diversité multilingue du pays, de nombreux Sénégalais que j'ai interrogés à Rome s'adaptent à la riche gamme de dialectes lorsqu'ils voyagent en Italie en apprenant quelques mots de chaque région traversée.

VALORISATION DE L'ANGLAIS/DES ANGLAIS

L'anglais occupe une place beaucoup plus importante que l'italien dans l'imaginaire culturel sénégalais. Parallèlement, les attitudes sont moins complexes que celles concernant le français. Le prestige de l'anglais par rapport au français peut sembler surprenant compte-tenu de ses implications coloniales ; l'anglais était également une langue coloniale, comme en témoigne le fait que la Gambie, qui coupe le Sénégal en deux, est un pays anglophone et une ancienne colonie britannique. Cependant, dans l'imaginaire sénégalais, l'anglais n'est pas considéré à travers le même prisme postcolonial que le français, très probablement parce qu'il n'a pas été la langue colonisatrice du Sénégal. [29] Je n'ai reçu pratiquement aucun avis négatif sur la langue anglaise, qui suscite peu de dédain d'un point de vue postcolonial et beaucoup de respect en raison de son influence mondiale. Alors que la rhétorique de certains pays, comme la France, décrit l'imposition de l'anglais comme force de mondialisation, au Sénégal et dans sa diaspora, cette langue est accueillie avec relativement peu de réticence. Dans les trois pays, la plupart des personnes interrogées ont décrit l'anglais comme une langue utile, amusante et recherchée. Cependant, un examen plus approfondi révèle la manière dont la construction de l'anglais devient nuancée lorsque nous examinons les différents types d'anglais auxquels de nombreux Sénégalais sont exposés.

Le cas de l'anglais à Paris est intéressant car la position de l'anglais dans l'imaginaire culturel sénégalais se heurte à sa position dans l'imaginaire culturel français. De nombreuses personnes interrogées ont juxtaposé leur désir d'apprendre l'anglais avec l'indifférence ou le mépris qu'ils voyaient chez de nombreux Français à l'égard de l'anglais. Par exemple, j'ai interviewé Nafi, une femme d'une cinquantaine d'années originaire du Fouta, dans le nord du Sénégal, qui vivait à Paris depuis 18 ans. Bien qu'elle ne parle pas l'anglais, elle aimait cette langue : « Il n'y a pas beaucoup de Français qui savent parler anglais. Moi, j'aime bien l'anglais ». Latif, 27 et étudiant en master, originaire du sud-est du Sénégal qui poursuivait ses études à Paris, a également perçu cette relation tendue avec l'anglais en France : « Ici, il faut parler français. Néanmoins dans le milieu intellectuel, je crois que les gens ont compris qu'il faut nécessairement utiliser l'anglais. Dans la mentalité française, les gens ont tendance maintenant à utiliser l'anglais parce que l'anglais s'est imposé comme langue mondiale. » Alors que Latif expose une vision plutôt positive de l'anglais, il transmet l'expression d'une certaine négativité envers l'anglais à travers l'utilisation du verbe « s'imposer ». De nombreuses études décrivent la vision de la langue anglaise comme une menace à la fois pour la langue française et pour l'identité nationale française.[30]

À Rome, les personnes que j'ai interrogées réagissaient moins aux perceptions culturelles environnantes de l'anglais qu'au rôle que l'anglais jouait dans le monde ou dans la vie d'une personne.[31]   Par exemple, Keita m'a expliqué sa classification des langues européennes : *Le lingue servono. Soprattutto l'inglese. Voi siete fortunati perché con l'inglese, si comunica dappertutto. Potresti andare in Africa. Italiano, solo un po'. Il francese, un po,' sì.* (Les langues sont utiles. Surtout l'anglais. Vous [les anglophones] avez de la chance parce qu'avec l'anglais, vous pouvez communiquer partout. Où que vous alliez en Afrique. L'italien, seulement ici. Le français, un peu, oui). Il s'est assuré de souligner l'importance de toutes les langues mais a mis en avant l'importance de l'anglais pour sa portée mondiale. En outre, même s'il était originaire d'Afrique francophone, il parle de l'anglais comme de la langue qui permet aux gens de voyager dans toute l'Afrique. Il adopte une perspective continentale tout en indiquant l'importance accrue de l'anglais, même dans les espaces non anglophones.

Cet intérêt pour l'anglais dans les espaces non anglophones met en lumière les hiérarchies de prestige. À Paris et à Rome, la prouesse mondiale de l'anglais ajoute à son prestige. Mais comme le mentionne Diop, c'est la chute du français comme langue mondiale par excellence qui met en relief la hiérarchie actuelle. En outre, la friction postcoloniale produite par l'héritage du français situe le français au-dessous de l'anglais mais au-dessus de l'italien pour de nombreuses personnes. Si cette relation postcoloniale complexe renforce et dévalorise simultanément le prestige du français, certains facteurs historiques compliquent également la relation des individus à l'anglais. En d'autres termes, bien que dans mes résultats d'étude la langue anglaise n'induise pas le même type de friction que le français, toutes les formes d'anglais ne sont pas traitées de la même manière, comme en témoignent les attitudes à l'égard de l'anglais gambien. Un de mes collègues qui a passé beaucoup de temps au Sénégal suggère souvent à ses amis d'aller en Gambie s'ils veulent apprendre l'anglais, car c'est beaucoup plus proche et plus facile à visiter. La réaction est presque unanimement négative. Ils ne sont guère intéressés à aller en Gambie ou à apprendre l'anglais gambien. Peut-être ne considèrent-ils pas les habitants de la Gambie, un pays africain, comme les propriétaires légitimes de la langue anglaise, reproduisant inconsciemment les restrictions racistes autour de la légitimité de la langue. Peut-être le refus vient-il du fait que l'anglais y est une langue coloniale, alors que dans d'autres contextes, l'anglais peut être considéré comme la langue de la mondialisation. Ou peut-être que des destinations lointaines comme les États-Unis et la Grande-Bretagne semblent tout simplement plus intéressantes que de voyager dans un pays voisin.[32]

Dans le contexte new-yorkais, la plupart des personnes que j'ai interrogées étaient motivées pour apprendre l'anglais, soit pour s'aligner sur les locuteurs de leur environnement immédiat, soit en raison de son importance mondiale. Ce qui ressort de ces entretiens, cependant, est que l'anglais qu'ils s'attendaient à parler ou qu'ils ont appris à parler différait souvent de l'anglais qu'ils ont rencontré à New York. Parmi les personnes interrogées nées au Sénégal, la jeune génération, en particulier les plus instruits, a commencé à apprendre l'anglais de manière formelle lorsqu'ils étaient encore au Sénégal. Cependant, il existe des disparités entre le type d'anglais appris dans des contextes formels au Sénégal et les types d'environnements anglophones auxquels ils ont accès après migration. Selon les personnes que j'ai interrogées, les Sénégalais apprennent l'anglais britannique à l'école.[33] Par exemple, Charlotte, une Casamançaise de 45 ans qui a passé presque la moitié de sa vie à New York, a réalisé très tôt que ses bases en anglais ne l'avaient que peu préparée à la situation linguistique des États-Unis : « Quand je suis arrivée ici, la première chose que j'ai remarqué, c'est que vous parliez un anglais différent. J'ai appris l'anglais britannique. Ce n'est pas ce que j'ai appris [rires] ». De même, Daphne, l'épouse américaine blanche de langue maternelle anglaise de mon interlocuteur Omar, a remarqué l'évolution de l'anglais de son mari : « C'était beaucoup plus britannique. Beaucoup plus dans les règles de l'art. Il ne connaissait pas vraiment de mots en argot. Et au fur et à mesure de notre relation, il a ajouté de l'argot. Une fois qu'il est arrivé ici, son anglais a beaucoup changé. Je pense que son anglais est très bon maintenant ». En soulignant à la fois les caractéristiques britanniques et la nature académique de son anglais en notant qu'il était « plus conforme aux règles », elle semble confondre un dialecte britannique et un registre formel. Bien que l'on ne sache pas exactement à quels aspects de son anglais elle fait référence, le fait qu'elle assimile l'ajout d'argot à un anglais américain plus authentique traduit un jugement de valeur sur l'évolution de son anglais. Pour elle, Omar a été socialisé avec succès à l'anglais américain.

En outre, Daphne fait allusion à l'importance du cadre linguistique lors de l'apprentissage d'une langue étrangère ou seconde. À ses yeux, un bon anglais n'est pas nécessairement un anglais de manuel, un point de vue partagé par beaucoup d'autres. Par exemple, Idrissa, un homme de 31 ans originaire de Casamance, a fourni des détails sur son évolution pendant deux ans à New York, passant de quelqu'un qui s'efforçait de parler un anglais standard « parfait » à quelqu'un qui place désormais la communication au-dessus de tout :

> Ouais. Je veux dire que parfois j'ai des problèmes parce que mon anglais est un peu différent de celui de l'école. À l'école, on vous dit : « Voici la règle. C'est la grammaire. Tu dois respecter ça. Tu dois faire ça. » Mais quand je viens ici,

beaucoup de gens apprennent l'anglais dans la rue. Donc ils ne respectent pas ces règles. Parfois, quand j'ai entendu des gens dire, "J'vais faire ça" Je disais, "Allez, mec, pourquoi tu dis, 'J'vais faire ça' ? Tu dois dire, [lentement et prononcé] 'Je vais faire cela'. Ils disent, "J'veux." Je dis, "Pourquoi vous dites, 'J'veux' ? 'Je veux'. Allez, mec, ils m'ont dit, "On n'a pas le temps pour ça. La vie, c'est du temps. Tu dois parler rapidement. Il n'y a pas d'importance à ça. Ce qui est important, c'est la communication. Si tu te fais comprendre, c'est tout." J'ai donc finalement compris que c'est la chose la plus importante, la communication.

Alors que ces exemples font allusion à un spectre de registres d'anglais dans lequel il faut apprendre à naviguer, certains de mes interlocuteurs new-yorkais ont réalisé que le type d'anglais auquel ils étaient le plus souvent exposés n'était pas l'anglais standard, qu'il soit américain ou britannique. En raison de la démographie des quartiers dans lesquels vivent la plupart des communautés sénégalaises, quartiers qui ont tendance à être à faible revenu et moins blancs, les personnes avec lesquelles ils communiquent le plus souvent sont moins susceptibles d'utiliser l'anglais académique ou même l'anglais américain standard (SAE).[34] Julien, un ami d'Idrissa originaire de la même région du Sénégal, a raconté son expérience avec des formes grammaticales qu'il n'avait jamais vues en cours d'anglais au Sénégal : « *You ain't know. She ain't scared.* Quelque chose comme ça, c'est nouveau pour moi. Je n'ai jamais connu ce genre de phrase ». Grâce aux interactions avec ses amis, il a reçu un autre type d'éducation linguistique : « Ils m'apprennent parfois. Je dis : "S'il te plaît, je ne comprends pas ce que tu veux dire. Vas-y lentement. Ou vas-y mot par mot." "Tu es africain, mec. Tu ne comprends rien. Vas-y, vas-y, vas-y." Ils m'ont dit qu'ils n'étaient jamais allés à l'école. Ils m'ont dit qu'ils ne connaissaient pas le langage académique. Ils m'ont dit, "Tu as appris l'anglais au Sénégal, mais quand tu parles, on ne te comprend pas. Tu devrais aller au diable avec ton anglais académique." C'est drôle. C'est génial. »

Julien semble amusé par ce décalage entre l'anglais qu'il a appris dans un cadre scolaire sénégalais et l'anglais qu'il utilise lorsqu'il converse avec des amis à New York. Bien que l'anglais britannique qu'il parle soit considéré comme plus prestigieux dans certains contextes, dans son cas, cela le marque comme un locuteur non natif et un Africain, et donc quelqu'un qui n'appartient pas à cette communauté. Il a réalisé que s'il voulait créer un lien entre lui et son groupe d'amis, il devait s'adapter.

Si certains exemples reflètent un registre d'anglais plus informel, par exemple *gonna* et *wanna*, d'autres montrent une variation dialectale, en particulier l'utilisation de l'anglais vernaculaire afro-américain (AAVE). *You ain't know* et *she ain't scared* en sont de bons exemples. Bien que l'AAVE ne soit pas le seul dialecte anglais à utiliser *ain't* pour *am not* ou *isn't*, l'utilisation de *ain't* pour remplacer *didn't*, comme dans *you ain't know*, est une caractéristique distinctive de l'AAVE.[35] En effet, à travers les conversations dont j'ai été témoin avec Julien lorsqu'il parlait avec des amis au téléphone, je me suis rendu compte qu'il avait adopté les formes de l'AAVE. Et ses réflexions sur cette utilisation de la langue lors de nos entretiens ont révélé un désir de s'intégrer et d'être accepté dans une communauté parlant AAVE, même s'il décrivait ce discours comme un anglais non « académique ».[36] Le chapitre 4 examinera de plus près l'anglais non standard et sa relation avec la formation de l'identité en montrant que non seulement l'environnement immédiat influence les attitudes à l'égard de l'anglais, mais que la production culturelle américaine en général et afro-américaine en particulier influe également sur l'imaginaire culturel sénégalais.

Omar, quant à lui, a adopté une approche différente. Au lieu de fournir un effort de concertation pour parler d'une manière similaire à celle de son entourage, il a simplement reconnu la différence. Attribuant la différence linguistique à un sous-ensemble de la culture américaine, Omar s'est amusé :

> Quand je suis arrivé dans ce pays, le problème que j'avais, c'est que je ne comprenais pas ce que les gens disaient. Mais ensuite, j'ai réalisé que c'était la culture afro-américaine. On doit respecter ça, la façon dont ils s'expriment. [37]

Omar, qui vivait à Harlem, dans un quartier noir à faible revenu, mais qui étudiait à l'université de Columbia, une institution de la Ivy League à prédominance blanche et de classe moyenne à supérieure, était conscient de la façon dont il chevauchait quotidiennement deux environnements anglophones différents.

En outre, Omar était conscient de la façon dont son choix de continuer à utiliser principalement le SAE influençait directement la façon dont les autres le percevaient. Il s'est rendu compte du fossé qu'il entretenait avec la jeune génération de Harlem : « Ils savent tout de suite. Tu ne parles pas comme eux. Tu parles un anglais correct. Tu ne coupes pas les mots. Tu n'utilises pas d'argot. Tu parles simplement de la façon dont c'est censé être parlé. » Omar a été très explicite tout au long de ses entretiens sur son désir de parler un anglais « correct ». Il avait des idées bien arrêtées sur l'anglais acceptable, comme en témoignent des expressions telles que *the way it's supposed to be spoken* (« la manière dont cela doit être parlé »). Bien qu'il ait fait des concessions et n'ait plus insisté sur l'utilisation de caractéristiques britanniques plus visibles, il a maintenu, la plupart du temps, un registre élevé de SAE. Ce faisant, il transmet la manière dont il se positionne par rapport à la classe et au registre social.

Omar prenait beaucoup de plaisir lorsque son entourage le complimentait sur son usage de l'anglais. Par exemple, lors de nos entretiens, il a noté : « Certaines personnes l'adorent. Ils vous respectent pour cela. Surtout les femmes plus âgées ici. Quand vous parlez, elles disent : Oh, ce petit gars-là, ce jeune homme-là, il est intelligent. Tu viens d'Afrique, non ? ». Omar a imité les femmes plus âgées de son quartier en élevant le ton de sa voix et en utilisant les diminutifs qu'elles ont utilisés pour se référer à lui, comme « ce petit gars-là ». Ce qui est particulièrement fascinant, c'est que son utilisation du SAE l'a, dans ces cas de figure, marqué comme africain, créant une distinction entre les immigrants africains et les afro-américains. De plus, dans cet exemple, nous voyons une association positive entre l'africanité et l'utilisation de la langue qui s'oppose aux expériences d'Idrissa et de Julien avec des personnes plus proches de leur âge, où l'utilisation du SAE crée des barrières. D'une certaine manière, il s'agit d'une version du colorisme où le respect et les compliments reçus par Omar pour avoir parlé le SAE l'ont aligné sur une variété de la langue associée plus facilement aux locuteurs blancs. Cet exemple imite le phénomène que nous avons observé en ce qui concerne le français sénégalais et sa relation avec le statut de centre et l'émulation de la blanchité dans un contexte postcolonial.

LES LANGUES NATIONALES SÉNÉGALAISES EN DIASPORA

Jusqu'à présent, ce chapitre s'est principalement concentré sur les attitudes et les expériences des informateurs sénégalais vis-à-vis des langues européennes (français, italien, anglais). Cependant, les langues africaines jouent également un rôle central dans la formation de l'identité dans l'imaginaire culturel sénégalais. Cette section se penche sur le maintien et/ou la transformation des idéologies liées aux langues nationales sénégalaises, en examinant plus en profondeur la manière dont ces langues relient mes interlocuteurs à leurs communautés immédiates et à une diaspora sénégalaise plus large.

Comme plus de 80 % de la population sénégalaise parle le wolof, il n'est pas surprenant que de nombreux Sénégalais de la diaspora le parlent également. Cependant, avant de considérer l'utilisation de la langue wolof et les attitudes qui y sont liées, il est important de reconnaître que le wolof en tant que langue de facto du Sénégal est quelque peu contesté. Bien que je n'aie pas trouvé la même méfiance, et parfois, le même mépris pour le wolof que Fiona McLaughlin dans sa recherche sur les locuteurs peul au Sénégal, certaines des personnes que j'ai interrogées ont définitivement privilégié d'autres langues sénégalaises par rapport au wolof.[38]

Par exemple, à Paris, j'ai interviewé Faatu, une Parisienne de 28 ans dont les parents étaient originaires de Casamance.[39] Lorsque je l'ai interrogée sur la question de l'utilisation des langues sénégalaises, elle a souligné l'importance du diola : « Pour moi la priorité est de connaître parfaitement le diola avant d'apprendre le wolof. Le wolof, c'est secondaire ». Elle poursuit en expliquant que si elle ne nie pas l'importance du wolof d'un point de vue pragmatique, elle met l'accent sur l'aspect culturel : « L'importance pour moi c'est surtout de garder les racines. Je suis née ici, donc je n'ai pas la même culture que celle de mes parents. En fait c'est pour garder tout ce qui est culturel. C'est très important d'apprendre la langue maternelle ». En tant que Française d'origine sénégalaise, elle a reconnu qu'elle était différente de ses parents sur le plan culturel. L'apprentissage de sa langue maternelle l'a aidée à combler ce fossé culturel.

Ayant déménagé de Saint-Louis à Paris l'année précédente, Latif avait un profil différent de celui de Faatu, mais il a également souligné son attachement à une langue nationale autre que le wolof : « Je désire que la langue pular soit comme l'anglais, une langue internationale. Pourquoi pas ? Ça affirme la fierté. Donc je choisis et je préfère parler ma langue parce que si je perds ma langue, je perds la valeur culturelle qui peut passer les informations culturelles de ma race, mon pays. ».

Il s'est identifié comme étant d'origine peul et a souligné sa fierté de connaître le peul, qu'il a désigné comme étant sa langue, expression marqueur de cette propriété. Il a également mentionné le fait que si cette langue était considérée comme une langue internationale, elle serait encore plus respectée.[40] Assimilant la langue à la culture, il a fait valoir que s'il devait perdre sa capacité à parler sa langue, cela menacerait non seulement ses valeurs culturelles liées à son pays, mais aussi celles liées à sa race. Le chapitre suivant examine les constructions raciales concernant la négritude, mais je tiens à noter ici que la plupart des personnes que j'ai interrogées étaient également promptes à distinguer les différentes ethnies sénégalaises. Être peul ou wolof ou l'un des nombreux autres groupes ethniques est aussi important que d'être sénégalais, et l'un des meilleurs moyens d'afficher ces différences ethniques est l'utilisation de la langue.

Néanmoins, de nombreuses personnes interrogées, quelle que soit leur appartenance ethnique, parlaient davantage le wolof que les autres langues sénégalaises pour des raisons pratiques. Par exemple, Ndiaga, présenté plus haut, est originaire de Matam, une région peulophone du nord-est du Sénégal. Sa famille a déménagé à Dakar à l'époque de sa naissance, et il a donc passé la majeure partie de sa vie dans la capitale wolofophone. Lorsque je lui ai demandé s'il préférait parler wolof ou peul, il a répondu qu'il préfèrerait parler en wolof : *Perché per esempio sono nato tra gli wolof. Capisco tutto quello che dicono. Pulaar, ci sono certe parole che non capisco bene.* (Parce que par exemple je suis né parmi les Wolofs. Je comprends tout ce qu'ils disent. Pour le peul, il y a certains mots que je ne comprends pas bien). La préférence de Ndiaga est un excellent exemple des effets de la migration interne sur la langue au Sénégal. Si le peul est sa langue maternelle, le wolof est la langue de la capitale et celle qu'il connaît le mieux.

À New York, Mariama, une jeune femme de 26 ans née à Oakland et qui s'est rendue à Dakar de temps en temps, m'a partagé un vécu similaire. Alors qu'elle avait toujours pensé que sa famille était originaire de Dakar, elle a récemment appris qu'elle était en fait originaire de Podor, la ville la plus au nord du Sénégal, à la frontière avec la Mauritanie : « Ils ne parlaient que le pular. Ce n'est que lorsqu'ils ont quitté Podor pour trouver du travail à Dakar qu'ils ont dû apprendre le wolof, pour pouvoir s'orienter, trouver du travail et d'autres choses de ce genre. Quand j'ai compris ça, j'ai compris pourquoi mon père disait : Oh, tu dois apprendre le pular. Mais ensuite, ils parlent plus le wolof que le pular. Parfois, ils parlent pular, mais la plupart du temps, ils parlent wolof. Donc c'est difficile ». Cette anecdote réitère à la fois la forte histoire de la migration au sein du Sénégal, dont Dakar est le principal carrefour, ainsi que la primauté nationale du wolof. Même si le père de Mariama insistait pour qu'elle apprenne le peul, elle devait concilier ce lien culturel avec le fait que le wolof était la langue dominante, même parmi les membres de sa famille. Pour beaucoup, le wolof est un choix pragmatique.

Qu'elles considèrent le wolof au Sénégal ou dans la diaspora, la plupart des personnes interrogées s'accordent à dire que le wolof est une langue pratique à apprendre. Il permet de communiquer avec la grande majorité des personnes au Sénégal ainsi que dans les pays voisins. Il permet également de communiquer avec la plupart des Sénégalais du monde entier. Cependant, même avec la domination de la langue wolof, le Sénégal n'a pas encore fait du wolof une langue officielle.

Le maintien du français comme seule langue officielle indique le prestige que le français a encore en Afrique francophone ainsi que l'hésitation à élever une langue nationale au-dessus de toutes les autres dans ce pays multilingue. Cependant, cette situation multilingue et hiérarchique au Sénégal est réarticulée et nuancée lorsque les Sénégalais se rendent à l'étranger.

Dans certaines parties de la diaspora, parler le wolof est devenu synonyme d'identité sénégalaise. Le lien entre l'identité sénégalaise et le wolof n'est nulle part aussi évident qu'à New York. Little Senegal de Harlem est devenu une sorte d'enclave de la langue wolof où l'on est censé communiquer en wolof. Diallo, une jeune femme de 23 ans, née et élevée à Harlem, a brossé le portrait suivant de sa communauté : « Quand je vais à la 116ème, c'est là que je parle aux gens en wolof. Ou quand je vais au Sénégal, je parle en wolof. La plupart des Sénégalais, la plupart des Africains, vivent sur la 116ème. Donc tu vas juste là-bas en supposant qu'ils parlent wolof quelle que soit la manière dont ils s'habillent. »[41]

Pour Diallo, le Sénégal et Harlem sont tous deux des lieux d'échange en wolof, qu'elle considère de la même manière. Il y a également un amalgame entre Sénégalais et Africains. Diallo s'adresse à tous les Africains en wolof, qu'elle connaisse ou non leurs origines, s'attendant peut-être à ce qu'ils soient capables de communiquer avec elle parce que le contexte l'exige. Tout comme le wolof est la lingua franca au Sénégal pour établir une communication entre les différents groupes ethniques, le wolof s'est également imposé comme une lingua franca dans Little Senegal.[42]

Alors que Diallo décrivait la situation linguistique du Little Senegal, son amie Aminata, née et élevée à Dakar mais vivant à New York depuis cinq ans, s'est jointe à la discussion. Ensemble, elles ont dépeint Little Senegal comme un prolongement du Sénégal, un endroit où la nourriture et les autres marchandises sont échangées librement et dont la réputation remonte jusqu'au Sénégal lui-même :

> C'est comme si tu étais au Sénégal. Donc ça ne vous surprend pas de marcher et de parler en wolof ou d'entendre une personne

sénégalaise. Ce serait différent si j'étais, si j'étais disons à Times Square ou comme, vous savez, Central Park et que j'entendais des Sénégalais. Bien sûr, je me retournerais et je regarderais, qui dit ça ? Donc c'est différent. Donc quand vous êtes dans Little Senegal, 116ème rue, vous savez. Harlem est le seul endroit où tout le monde vient là. Si vous voulez de la nourriture sénégalaise, tout le monde sait que vous venez sur la 116ème. Toute l'avenue est pleine de nourriture sénégalaise, de Sénégalais, de magasins sénégalais, tout. Tout ce dont vous avez besoin qui vient du Sénégal, quand vous voulez parler ou poser une question sur quelque chose qui a à voir avec le Sénégal, vous devez toujours aller à la 116ème. C'est comme le pilier principal. Même les gens au Sénégal, ils ont entendu parler de la 116ème.[43]

Le cœur du Little Senegal, la 116ème rue, est le lieu de toutes les choses sénégalaises. Le fait d'entendre du wolof, de sentir la nourriture et d'acheter des produits typiquement sénégalais en est la preuve. Dans d'autres parties de New York, entendre le wolof est une expérience exceptionnelle. Au Little Senegal, ne pas l'entendre est exceptionnel.

Mais que se passe-t-il lorsque quelqu'un ne respecte pas ce contrat social implicite ? Alors que beaucoup de mes interlocuteurs nés aux États-Unis pouvaient parler le wolof, certains ne le pouvaient pas, et d'autres parlaient une variété jugée inférieure, ce qui suscitait la déception des membres de la communauté sénégalaise de New York. Par exemple, Ndiaye, âgée de 24 ans et originaire du Bronx, ami de Diallo, Aminata et Madina, et l'une des gérantes de l'organisme qui emmène des jeunes au Sénégal pour leur faire découvrir leur patrimoine, a déclaré ce qui suit :

> J'ai l'impression que beaucoup de Sénégalais me jugent avant même de savoir qui je suis. Comme les anciens de la communauté, parce qu'ils se disent automatiquement : « Oh, c'est une Américaine. Elle ne parle pas notre langue. » C'est drôle parce que quand je parle wolof, ils sont comme, « Oh, mais on dirait que tu viens de Gambie, au lieu du Sénégal. » Parce qu'en Gambie, ils parlent, ils ont été colonisés par les

Britanniques, donc ils parlent wolof et anglais. Au
Sénégal, les Français nous ont colonisés, donc nous avons
le français et le wolof. Maintenant, je suis à l'aise avec qui je
suis. J'ai vraiment l'impression que mes parents ont fait un
travail merveilleux avec tout ce qu'ils ont pu pour nous
apprendre, à moi et à mes sœurs, nos cultures et nos
traditions. Notre langue.

Pour Ndiaye, ce n'est pas son incapacité à parler le wolof mais sa
variété de wolof qui a permis aux autres, en particulier à une
génération sénégalaise plus âgée, de contester sa revendication
identitaire sénégalaise. En imitant les anciens lorsqu'ils disent « Elle
ne parle pas notre langue », elle a utilisé le marqueur déictique
« notre ». À ce moment-là, elle n'est pas incluse dans le « notre », car
il est évident que les anciens excluaient Ndiaye de toute
revendication sur le wolof. Cependant, Ndiaye n'est pas prête à
renoncer à sa revendication car plus tard, dans la même tournure de
phrase, elle s'est incluse elle-même en disant « notre langue » pour se
référer au wolof.

Il est surprenant qu'une influence historique européenne ait
des ramifications sur une identité hybride contemporaine à des
milliers de kilomètres de là. En raison de l'héritage historique du
colonialisme, une identité sénégalaise attachée au wolof est marquée
par le français, même aux États-Unis, un milieu non francophone.
En d'autres termes, les anciens qui ont admonesté Ndiaye
défendaient une identité sénégalaise qui a émergé en opposition aux
identités gambienne et américaine, nées respectivement des histoires
coloniales et migratoires, et avec lesquelles l'usage de l'anglais a créé
une différence. Cette prise de conscience nuance donc les multiples
hiérarchies linguistiques. Lorsque l'on considère les variétés
d'anglais, l'anglais américain est souvent plus respecté que l'anglais
gambien pourtant, dans ce cas, les deux variétés sont problématiques
dans la manière dont elles affectent le wolof. Par ailleurs, en ce qui
concerne les langues européennes, bien que l'anglais puisse avoir plus
de prestige que le français au Sénégal et dans la diaspora en raison de
ses prouesses mondiales et de l'absence d'association avec le
colonialisme français, dans le contexte de l'expression en wolof à

New York, la langue française est signe de prestige, en particulier pour les anciennes générations. [44] Comme Ndiaye, qui a eu des difficultés à revendiquer la propriété d'une identité sénégalaise lorsqu'elle a interagi avec certains membres plus âgés de la communauté sénégalaise en Amérique, Mariama (MM) a également reconnu la corrélation entre la capacité à parler le wolof et le fait d'être sénégalais :

MM : Je ressens un jugement du fait de ne pas pouvoir parler le wolof. Certaines personnes sont très véhémentes. Ils diront : « Comment peux-tu être sénégalaise ? » Eh bien, tu n'es pas sénégalais(e) lorsque tu ne parles pas la langue wolof.

M : Mais il y a de nombreuses langues au Sénégal.

MM : Oui. C'est vrai. C'est vrai. Mais le wolof. Tu dois être capable de parler le wolof. Cela fait de toi un ou une Sénégalais(e). Et hum, ça crée un problème pour moi parce que je ne vais pas ensuite me détourner et dire que je ne suis pas sénégalaise. Je ne peux pas renier mon héritage parce que je ne parle pas la langue, tu vois ?

Elle met en évidence le conflit entre son moi intérieur et son environnement extérieur car, alors qu'elle ne veut pas renier son héritage à cause de ses compétences linguistiques, son entourage lui suggère qu'elle est moins sénégalaise que d'autres. Les mots de Mariama sont très marquants notamment lorsqu'elle dit : « Tu dois être capable de parler le wolof. Cela fait de toi un ou une Sénégalais(e) ». Elle ne mâche pas ses mots lorsqu'elle parle de l'identité sénégalaise. Pour elle, Little Senegal fait croire que pour être vraiment sénégalais, le wolof est obligatoire.

Little Senegal représente la quintessence d'un espace où existe cette confusion entre parler wolof et s'identifier comme sénégalais. L'anecdote suivante impliquant Samba, le demi-frère de Madina, âgé de 31 ans, né et élevé en Caroline du Nord, démontre un lien entre la formation de l'identité au Sénégal et au Little Senegal. Pour montrer son soutien à l'organisme de Madina, il a accepté de prendre la parole lors de sa collecte de fonds à Harlem, dans un lieu qui organise de nombreux événements pour la communauté sénégalaise. À la fin de son discours devant un public majoritairement sénégalais, il s'est excusé de ne pas avoir parlé en wolof. Je lui ai demandé plus tard pourquoi il avait ressenti le besoin de le faire :

> Je voyais bien que mon message n'avait pas été entièrement reçu. C'est peut-être parce que j'étais habillé de façon non traditionnelle. Rien qui ne représentait la culture. Et puis c'est juste un wolof très limité que je parle. C'est, je pense qu'à cette collecte de fonds, c'était un grand non. Et aussi la jeune femme, je crois que son nom est [nom enlevé], elle ne parlait pas autant de wolof et était comme, comme au bord des larmes parce qu'elle ne pouvait pas s'exprimer. On s'attend à ce que vous sachiez quelque chose, juste un peu, vous savez parce que vous représentez, si vous allez au Sénégal et que vous enseignez l'anglais, mais nous voulons aussi qu'ils conservent une partie de leur culture. La partie africaine est ce que nous prêchons. Ce n'était pas représenté dans mon discours, qui était uniquement en anglais. Donc ces choses deviennent très très complexes, surtout lorsque nous voyageons au Sénégal avec ma sœur. Je veux dire qu'elle explique constamment, « Non non non, le fait qu'il ne connaisse pas le wolof n'est pas un indicateur de l'amour qu'il porte à son africanité. Tu sais, mais c'est juste qu'il ne l'a pas encore appris complètement. » [Rires] J'ai senti que je devais m'excuser à cause de la tension dans la salle. Quand j'ai commencé à parler, ils pensaient : « Ok, tu es sénégalais, qu'est-ce qui se passe ? C'est quoi le problème, mon frère ? » Tu sais ?

Ruminant les raisons pour lesquelles son message n'a pas été bien reçu, il a fait valoir que rien de ce qu'il a fait ne le lie à la culture sénégalaise. Bien qu'il ait mentionné que sa tenue occidentale a pu être problématique, il s'est attardé sur la question linguistique. Samba pense que la foule a mis en doute son authenticité et son désir de s'identifier en tant que Sénégalais principalement à cause de ses lacunes linguistiques. Il a essuyé des critiques similaires au Sénégal, suggérant que le wolof était une condition de l'identité sénégalaise, tant au Sénégal qu'au Little Senegal.

Little Senegal a également laissé sa marque par ce qu'il peut offrir aux consommateurs. Par exemple, de solides réseaux commerciaux transnationaux ont permis à de nombreux Sénégalais de contrôler les marchandises qui circulent dans le marché Malcolm Shabazz de Harlem.[45] De même, au fil des ans, entrepreneurs et restaurateurs ont ouvert des boutiques et des restaurants destinés aux sénégalais nostalgiques en particulier et aux Africains de l'Ouest en général. La description de la 116ème rue faite par Diallo et Aminata illustre bien ce phénomène. Même si l'embourgeoisement rapide de Harlem a rendu difficile pour de nombreux immigrants et résidents de longue date de vivre à Harlem, beaucoup optent maintenant pour des quartiers moins chers dans le Queens, le Bronx et Brooklyn ; le cœur de la communauté sénégalaise reste Little Senegal. Julien, par exemple, vit dans le Queens en raison des loyers moins élevés, mais vient à Harlem dès qu'il le peut pour la culture dynamique du Little Senegal.[46]

Pendant mon séjour à Rome, je n'ai pas trouvé d'endroit comparable au Little Senegal de New York, sans doute parce que la migration sénégalaise est très récente. S'il existe des communautés sénégalaises dans certaines villes du nord de l'Italie,[47] Rome est une destination trop récente. Néanmoins, je pouvais m'attendre à trouver des Sénégalais vendant leurs marchandises à l'extérieur de Roma Termini, la gare centrale. J'ai entendu que l'on y parlait principalement le wolof ce qui en faisait un endroit sûr pour trouver des interlocuteurs pour mes recherches. Cependant, même si je pouvais parier qu'ils seraient là tous les jours, il n'y avait aucune structure permanente représentant un espace sénégalais. Ils remportaient leur marchandise tous les soirs et revenaient le lendemain. En complément des marchés, la plupart des espaces publics sénégalais à Rome étaient des cours de musique ou de danse destinés à un public italien. Le seul endroit où je pouvais être sûr d'entendre du wolof était le restaurant sénégalais improvisé et secret, connu seulement de la communauté sénégalaise et de ses confidents. J'analyserai cet espace en détail au chapitre 4, car si le wolof est la principale langue qui y est parlée, cet espace est surtout fascinant par son multilinguisme.

Avec la longue histoire de la migration du Sénégal vers la France, on pourrait imaginer un espace sénégalais délimité à Paris, comparable au Little Senegal de New York, mais il n'en existe aucun. L'histoire plus longue de la migration africaine et arabe en France semble avoir eu l'effet inverse, intégrant certains sénégalais dans la société française, qui, à leur tour, minimisent les marqueurs culturels sénégalais. Ce phénomène apparaît comme cohérent avec les efforts d'assimilation français, qui demande aux migrants de défendre les idéaux sociétaux français au détriment des différences culturelles. Un autre facteur pourrait être que l'appellation sénégalaise est trop étroite pour les quartiers parisiens. Par exemple, le quartier de la Goutte-d'Or, situé près des stations de métro Château Rouge et Barbès-Rochechoart dans le XVIIIème arrondissement de Paris, a été surnommé la Petite Afrique.[48] Comme son nom l'indique, un mélange de personnes originaires de nombreux pays d'Afrique du Nord et d'Afrique subsaharienne y réside, reflétant la vaste étendue des anciennes possessions coloniales de la France ainsi que la proximité géographique de la France et de l'Afrique. Les marchés servent de lieu de rencontre central pour les Africains vivant dans tout Paris et sa banlieue. Les Sénégalais ne constituent qu'un des groupes démographiques qui partagent cet espace. Lorsque j'ai interrogé mes interlocuteurs sur les rassemblements sénégalais, j'ai appris qu'il n'existait pas d'espace spécifique et connu. Beaucoup d'entre eux avaient tendance à se rendre chez des amis, qui pouvaient se trouver n'importe où dans la ville et la banlieue.

Bien que Paris n'ait pas un espace florissant et spécifiquement sénégalais comme New York ou un endroit où l'on s'attend généralement à entendre du wolof, ma recherche offre une perspective différente mais tout aussi fascinante sur le rôle du wolof dans la formation de l'identité sénégalaise. Plus précisément, les données de Paris mettent en évidence un changement dans la façon dont les locuteurs français autoproclamés natifs puisent dans une tradition wolof qui n'existait pas vraiment pour eux lorsqu'ils étaient au Sénégal. Par exemple, Sébastien, originaire de Dakar mais qui a passé les huit dernières années à étudier et à travailler à Paris, explique le malaise qu'il a ressenti à grandir dans une famille francophone au Sénégal :

Pendant longtemps je n'ai pas aimé parler d'autres langues. Je parle wolof mais je ne parle pas très très bien. Je n'aime pas avoir de trop longues conversations en wolof avec les gens que je ne connais pas bien. En fait, le fait de vivre en France a renforcé mon wolof parce que quand je rencontre des gens du Sénégal, je parle systématiquement en wolof. Même avec ma famille, je parle plus en wolof depuis que je suis venu en France. Ça renforce un lien culturel.

Cet extrait attire l'attention sur les personnes qui ne possèdent pas une forte compétence dans une des langues nationales, notamment le wolof. Comment l'incapacité de parler le wolof couramment ou de manière non marquée influence-t-elle l'identification personnelle du locuteur ? Sébastien se décrit comme un francophone avant tout, mais comme je l'expliquerai plus loin dans le chapitre 2, la capacité à parler parfaitement le français en France ne donne pas nécessairement accès à une identité française, même si l'on a la nationalité française, comme c'est le cas de beaucoup de mes interlocuteurs parisiens.49 On est presque emprisonné dans un no man's land linguistique, en n'appartenant à aucun groupe. En outre, Sébastien a également souligné que l'investissement dans une langue pouvait changer lorsque l'environnement changeait. Il n'était pas à l'aise en wolof lorsqu'il vivait au Sénégal en raison des répercussions perçues sur son inadéquation linguistique. Cependant, le fait d'être loin de chez lui et de toutes les choses qui forment « sa maison » a transformé le wolof en un lien culturel pour lui. Le wolof s'est transformé, passant d'un facteur d'aliénation en une force de connexion qui l'a rapproché de son ancienne vie.

Sébastien n'est pas le seul à avoir remarqué une amélioration de sa capacité à parler une langue nationale sénégalaise après son déménagement en France. Salif, originaire de Dakar et actuellement étudiant en commerce à Paris, considérait le wolof comme sa langue maternelle mais ne le parlait pas couramment et était donc plus à l'aise en français. En s'installant à Paris, il a fait un effort considérable pour renouer avec sa culture :

C'est marrant. Le fait de t'éloigner de ta culture, de chez toi, c'est un souci. Je t'explique. La musique sénégalaise s'appelle le mbalax. Au début, quand j'étais au Sénégal, tu mets une chanson mbalax, arrête, j'ai envie d'écouter du RnB, j'ai envie d'écouter du rap, 50 Cent et tout. Dès que j'arrive en France, mes premiers mois, j'étais vraiment très très content d'écouter Youssou N'Dour. Ça me rapproche de chez moi. Je sens cette nostalgie. En France, quand tu vois un Sénégalais, c'est automatiquement le wolof qu'on parle. Par rapport aux autres qui habitent en Côte d'Ivoire, au Cameroun, eux, ils parlent beaucoup beaucoup beaucoup de langues chez eux. Au Cameroun disons 150–200 langues, je dois vérifier. Pour eux, c'est assez difficile de trouver quelqu'un qui parle leur langue. Chez nous, presque tout le monde parle le wolof. On se voit, automatiquement on le parle. C'est un truc qui nous rapproche. Tu te sens vraiment très proche de la personne. C'est un échange vraiment assez particulier. Il y a des choses que tu n'arrives pas à traduire en français.

Cet extrait est particulièrement révélateur car en abordant la nécessité de parler wolof, Salif a formulé ce besoin en lien avec la culture. Alors qu'il préférait écouter de la musique noire américaine au Sénégal, le processus de gestion de la rupture avec son pays d'origine a créé un nouveau lien avec la musique sénégalaise, en particulier le mbalax, une forme de musique populaire généralement chantée en wolof. Par conséquent, si le mbalax représente un lien avec sa culture sénégalaise, il le relie également à une langue sénégalaise qu'il hésitait à utiliser lorsqu'il vivait au Sénégal.

Salif fait ensuite une comparaison intéressante entre les migrants sénégalais et ceux d'autres pays d'Afrique de l'Ouest en France. Il note que, comme la grande majorité des Sénégalais parlent le wolof, une connexion instantanée s'établit avec les autres expatriés sénégalais hors du Sénégal. Alors que les personnes originaires d'un pays majoritairement monolingue comme les États-Unis peuvent considérer cette capacité comme allant de soi lorsqu'elles rencontrent des Américains à l'étranger, dans les pays dont les résidents parlent une variété de langues et dont les frontières ont été arbitrairement imposées par la colonisation, être capable de parler la langue d'un compatriote n'est pas garanti. Les références de Salif à la Côte d'Ivoire et au

Cameroun nous le rappellent. Salif fait également écho aux propos de Sébastien dans sa relation avec le français et le wolof, trouvant que le français est une langue plus facile à parler pour lui. Il raconte que ses amis sénégalais se moquent souvent de lui lorsqu'il parle wolof : « Ils se moquent de moi en disant, "Mais tu as grandi au Sénégal ?" Ils disent, "Est-ce que ta maman t'a parlé wolof ?" Et puis, ils me le traduisent en français. J'en profite pour apprendre notre langue. »

Bien que Sébastien et Salif se soient trouvés dans des situations similaires, Salif semblait moins gêné par ses compétences supérieures en français qu'en wolof. Cela peut s'expliquer par le fait qu'il ne se sentait pas seul dans cette posture. Il exprime un sentiment de fraternité en se référant au wolof comme « notre langue », en utilisant un marqueur déictique qui signale son lien avec le wolof par rapport aux autres locuteurs de la langue. Lorsque je lui ai demandé si le fait que ses amis se moquent de son wolof le dérangeait, il a répondu de manière réfléchie : « C'est vrai quand on se moque de toi, tu as tendance à dire je ne peux pas être assez sénégalais [rires] mais personne n'a une connaissance très très complète, surtout nous les jeunes ». La réponse de Salif suggère que l'utilisation du français lorsqu'il parle wolof n'affecte pas son identité en tant que Sénégalais. Cependant, il convient de s'interroger sur le type de wolof en question. Le wolof de Dakar est hétérogène : chaque personne utilise une combinaison de français et de wolof de manière dynamique.[50] De nombreux locuteurs sont conscients que le français influence leur wolof dans une large mesure. Salif explique que s'il ne connait pas certains mots ou expressions en wolof, dans d'autres cas, il est l'expert en wolof. Les jeunes de Dakar ont appris à s'y adapter, et ont adopté cette langue hybride et dynamique. Pour Salif, il était tout à fait naturel de ne pas se souvenir de certains mots en wolof, car le français est la langue principale dans de nombreux domaines linguistiques.

RÉFLEXIONS FINALES

À travers un prisme sociolinguistique, ce chapitre a examiné la nature complexe de l'acquisition et de l'utilisation des langues. En me concentrant sur les notions de motivation, d'investissement et d'appropriation de la langue, j'ai observé les interactions complexes de mes interlocuteurs avec leur propre répertoire linguistique ainsi qu'avec les sociétés et les communautés dans lesquelles ces langues sont parlées.

Dans le cas du français, les participants naviguent dans l'héritage direct du colonialisme et de l'empire français, ce qui conduit à des attitudes ambivalentes à l'égard de la langue française au sein de la communauté sénégalaise mondiale. Les hypothèses sur la langue française sont liées à la façon dont elle est conceptualisée au Sénégal ou dans la mentalité collective sénégalaise. Parce que le français porte le poids historique de ses liens avec la colonisation, un complexe d'infériorité concernant le choix, l'acquisition et l'utilisation de la langue est apparu, comme en témoignent l'exaspération d'Ouria à apprendre le français et la désapprobation de Karafa quant à la domination du français dans le paysage linguistique du Sénégal. Cependant, de manière surprenante, certaines des personnes que j'ai interrogées ont réussi à se positionner d'une manière qui défie cette infériorité perçue, en la renversant. Par le biais de différentes stratégies, telles que l'évocation d'une histoire coloniale en leur faveur ou la démonstration de la supériorité de leurs compétences linguistiques, même par rapport à certains francophones de France, ils ont refusé d'accepter une dévalorisation de leurs capacités linguistiques, d'une part, mais ont joué le jeu des stéréotypes coloniaux, d'autre part.

En ce qui concerne les attitudes des Sénégalais à l'égard de l'italien, mes interlocuteurs à Rome le considéraient comme une langue nationale ayant très peu de poids sur la scène mondiale et comme une langue essentiellement absente de l'imaginaire culturel sénégalais. Cependant, la plupart d'entre eux ont accepté d'apprendre l'italien avec plaisir et ont affirmé que le contexte multilingue auquel ils étaient habitués au Sénégal avait créé à la fois le contexte linguistique et la motivation pour apprendre une langue comme celle-ci. En fait, les personnes interrogées à Rome ont affiché un niveau de compétence qui a souvent surpris les italophones natifs. Ce phénomène, ainsi que l'absence générale de revendications de propriété sur l'italien, a fait que la majorité de mes informateurs avaient des opinions positives sur l'italien. Les réflexions sur les dialectes régionaux parallèlement à l'italien standard étaient également importantes car elles indiquaient l'importance accordée par les Italiens à la variété sociolinguistique régionale et influençait les conceptualisations de l'italien par les migrants sénégalais.

Parallèlement, en raison de son importance sur la scène mondiale, l'anglais commence à dépasser le français comme la langue la plus recherchée au Sénégal. Elle est presque universellement respectée, bien que des contextes spécifiques aient contribué à nuancer ces attitudes. À Paris, certaines des personnes interrogées ont repris les attitudes des Français à l'égard de la menace mondialiste de l'anglais. À Rome, les personnes interrogées ont évoqué ce que j'ai également constaté pendant mes études à Dakar : l'anglais est vital pour une communauté qui passe beaucoup de temps à se projeter au-delà de ses frontières. New York, en tant qu'espace à prédominance anglophone, illustre ce qu'il se passe lorsque les gens sont confrontés à des situations anglophones réelles plutôt qu'à des cours d'anglais. Qu'il s'agisse des divergences entre l'anglais britannique et l'anglais américain ou entre l'anglais standard et les variétés non standard, les personnes participant à mon étude ont reconnu leur besoin d'adaptation afin de communiquer efficacement ou d'incarner des identités sociales particulières.

Enfin, les langues nationales sénégalaises relient les gens à leurs racines culturelles et familiales. Bien que certaines personnes aient défendu des langues autres que le wolof, comme le peul, le diola et le sérère, la plupart des gens considéraient le wolof comme l'option la plus pragmatique pour communiquer au Sénégal et dans la diaspora. Le wolof est aussi conceptualisé comme un marqueur primaire de l'identité sénégalaise, surtout lorsque l'on se trouve à l'étranger, même si sa nature même change en fonction de la ville ainsi que de la situation globale et/ou postcoloniale du pays. À New York, Little Senegal est la quintessence de l'enclave wolofophone, où les personnes qui s'identifient comme sénégalaises mais qui ne parlent pas le wolof (ou la bonne variété de wolof) sont sanctionnées pour cette transgression. Le sentiment prévaut que l'on ne peut être vraiment sénégalais que si l'on parle le wolof, une dure réalité pour les Américains d'origine sénégalaise de la deuxième génération. À Paris, cette attente n'existe pas tout à fait en ces termes pour les Français d'origine sénégalaise, peut-être parce que la ville n'a pas d'équivalent exact du Little Senegal ou peut-être parce que prouver ses compétences linguistiques en français est un objectif plus urgent. En parallèle, certains francophones natifs qui ont grandi à Dakar trouvent que le wolof crée un lien culturel avec le Sénégal qu'ils n'avaient pas connu en vivant là-bas. Enfin, si les personnes que j'ai interrogées à Rome parlaient majoritairement le wolof, elles ne faisaient pas l'amalgame entre parler le wolof et être sénégalais. Le fait de parler wolof est considéré comme une évidence, et l'accent est mis sur le multilinguisme, en s'appuyant sur la notion de sénégalité globale.

Les chapitres suivants examineront de plus près la manière dont ces idéologies linguistiques influencent la compréhension de l'appartenance et l'accès à la légitimité pour les membres des communautés sénégalaises de Paris, Rome et New York. Comment les marqueurs identitaires tels que la compétence linguistique, la race, l'ethnicité, la nationalité, la citoyenneté et divers facteurs culturels interagissent-ils avec les discours nationaux dans chaque lieu ? Comment la notion de négritude est-elle formée et comprise à la fois dans les milieux à majorité blanche et parmi les sous-groupes à majorité noire ? Quelles sortes d'identités hybrides émergent lorsque mes interlocuteurs donnent un sens à leur place dans le pays d'accueil ainsi qu'au Sénégal ? Pour répondre à ces questions, le chapitre suivant étudiera en particulier la manière dont les attitudes linguistiques, tant au niveau personnel que sociétal, influencent les sentiments d'appartenance ainsi que la formation de l'identité, en particulier une identité racialisée ancrée dans la construction et la négociation de la négritude.

Chapitre II

S'exprimer en tant que Noir. La quête de légitimité dans les espaces d'exclusion

PARIS : PROUVER LA COMPÉTENCE OU PROUVER LA LÉGITIMITÉ ?

Par un matin maussade de décembre 2009 à Paris, j'ai assisté à une conférence sur l'enseignement organisée par l'Association pour l'enseignement et la formation des travailleurs immigrés et leurs familles (AEFTI). En m'installant dans l'une des chaises pliantes rembourrées qui bordent le mur du fond de la grande salle de conférence, j'ai remarqué que l'auditoire était en grande majorité blanc et féminin, ce qui est souvent le cas dans les espaces dédiés aux services aux migrants à Paris. La grande majorité de la centaine de participants portait des pantalons sombres et monochromes et écoutait attentivement la présentation du panel. Ils prenaient des notes avec la même intensité que celle qu'ils avaient utilisée pour sympathiser et se placer dans la salle quelques minutes plus tôt. Cependant, l'énergie de la salle a commencé à stagner lorsque Michel Aubouin, de la Direction de l'accueil, de l'intégration et de la citoyenneté (DAIC), a entrepris d'émettre ses remarques. L'auditoire était visiblement mal à l'aise avec la façon dont il avait formulé son discours. Il déplorait le fait que seul un faible pourcentage d'immigrants suivait des cours de français, et affirmait que l'apprentissage de la langue officielle du pays était essentiel pour obtenir la citoyenneté française. À la fin du discours de M. Aubouin, Véronique Laurens du CIMADE (Comité inter-mouvements auprès des évacués), une agence non-gouvernementale qui aide les demandeurs d'asile, les réfugiés et les immigrés, s'est levée et a contré les affirmations d'Aubouin, affirmant que le fait d'exiger des immigrés qu'ils prouvent qu'ils ont une certaine compétence en français pour obtenir la citoyenneté n'est pas seulement une exclusion mais peut au contraire empêcher l'acquisition de la langue. Si la France tournait le dos aux immigrants et leur refusait la citoyenneté en raison de la langue, cela constituerait une violation des droits humains. Alors que la grande majorité de l'auditoire se mettait à applaudir, l'énergie palpable quelques secondes plus tôt revenait.

L'article 21-24 du Code civil français actuel stipule que pour réussir l'examen de citoyenneté, un immigrant doit avoir une connaissance suffisante de la langue, de l'histoire et de la culture de la société française : « Nul ne peut être naturalisé s'il ne justifie de son assimilation à la communauté française, notamment par une connaissance suffisante, selon sa condition, de la langue, de l'histoire, de la culture et de la société française ».[1] La loi établit un lien direct entre l'assimilation à la société et les compétences linguistiques et culturelles.[2] Cependant, le fait d'exiger des immigrants qu'ils prouvent leur niveau de compétence linguistique est controversé. Faisant écho à la crainte de Laurens que la loi soit vectrice d'exclusion, James Archibald affirme que « la France met elle aussi un accent très important sur la langue dans l'évaluation des candidats à la naturalisation dont un pourcentage non négligeable se voit refuser la nationalité française pour des raisons de défaut d'assimilation linguistique ».[3]

Cette politique, qui souligne la relation entre la langue et la citoyenneté, suggère qu'une fois que l'on sait parler français, on est un membre intégré de la société, accepté par la grande communauté française. Cependant, les locuteurs français, même ceux qui sont des locuteurs natifs, racontent souvent une histoire différente. Interroger le concept de locuteur natif permet d'élucider le décalage entre la politique linguistique et la réalité à laquelle sont confrontés ces locuteurs français qui sont positionnés comme des personnes extérieures à la société. Il existe un mécanisme de contrôle lié au statut de locuteur natif dans lequel ceux qui appartiennent au groupe d'appartenance ont le pouvoir de confirmer ou de nier la légitimité de l'autre.[4] L'accès au statut de locuteur natif dépend de divers marqueurs identitaires, qui doivent correspondre à l'image d'un locuteur légitime, une image construite à partir de notions de légitimité basées sur des facteurs non seulement linguistiques mais aussi raciaux.[5] La remise en question de la compétence linguistique d'une personne ne porte pas tant sur la manière dont elle utilise la langue que sur la personne qui utilise la langue et sur le « droit » que cette personne a à utiliser cette langue. En d'autres termes, se concentrer sur la compétence linguistique est un moyen d'éviter d'être politiquement incorrect dans des endroits où les commentaires sur d'autres marqueurs d'identité sont socialement inacceptables.[6]

Le lien questionnable entre la compétence linguistique et l'acceptation dans la société française est contesté dans une production culturelle francophone telle que *La préférence nationale* de Fatou Diome, un recueil de nouvelles sur les expériences de la narratrice sénégalaise en France. La narratrice s'attarde souvent sur la façon dont les personnes qu'elle rencontre utilisent le langage pour discriminer ou exprimer une animosité raciale. Par exemple, lorsque le propriétaire d'une boulangerie en Alsace refuse d'employer la narratrice en raison de son incapacité à parler le dialecte alsacien, la narratrice se dit : « Je croyais que tous les Français parlaient le français au moins aussi bien que ceux qu'ils avaient colonisés. Et voilà que j'étais linguistiquement plus française qu'un compatriote de Victor Hugo. » Le propriétaire la réprimande alors dans un français marqué de traits alsaciens : « Mais pourquoi fous n'allez donc pas trafailler chez fous ? ».[7] La narratrice fait suivre l'insulte du propriétaire « retournez d'où vous venez » d'un monologue intérieur : « Ce *vous* n'était point celui de la politesse, puisqu'il m'avait précédemment tutoyé. C'était un sac ; oui, un sac poubelle où il mettait tous les étrangers qu'il aurait aimé jeter dans le Rhin. Cela me donna le droit et le devoir d'être impolie ». Après cette analyse linguistique, la narratrice se lance dans une diatribe silencieuse, exprimant au lecteur toutes les choses qu'elle aimerait dire au propriétaire.[8]

La façon dont Diome relate l'expérience des migrants africains en France correspond aux histoires que mes interlocuteurs m'ont partagées. Par exemple, la suprématie que la narratrice exprime sur le fait d'être linguistiquement plus française que le boulanger alsacien est similaire à la discussion de Nyambi sur son français qui est meilleur que celui des locuteurs natifs blancs en France dans le chapitre 1. En outre, l'accent mis par Diome sur le « tu » informel et le « vous » formel dans les conversations où la dynamique du pouvoir est au premier plan souligne les implications de l'utilisation de la langue dans des contextes spécifiques que mes interlocuteurs ont également appris à décoder. Les insultes tacites de la narratrice, à l'encontre du propriétaire de la boulangerie, qui occupent trois pages du livre, marqueurs d'identité, notamment la race, et les éclipsait souvent. Les vignettes qui suivent illustrent la nature insaisissable de la légitimité linguistique dans un monde racialisé.

« D'être noir en France, c'est ça » :
Les locuteurs natifs et les promesses non tenues

Lucie, remarquant que j'étais un nouveau visage dans la classe de langue wolof intermédiaire, s'est assise à côté de moi et s'est présentée. C'était une femme pleine de vie avec un de ces sourires qui ont leur propre force d'attraction. En tant qu'intervieweuse née, elle m'a demandé pourquoi j'étais dans la classe et, son intérêt ayant été piqué, elle a poursuivi avec une série de questions complémentaires sur la recherche que je menais. Lucie était l'une des quatre Françaises d'origine sénégalaise qui constituaient environ la moitié de la classe intermédiaire. La classe se réunissait chaque semaine dans la salle de réunion du deuxième étage d'un petit immeuble de bureaux à Château Rouge.

Alors que nous poursuivions notre conversation en chuchotant pendant les pauses, puis de manière plus approfondie sur le trottoir juste à l'extérieur du bâtiment, je lui ai demandé si je pouvais mener un entretien formel avec elle. Quelques semaines plus tard, nous nous sommes rencontrées dans son appartement, dans un des quartiers sud de la banlieue parisienne, où elle vivait avec sa mère et ses jeunes frères et sœurs. Lucie a fait preuve d'une énergie débordante tout au long de l'entretien. Son métier d'enseignante transparaissait car elle avait une façon d'expliquer les choses à la fois très claire et pleine d'enthousiasme. Elle était aussi incroyablement curieuse, si bien que l'entretien ressemblait davantage à une conversation philosophique entre deux amies. Cependant, lorsqu'elle m'a raconté un incident survenu alors qu'elle était stagiaire à Montpellier, son comportement a changé. La joie qui avait transparu dans sa voix tout au long de la discussion s'est rapidement dissipée. Elle a fermé les yeux et a ralenti son débit de parole pour raconter une expérience traumatisante avec une mère lors d'une réunion parents-enseignants :

J'expliquais à une mère que sa fille a fait du bon travail mais elle avait quelques petites fautes d'orthographe, et dans ma formulation je ne sais plus ce que j'ai dit mais j'ai dû faire une faute que j'ai corrigée après et la maman m'a dit « c'est gênant de la part d'un professeur qui a du mal à s'exprimer. » Et après il y avait des attaques, des attaques, des attaques. Donc elle a mis en question toutes mes méthodes... J'ai analysé plusieurs fois cette faute-là, donc je pense que si je n'avais pas fait cette faute de langage elle n'aurait pas eu l'opportunité de me parler comme ça. La fin est arrivée et je suis sortie, allée pleurer dans les toilettes. C'était trop fort. Je me suis sentie attaquée. Quand je suis sortie des toilettes j'ai vu mon collègue qui m'a dit « Ça va ? Tu vas bien ? J'ai vu comme madame t'a traitée. C'est pas bien. » Je lui ai dit « Mais d'être noir en France, c'est ça. »

Lucie m'a montré comment son erreur de langage était un prétexte pour que la femme la dénie, pour démontrer son agacement d'avoir quelqu'un comme Lucie comme professeur de son enfant. En raison de son expérience de vie et d'une expérience partagée avec d'autres personnes comme elle, Lucie a supposé que l'attaque fût motivée par la race, quelque chose qui fait partie du quotidien d'une personne noire en France.[9]

Bien que Lucie soit de langue maternelle française, à ce moment-là (et comme j'allais bientôt l'apprendre à de nombreux moments de sa vie) sa prétention à la langue maternelle était illégitime aux yeux de nombreux Français, car son identité raciale l'emportait sur ses capacités linguistiques réelles. Selon Lucie, elle était marquée comme une autre en partie à cause de sa race : « On n'est pas un citoyen comme les autres. Quand tu es noir, tu n'es pas un Français comme les autres. Le Français de base, il est blanc. Il n'est pas noir. » Lucie suggère que dans l'état d'esprit de beaucoup d'individus de la société française, du fait qu'elle soit noire, elle ne peut pas être française ; par conséquent, elle ne peut pas être une locutrice native du français standard. Le fait que Lucie soit née en France, qu'elle ait grandi dans le système éducatif français, qu'elle n'ait pas d'accent étranger perceptible et qu'elle parle le français comme sa seule langue maternelle prouve que les questions de la langue maternelle et de la propriété de la langue vont bien au-delà de la capacité à parler la langue officielle.[10] Être français présuppose la blanchité. Par conséquent, si Lucie est une locutrice native de langue française, elle est souvent considérée comme ne l'étant pas à cause de son identité raciale prédominante.

L'histoire de Jean-Paul, un Sénégalais de 32 ans qui a passé les onze dernières années en France, complique encore la notion de compétence lorsqu'il réfléchit à ses capacités linguistiques et aux notions d'acceptation. Dans l'exemple suivant, il raconte la fois où il parlait à un collègue français qui lui a fait remarquer que Jean-Paul parlait comme s'il lisait un dictionnaire :

> J : Je me souviens d'un collègue français, quand je dis français, je pense à une personne blanche, née de parents tous deux nés ici depuis deux ou trois générations, qui m'a demandé un jour pourquoi je pensais autant et m'exprimais comme si je lisais un dictionnaire. À ce moment-là, je ne m'exprimais pas de manière formelle. C'était juste la façon dont j'avais l'habitude de parler avec les gens.

> M : Qu'avez-vous ressenti lorsqu'il a fait ce commentaire ?

> J : Deux choses. Je me disais : attention, attention, attention, si tu veux t'intégrer, et quand je dis intégrer, je veux dire quand tu es dans un certain contexte, tu dois être au niveau des gens, mais tu peux toujours montrer tes différences, car je ne veux pas être au niveau des masses. Je garde mes compétences, et je ne vais pas être comme les gens sans éducation juste pour qu'ils se sentent mieux. Mais de la même manière, j'ai été extrêmement choqué et surpris.[11]

Jean-Paul donne une description de la notion de Français qui va au-delà d'une simple définition juridique. Il assimile le français à la blanchité. Il indique également que la famille de l'intéressé doit avoir passé quelques générations en France pour garantir son authenticité. Il décrit essentiellement un Français de souche, un « vrai » Français, quelqu'un de blanc. Deuxièmement, Jean-Paul fait référence à un certain registre de français qu'il ne considère pas comme formel mais qui n'est pas utilisé par « les masses ». Ce qui est particulièrement intéressant, c'est sa réaction face à l'examen minutieux de son style d'expression. Il prend la critique comme un signal d'alarme ; une preuve qu'il ne réussit pas à s'intégrer ou à se « fondre dans la masse ».

L'examen des expériences de Lucie et Jean-Paul révèle beaucoup de choses sur la nature de la compétence linguistique. Le parent qui a agressé verbalement Lucie l'a positionnée comme une oratrice incompétente sur la base d'une erreur dans son discours. En luttant contre son erreur grammaticale, Lucie suggère que les personnes qui sont considérées comme « autres » doivent être vigilantes à ne jamais commettre d'erreur. Ils sont tenus à une norme plus élevée, une norme impossible. Pendant ce temps, Jean-Paul est qualifié d'incompétent aux yeux de son collègue car, bien qu'il maîtrise parfaitement la langue, ses choix de diction sont soit prétentieux, soit guindés.

Aucun des deux n'avait un français acceptable selon les français qui les ont attaqués. Cependant, à en juger par la façon dont Lucie et Jean-Paul ont raconté leurs histoires respectives, ils ont perçu cette inacceptabilité comme n'étant pas seulement une question de capacité linguistique mais aussi de race. En d'autres termes, ils ont tous deux ressenti le besoin de transcender une étiquette de l'« autre » basée sur leur race, mais de manière différente. Lucie avait besoin de parler d'une manière qui dépasse l'attente d'incompétence due à son origine, tandis que Jean-Paul avait besoin de sonner plus authentiquement français afin de dépasser l'attente de blanchité des Français de souche.[12] La définition raciale du Français de souche par Jean-Paul et la complainte de Lucie selon laquelle « d'être noir en France, c'est ça » mettent en évidence leurs perceptions des attentes françaises en matière de race et de langue et permettent de comprendre pourquoi les personnes marquées comme « autres » ont le sentiment que trouver l'acceptation dans la société peut parfois être impossible.

« Le problème c'est pas l'accent mais d'où vient cet accent » : Les barrières silencieuses de l'accent

J'ai rencontré Sandrine dans la classe de Wolof débutant. Contrairement à la classe intermédiaire, qui comptait un nombre égal de Français blancs et de Français noirs d'origine sénégalaise, la classe de débutants était principalement remplie de femmes françaises blanches mariées à des hommes sénégalais. Sandrine était l'une de ces femmes. Avec une diction douce mais beaucoup de choses à dire, elle a volontiers proposé à son mari sénégalais de passer un entretien avec moi.

Une semaine plus tard, nous nous sommes rencontrés dans un café animé du Marais. Sandrine m'a fait la bise sur chaque joue avant de me présenter son mari, Ngirin, un Sénégalais de 38 ans originaire de Touba, dans la région du centre du Sénégal, qui avait passé les sept dernières années de sa vie à Paris et qui semblait très intrigué par mes recherches. Sandrine a voulu écouter notre conversation. Pensant que son expérience nous apporterait un éclairage précieux, je lui ai fait savoir qu'elle était la bienvenue pour intervenir également. Elle s'est avérée être un grand atout grâce à sa capacité à amener Ngirin à élaborer ses réponses. Lorsque la discussion s'est orientée vers le sujet de l'accent, Sandrine a poussé Ngirin à se souvenir ses diverses expériences avec son accent français à Paris :

S : Une fois, dans un entretien pour un emploi, ils ont dit que son accent pose un problème.

M : Comment est-ce que tu t'es senti ?

N : [Rire] J'étais pas du tout content. [Rire]

S : Le mot accent, tout le monde a un accent. Pour un Marseillais, ça ne poserait pas un problème. Mais pour un accent africain, là tu dis, ça pose un problème.

M : Parlez-moi plus de ça. C'est intéressant, parce qu'il semble que c'est pas parce qu'il a un accent mais d'où vient cet accent…

N : Oui, exactement, c'est bien ce que tu as dit là.

M : Quelles sont vos opinions sur ça ?

S : Je pense que la personne qui dit ça ne se considère pas comme raciste, alors que c'est raciste. La personne qui le dit ne se rend pas compte qu'il est raciste.

M : Tu as mis le mot « raciste. » Il faut expliquer un peu.

N : Le problème c'est pas l'accent mais d'où vient cet accent parce que ça se voit ici. Tu as des anglophones. Les anglophones américains, ça c'est chic, c'est sexy. L'accent anglophone si tu viens du Ghana, c'est dur. Il parle l'anglais comme l'autre, c'est juste que sa zone géographique est différente. Pour moi, il y a plus de racisme dedans mais ils ne vont pas l'accepter. Il y a plein d'Américains, Anglais, Irlandais qui viennent, s'installent en France qui ne comprennent pas un mot de français. Ils veulent pas parler français. Autre chose. Combien de fois j'ai vu les gens qui entendent bien ce que je dis, je suis sûr qu'ils comprennent mais...mon accent pose un énorme problème. C'est juste un prétexte. C'est faux.

Dans cet extrait, Ngirin a fourni des preuves de la façon dont les gens ont prétendu de façon douteuse ne pas le comprendre.[13] Sandrine et Ngirin ont tous deux attribué l'incapacité des interlocuteurs à comprendre Ngirin non pas à l'accent en soi mais à un accent racialisé. Ils ont fait valoir que seuls certains types d'accents étaient scrutés dans la société française, et qu'il s'agissait des accents correspondant à des groupes marginalisés.[14]

Selon Ngirin et Sandrine, les personnes originaires des États-Unis, d'Angleterre et d'Irlande qui s'installent en France refusent souvent d'apprendre la langue mais sont rarement critiquées pour ne pas avoir appris le français ou pour parler avec un accent étranger. En revanche, les anglophones du Ghana, qui partagent une langue commune avec ceux des États-Unis, de l'Angleterre et de l'Irlande, sont soumis à des normes différentes. Ngirin et Sandrine affirment que la différence entre ces expériences est due au racisme.[15] La société française n'est pas menacée par la présence d'Américains ou de Britanniques au niveau individuel (cette désignation géographique implique la notion de blanchité ; par conséquent, aucun effort n'est fait pour les distinguer comme étant différents ou comme extérieurs à la société.[16]

Sandrine a également comparé l'accent marseillais et un accent africain, affirmant que seul ce dernier posait un problème. Elle et Ngirin ont tous deux affirmé que le traitement qu'il a reçu était bien pire que celui d'un Français de souche (présumé de Marseille), illustrant un phénomène similaire à l'interaction décrite par Fatou Diome. Cependant, l'expérience de Lucie suggère que les stigmates associés aux accents régionaux peuvent également être problématiques. Lucie, qui venait de Marseille, a réfléchi à la façon dont elle a dû faire face à des attitudes négatives concernant son accent marseillais lorsqu'elle a commencé à enseigner près de Paris : « Je dirais qu'à Paris, il faut essayer de ne pas parler avec un accent parce qu'à Paris, c'est la capitale et quand on remarque que tu as un accent, il y a le côté parisien supérieur aux provinces. Donc tu es inférieur aux Parisiens. Souvent parmi mes collègues au lycée, il y a quelques-uns qui cachent leur accent. Moi, j'ai essayé au début parce que je ne voulais pas que mes élèves sachent que je viens du sud ». Elle a souligné de quelle manière la position de Paris en tant que capitale conférait une certaine supériorité aux locuteurs du dialecte parisien. Elle a admis vouloir cacher son accent régional, soulignant l'importance que Paris revêt en tant que ville métropolitaine dans un état-nation hautement centralisé.[17] Cependant, contrairement à son accent marseillais, qu'elle a pu adapter après des années de vie à Paris, elle n'a pas pu cacher sa couleur de peau, qu'elle a identifiée comme le véritable marqueur de différence dans son cas.

Ces perspectives offrent un point de retour à l'argument du centre contre la périphérie. Suresh Canagarajah a fait valoir que, bien qu'il existe une différence notable dans l'accent, le vocabulaire et les conventions du discours entre les pays qui représentent le centre (par exemple, la Grande-Bretagne et les pays qui se sont développés à cause du colonialisme de peuplement comme les États-Unis, le Canada, la Nouvelle-Zélande et l'Australie), ces différentes variétés sont toutes considérées comme prestigieuses pour des raisons politiques, historiques, culturelles et économiques. Pendant ce temps, la périphérie est étiquetée comme subordonnée pour les mêmes raisons plutôt que pour des raisons linguistiques. Cependant, en France, la périphérie ne se limite plus aux locuteurs du français nés dans les anciennes colonies. La notion de périphérie s'étend aux communautés marginalisées de toute la France, dont de nombreux membres sont nés en France métropolitaine et ont la nationalité française.[18]

Dans le cas de Lucie, elle a été marginalisée parce qu'elle venait d'une région qui n'avait pas le même cachet que Paris, qui est perçue non seulement comme capitale de la France mais aussi comme capitale culturelle du monde occidental. Toute rhétorique concernant l'importance de la langue française en France est exacerbée à Paris, ville considérée comme étalon-or. Cependant, les phénomènes de centre et de périphérie sont également liés à la façon dont les perceptions de la race et de la nation servent à marginaliser. En d'autres termes, même si Lucie est française, elle ne se sent pas à sa place en France. Sur le papier, elle possède la citoyenneté, mais la citoyenneté culturelle lui échappe en raison de l'importance de la race dans la construction de l'identité nationale.[19]

ROME : L'EXPANSION DE *L'ITALIANITÀ*

En 2013, Cécile Kyenge, citoyenne italienne d'origine congolaise, est devenue la première ministre noire d'Italie lorsqu'elle a accepté la nomination d'Enrico Letta au poste de ministre de l'intégration dans son gouvernement de coalition. Elle fait partie des quelques Italiens noirs ayant de la visibilité, comme le footballeur Mario Balotelli, membre de l'équipe nationale italienne, symboles de l'évolution de l'image de l'identité italienne. Le sport et la politique sont deux domaines fortement liés à la formation de l'identité nationale, et Kyenge a reconnu leur rôle dans le débat sur la signification d'être italien : « Balotelli et moi ouvrons tous deux de nouvelles voies dans nos domaines et quiconque fait cela se heurte à d'énormes difficultés ».[20] Ces pionniers se sont heurtés à un groupe d'italiens blancs qui ne parviennent pas à concilier le fait d'être noir avec le fait d'être italien. Qu'il s'agisse de supporters de football harcelant Balotelli en scandant « un Nègre ne peut pas être italien », de députés tels que Roberto Calderoli traitant Kyenge d'orang-outan ou de partisans de droite lui jetant des bananes, la place des immigrés africains et des Italiens noirs a interrogé sur la scène nationale.[21]

Les débats sur la race en Italie ne doivent pas seulement émerger des incidents racistes ou discriminatoires, mais doivent être analysés dans le contexte de la formation raciale de long terme d'un pays. Les Italiens supposent depuis longtemps que le fait d'être blanc est un aspect normatif de l'identité italienne, ce qui a pour effet d'exclure toute personne qui n'est pas identifiée comme blanche.[22] Certains affirment que cette formation raciale n'a pas rencontré de résistance parce qu'il n'y a jamais eu suffisamment de voix noires pour la remettre en question. Cependant, étant donné que les changements démographiques actuels augmentent le nombre de personnes qui s'identifient comme noires, ce qui accroît à la fois la visibilité et l'audibilité, la force numéraire facilite les discussions sur la place de chacun dans la société.[23]

En outre, tout comme en France, bien que l'on suppose souvent que la compétence linguistique transcende la négritude, la couleur de la peau impose clairement des restrictions à la revendication de l'italianité par les Italiens noirs, même s'ils possèdent des capacités linguistiques en italien. En soulignant que la compétence linguistique ne garantit pas l'acceptation sociale en Italie, Christina Lombardi-Diop et Caterina Romeo affirment que « l'italianité semble inaccessible pour les Italiens noirs précisément parce que l'appartenance nationale est généralement comprise en termes de traits spécifiques (à la fois culturels et biologiques) qui ne peuvent pas être simplement acquis par une maîtrise parfaite de la langue et du mode de vie italien ».[24]

Quoi qu'il en soit, tout comme nous l'avons vu pour la production culturelle francophone, un nombre croissant de productions culturelles italiennes noires utilisent la langue italienne pour contester la nature racialement restrictive de l'identité italienne contemporaine. Par exemple, Pap Khouma, un écrivain italien d'origine sénégalaise, dépeint la vie des immigrants africains en Italie à travers ses romans, tels que *Io, venditore di elefanti* (Moi, vendeur d'éléphants). Il a également évoqué sa propre aliénation en Italie lorsqu'il a écrit, dans des journaux tels que La Repubblica, des articles sur les rencontres qu'il a eues avec des policiers ou des agents de contrôle des frontières : *'Tu possiedi il passaporto italiano ma non sei italiano.' Oppure, con un sorriso: 'Tu non hai la nazionalità italiana come noi, hai solo la cittadinanza italiana perché sei extracomunitario.'* (« Tu possèdes un passeport italien, mais tu n'es pas italien ». Ou, avec un sourire : « Tu n'as pas la nationalité italienne comme nous ; tu n'as que la citoyenneté italienne parce que tu n'es pas membre de l'Union européenne »).[25] Le marqueur déictique *come noi* souligne que la marque d'italianité de Khouma, fondée sur la citoyenneté et non sur la nationalité, est illégitime aux yeux du groupe dominant. Par conséquent, Khouma et ceux qui lui ressemblent sont placés à l'extérieur d'une barrière invisible, quel que soit leur statut de citoyenneté.

Beaucoup affirment que ces insultes proviennent de groupes marginaux, en particulier de mouvements politiques xénophobes tels que Forza Nuova et la Lega Nord. Kyenge elle-même n'a pas hésité à souligner que les enfants italiens sont moins susceptibles de voir le monde en termes de race que la génération de leurs parents.[26] Cependant, affirmer que le racisme italien vient de groupes marginaux ignore les expériences vécues au quotidien par les personnes visées par le racisme.[27] En effet, les Italiens noirs et les migrants africains luttent autant contre le racisme quotidien que contre les actes de discrimination ouverte. La communauté sénégalaise de Rome, tout comme les communautés africaines de toute l'Italie, conceptualise et comprend la formation de l'identité en tant qu'étrangers et minorités linguistiques, raciales et ethniques. L'analyse des extraits suivants soutient la description de Khouma d'une italianité réduite dans laquelle la race et la couleur de la peau constituent des marqueurs d'identité qui contribuent à l'établissement et au maintien de frontières pour de nombreux immigrants sénégalais à Rome et minimisent les chances qu'ils soient un jour réellement acceptés comme membres de la société italienne.

« Je suis *nero*, je suis *brutto*, *ma* je suis *vivo* » : Conceptualiser la négritude à Rome

J'ai eu ma première rencontre avec Ndiaga sur un banc du Parco delle Valli, près de mon appartement à Rome. En attendant qu'il arrive, j'ai observé de vieux hommes italiens s'adonnant à leur routine quotidienne. Deux ou trois de front, les mains jointes derrière leur dos légèrement voûté, ils se promenaient dans le parc, discutant de football et de politique, s'arrêtant régulièrement pour afficher leurs sourires éclatants lorsque de jeunes femmes passaient en trottinant. Une voix timide m'a arraché à mon observation. J'ai levé les yeux pour découvrir un homme de taille moyenne. Il était vêtu d'un jean et d'un pardessus, tenant un sac d'affiches et ce qui ressemblait à une raclette. En langue italienne, il s'est présenté comme étant Ndiaga et s'est assis à côté de moi en réponse à mon geste de bienvenue. Au début, il semblait nerveux. La seule chose que notre ami commun lui avait dit était que j'étais une Américaine qui étudiait les pratiques linguistiques des Sénégalais à Rome. Il ne savait pas dans quelle mesure il pouvait m'aider, mais il parlait une langue, plusieurs pour être exact, et pensait que ce serait un bon début.

Nous avons commencé à bavarder comme si nous nous connaissions depuis des années. Il y a eu une connexion instantanée, et l'entretien a à peine ressemblé à un entretien. Ndiaga a fini par devenir non seulement un ami mais aussi un de mes interlocuteurs privilégiés. Nous nous rencontrions régulièrement pour bavarder de manière informelle, visiter ses parcs et monuments préférés dans les environs de Rome afin qu'il puisse me montrer Rome à travers ses yeux, comme il aimait le dire. Grâce à ces rencontres, j'ai pu partager avec lui les orientations de mes recherches et écouter ses réflexions sur mes analyses. Il s'est beaucoup impliqué dans ma recherche car il disait que mes questions touchaient au cœur de son expérience d'immigré. Il a souvent réfléchi à notre premier entretien et a continué à explorer ces questions de temps en temps. Lorsqu'il vivait quelque chose en rapport avec nos conversations, il fournissait avec enthousiasme des détails complémentaires et des anecdotes passionnantes lors de notre rencontre suivante. Il m'a également présenté à ses amis et les a convaincus de me parler.

Deux mois après le début de mon amitié avec Ndiaga, je l'ai rencontré avec Professore, son ami sénégalais de 40 ans, dans un parc. Professore n'était pas très ouvert au début, toujours sceptique quant à la raison pour laquelle je voulais l'interviewer, mais avec la douce insistance de Ndiaga, il s'est peu à peu ouvert. La conversation a été une véritable montagne russe linguistique. Nous passions tous trois du français à l'italien et à l'anglais tout au long de la conversation, et l'utilisation de l'alternance codique véhiculait un sentiment complexe d'identité :[28]

> P : La demande, c'était ?
> M : Tes pensées sur l'Italie ?
> P : Vabbèh…
> N : …Tu as, tu as
> P : Les…
> N : Tu as vu, vu le film Co, Col, Color Viola.
> M : Non. Oh, The Color Purple.
> N : Color Viola.
> M : The Color, oui.
> N : Tu l'as vu ?
> P : Color Purple.
> M : Oui. Oui. C'est, c'est fort.
> N : Je suis noir… je suis *nero*, je suis *brutto*, *ma*, je suis *vivo* !
> M : Esatto.
> N : È bellissimo.

Professore a eu du mal à aborder le sujet de ce qu'il pense de la vie en Italie. Il m'a demandé des éclaircissements, ce qui lui a permis de gagner du temps. Il a ensuite fait une pause après avoir dit *vabbèh*,[29] permettant à Ndiaga d'intervenir. Son hésitation indique qu'il essaie de trouver les mots justes pour ce qu'il veut dire. Elle a également donné à Ndiaga l'occasion d'orienter la conversation vers la race, un sujet qui les a amenés à construire ensemble un récit racialisé dans lequel ils se coupent, parlent l'un par-dessus l'autre et se répètent, comme lorsque Professore fait écho au « Color Viola » de Ndiaga avec « Color Purple ».

Ndiaga a cité une réplique de ce film emblématique où Celie, maltraitée et battue, répond à la raillerie d'Albert : « Je suis pauvre, noire, je suis peut-être même laide, mais mon Dieu, je suis là ! Je suis là ! »[30] Bien que Ndiaga ait vu le film en italien, il a commencé la citation en français, langue alors utilisée dans la conversation, mais il a inséré l'italien pour les adjectifs. Il a changé à mi-parcours en se corrigeant de « je suis noir » à « je suis *nero* ». Il a ensuite poursuivi ce schéma avec *brutto* et *vivo*. Il se peut que le « je suis » soit resté en français parce qu'après le wolof, le français est la langue dans laquelle il pouvait le mieux s'exprimer, donc la langue qui reflétait le mieux son identité. Il se peut aussi qu'il ait dit les adjectifs en italien simplement parce qu'il a vu le film en italien ou parce que ce sont les adjectifs qu'il pensait que les Italiens utiliseraient pour le décrire.

Cependant, l'exploration des motivations sociales par le biais de l'alternance codique métaphorique permet une lecture plus convaincante de l'évènement.[31] Contrairement à l'alternance codée situationnelle, où l'interlocuteur ou le contexte détermine le choix de la langue, l'alternance codique métaphorique évoque ce que Penelope Gardner-Chloros appelle le monde métaphorique d'une langue.[32] À partir d'une question ouverte telle que « Que pensez-vous de l'Italie ? » Ndiaga a orienté la conversation vers le sujet de la race par son choix linguistique. En passant en langue italienne pour les mots *nero*, *brutto* et *vivo*, Ndiaga a mis en avant son exclusion. Il y avait un fossé linguistique entre son identité francophone « je suis » et les adjectifs italiens auxquels la société l'avait réduit. En d'autres termes, ce fossé indique sa position d'« autre » dans son environnement social actuel. En outre, en incarnant un personnage féminin noir dans une histoire centrée sur les conflits entre les genres et les races, Ndiaga s'est aligné sur la marginalisation qui imprègne le film et le livre. Les mots cités évoquent la lutte ainsi que le défi face à cette lutte, et l'utilisation créative de plusieurs langues renforce sa position racialisée en tant qu'homme noir dans une société italienne qui se conçoit comme blanche. Paradoxalement, il signale également son intérêt pour l'*italianità* : vivre en Italie et apprendre l'italien ouvre la porte à une identité italienne qu'il incarne partiellement en utilisant l'italien pour les mots opérationnels.

Pour Ndiaga et Professore, l'une des conditions préalables à l'existence dans un espace italien est le besoin de construire leur négritude. Alors que Ndiaga est assez direct dans sa théorisation raciale, Professore transmet son expérience racialisée non pas par ce qu'il dit mais par ce qu'il ne dit pas :[33]

P : En Afrique ça va être différent parce que là on ne parle pas de, euh, blacks. Non. Tu as vu ? Mais bon. Je sais que tu, tu dois comprendre un peu ce que je suis en train de dire.

M : Oui. Bien sûr.

P : Voilà. Je ne veux pas trop rentrer dans les détails.

Il est important de se rappeler que même si les questions du guide d'entretien n'abordaient pas spécifiquement le sujet de la race, à moins que l'informateur n'en parle de sa propre initiative, il en a été question dans la majorité des entretiens. La formulation de la race par Professore était similaire à ce qu'Ibrahim a raconté de ses propres expériences de devenir noir après avoir déménagé au Canada parce que son environnement social là-bas le signalait comme noir.[34]

Il convient également de noter que la compréhension européenne de la race et de l'ethnicité à l'égard des immigrants sénégalais peut varier considérablement de la perspective sénégalaise. Un Européen peut attribuer la classification de noir ou d'africain ou plus spécifiquement de sénégalais. Un immigrant sénégalais en Europe pourrait également accepter ces mêmes termes pour se décrire. Cependant, la plupart de mes informateurs sénégalais n'ont pas hésité à distinguer leurs propres différences ethniques de celles des autres Sénégalais dans le cadre des diverses sociétés multiethniques que l'on trouve sur tout le continent africain. Être wolof ou fulani ou tout autre groupe ethnique était aussi important que d'être sénégalais, et souvent plus important que d'être noir jusqu'à ce qu'ils arrivent dans des espaces majoritairement blancs.

Professore a laissé entendre qu'il s'est construit en tant que sénégalais après avoir quitté l'Afrique pour l'Europe, et a eu du mal à accepter cette conscience accrue de son identité noire. Son refus d'en parler en détail montre qu'il a été affecté par les processus sociaux du racisme. De plus, il a choisi d'utiliser le mot black au lieu de noir après quelques hésitations. Il y a plusieurs raisons possibles à cette utilisation du mot anglais pour désigner la négritude. Par exemple, parler d'une caractéristique raciale dans une langue étrangère peut atténuer l'impact du mot.[35] Utiliser des termes descriptifs concernant la race dans une langue étrangère permet d'éviter les mots tabous. En effet, Ajuma, âgé de 27 ans, m'a expliqué que ce phénomène était courant en France : « Ils disent, "ah, tu es le seul *black*". Ils ne peuvent pas utiliser le mot *noir* parce que le mot *noir* est tabou ». En utilisant un mot emprunté à l'anglais, Professore évite les connotations attachées au mot français. Une autre explication possible est que l'utilisation du mot *black* signale la diaspora africaine. En décrivant la manière dont les jeunes Noirs ont souvent embrassé une identité raciale forgée à partir de modèles américains en réponse à l'étiquette d'immigrés en France, Tyler Stovall soutient que le mot anglais *black* représente « à la fois un certain investissement dans le concept de diaspora africaine et un défi à l'idée française de la nation, cécité aux couleurs en théorie, codée racialement en pratique ».[36] La manière dont Professore m'a inclus dans la conversation donne du crédit à cette conjecture. Son langage corporel indiquait qu'il me considérait/voyait implicitement, moi, la personne l'interrogeant, comme membre de la communauté noire, tout comme lui. Je n'ai pas approfondi le sujet parce que Professore préférait ne pas entrer dans les détails. Il m'a plutôt laissée croire qu'il supposait qu'en raison de ce que j'étais (une Afro-Américaine), je comprendrais. Lorsque j'ai vérifié son hypothèse, son voilà a mis fin à la discussion : il n'était pas nécessaire d'en dire plus. Ainsi, en m'incluant directement dans cette discussion sur la race, il a créé la frontière du *nous* et du *eux* dans laquelle je fais partie du nous. L'identité raciale qu'il m'a attribuée (et que j'ai acceptée) nous a séparés de l'identité qu'il a donnée au peuple italien. Par conséquent, cette décision d'utiliser *black* au lieu de *noir* lui a permis de se distancer simultanément des connotations associées au mot en français, de contester le discours républicain français, d'établir un lien entre moi et une conscience noire qui a émergé aux États-Unis,[37] et de converger vers une affinité autour d'une conceptualisation globale de la négritude. De même, le fait que Ndiaga ait cité un roman afro-américain par le biais d'un film a montré la portée et l'importance de la production culturelle diasporique dans l'articulation de la négritude dans le monde entier.[38]

Bien qu'il soit impossible de connaître tous les incidents spécifiques qui ont façonné la perception de Professore avant notre rencontre, les données provenant d'autres interlocuteurs nous éclairent sur les types d'expériences à connotation raciale en Italie. Par exemple, Abi, une danseuse de 31 ans, a vécu des moments difficiles pendant son séjour en Italie. Dans le récit de son expérience, l'utilisation du langage d'Abi a rendu manifeste le schisme nous/eux :[39]

> Moi, un jour, où j'ai prends le bus, et je rentre et je fais, j'ai le vi quatre Italiens. Mais les enfants. Mais, elles m'ont fait quelque chose. Ça me mal jusqu'à aujourd'hui. Je ne pas oublier ça. « Regarde le nero, là, là le nerrrr ». Quand je parle au téléphone ils criaient « oua oua oua oua oua ». J'obligeais de dire, je le dis « mais si te plaît. » On dit « Ici c'est italien. C'est chez nous. Vous êtes des nerrrr... ». Mamma mia, ça me blesse. Ça me mal. Ça me mal.

En signalant de manière flagrante sa couleur, *nero*, les jeunes la positionnent comme l'« autre » en soulignant sa peau foncée, un trait qui contraste avec leur vision de la société italienne. Ce mot a eu un effet considérable sur Abi, car c'est le seul mot de l'extrait qui soit en italien (je traiterai séparément de *mamma mia* en tant que marqueur de discours). *Nero* lui était adressé de manière discriminatoire, ainsi, Abi en retour, l'a gardé dans sa forme originale. En le prononçant à nouveau en italien, Abi retranscrit la haine originelle derrière le mot et l'effet qu'il a eu sur elle. Elle a également accentué le mot en le répétant et en allongeant le son [R].[40] En choisissant de prononcer un mot clé en italien, Abi a transmis le pouvoir de ce mot.

Judith Butler a exploré la nature blessante du langage : « Être appelé par un mot est l'une des premières formes de blessure linguistique que l'on apprend ».[41] Il est donc normal qu'Abi intériorise ce mot avec sa connotation spécifique en italien, même si sa maîtrise de la langue italienne est limitée. Si le mot *nero*, en référence à une personne, n'est pas nécessairement une insulte en italien, sa connotation varie d'un marqueur descriptif à un commentaire désobligeant selon le contexte.[42] À en juger par le récit d'Abi, l'utilisation de nero dans ce cas était extrêmement offensante.

Abi était pleinement consciente de cette blessure linguistique.[43] La couleur de sa peau est ce qui la sépare, l'exclut, et c'est cette appellation qui est restée gravée dans son esprit, refaisant surface sous sa forme italienne dans une discussion se déroulant principalement en français. Si le simple fait d'étiqueter par la couleur de la peau n'est pas nécessairement injurieux, utiliser ce qualificatif pour exclure l'autre sur le plan économique et social le devient.

Cet épisode rappelle l'expérience de Fara, la protagoniste du roman *Mirages de Paris* d'Ousmane Socé, qui a quitté son village au Sénégal pour participer à l'Exposition coloniale de 1931. Lors d'un incident dans le métro parisien, un enfant montre Fara du doigt, attirant l'attention sur sa négritude en faisant remarquer que les cheveux de Fara ressemblent à des moustaches. Il s'étonne ensuite que la peau noire de Fara ne déteigne pas sur lui.[44] Alors même que cela pourrait être lu comme la découverte de la différence par un enfant innocent, quelques pages plus loin, Socé souligne que cet évènement s'insère dans une série d'altérations débilitantes dans lesquelles Fara est exposée « aux plaisanteries grotesques des *sans éducation*, aux quolibets des innocents bambins à qui les livres d'images, le cinéma et les récits fantastiques enseignaient qu'un Noir était un guignol vivant ».[45]

Si cet exemple littéraire met l'accent sur les caractéristiques physiques qui permettent l'altération, la couleur de peau d'Abi n'est pas la seule partie de son identité que les jeunes ont attaqué. Lorsqu'ils l'ont entendue parler wolof, ils l'ont imitée en disant « oua oua oua oua oua », au point qu'elle ne pouvait plus se concentrer sur son appel téléphonique. Leur raisonnement était le suivant : puisque l'Italie était leur pays, elle devait nécessairement être italophone. Ceux qui se moquaient d'elle la positionnaient davantage comme *autre* en attirant l'attention sur sa langue. Ils ont créé une frontière que seuls ceux qui parlaient italien pouvaient franchir. De plus, aussi blessante que soit l'insulte raciale, c'est l'insulte linguistique qu'elle a énoncée comme l'acte le plus blessant. L'attaque contre sa langue maternelle et le fait qu'elle ne soit toujours pas acceptée par la société italienne l'ont blessée. *Mamma mia* est une exclamation que plusieurs de mes interlocuteurs utilisaient, souvent pour exprimer une émotion. Bien qu'Abi ait rarement employé des mots italiens au cours de l'entretien, à cet instant, cette expression décrivait le mieux sa blessure. Abi se sentait comme une étrangère linguistique et raciale en Italie et a exprimé ce sentiment à travers différentes stratégies de discours, brossant un tableau sombre et peu encourageant.

LA VILLE DE NEW YORK :
NÉGOCIER LA NÉGRITUDE
« Comme tous les Afro-Américains, bien sûr » :
Devenir noir dans les espaces blancs

Diop m'a donné rendez-vous devant l'un des restaurants sénégalais de Harlem. Notant que ce serait plus calme chez lui, il m'a demandé de l'accompagner un demi-pâté de maisons plus loin, là où il habitait. En entrant dans son appartement, spacieux par rapport aux normes de Manhattan, il m'a invité à m'asseoir dans son salon et a posé un coca sur la table devant moi. Sa femme est brièvement passée me saluer mais s'est rapidement retirée dans la chambre. En tant que journaliste, Diop touche un public essentiellement sénégalais par le biais des journaux et de la radio. Il a souligné qu'il était à l'écoute de la communauté sénégalaise, tant au niveau local que mondial. Lorsque je l'ai interrogé sur ses expériences en tant que locuteur multilingue, cette question sur la langue s'est transformée en une discussion sur la race :

> M : As-tu déjà eu l'impression d'être traité différemment à cause de la façon dont tu parles anglais ?

> D : En fonction de la race ? Oh oui. Comme tous les Afro-Américains, bien sûr. Basé sur la race, OUI. Pas sur la base de ma nationalité... c'est ce qui est intéressant avec les États-Unis. Quand vous êtes nouveau ici, vous ne vous en rendez pas compte, parce que vous n'êtes pas habitué à être traité de telle ou telle façon à cause de votre peau. [...] Parce que d'où tu viens, les bons sont noirs, les mauvais sont noirs, les pauvres sont noirs, les riches sont noirs, les beaux sont noirs, les moches sont noirs, donc tu ne penses pas à la couleur de ta peau à moins de passer du temps ici. [...] Mais quand tu

vis ici pendant des années, tu réalises que non seulement tu
le vis toi-même, mais que tes amis, afro-américains et autres
minorités, te racontent leurs expériences. Tu en prends
conscience.

Il est significatif que Diop n'ait pas hésité à orienter une question
ouverte sur le langage vers la race, démontrant ainsi la centralité
de la race dans ce type de discussions. En outre, il a dépeint
une expérience partagée de manière factuelle dans la phrase «
Comme tous les Afro-Américains, bien sûr », qui suggère qu'il
n'est pas surprenant que les noirs soient confrontés à la
discrimination ou au jugement. En se présentant comme un Afro-
Américain, il a effacé les clivages souvent décrits entre Africains et
Afro-Américains. Faisant miroir aux discussions sur la négritude à
Paris et à Rome et illustrant l'articulation racialisée de l'imaginaire
social d'Ibrahim, Diop a reconnu que le fait d'arriver dans un
environnement à majorité non noire a déclenché une prise de
conscience accrue de la négritude.[46] Ses propres expériences et
l'apprentissage des expériences des autres ont amené Diop à
comprendre la négritude et sa propre formation raciale.

Les personnes interrogées ont pris conscience de leur
négritude de différentes manières. Par exemple, lorsque j'ai demandé
à Fatoumata, une Dakaroise de 31 ans ayant passé presque la moitié
de sa vie aux États-Unis, si elle avait déjà été traitée différemment
pour une raison autre que la langue, elle a répondu : « Oui, j'ai été
bousculée dans les magasins. [Rires] Alors oui ». Quand j'ai demandé
pourquoi, elle a répondu : « Parce que, euh, je suis [pause] noire.
Ouais. Je ne ressemble pas à ce qu'ils veulent que je ressemble ». Le
rire de Fatoumata m'a semblé inconfortable, j'y ai vu un mécanisme
de défense pour éviter d'être accablée par cette expérience négative.
Ce malaise s'est poursuivi lorsqu'elle s'est arrêtée avant de se qualifier
de noire, comprenant que sa noirceur était indésirable dans cette
situation.

Cependant, bien qu'il existe des exemples de racisme
institutionnel dans les espaces commerciaux et les entreprises, ainsi
que des incidents blessants et racistes impliquant des personnes
blanches, ce qui distingue les données de la ville de New York des

deux autres lieux, est l'interaction limitée que la plupart de mes interlocuteurs ont eue avec les membres de la communauté blanche. Lorsque j'ai demandé à Mariama qui étaient ses amis et quel type de personnes côtoyait-elle au quotidien, elle a passé en revue différents groupes raciaux et ethniques. Concernant les personnes blanches, elle a souligné : « Avec les Anglo-Américains, je n'ai pas vraiment d'expérience. Peut-être juste en entreprise. Et dans ce cas, j'ai toujours eu l'impression que je devais me protéger. J'ai toujours eu l'impression qu'ils avaient un air de supériorité. Ou peut-être que je leur ai donné cet air de supériorité. » L'interaction avec l'Amérique blanche était principalement reléguée à l'environnement de travail de l'entreprise, et même dans ces circonstances, elle gardait ses distances à cause d'un complexe de supériorité perçu. De son propre aveu, elle ne savait pas si cet « air de supériorité » qu'elle attribuait à ses collègues blancs était imaginaire ou réel. Quoi qu'il en soit, il y avait une distance entre elle et ses collègues, liée à des notions de hiérarchie. Mariama a également abordé le sujet de ses amitiés avec des Américains blancs : « Je ne me suis jamais vraiment sentie à l'aise, mais j'avais des amis blancs. Mais j'ai toujours eu l'impression que je serais toujours différente. Je n'ai jamais pu me sentir à l'aise dans nos amitiés ». Son malaise à l'égard de la différence a rendu difficile la création d'une véritable amitié, comme en témoigne l'insécurité dont elle a fait preuve.

Julien a également raconté ses interactions avec les différentes communautés :

> J : Les Américains blancs, je n'ai pas beaucoup de contacts avec eux parce que je ne connais pas la plupart d'entre eux, vivant à Washington Heights. La plupart des habitants du quartier sont espagnols ou noirs. C'est pourquoi je n'en ai pas. Parfois sur le lieu de travail, mais sur le lieu de travail vous devez être professionnel et c'est tout.
>
> M : As-tu des amis blancs ?
>
> J : Des amis blancs ? Juste un. Mais il est de Russie. Il n'est pas d'ici.

En effet, la plupart des personnes interrogées vivaient principalement dans des quartiers de couleur et n'avaient pas d'interactions régulières avec des personnes blanches. Lorsqu'elles en avaient, il s'agissait le plus souvent d'immigrants récemment arrivés avec lesquels elles pouvaient établir des liens grâce à leur expérience commune de l'immigration. Même mes interlocuteurs étudiant dans des établissements d'enseignement supérieur ont fait état de ce clivage. Par exemple, lorsque j'ai demandé à Ablaye, âgé de 33 ans, qui avait passé treize ans aux États-Unis, d'où venait la majorité de ses amis, il a répondu :

> A : Je dirais que 90 % sont des immigrés. Mais les autres amis seront comme à l'école.
> M : Pourquoi penses-tu que 90% de tes amis sont issus de l'immigration?
> A : Je pense que c'est dû au type d'écoles que je fréquente. Si j'étais allé à Columbia au lieu d'aller au City College.

Je m'attendais à ce que les origines socio-économiques et raciales influencent l'accès de certains de mes interlocuteurs à certains environnements. Cependant, même les personnes de mon étude qui étaient à l'université, qui est traditionnellement un espace à prédominance blanche, avaient un accès limité aux environnements à majorité blanche, soulignant ainsi la réalité perceptible de la ségrégation raciale en Amérique. Presque partout, lorsque j'ai demandé aux personnes interrogées qui étaient leurs amis ou qui étaient les personnes avec lesquelles elles interagissaient le plus, la réponse était avant tout d'autres Sénégalais, suivis par d'autres communautés d'immigrants, puis par les communautés de couleur en général, qui comprennent principalement les populations afro-américaines et latino-américaines. Cependant, alors que beaucoup d'entre eux ont parlé d'un accès limité aux communautés blanches, il y avait encore une exploration robuste de la négritude dans mes données. Et tout comme à Paris et à Rome, l'identité linguistique était un marqueur crucial dans la formulation de la négritude. La section suivante se concentre sur les nuances de la négritude et sur la façon dont les idées de négritude sont constamment réarticulées par le biais de la langue et d'autres marqueurs d'identité, même dans les milieux à majorité noire.

« Cela ne vous rend pas noir, cela vous rend africain » : Explorer l'africanité dans l'Amérique noire

C'est par une chaude journée de juillet que les jeunes femmes ont sorti des tables et des chaises pliantes en plastique de la maison de Brooklyn où vit la mère de Madina et les ont installées sur le trottoir d'une rue tranquille bordée d'arbres, à un pâté de maisons de la très bruyante Flatbush Avenue. Madina, poursuivant ses efforts de collecte de fonds, avait demandé de l'aide à ses amis et à des membres de l'association à but non lucratif qu'elle avait fondée. Elle espérait que cet effort, ainsi que l'événement organisé au centre communautaire sénégalais de Harlem, permettrait de récolter suffisamment d'argent pour envoyer tous les jeunes participants sénégalo-américains au Sénégal cet été-là.[47] Alors qu'elles dépliaient avec précaution des couvertures en batik et les posaient sur la table, des bijoux ont été déposés. Les femmes avaient demandé à leurs mères de faire don de tous les bijoux dont elles pouvaient disposer. Ndiaye exposait des boubous traditionnels sénégalais le long de la clôture, tandis qu'un autre membre de l'association, Diallo, s'occupait de son jeune frère, qui se liait d'amitié avec tous les passants. Pendant sept heures, j'ai interviewé les différents membres de l'association, toutes des femmes d'une vingtaine d'années, toutes Sénégalo-Américaines, qui m'ont fait comprendre qu'elles devaient connaître leurs racines et donner cette possibilité aux autres autour d'elles. À la tombée de la nuit, elles m'ont demandé de les rejoindre pour un repas composé d'œufs brouillés, de saucisses de dinde, de brie et de pain français. C'était le Ramadan, et comme j'avais été tellement absorbée par leurs récits fascinants sur leur construction entre deux mondes, j'ai alors réalisé que j'avais, par inadvertance, jeûné toute la journée avec elles. Alors que nous attendions notre repas, chaque femme a partagé sa liste de souhaits alimentaires : si elle pouvait rompre son jeûne avec quelque chose, qu'est-ce que cela serait ? Obi, un ami américain d'origine nigériane qui participait à la collecte de fonds, est intervenu : « Tu n'es pas officiellement afro-américaine tant que tu ne connais pas les œufs mimosa et les macaronis au fromage. » Nous nous sommes tous léchés les lèvres en signe d'accord et d'anticipation.

Cette notion d'« afro-américain officiel » est revenue dans de nombreuses conversations avec les membres de la communauté sénégalaise de New York. L'interaction que nombre de mes interlocuteurs ont eu avec les communautés noires de New York a conduit à des formulations intéressantes sur la race et la négritude qui impliquent une construction et une reconstruction continues d'une identité à traits d'union. Ici, le fait d'être africain mais pas nécessairement *noir* dans le contexte américain a compliqué les notions de ce qu'est la négritude. En raison d'une histoire, de normes culturelles et d'une utilisation de la langue différente, beaucoup de mes interlocuteurs n'ont pas pu s'intégrer dans la communauté noire établie de New York et ont même remarqué que cette communauté remettait parfois en question leur négritude.

Bien qu'il y ait eu de nombreux cas documentés d'antagonisme entre Africains et Afro-Américains,[48] ce rejet a tout de même été un choc pour de nombreux sénégalais qui imaginaient, peut-être naïvement, que les Afro-Américains les accueilleraient à bras ouverts en raison d'un sentiment de connexion diasporique. Par exemple, lorsque j'ai demandé à Julien ce qu'il pensait de la vie aux États-Unis, sa première réponse a été la déception :

M : Qu'est-ce qui t'a le plus déçu ?

 J : Euh, la première fois, les Noirs.

M : Comment ça ?

 J : Parce que je pensais qu'ils aimaient le peuple africain. L'Afrique aussi. Mais parfois je vois qu'ils ne l'aiment pas. Ils n'aiment pas, certains d'entre eux n'aiment pas et ils nous traitent comme des singes. Des choses comme ça. Cela me déçoit.

M : Alors qu'est-ce que les gens t'ont dit ?

 J : Quelque chose comme, « petit singe, rentre chez toi. »

Julien s'attendait à ce qu'il y ait un lien commun entretenu par les notions de diaspora noire, mais il s'est heurté à des images contradictoires qui annulaient toute similitude raciale.[49] Il y avait une assimilation évidente des Africains aux animaux, ce qui n'est pas surprenant quand on pense aux images dont les médias occidentaux nous bombardent. Lorsque l'accent n'est pas mis sur la faim, la maladie et la pauvreté, les images sont celles de safaris, qui sont souvent les seules images « positives » de l'Afrique. Même le seul film d'animation de Disney qui se déroule en Afrique sub-saharienne, *Le Roi Lion*, n'utilise que des animaux comme personnages.[50] La comparaison à un animal comme insulte était un thème commun dans les discussions de mes interlocuteurs sur leurs interactions avec la communauté noire.

Quant à Idrissa, il ruminait le lien diasporique souvent induit entre les Africains et les Afro-Américains après avoir vécu une interaction négative avec un de ses amis :

> Et l'autre chose est le fait qu'ils nous rejettent…Un jour, nous plaisantions et un noir américain a dit à mon ami, « Toi le singe, tu dois rentrer chez toi. » « Comment peux-tu traiter ce type de singe ? … Il est noir, tu es noir. La seule différence est qu'ils t'ont amené ici et t'ont imposé de vivre ici. Mais tes racines sont en Afrique. Tu n'appartiens pas à ce pays. C'est pourquoi ils vous appellent Afro-Américain. Ils utilisent deux mots péjoratifs. Africain, Américain. Vous ne pouvez pas être les deux en même temps. Vous ne pouvez qu'en être un. » … C'est ce que Du Bois essayait d'expliquer sur la double conscience, quand tu es entre les deux. Tu tentes d'aller dans un sens, des gens te disent, « Non, tu n'appartiens pas à cet endroit. Tu dois revenir en arrière. » Et tu essaies de revenir en arrière et les gens te disent, « Non, tu n'es pas d'ici. » Et tu es au milieu. Tu ne peux pas être avec celui-ci, et tu ne peux pas être avec celui-là.

Si Idrissa reconnaît que ce commentaire blessant a été fait dans un contexte de plaisanterie, la façon dont il m'a raconté cette histoire montre que la plaisanterie n'a pas été perçue comme telle. Il ne parvenait pas à comprendre ce qui pouvait amener une personne d'origine africaine à parler du fait d'être africain de manière désobligeante. Il signalait la lutte des Afro-Américains qui, selon W.E.B. Du Bois, se débattent avec deux moi en conflit, le moi africain et le moi américain, dont aucun n'est vraiment à sa place nulle part.[51]

Il est important de réfléchir à la production de connaissances de bon nombre de mes interlocuteurs. Beaucoup ont consciemment théorisé leurs propres positions dans leurs communautés immédiates et dans la société en général en s'appuyant sur un grand nombre de travaux universitaires et littéraires/filmiques. Idrissa, qui connaissait bien Du Bois, a utilisé ces connaissances pour expliquer pourquoi certains Afro-Américains défendent ce type de rhétorique négative concernant l'africanité. De même que Ndiaga, dont l'évocation de *La Couleur pourpre* s'appuie sur une riche production culturelle pour donner un sens au monde, Idrissa montre de quelle manière les idées d'un Afro-Américain au tournant du XXème siècle expliquent ses expériences en tant qu'immigrant africain dans le contexte américain du XXIème siècle.

Leur relégation à la marge est en partie due à la stigmatisation des migrants. Leur identité de classe en tant qu'immigrés signale leur altérité, même si d'autres marqueurs d'identité tels que la race ou la couleur de la peau devaient créer une sorte de lien avec le groupe. Comme Julien l'a succinctement souligné, « Ils te voient comme un Africain, comme un immigrant ». Mariama a abordé la difficulté de porter l'étiquette d'immigrée en m'évoquant le fait de grandir en Amérique en étant perçue comme étrangère :

> Je n'aimerais pas croire que les gens puissent être racistes envers leur propre peuple, mais c'était bien le cas. Et ça me laisse perplexe parce que les mêmes personnes qui disaient ces choses me ressemblaient vraiment fort. Je veux dire, on avait quasiment la même couleur de peau. Ils savaient que j'étais d'Afrique de l'Ouest. Tu sais. Ils savaient que mon nom n'était pas commun. J'avais peut-être un accent. Je ne me souviens pas si j'en avais un, mais c'est probable. Hum, ouais. Ils savaient juste. Tu es différent, tu sais. Ça ne fait pas de toi un Noir. Ça fait de toi un Africain. Donc, je suppose qu'ils se sentent autorisés à se moquer de moi. Bien que je leur ressemble.

La façon dont elle relate cette expérience suggère que ceux qui l'ont exclue ne la considéraient pas comme noire, ce qui complique les définitions simples du racisme. À en juger par la façon dont l'anecdote est structurée, en commençant par la couleur de la peau, Mariama semblait s'attendre à ce que ce trait extérieur soit le principal critère d'accès à la négritude et, en fin de compte, d'acceptation. Cependant, la négritude de Mariama n'était pas lue en ces termes racialisés particuliers parmi ses pairs noirs, mais à travers d'autres formes de différences liées à la langue, à l'accent et à la géographie ; des traits identitaires qui la marquaient spécifiquement comme étrangère et qui la distinguaient de ses camarades de classe. Dans ce cas, Africain et Noir sont des identités mutuellement exclusives dans lesquelles l'Africain incarne le groupe extérieur, relégué à la marge.[52]

En raison de ce rejet, Mariama a décidé de chercher à être acceptée ailleurs. Elle s'est liée d'amitié avec une jeune fille portoricaine avec laquelle elle partageait une expérience d'immigrée et ressentait une connexion :

> Et hum, donc ma, ma proximité avec cette communauté m'a fait sentir que je faisais partie de quelque chose et que je pourrais peut-être commencer à leur ressembler. Alors, j'ai commencé à me détester et à souhaiter être plus claire, à lisser mes cheveux et à essayer de m'éloigner de ma culture africaine. Je disais aux gens que j'étais à moitié portoricaine. J'ai essayé d'apprendre la langue, de manger la même chose. Et je n'étais pas vraiment censée manger ces aliments parce que j'étais musulmane. Mais je faisais tout pour en faire partie. N'importe quoi, juste pour en faire partie. Parce que je me sentais plus acceptée. Et peut-être que je voulais être plus acceptée parce qu'ils avaient la peau plus claire. Et les choses pour lesquelles on me violentait, ils en étaient l'opposé.

Là encore, dans cette exploration racialisée de l'identité, la couleur de la peau occupe une place importante dans sa théorisation de l'appartenance. Elle a reconnu la corrélation entre l'acceptation et une peau plus claire, et s'est trouvée confrontée au phénomène du colorisme, produit de siècles de formation de l'identité dans laquelle une peau plus claire et des traits d'apparence plus européenne se sont souvent traduits par des avantages sociétaux réels.[53]

En effet, plusieurs des personnes que j'ai interrogées, en particulier les jeunes femmes, ont fait part de leurs expériences face au colorisme, où la communauté noire perpétue souvent des critiques négatives de la négritude. Par exemple, Sonia, 25 ans, a raconté son expérience d'enfance : « Il peut être vraiment difficile de grandir, surtout à Brooklyn, où les gens vous jugent. Souvent, on entend dire : "Tu es noire et laide". Donc, le fait de connaître ton héritage et ta culture réels te permet de savoir comment faire face à ces situations. » Pour elle, *noir* était synonyme de *laid*. Diallo m'a relaté une expérience similaire : « Je détestais le teint de ma peau. Je détestais être foncée. J'en suis arrivée à un point où je ne disais même pas aux gens que j'étais africaine s'ils ne me le demandaient pas. J'étais sceptique à l'idée de dire aux gens, "Oui, je suis africaine". Maintenant, psshh, c'est la première chose que je dis. » Étonnamment, alors que de nombreuses recherches ont été menées sur l'utilisation de blanchisseurs de peau pour obtenir ce capital symbolique, aucun de mes informateurs n'a mentionné l'utilisation de tels produits.[54]

Cependant, Mariama a employé d'autres tactiques pour se faire accepter dans un contexte qui stigmatisait la négritude. Enfant, Mariama dépensait la majeure partie de son énergie à adopter la culture et les marqueurs identitaires de son amie. Afin de convaincre les gens de son héritage portoricain inventé, elle s'est détournée de ses propres normes culturelles et religieuses, comme lorsqu'elle s'est mise à consommer du porc pendant un certain temps malgré l'interdiction posée par sa propre religion. De la même manière que certains immigrants africains vont au-delà de la citoyenneté nationale ou des points communs linguistiques pour créer des liens avec d'autres structures diasporiques, le désir de Mariama d'apprendre l'espagnol et d'entrer en contact avec la communauté portoricaine de New York indique qu'elle reconnaît le cachet culturel que la langue incarne dans ses tentatives d'apprentissage de l'espagnol.[55] Ce qui est particulièrement intéressant est que même si l'espagnol, dans le contexte américain, est souvent une langue stigmatisée et associée aux immigrants, il a suscité plus de respect que sa langue maternelle, le wolof, pendant son enfance. Cette hiérarchie pourrait être due au fait que le wolof est purement une langue africaine alors que l'espagnol est une langue coloniale dont les locuteurs représentent un large éventail d'identités ethniques, raciales et géographiques.

L'expérience de Madina complique d'autant plus la relation entre la langue et l'appartenance et brouille également les lignes de démarcation entre immigrant et non-immigrant, Africain et Afro-Américain. Comme Mariama, Madina s'est dite choquée par le fait que des personnes qui lui ressemblent physiquement, notamment par la couleur de leur peau, la qualifient d'« autre » ou d'« étrangère ». Cependant, Madina a souligné que ceux qui perpétuent cette altérité peuvent même être d'autres Africains : « En grandissant, c'était difficile. On me traitait souvent de *booty-scratcher* africain. Je l'étais, et cela vient de personnes qui me ressemblent. Qui viennent des Antilles ; qui font partie de la diaspora africaine. Les Antillais, les Africains, même les Africains me traitaient de *booty-scratcher*... Je suppose, vous savez, qu'ils ne s'identifient pas à ce qu'ils sont vraiment. Et je pense qu'avec les enfants, les enfants peuvent être vraiment cruels. Et ignorants en même temps. »

Madina a identifié un élément de dégoût de soi communautaire qui permettait à ces personnes de l'insulter par des remarques désobligeantes. Le déni permettait aux personnes qui lui ressemblaient de ne pas se voir comme elle les voyait. Madina met cela sur le compte de l'ignorance. Cependant, son frère Samba comprend la situation différemment. Soulignant la distinction entre les communautés anglophones et francophones au sein de la diaspora africaine, il a ainsi remarqué : « Tout le temps qu'elle était ici, elle a eu des difficultés parce que les enfants se battaient avec elle. Ils l'appelaient *booty-scratcher africain* parce qu'elle parlait le français et d'autres langues. » Il reconnaissait que sa différence provenait de son répertoire linguistique. En effet, c'est sa capacité à parler français qui signifiait non seulement sa différence mais aussi son africanité. Alors qu'un certain prestige est souvent attaché à la langue française, cette capacité francophone coïncidait avec des marqueurs identitaires à lecture négative, ce qui, à son tour, l'aliénait davantage. En d'autres termes, même les personnes originaires des Antilles et de l'Afrique anglophone, quel que soit leur statut de citoyenneté, ont pu se positionner dans le groupe d'appartenance en raison de leurs antécédents anglophones, aux dépens des Africains francophones tels que Madina.[56] Contrairement à l'expérience relatée par Ndiaye au chapitre 1, où le fait de parler un wolof teinté d'anglais suscitait le mépris de l'ancienne génération de Sénégalais de New York, dans le cas de Madina, c'est le français qui posait problème en raison de sa position au bas de la hiérarchie des langues coloniales. La façon dont les différentes langues sont lues dépend du contexte dans lequel elles sont parlées et des associations que les gens font autour ces langues.[57]

RÉFLEXIONS FINALES

Ce chapitre a exploré le lien entre les identités raciales et linguistiques et ce que ces identités signifiaient pour les personnes de mon étude qui revendiquaient la légitimité et le droit d'appartenance dans des contextes géographiques spécifiques. Bien que les expériences aient été marquées, dans chaque lieu, par les tensions et souvent la douleur des histoires coloniales ainsi que par la différenciation linguistique et raciale, ces héritages se sont manifestés différemment selon l'endroit. Cependant, les effets à Paris et à New York étaient plus susceptibles d'être renforcés par des attentes enracinées dans des perceptions culturelles historiques de la langue et de la race.

En déménageant à Rome, nombre de mes interlocuteurs ont été contraints de se confronter à des aspects identitaires qui étaient restés en sommeil au Sénégal, tels que le statut de citoyen et le fait d'être noir. Par exemple, au Sénégal, un pays où les différences ethniques sont importantes, la race est un concept davantage abstrait, qui n'était pas nécessairement abordé dans les expériences quotidiennes. À Rome, la négritude était plus centrale dans leur identité, et la façon dont les personnes interrogées utilisaient le langage traduisait la centralité de la négritude dans leurs expériences quotidiennes. En choisissant entre *noir*, *nero* et *black*, certains informateurs ont montré de quelle manière l'alternance codique était un outil permettant à la fois de souligner et de minimiser les sentiments d'exclusion. D'autres, comme Abi, ont souligné la relation entre l'exclusion raciale et linguistique, comme dans son récit de l'épisode dans le bus où les enfants l'ont raillée à la fois pour la couleur de sa peau et pour son utilisation de la langue. Elle était différente parce qu'elle était une étrangère à la fois linguistique et raciale. Cependant, comme le montrent les travaux de Khouma, même si une personne noire parle couramment l'italien et possède la citoyenneté italienne, sa revendication de *l'italianità* est ténue car la négritude exclut intrinsèquement l'italianité.

À Paris, l'altération vécue par les personnes interrogées semblait plus problématique qu'à Rome en raison de leurs attentes et de leur désir d'être considérées comme des membres à part entière de la société dus au chevauchement des histoires culturelles et linguistiques du Sénégal et de la France. Mes interlocuteurs ont souvent mis l'accent sur la revendication du droit à la parole.[58] Beaucoup d'entre eux considéraient la compétence linguistique comme un moyen d'accéder à la mobilité sociale, se ralliant à la rhétorique française qui établissait le lien entre l'assimilation linguistique et l'acceptation. Ils pensaient que s'ils pouvaient prouver leur compétence linguistique en français, ils seraient acceptés par la société dans son ensemble. Cependant, la compétence linguistique n'est pas seulement définie par la capacité à bien utiliser une langue. Elle dépend aussi de la capacité à prouver sa légitimité culturelle, qui va au-delà de la langue pour inclure d'autres marqueurs identitaires, notamment la race. Même lorsqu'ils portaient un masque blanc au sens fanonien du terme (c'est-à-dire qu'ils devenaient plus blancs en maîtrisant la langue française), ce masque n'était rien de plus qu'un masque. Les personnes de mon étude ont déploré le fait que pour les Français de souche, ils n'étaient jamais que des Noirs. En outre, l'incapacité à parler de la race et à traiter les effets de la marginalisation raciale a intensifié l'expérience négative de la race. En d'autres termes, la façon dont le discours français met l'accent sur l'assimilation linguistique tout en taisant les discussions sur la différenciation raciale n'offre rien de plus qu'un faux espoir d'assimilation culturelle réelle. La langue ne peut pas, dans les faits, transcender la négritude.

Parallèlement, les extraits de la ville de New York problématisaient la définition de la négritude, même dans des situations où ceux qui s'identifiaient comme noirs étaient en majorité. Alors que mes

mes interlocuteurs new-yorkais ont rencontré un contexte où les discussions sur la race étaient souvent au premier plan en raison de la primauté de la race dans le discours politique américain, pour beaucoup d'entre eux, le problème le plus important était la façon dont les Noirs américains les différenciaient parfois plus que les Blancs américains. Cette altération a pris la forme d'une différenciation linguistique : les langues qu'ils parlaient les marquaient comme étrangers. Le traumatisme subi par ces personnes et la confusion qu'elles ont ressentie lorsque des individus, partageant des caractéristiques raciales apparemment similaires, ont proféré des insultes racisées, illustrent le désordre lié à la compréhension de la diaspora. Même si, pour certains d'entre eux, la compréhension de la diaspora leur offrait des solidarités, ces solidarités étaient négociées par le biais de relations de pouvoir spécifiques au contexte. Non seulement le fait de parler une langue africaine comme le wolof crée une distance, mais même la capacité à parler le français, une langue mondialement prestigieuse, peut marquer quelqu'un comme étant autre et donc indigne d'être accepté. Alors qu'à Paris, de nombreux participants s'attendaient à être acceptés par le biais d'une langue commune, à New York, cette attente était liée à une formation raciale commune. Dans ce cas, la négritude ne pouvait pas transcender la langue. Comprendre la marginalisation liée au répertoire linguistique est une façon particulièrement convaincante de réfléchir aux notions de formation raciale dans les études sur les diasporas. Le chapitre suivant approfondit la question de la langue et de la négritude en se concentrant plus particulièrement sur les concepts d'intégration, d'immigration et de mobilité mondiale.

Chapitre III

Ni d'ici ni de là-bas. Réflexion sur l'appartenance nationale et transnationale

J'ai rencontré Karafa vers la fin de mon séjour à Paris. Alors que j'étais assise à la terrasse d'un bistrot du quatorzième arrondissement, il s'est approché de moi. Satisfait que mon apparence corresponde à la description que j'avais faite dans le SMS que je lui avais envoyé, il a mis son téléphone dans sa poche et s'est présenté. Je l'ai invité à s'asseoir et lui ai commandé un café. Karafa, âgé d'une cinquantaine d'années (qui a refusé de me donner son âge exact), avait une présence imposante. Il mesurait facilement plus d'un mètre quatre-vingts, avait une voix de baryton puissante mais pas forte, et dégageait une sagesse teintée de défi. Au cours de notre discussion, il a construit ses arguments sur une montagne d'évidences, comme lorsqu'il a énuméré les raisons de son mécontentement à l'égard du rôle de la langue française (comme nous l'avons vu au chapitre 1 lorsqu'il a décrit la nature dominante, imposante et destructrice du français). Il était également très critique à l'égard de ses trente-cinq années d'expérience de vie en France.

Karafa est arrivé en France pour étudier la comptabilité après avoir obtenu son baccalauréat. Alors qu'il parlait de sa carrière de comptable, son statut de citoyen est apparu : « Je ne suis pas français. Je suis immigré et les immigrés se trouvent dans des situations assez difficiles dans ce pays. Quand il y a une récession, ceux qui sont touchés d'abord sont les immigrés. J'étais un peu victime de ça ». Karafa m'a parlé de l'instabilité de son emploi en raison de son statut d'immigré. Compte tenu de l'insécurité de son emploi, je lui ai demandé pourquoi il ne demandait pas la citoyenneté puisqu'en tant que résident permanent à long terme d'une ancienne colonie, il pouvait probablement devenir citoyen relativement facilement. D'un ton défiant, il a fait remarquer qu'il n'avait jamais demandé la nationalité française parce qu'il aimait la couleur de sa peau :

> K : Non et je n'ai jamais demandé non plus.
>
> M : Vous ne pouvez pas ou vous ne voulez pas ?
>
> K : Je ne veux pas parce que moi j'aime bien la couleur de
> ma peau.

Ses principes, ancrés dans sa formation identitaire, l'emportent sur les considérations pratiques de la demande de citoyenneté. Son raisonnement suggérait qu'être français et être noir s'excluaient mutuellement ; il perpétuait une restriction raciale de la francité, en utilisant la couleur de la peau comme principal critère. Des personnes comme Karafa, qui ont été positionnées comme des étrangers, ont à leur tour intériorisé ce positionnement. L'exclusion est donc une voie à double sens où la race imprègne les notions de nationalité et de citoyenneté. Karafa, qui était un résident permanent mais aussi un citoyen sénégalais, avait le luxe de refuser la citoyenneté et/ou l'identité française sur la base de la couleur de la peau. Mais pour les personnes nées en France et qui ne connaissaient pas d'autre pays, le sentiment de nationalité ou d'appartenance était encore plus problématique.

La position de Karafa était encore fraîche dans mon esprit lorsque j'ai interviewé Lucie le jour suivant. Lucie venait de raconter l'histoire de la mère qui, lors de la réunion parents-professeurs, l'avait réprimandée pour une erreur qu'elle avait commise en parlant. Pour Lucie, le sentiment d'appartenance dépendait de la couleur de la peau, avançant l'argument que la langue ne pourrait jamais être le facteur principal pour prouver la nationalité ou le sentiment d'appartenance, même si les discours nationaux sur l'intégration disent le contraire. Elle m'a exprimé son ressentiment ou sa tristesse à l'idée que les Français de souche ne la verraient jamais comme une Française ou comme une locutrice légitime du français :

> L : Moi, je vais te dire que pendant toute mon adolescence, je ne
> me sentais pas française, pas forcément. Les gens me disaient
> que j'étais sénégalaise. Même pas sénégalaise, africaine. Je suis
> noire, donc je suis africaine. Je ne peux pas être noire et
> française. C'est trop surréaliste. Notre président Sarkozy,
> quand il est né, son père était encore hongrois. Moi, je suis née

de parenté française mais ce que je trouve extraordinaire, lui, il est blanc. Moi, je suis noire.

M : Comment est-ce que tu te sens ?

L : Je me sentais rejetée, quoi. Tout le monde me disait que je suis étrangère, donc je le sentais. Mais moi, je ne connaissais pas le Sénégal. Je ne suis pas comme les gens qui se sentent algériens, sénégalais, parce qu'ils ont l'habitude de visiter ces pays. Moi, non. Donc j'étais entre les deux... C'est quand j'allais au Sénégal qu'ils me disaient que je suis française. J'ai un passeport français, je vis en France, je ne parle pas de langues sénégalaises.

Elle a évoqué le cas du Président français de l'époque pour souligner la place de la race dans la discussion et la conceptualisation de la nationalité. Nicolas Sarkozy a été mentionné un nombre important de fois dans mes entretiens, la plupart des gens trouvant injuste que la nationalité d'une personne d'origine hongroise ne soit pas remise en question, alors qu'une personne d'origine sénégalaise ne soit jamais reconnue comme française. Le commentaire de Lucie a permis d'élucider la position particulièrement difficile et frustrante qu'elle et d'autres personnes comme elle occupaient. Elle se rendait compte que l'identité qu'elle essayait de s'approprier, celle d'une personne d'origine sénégalaise, était également hors de sa portée parce que ses expériences étaient différentes des leurs. La situation de Lucie est commune à de nombreux Français d'origine sénégalaise. Elle a grandi dans le système éducatif français, une institution qui est censée apprendre aux citoyens français à être français. Elle est même devenue enseignante. Elle parle ce qu'elle considère être un français standard. À toutes fins utiles, elle est intégrée à la société française, ayant fait ce que l'on attendait d'elle en tant que citoyenne française. Pourtant, elle ne se sent pas française. En France, les gens ne supposent pas qu'elle est française. Au contraire, ils s'interrogent sur sa francité. Pour eux, elle est tout simplement africaine.

Les expériences de Karafa et de Lucie montrent comment l'intersection du statut de citoyen, de la légitimité sociolinguistique et de la compréhension de la négritude au niveau personnel et sociétal fait partie des facteurs complémentaires et concurrents qui contribuent à la formation dynamique de l'identité.

Dans les trois lieux d'étude, les gens se débattent avec les attentes de la société en matière d'intégration ainsi qu'avec leur positionnement dans la sénégalité mondiale. Dans la continuité des discussions du chapitre 2, ce chapitre mettra donc en avant les compréhensions de l'appartenance à de multiples niveaux en explorant ce que signifie être résident à Paris, Rome ou New York, comment les personnes que j'ai rencontrées conçoivent l'étiquette d'immigrant, quels autres marqueurs d'identité sont mis en avant, et de quelle manière l'identification en tant que Sénégalais influence leurs interactions avec leur environnement local, avec le Sénégal et avec la diaspora sénégalaise.

L'INTÉGRATION ET UN ESPACE POUR LA DIFFÉRENCE

« Tu es de quelle origine ? » Utiliser des mots codés pour marquer la différence à Paris

J'ai rencontré Faatu dans un café au cœur de La Défense, près de son lieu de travail. Ce quartier d'affaires central est constellé de gratte-ciel qui contrastent fortement avec les immeubles de faible hauteur typiques de la majeure partie du paysage parisien. D'une manière étrange, ces gratte-ciels imitaient presque le paysage de la banlieue, même si ces deux paysages symbolisent des secteurs totalement opposés de la société. Nous étions assises près d'une fenêtre qui donnait sur la Grande Arche. Faatu a accepté d'être interviewée pendant sa pause déjeuner. Elle portait un costume noir avec un haut blanc ajusté et des chaussures élégantes. Ses tresses étaient si fines qu'elles ressemblaient à des mèches de cheveux, qu'elle ramenait fermement en queue de cheval. Son style correspondait bien à la clientèle du café.

Elle s'est montrée très ouverte tout au long de l'entretien. J'ai donc été surprise par son changement de ton et de langage corporel lorsqu'elle a critiqué la façon dont le système éducatif français traite les thèmes de la colonisation et de l'esclavage.

F : Les Français ont exploité beaucoup de pays d'Afrique. Ils ont volé beaucoup de richesse. L'histoire de l'Afrique est très forte.

M : Dans le système éducatif en France, est-ce qu'on parle du colonialis...

F : Non, justement. Dans nos cours, ce qui manque, on ne parle pas de l'histoire de l'esclavage.

M : Non ?

F : Non ! On ne parle pas de ça en France.

Lorsque je lui ai demandé pourquoi elle pensait qu'il était si difficile de parler de la colonisation et de l'esclavage, elle a regardé autour d'elle, a baissé la voix de façon qu'elle soit à peine audible, et a confié que dans son esprit, c'était par culpabilité. Si elle n'a pas utilisé le mot *race*, elle m'a expliqué que la façon dont la France catégorise les maghrébins ou les africains subsahariens s'apparente à un discours racial. C'est une autre manière de désigner la race.[1] À travers l'emploi du chuchotement, Faatu a utilisé le langage de manière stratégique pour transmettre le pouvoir silencieux du discours académique et national concernant l'incapacité ou le manque de volonté de la France à assumer son passé violent.[2]

La France participe à ce que Gloria Wekker appelle « l'innocence blanche » par le biais d'un déni systématique de son passé colonial et de sa position dans un présent postcolonial,[3] un phénomène qui s'exprime le plus clairement dans les récentes controverses concernant la commémoration de l'implication de la France dans la traite transatlantique des esclaves. La loi de 2001 de Christiane Taubira qualifiant l'esclavage et la traite négrière de crimes contre l'humanité et le rapport de 2005 du Comité pour la mémoire de l'esclavage dirigé par Maryse Condé, qui a conduit à une commémoration annuelle le 10 mai (à partir de 2006), représentent des pas dans la bonne direction en ce qui concerne la reconnaissance du passé traumatisant et racialisé de la France. Cependant, les protestations publiques contre ces avancées et le manque d'espaces publics tels que les musées et les mémoriaux pour traiter cet héritage montrent que la réconciliation a encore un long chemin à parcourir.[4] En outre, dans un endroit où le programme scolaire de l'État minimise le projet colonial français, où les statistiques raciales sont illégales en raison de la culpabilité découlant de la collaboration du gouvernement de Vichy avec l'Allemagne nazie pendant la Seconde Guerre mondiale, et où la « véritable » identité française évolue de manière myope à partir des ancêtres gaulois au lieu de siècles de migration vers et hors de France, le discours français articule la civilisation française comme synonyme de blanchité.[5] Cette omission du passé est liée à l'omission du présent, où les personnes de couleur sont effacées par une cécité des couleurs étatique. Les chuchotements de Faatu reflètent l'argument d'Ajuma sur le caractère tabou de la race en France ou le choix de Professore de remplacer noir par *black* pour éviter de commettre une transgression sociolinguistique.[6] Dans ce café bondé, entouré de Français blancs, Faatu ne voulait pas que quelqu'un l'entende, suggérant que si en théorie tout le monde était identique, en pratique Faatu était considérée comme différente.[7] Dans la même veine, le discours français évite de parler de la race, la considérant comme un obstacle à l'assimilation d'une identité française, tout en ignorant le fait que l'accent mis par l'État-nation sur une identité française singulière présuppose une identité blanche.

Selon Faatu, les Français la considèrent avant tout comme une immigrée : « C'est pas comment [les Français] nous classent mais comment ils nous perçoivent, c'est comme si nous étions des immigrés. Ils parlent d'intégration mais l'intégration n'est pas totale. » En d'autres termes, l'immigré est positionné par rapport au sujet noir et contre celui.[8] La répétition d'images positives de soi et négatives de l'« autre » dans le discours français renforce les stéréotypes qui amènent les gens à associer les problèmes sociétaux à cet « autre » non blanc.[9] Faatu est coincée dans un système où elle, une Française d'origine sénégalaise, ne pourra jamais s'intégrer pleinement en France, peu importe son niveau d'éducation, sa tenue vestimentaire professionnelle ou, comme l'ont démontré Lucie et Jean-Paul, son aisance à parler.[10] Par conséquent, le discours sociétal fournit des codes critiques qui élargissent simultanément la réalité matérielle/culturelle de l'appartenance tout en racialisant cette appartenance.

Bien que Faatu ait laissé entendre que c'était la couleur de sa peau qui l'empêchait d'être pleinement acceptée dans la société dans laquelle elle était née, d'autres se sont tournés vers la question de l'identité religieuse et son effet sur l'intégration. Par exemple, Sébastien a fait valoir que le mode d'intégration accepté en France était celui de l'assimilation et que des personnes comme lui ne pouvaient pas vraiment être assimilées en raison de leurs croyances religieuses :

> Je suis croyant musulman et quand les gens l'apprennent, ils disent « mais je ne savais pas que tu étais encore aussi proche de ta culture d'origine. »... Je trouve ça drôle, en fait ça me rappelle le modèle d'intégration française et le modèle d'assimilation... Je pense que c'est à l'échec parce que je ne peux jamais assimiler la couleur de peau. Pourquoi les immigrés italiens, polonais, espagnols peuvent être intégrés à la population ? C'est parce qu'ils sont tellement assimilables. C'est-à-dire, tu peux franciser ton nom mais tu ne peux pas devenir blanc.

Il est possible de déconstruire cet extrait en fonction de la manière dont les Français de souche le considèrent de manière ambiguë. À bien des égards, cela correspond à la théorisation de Junaid Rana et Stanley Thangaraj sur la façon dont l'exclusion raciale implique diverses appréciations autour de la culture, du phénotype, de la religion et de la science dans la production de l'« autre ». La race, en tant que telle, n'émerge pas à travers un registre unique du corps mais à travers les différents discours et épistémologies qui façonnent déjà ce dernier.[11] Par conséquent, le corps (racisé) tel qu'il est perçu par les autres n'est jamais simplement vu mais est toujours perçu à travers une série de facteurs qui se chevauchent et qui prédéterminent plus ou moins la façon dont il sera perçu. Sébastien a grandi en parlant le français comme langue maternelle au Sénégal, et il a expliqué que les gens en France lui faisaient toujours des remarques sur son absence d'accent ou d'autres caractéristiques linguistiques qui le distinguaient en tant qu'étranger (bien que le fait que les gens fassent des remarques sur son utilisation de la langue en premier lieu indique l'attente *fanonienne* d'une infériorité linguistique liée à la négritude).

Cependant, lorsque les gens apprenaient qu'il était un musulman pratiquant, il ne correspondait pas à leur idée d'un citoyen français catholique ou laïc. Il est important de noter que son statut religieux semblait moins important que sa couleur de peau dans son assimilation, étant donné la façon dont il passait sans effort de la religion à la couleur de peau. Il avait beaucoup plus à dire sur la couleur de la peau, sans doute parce que c'était un facteur plus important dans sa vie quotidienne. Il n'était pas évident qu'il était musulman. Il était évident qu'il était noir.[12]

Jean-Paul a également réfléchi à son identité raciale et religieuse et à la manière dont ces marqueurs ont joué dans son positionnement sociétal : « On sait que la plupart des gens ont une origine étrangère, et comme je le disais tout à l'heure, si on était blanc et chrétien, au bout d'une génération on peut être vu comme un Français. Être noir et catholique ne change pas. Je le sais parce que je suis catholique. Ce n'est pas un *ou*, c'est un *et* ». Selon nombre de mes interlocuteurs, pour véritablement s'assimiler, il faudrait se conformer complètement à un modèle normatif de Français indexé linguistiquement et corporellement comme étant blanc, masculin, chrétien et de classe moyenne, semblable à la description de la « norme mythique » d'Audre Lorde.[13] Malheureusement pour les personnes qui veulent être acceptées dans leur pays d'adoption, il n'y a aucun moyen d'imiter ce modèle avec succès car on ne peut pas transformer la couleur de la peau et la plupart des gens ne veulent pas abandonner leurs croyances et leurs coutumes religieuses. L'exclusion fonctionne donc à travers les différents registres de la race, rendant ainsi le terrain d'appartenance toujours instable, imprévisible et traître pour les Noirs en France, quelle que soit leur appartenance religieuse.[14]

Ces exemples illustrent les multiples façons dont le discours quotidien communique une dichotomie entre le groupe et l'extérieur (in-group/out-group).[15] L'utilisation de l'appellation d'origine est une autre façon d'attirer l'attention sur cette dichotomie. Nyambi, le restaurateur, nous a fait part de l'expérience suivante : « Quand ils parlent des étrangers, ils disent tu es d'origine. Ça n'est pas bon. Tu es d'origine sénégalaise ou algérienne ou gabonaise. Il faut qu'ils arrêtent ça. Si tu es français, tu es français. Et ça on dit toujours à la télé. Quand quelqu'un est champion, il est français ; quand il a des problèmes, il est d'origine, quoi. »

Nyambi montre de quelle manière l'étiquette peut marquer l'inclusion ou l'exclusion et la fluidité de la frontière entre ces deux pôles. La nation est heureuse d'inclure une personne si elle a de la valeur d'une certaine manière. Si quelqu'un est dépeint sous un jour négatif, alors cette personne est étiquetée comme « étant d'origine ». Cette utilisation du langage souligne la manière dont la réussite est mise en avant lorsque l'on parle de francité, alors qu'à l'inverse l'échec marque une personne comme étant un immigré. Ce phénomène est particulièrement évident lorsque l'on compare le traitement médiatique des équipes de football françaises en 1998 et en 2010. Lorsque l'équipe a remporté la Coupe du monde en 1998, la France multiculturelle a été célébrée.[16] Cependant, lorsqu'elle a perdu au premier tour en 2010, disgraciée et embastillée, l'équipe multiculturelle a été diabolisée pour ne pas avoir prôné les valeurs françaises et pour ne pas avoir représenté la France comme elle aurait dû le faire. La nation s'est interrogée sur son identité nationale. Les discussions sur les émeutes dans les banlieues au cours de la dernière décennie ont refait surface, établissant des liens entre les luttes internes au sein de l'équipe et l'agitation civile à cause de secteurs marginalisés de la population. « Tu es de quelle origine ? » est un code pour « ta présence est problématique ». Et quand quelque chose comme la couleur de peau évoque automatiquement les questions d'origine, le « meilleur » français ou la preuve de citoyenneté ne suffisent pas à obtenir la légitimité.

Il est important de noter que le positionnement social de la personne qui utilise le terme « d'origine » compte. Faatu s'identifie fièrement comme « française d'origine africaine, sénégalaise, casamançaise » de la même manière que l'on utiliserait « African American » ou « Black British » comme une façon de revendiquer un certain type d'identité puisqu'elle avait le sentiment que la société niait son identité française. Et pourtant, pour beaucoup de Français de souche, minimiser l'identité française est inadmissible. De plus, généralement, la question de l'origine ne vient pas d'un désir sincère de comprendre tous les marqueurs qui contribuent à l'identité d'une personne. Les minorités raciales et religieuses sont prises dans un cercle vicieux où les personnes qui s'enquièrent de leur pays d'origine sont les mêmes qui leur reprochent d'être fières de leurs différences. Tout se passe comme si l'utilisation de cette phrase, sous sa forme interrogative, pour tenter de catégoriser l'« autre », était acceptable. Par exemple, un Français de souche qui demande à une personne de couleur : « tu es de quelle origine ? ». L'utilisation de cette phrase, sous sa forme déclarative, pour revendiquer une identité, serait alors assimilée à une revendication communautariste (« Je suis français noir » ou « Je suis français d'origine sénégalaise »). En d'autres termes, seules les personnes en position de pouvoir et de privilège peuvent utiliser l'expression « de quelle origine ». En déclarant une identité hybride qui va à l'encontre de la nature homogénéisante du discours national, les personnes comme Faatu remettent en question le statu quo et la structure de pouvoir qu'il implique.

Avec l'expression « de quelle origine » soulignant essentiellement diverses formes de différence, il est possible de s'interroger sur l'efficacité d'un modèle de société sans distinction de couleur. Puisque l'expression « de quelle origine » au sens interrogatif est presque toujours posée à des personnes qui s'identifient ou sont identifiées comme non-blanches, il est évident que le fait d'être un « vrai » Français implique la blanchité. Curieusement, les Sénégalais qui émigrent en France sont associés souvent dans des communautés ouest-africaines préexistantes qui sont fondées sur la race, par opposition à la nationalité, ce qui dissipe le mythe selon lequel les Français ne conçoivent pas la race. En d'autres termes, tout comme Lucie a noté que les gens en France ne l'appelaient pas sénégalaise mais africaine (« même pas sénégalaise, africaine »), « l'Africain noir » est une catégorie plus évidente pour la France blanche que sénégalais ou gabonais, par exemple. Comme évoqué précédemment, des termes tels que maghrébin ou africain subsaharien véhiculent des connotations raciales qui effacent les nuances propres à chaque héritage national. Quant aux personnes de nationalité française d'origine sénégalaise, le surnom d'origine les suit partout. Malgré l'absence de statistiques raciales en France, la race des individus racisés est toujours signalée au quotidien. En fait, nombre de mes interlocuteurs considèrent que la race est plus problématique en France que dans mes autres lieux d'étude, précisément en raison de la façon dont la France conceptualise la race comme une non-entité. C'est cette attente d'égalité et la prise de conscience de sa nature illusoire qui fait qu'un modèle sans distinction de couleur heurte davantage qu'un modèle où la race occupe une position centrale dans le discours national.

È il mio sogno :
Compliquer l'intégration à Rome

J'ai pénétré dans une cour bien entretenue d'une rue animée du centre de Rome et j'ai été accueillie par l'amie d'un ami, une avocate spécialisée dans l'immigration qui avait accepté de répondre à certaines de mes questions sur l'immigration en Italie. Elle m'a invitée à entrer dans son bureau sobre mais fonctionnel, le mur derrière elle étant tapissé de livres de droit, une fenêtre donnant sur la cour dans mon dos. Elle avait l'air épuisé et reconnaissait que la journée avait été difficile, l'une de ces nombreuses journées difficiles. Depuis l'arrivée au pouvoir de Silvio Berlusconi en 2001, son travail juridique avec les immigrants était devenu plus difficile. La volonté d'intégration raisonnable inscrite dans la loi sur l'immigration de 1998 a cédé la place à un climat hostile, marqué par une rhétorique discriminatoire et raciste visant à déshumaniser les immigrants et à les dissuader de venir et de s'installer en Italie.[17] Bien qu'elle ait décrit son travail comme étant difficile, elle aimait beaucoup aider les gens à naviguer les méandres de la bureaucratie. Elle n'était pas encore complètement épuisée, me disait-elle avec défi.

Elle a répondu patiemment à toutes mes questions. Cependant, lorsque je l'interrogeais plus particulièrement sur son expérience avec les Sénégalais qui obtiennent la résidence permanente, elle me demanda d'arrêter l'enregistrement et de prendre des notes. Elle fronça les sourcils, cherchant un moyen d'expliquer sa confusion quant à la raison pour laquelle cette population spécifique avait du mal à obtenir la permission de résider sur le territoire. Selon elle, la communauté sénégalaise apprend la langue italienne mieux que quasiment n'importe quel autre groupe (elle me mentionna spécifiquement les migrants du Bangladesh, de l'Inde et des Philippines) mais est le groupe le moins susceptible d'obtenir le statut de résident permanent. Elle a confié qu'il était impossible de travailler avec eux dans le sens où ils ne respectaient pas les rendez-vous. Ils ne voulaient pas travailler comme aides-soignants, l'un des rares emplois disponibles pour les migrants récents, et cherchaient donc souvent du travail au noir. Ils ne faisaient pas non plus le nécessaire pour que la procédure légale se poursuive. Elle m'a demandé de réfléchir avec elle aux raisons de cette situation. Sur la base de ce que je voyais dans mes entretiens, j'ai avancé que peu de Sénégalais prévoyaient réellement de vivre en Italie définitivement. Les Sénégalais pensaient qu'ils seraient ici pour quelques années, une décennie peut-être, envoyant de l'argent au Sénégal, avec l'idée qu'un jour ils retourneraient au Sénégal ou s'installeraient dans une autre destination étrangère. Alors peut-être que l'idée d'une résidence permanente n'était pas si importante, surtout s'ils étaient capables de travailler au marché noir et de gagner l'argent qu'ils souhaitaient pour leurs envois de fonds. Elle s'arrêta un instant, pencha la tête sur le côté et acquiesça.

Il était évident qu'en soulignant spécifiquement les difficultés linguistiques des groupes qui avaient tendance à remplir les conditions nécessaires pour obtenir la résidence, elle supposait que la compétence linguistique était un facteur important pour s'intégrer et réussir à obtenir un statut légal permanent.[18] Pour la plupart, les Sénégalais ne s'assimilent ni ne se séparent de la population. Ils participent plutôt à ce que Bruno Riccio décrit comme une troisième voie d'intégration.[19] Le migrant sénégalais classique à Rome n'envisage pas de vivre toute sa vie en Italie et ne considère donc pas qu'il vaille la peine d'investir dans des cours de langue, surtout parce que prendre des cours signifie perdre du temps, temps qui pourrait être consacré au travail. Parallèlement, il existe une myriade d'autres incitations à apprendre la langue. D'une part, les gens sont motivés par des raisons économiques comme pour trouver un emploi ou vendre des marchandises dans la rue, auquel cas ils apprennent souvent la langue sur leur lieu de travail. D'autre part, il existe des raisons intrinsèques, comme celles que nous avons mentionnées précédemment, qui expliquent que les immigrants aiment apprendre l'italien pour sa beauté ou parce qu'ils souhaitent être aussi multilingues que possible.

Il y a également quelque chose à ajouter sur ce regard constant vers l'extérieur, loin de l'Italie, qui sera au cœur de la discussion du chapitre 4 sur le voyageur multilingue et la propension à la mobilité vers l'extérieur. En outre, les preuves confirment l'argument de Riccio selon lequel de nombreux Sénégalais concentrent leur regard sur leur pays d'origine. Le concept de foyer, qui est constamment négocié et change selon le contexte, aide à comprendre le positionnement des immigrants dans le pays d'accueil. [20] L'extrait suivant souligne l'importance du foyer et du positionnement lorsque l'artiste Biondo (B) et son ami (A) discutent d'un retour au Sénégal :[21]

M : Pensate di tornare in Senegal ?

B : Oooooh, hai mai visto un senegalese che non vuole tornare ? [Rires]

M : Sì, esatto.

B : Non esiste proprio. Dovunque sia. Australia, America, Europa.

M : Sempre, casa è casa.

B : Casa. Casa è casa. Basta. *Bëggoo dellu Senegal ?*

A : Eh ?

B : *Bëggoo dellu Senegal ?*

A : Sì, chiaro.

B : Non esiste un senegalese che non vuole tornare a casa.

A : Senegal è il paese più bello del mondo.

M : Pensez-vous retourner au Sénégal ?

B : Oooooh, as-tu déjà vu un Sénégalais qui ne veut pas rentrer ? [Rires]

M : Oui, exactement.

B : Ça n'existe pas. Où qu'il soit. Australie, Amérique, Europe.

M : Toujours, la maison est la maison.

B : Foyer. La maison est la maison. Assez. Tu ne veux pas rentrer au Sénégal ?

A : Huh ?

B : Tu ne veux pas rentrer au Sénégal ?

A : Si, bien sûr.

B : Il n'y a aucun Sénégalais qui ne veut pas rentrer chez lui.

A : Le Sénégal est le plus beau pays du monde.

Le contenu de cette conversation établit une notion de frontières et de déplacement, à la fois géographique et temporel. À travers sa conceptualisation de ce qu'est le foyer, Biondo a érigé des frontières. Il est physiquement éloigné de son pays d'origine, le Sénégal, et cette frontière existe non pas en raison de ce qu'est l'Italie, mais en raison de ce qu'elle n'est pas. En mentionnant d'autres lieux (Australie, Amérique, Europe), il ne souligne pas seulement la portée mondiale des Sénégalais ; il crée aussi une dichotomie qui juxtapose le Sénégal au reste du monde.

Au-delà du contenu, une analyse de l'utilisation réelle de la langue démontre également l'existence de frontières. Par exemple, Biondo utilise une construction négative en wolof lorsqu'il interroge son ami sur son désir de retourner au Sénégal. Souvent, les questions négatives suggèrent l'attente d'une réponse affirmative. [22] En effet, l'interrogatoire de Biondo a suscité une réponse affirmative catégorique de la part de son ami. Biondo a réitéré l'importance et les attentes placées dans ce foyer en poursuivant l'articulation négative en italien lorsqu'il a fait remarquer qu'il n'y avait aucun Sénégalais qui ne voulait pas rentrer chez lui. De plus, alors que la langue de la conversation était l'italien, Biondo a choisi d'adresser une question en wolof à son ami. Une explication pragmatique est que Biondo est passé au wolof pour indiquer s'adresser à un interlocuteur différent, comme en témoigne le fait qu'il ait détourné son attention de moi, l'enquêtrice, au profit de son ami sénégalais. Changer de langue a permis de signaler ce changement. Cependant, le modèle de marquage de Carol Myers-Scotton, qui détaille les motivations sociales de l'alternance codique, offre une autre perspective pour expliquer ce passage au wolof. Myers-Scotton admet que l'alternance codique peut être utilisée dans la négociation de relations interpersonnelles et la signalisation de l'appartenance à un groupe. [23] Il est alors possible de soutenir que Biondo a changé de langue pour créer un mouvement collectif en soulignant le lien linguistique entre lui et son ami. La langue italienne confère une identité particulière au pays dans lequel il vit actuellement et contraste avec son identité de locuteur wolof. En s'exprimant en wolof, il souligne davantage une identité qui n'est pas italienne mais sénégalaise. Ce choix renforce la frontière qui existe entre son environnement et lui et tout en soulignant son lien avec les autres locuteurs wolofophones.

Outre la conceptualisation des frontières, l'analyse de l'usage multilingue, comme l'alternance codique, éclaire également les notions de foyer. Dans les espaces multilingues où les langues parlées en famille sont souvent différentes du cadre social plus large, le concept de foyer et le rapport aux langues sont essentiels pour comprendre la formation de l'identité et le positionnement social. Au Sénégal, pays dont la langue officielle est le français, les langues locales telles que le wolof ou le peul sont souvent considérées comme des langues familiales, et c'est au sein du foyer que les individus peuvent cultiver des identités culturelles et ethniques particulières. Le cas du wolof est toutefois complexe, car au Sénégal, le wolof peut être une langue d'origine pour certains et la lingua franca pour d'autres. Biondo, par exemple, a grandi dans une famille de langue peul mais utilisait le wolof dans la vie de tous les jours. Cependant, une fois qu'un Sénégalais se trouve dans une situation de diaspora, quelle que soit sa langue maternelle, le wolof devient la langue qu'il assimile au Sénégal et, par extension, à son foyer (par exemple, Sébastien et Salif se sont attachés au wolof en France parce qu'il leur rappelait leur foyer).

Dans la conversation ci-dessus, ce qui est particulièrement intéressant est que lorsque Biondo passe en wolof, après avoir ruminé l'idée de foyer dans l'énoncé « Casa è casa », il n'utilise pas le mot wolof pour foyer. Il se peut que l'action même de poser cette question en wolof ait signifié que le foyer était implicite dans le terme Sénégal. Penelope Gardner-Chloros, en appliquant le modèle de marquage à la conceptualisation du foyer, avance que « dans n'importe quelle circonstance sociale donnée, une variété particulière est la variété attendue ou « non marquée », c'est-à-dire celle qui n'est pas remarquable. Ainsi, par exemple, passer à la langue vernaculaire locale pour évoquer le foyer ou la famille est « non marqué », alors que passer à la langue

vernaculaire locale dans un discours public est un choix "marqué" ».[24]
Par conséquent, dans ce cas, il n'est pas surprenant que Biondo change
de langue puisqu'il démontre par le langage sa conception et son lien
avec un environnement spécifique. En d'autres termes, l'utilisation du
wolof indexe le foyer de sorte que le mot « foyer » n'a pas besoin d'être
explicité.

Dans cette déclaration sur le retour au pays, Biondo parle en
termes absolus car il canalise la voix de tout un peuple. Il accentue
donc le schisme *nous/eux* en prenant des exemples isolés et en les
généralisant. Dans l'exemple suivant, Professore (P), dans sa
conversation avec son ami Ndiaga (N) et moi (M), utilise une
tactique différente pour exprimer son aspiration à un retour au pays. Il
utilise l'intertextualité pour répondre à la question de savoir s'il pense un
jour regagner le Sénégal : [25]

> P : C'est mon souhait, quoi.
> N : Inch'allah.
> P : È il mio sogno. I have a dream. [Sourire]
> M : [Rires] OK.
> P : That's my dream.

Bien que l'ensemble de la conversation se déroule en italien, en
français et en anglais, à ce stade, le français est parlé depuis un certain
temps. Au début de la conversation, Professore s'est exprimé en
français. Pour donner suite à l'insertion de la phrase wolof/arabe
Inch'allah par Ndiaga, Professore a répété sa pensée originale en
italien. Il évoque ensuite le discours *I have a dream* de Martin
Luther King Jr. En intertextualisant les mots de Martin Luther
King, Professore insuffle à la conversation un soupçon de gravité
sous couvert d'humour (il a souri en le disant, ce qui m'a fait rire). En
citant un célèbre leader des droits civiques, Professore exprime avec
justesse son désir de retourner au Sénégal et les effets de son
absence prolongée de son pays natal. Cependant, l'utilisation de
Martin Luther King pourrait également être lue comme une façon de
signaler le travail racial qu'il a dû faire pour créer un foyer en terrain
hostile, combattre l'aliénation qu'il ressentait dans un nouveau pays
et le sous-texte racial qui alimentait cette aliénation. En outre, en
se déplaçant entre l'article indéfini dans *J'ai un rêve* et les pronoms

personnels *mon*, *mio* et *my*, il montre à la fois le désir collectif des migrants sénégalais de retourner dans un espace où la différence raciale n'est pas une préoccupation centrale et son droit de propriété sur ce rêve particulier.[26]

Cependant, toutes les discussions sur l'identité et l'appartenance parmi mes interlocuteurs en Italie n'étaient pas négatives ou ne suggéraient pas un désir de rester sans attache avec le pays d'accueil. Dans certains cas, les personnes interrogées ont adopté une approche plus optimiste de leur position sociale et des améliorations possibles de la façon dont les membres du groupe dominant les considéraient, ce qui leur a permis de s'interroger sur la nature de l'italianità et sur leur place. Par exemple, Ibou a pu créer un espace domestique à la fois en France et en Italie :

> Al livello culturale, strutturale, mentalità, sto molto meglio in Francia perché sono abituato al sistema sociale, culturale, la lingua. Ho amici. In Italia, conosco molto bene l'Italia e vedo la mia dimensione africana più in Italia. Forse io, da Senegalese o Francofono, la dimensione occidentale, in Italia è il mio punto di equilibrio. Nel senso della famiglia, calore umano, l'improvvisazione un po'. La nozione del tempo è più vicina all'Africa, anche il sole e il clima. Ho più la mia dimensione africana in Italia.

> [Sur le plan culturel, structurel, mental, je suis beaucoup mieux en France parce que je suis habitué au système social, culturel, à la langue. J'ai des amis. En Italie, je connais très bien l'Italie et je vois mon côté africain ressortir davantage. Peut-être que moi, en tant que Sénégalais ou francophone, le côté occidental, l'Italie est mon point d'équilibre. Dans le sens de la famille, de la chaleur humaine, de l'improvisation. La notion du temps est plus proche de l'Afrique, même le soleil et le climat. L'Italie correspond mieux à mon côté africain.]

Les raisons pour lesquelles Ibou se sent plus à l'aise en France sont liées à l'habitude qu'il a du système social et culturel français et de la

langue française. Il avait été formateur en langue française au
Sénégal.

Cependant, cette maîtrise du français et cette affinité avec
certaines structures sociales n'ont pas suffi à modifier son sentiment
général de confort en Italie. Pour lui, les valeurs de la famille, le
rythme plus lent et le climat sont autant de facteurs qui font ressortir
son côté africain, facteurs qui lui sont indispensables. Nombre de mes
interlocuteurs ont mentionné des raisons similaires pour justifier leur
attachement à l'Italie. Pour Ibou, ce lien a conduit à une
transformation proactive de l'Italie en tant que foyer, dans la mesure
où sa femme sénégalaise et son enfant vivent avec lui dans la banlieue
de Rome, et qu'il ne parle pas de la perspective de retourner au
Sénégal. Ibou représente quelqu'un qui, indépendamment de
l'exclusion perpétuée par la culture dominante, a décidé de
s'enraciner et de s'intégrer.[27] Ibou est cependant une exception. Les
conversations avec la grande majorité de mes interlocuteurs
reflétaient l'expérience de l'avocat de l'immigration en matière
d'intégration.

« Mais ils ne rentrent jamais » : Un
Little Senegal à l'étranger à New York

Dans le chapitre 1, Aminata et Diallo décrivent la 116ème rue de
Harlem comme un lieu où l'on s'attend à entendre du wolof, à voir
des gens porter des boubous et à sentir le ceebu jen (le plat national
du Sénégal, une délicieuse version du poisson et du riz) qui flotte à
l'entrée des restaurants sénégalais. Le fait que Little Senegal
représente une enclave sénégalaise bien établie est important car il
indique l'existence d'un espace communautaire où les normes
culturelles sénégalaises peuvent s'épanouir dans un contexte
américain plus large. Lorsque j'ai demandé au journaliste Diop ce
qu'il pensait de la vie aux États-Unis, il a répondu :

D : Je trouve cela presque aussi naturel que de vivre au Sénégal.

M : Vraiment ? Pourquoi ?

D : Parce que je ne vois rien qui me rappelle que je ne suis pas à
ma place ici. Ce que vous appelez en France le délit de faciès.

Parce que vous portez des vêtements africains ou des vêtements sénégalais, personne ne vous arrête pour vous demander d'où vous venez.

Il est révélateur que Diop ait structuré sa compréhension de l'appartenance en utilisant une construction négative, ce qui l'a conduit directement à l'expression française délit de faciès.[28] Il a laissé entendre que, contrairement aux États-Unis, en France, on ne doit pas signaler son africanité ou faire quoi que ce soit qui suggère que l'on diffère de l'identité française normalisée. Pour insister, il a ajouté : « Il n'y a pas de norme particulière à laquelle un Américain doit ressembler. Je trouve cela très, très utile pour quelqu'un qui est né à l'étranger, qui arrive dans le pays, qui a des difficultés avec la langue. Ce n'est pas réellement un problème pour la société. »

Cette ouverture à la différence signifie que les langues peuvent coexister et s'épanouir et que ceux qui voient la valeur du multilinguisme peuvent être fiers de s'identifier comme multilingues.[29] Cela ne veut pas dire que les vêtements et les langues africaines n'existaient pas dans les rues de Paris ; cependant, le sentiment est omniprésent que New York est plus favorable à ces manifestations extérieures de la différence culturelle et à la création de communautés où ces différences sont courantes.[30]

Les habitants de New York ne sont pas les seuls à avoir remarqué cette liberté de montrer la différence et de vivre collectivement dans la différence. Les personnes interrogées à Paris en ont pris note. Par exemple, Nyambi a fait remarquer : « Aux États-Unis ou en Angleterre, il y a le communautarisme, les Noirs entre eux, les Arabes entre eux, les Chinois entre eux, et ils sont tellement forts qu'un Noir qui a fait des études, qui est très brillant, il peut être un maire d'un quartier noir, même un chef noir ». Nyambi a soutenu que le communautarisme créait des espaces où les minorités pouvaient s'épanouir et être représentées. Il a comparé cette configuration à celle de la France : « Mais en France c'est plus pervers. Ils disent, pas de communautarisme ici. Nous faisons l'intégration. Mais... à la société française, vous voyez la télévision française ici, vous avez l'impression qu'il n'y a pas de Noirs dans ce pays, pas d'Arabes ». Tout au long de son argumentation, il a utilisé le langage pour marquer les effacements corporels des représentations nationales du soi. Le communautarisme, où des personnes liées par une affiliation ethnique ou nationale vivent ensemble, constitue un affront à l'assimilation, et les tentatives de défendre le communautarisme sont souvent considérées comme une importation anglo-américaine, quelque chose d'intrinsèquement non français.[31] Mais comme Nyambi l'a indiqué, l'assimilation efface les groupes marginalisés. Ils ne semblent pas exister dans le récit national. L'interdiction du communautarisme garantit essentiellement qu'ils ne sont pas perçus comme étant une masse et peuvent plus facilement être ignorés. En outre, le discours français fait peser sur ceux qui sont marqués comme différents la responsabilité de s'assimiler. Cependant, les expériences de beaucoup d'entre eux montrent de quelle manière certains marqueurs identitaires prépondérants rendent impossible une acceptation totale dans la société française.

Tout comme Nyambi, Diop a apprécié les avantages de vivre dans un endroit tel que Little Senegal, où il pouvait partager les coutumes et les valeurs de son environnement immédiat. Néanmoins, il a également formulé une mise en garde concernant l'immigration, l'intégration et la construction d'un foyer. Selon lui, il est important d'être fier de ce que l'on est, de ses origines et des éléments qui nous rendent unique, mais afin de se sentir pleinement chez soi il est nécessaire de se considérer comme partie intégrante de la société dans son ensemble. Si cette notion d'ensemble n'est pas présente alors le pays d'accueil devient un espace de transition qui ne se transforme jamais en foyer.

Diop a réfléchi à sa propre arrivée aux États-Unis dans les années 1980 :

> Quand je suis arrivé ici... Je dis à mes proches : « Je veux trouver une école où je peux apprendre l'anglais. » Ils me disent : « Allons donc. Pourquoi as-tu besoin de ça ? Tu ne viens pas ici pour avoir de l'argent et rentrer chez toi ? » Je dis « Les gars, vous voyez ce pays, je dois prendre le temps de parler leur langue, au moins. On ne va pas rentrer chez nous. » Et ils disent, « Tu es fou. Ne nous porte pas la poisse. » Les mêmes personnes, vingt ans plus tard, ont gardé le même emploi

que lorsqu'elles sont arrivées[32] parce qu'elles ne se sont jamais considérées comme faisant partie de la société. Elles n'ont jamais rien fait pour améliorer leur vie ici, car elles attendent de rentrer chez elles pour avoir une vie. Et elles ne rentrent pas chez elles.

Diop est parti en croisade pour changer ce point de vue sur le foyer. Il utilise sa voix en tant que personnalité pour plaider auprès des auditeurs pour qu'ils n'envoient pas tous leurs gains au Sénégal, mais juste assez pour aider leurs familles, car il est nécessaire d'investir également dans leur communauté locale. Il ne peut trop insister sur l'importance de s'enraciner aux États-Unis : « Enracinez-vous profondément ici. Et même si vous pensez à rentrer chez vous, essayez de bien gagner votre vie ici, ce qui vous aidera à rentrer chez vous. Mais si vous suspendez votre vie en vous disant : "Quand je rentrerai chez moi, je commencerai à vivre", vous ne rentrerez pas chez vous. Vous ne rentrerez jamais chez vous ».

Diop remarque que la réticence des générations précédentes à revendiquer les États-Unis comme leur pays commence à se dissiper. Ce changement est particulièrement visible lorsqu'il est considéré à la lumière des idéologies linguistiques. L'accent mis par Diop sur l'acquisition de la langue anglaise démontre le rôle primordial que joue la langue dans l'investissement dans une identité, dans ce cas une identité américaine. Alors que d'autres personnes de sa génération évitaient d'apprendre l'anglais parce que cela signifiait une forme de coupure des liens avec le Sénégal, il y voyait un moyen d'ouvrir des portes. De même, les personnes plus jeunes et les migrants plus récents que j'ai interrogés ont fait de l'apprentissage de l'anglais une priorité absolue. Ayant passé cinq ans aux États-Unis, Laurent, 30 ans, originaire de Casamance, explique : « Une fois que tu viens ici, après des années, tu vas te rendre compte que la meilleure chose à faire, quand tu viens ici, c'est d'aller à l'école et d'apprendre l'anglais. Parce que la communication est importante. C'est la compétence de base. » Il fait valoir que même si quelqu'un n'a pas l'intention de rester aux États-Unis, il est important d'apprendre l'anglais et de s'adapter parce qu'une fois immigré, il est difficile de revenir en arrière : « Moi-même ou beaucoup de gens comme moi, une fois qu'ils viennent ici, ils ne veulent rien d'ici. Ils veulent vivre ici, gagner de l'argent et le renvoyer en Afrique. Et chaque jour, ils vont se dire, je vais rentrer chez moi, mais ils ne rentrent jamais » [rires]. Les rires de ses amis pendant que nous parlions suggèrent la véracité de cette déclaration. Les uns après les autres, ils racontent que New York était censé être une destination de passage, un arrêt de quelques années. La plupart d'entre eux ont réalisé que ce n'était plus le cas. Beaucoup étaient plus susceptibles de partir vers une autre destination étrangère que de retourner au Sénégal, où les perspectives d'emploi sont rares et où l'image du migrant ayant réussi règne en maître.

Les points de vue générationnels concurrents concernant l'acquisition de la langue mettent également en évidence la façon dont le concept de sénégalité globale se transforme à travers le temps et l'espace. Si les principes de base de la sénégalité mondiale, à savoir être mobile, parler plusieurs langues et être accueillant, existent depuis des siècles et dans toute la diaspora, ces idées sont exprimées différemment selon le contexte. L'ancienne génération qui est arrivée à New York dans les années 1970 et 1980 a migré avec l'idée qu'elle retournerait au Sénégal quelques années plus tard. Ils n'ont pas appris l'anglais car ils n'ont jamais imaginé s'enraciner et ont plutôt réussi à établir un espace à Harlem où l'anglais n'était normalement pas nécessaire. Ils continuaient à pratiquer le multilinguisme, mais leurs répertoires linguistiques se composaient principalement des langues nationales sénégalaises et du français. Ils ont créé un espace qui était un microcosme du Sénégal postindépendance. Parallèlement, ils ont mis l'accent sur Little Senegal en tant qu'espace wolofophone, imposant à la deuxième génération non seulement de parler le wolof, mais de parler un wolof pas trop anglicisé, comme nous l'avons vu avec Ndiaye au chapitre 1.

La jeune génération de Sénégalais de New York, qu'il s'agisse des Américains de deuxième génération nés dans les années 1980 et 1990 ou des nouveaux arrivants aux États-Unis d'un âge similaire, pratiquent différents types de mouvement et de communication. Beaucoup de jeunes migrants sénégalais se sont engagés dans une mobilité vers l'extérieur, en provenance ou à destination d'autres pays que le Sénégal, heureux de voir le monde et de tenter leur chance dans divers pays d'accueil. Ils sont beaucoup plus intéressés par l'apprentissage des langues des pays dans lesquels ils vivent que la précédente génération de migrants sénégalais. Les Américains de deuxième génération, quant à eux, recherchent leur famille au Sénégal et dans différents lieux de la diaspora et voyagent souvent pour les vacances et le travail. Il est important de noter qu'ils profitent des privilèges que leur procure le passeport américain. Ce passeport fait presque office de talisman, et nombre des personnes que j'ai rencontrées reconnaissaient le capital symbolique qu'il conférait. En outre, mes interlocuteurs nés aux États-Unis parlent anglais comme première langue, ce qui, comme le passeport, confère une certaine identité américaine et un capital symbolique. Les nouveaux arrivants ont souligné l'importance de l'apprentissage de l'anglais américain pour acquérir un cachet culturel. L'anglais n'est pas seulement une question d'intégration dans la société d'accueil ; il s'agit aussi de ce que Bayo Holsey a appelé *avoir l'air diasporique*.[33] Alors que Holsey faisait spécifiquement référence à la capacité des Ghanéens du Ghana à « bien paraître » en adoptant certains codes vestimentaires et en écoutant certains types de musique, les personnes de mon étude ont également utilisé l'anglais comme moyen de canaliser une esthétique diasporique et racialisée. Grâce à leurs interactions avec leur famille et leurs amis au Sénégal, ils ont démontré avoir réussi à maîtriser différents types de production culturelle et d'utilisation de la langue associés à l'Amérique en général et à la culture afro-américaine en particulier.

FORMATION IDENTITAIRE
EN CONTEXTE MONDIAL

Alors que mes interlocuteurs ont partagé leurs expériences d'intégration avec en toile de fond les discours nationaux et les contextes locaux, ils ont aussi souvent réfléchi à leur place au niveau mondial. Cette perspective globale était particulièrement évidente dans la façon dont les personnes de mon étude comparaient leurs expériences à celles d'autres Sénégalais à travers le monde ou partageaient leurs expériences en se référant à divers types de productions culturelles. Nous avons entrevu des aperçus de ces comparaisons dans la section précédente. La présente section montrera plus explicitement comment mes interlocuteurs font progresser une conscience globale de la race et s'inscrivent dans une histoire de dialogues afro-atlantiques concernant la formation raciale globale.[34]

En ce qui concerne la longue durée des dialogues afro-atlantiques, l'évocation de Du Bois par Idrissa au chapitre 2 fait référence au travail de Du Bois lors du Congrès panafricain de 1921 à Londres, où les dirigeants noirs du monde entier se sont réunis, ont rédigé les *Résolutions de Londres* et ont établi le siège de l'Association panafricaine à Paris. Ce dialogue entre les Amériques, l'Europe et l'Afrique a abouti à des résolutions concernant l'égalité raciale et la souveraineté africaine que Du Bois a formulées dans un *Manifeste à l'attention de la Société des Nations*. Si le message n'a pas été entendu, le manifeste montre toutefois la manière dont les personnes qui s'identifient comme noires ont créé un espace pour exprimer leurs préoccupations concernant leur traitement au niveau local, national et mondial. Par le passé, Frederick Douglass a voyagé en Angleterre et en Irlande pendant deux ans, s'adressant à des abolitionnistes et méditant sur son bref répit face à la discrimination raciale qui sévissait en Amérique. En apportant le combat américain pour la liberté en Grande-Bretagne, où il pouvait converser avec des abolitionnistes qui œuvraient pour mettre fin à l'esclavage dans les colonies britanniques, Douglass a signalé cette prise de position transnationale contre l'esclavage. Plus récemment, l'exploration de l'hybridité par Stuart Hall en tant que Jamaïcain en Grande-Bretagne et la conceptualisation de l'Atlantique noir par Paul Gilroy ont contribué à l'interrogation sur ce que signifie être marginalisé tout en conservant une certaine capacité à lutter contre cette marginalisation. Au cours des deux dernières décennies, l'un des espaces qui a été le plus actif et productif dans la lutte contre la marginalisation est le domaine de la musique, en particulier le hip-hop.[35]

Dans le contexte francophone, le travail de Fanon au milieu du XXe siècle, qui a émergé d'expériences vécues à la fois dans sa Martinique natale et dans son Algérie d'adoption, a prouvé que, indépendamment de la géographie et du contexte, les peuples colonisés étaient confrontés aux mêmes difficultés. Ces problématiques se poursuivent aujourd'hui et sont abordées par des chercheurs tels que Mbembe, qui s'opposent aux discours néocoloniaux, illustrés par le discours condescendant de Nicolas Sarkozy sur l'Afrique, et par les artistes de hip-hop en France et au Sénégal qui prennent à partie les discours politiques problématiques.[36] Les discussions que j'ai eues avec mes interlocuteurs montrent des itérations de ce dialogue transnational sur la race et l'appartenance. En complément des discussions précédentes sur le transnationalisme, je soulignerai ce que l'utilisation de la langue et les stratégies discursives peuvent nous apprendre sur la race et l'appartenance.

Au-delà de Paris :
« Nous ne sommes plus des immigrés »

Je me suis assise à la lisière d'une salle sombre, essayant de me fondre dans la masse, même si mon jean et ma chemise noire contrastaient fortement avec les imprimés vifs et les vêtements plus formels portés par la plupart des gens autour de moi. Des rangées de chaises pliantes faisaient face à une plateforme surélevée où cinq conférenciers de la communauté sénégalaise de Paris s'interrogeaient en wolof sur leur situation et celle des membres de leur famille. Le public s'agitait en attendant le début de la table ronde, rendue possible par l'Association des entreprises sénégalaises de Paris. Le thème principal de ce forum était l'inclusion et l'appartenance : quelle est la place des Sénégalais ? La conversation a commencé par le sujet des transferts de fonds. L'un des panélistes a tenté de faire comprendre l'immensité du volume des envois de fonds annuels vers le Sénégal ; un autre panéliste s'est demandé si les personnes qui envoyaient ces fonds étaient prêtes à aller au Sénégal pour le faire fructifier au lieu de simplement envoyer de l'argent de loin.[37]

Puis, un troisième panéliste s'est levé et a prononcé un sermon enthousiaste, suscitant des applaudissements, sur l'importance d'investir en France parce que c'était désormais leur pays aussi. Son discours était le suivant : il a tout d'abord fait remarquer qu'il était louable de souhaiter donner au Sénégal. Cependant, la France devait savoir que la communauté Sénégalaise était présente, et cette dernière devait agir comme s'il s'agissait de son pays. Au lieu d'investir uniquement de l'argent, la communauté devait ainsi investir dans l'éducation afin que les immigrés Sénégalais de France puissent accéder à tous les échelons de la société française :

> J'ai eu la chance de voyager à travers le monde. J'ai fait pas mal de pays. J'ai vécu longtemps aux États-Unis. Si vous regardez bien l'histoire américaine dans les années 60 où c'était l'identification *Black Power* et tout, et maintenant ce pays a réussi à mettre à sa tête un Noir... Ça veut dire qu'ils ont travaillé pour pouvoir réussir et se battre pour envoyer leurs enfants aux grandes écoles pour avoir des diplômes. C'est ça. Nous devons investir en nos enfants pour que nos enfants puissent avoir une éducation, pour que nos enfants puissent aller dans les grandes écoles parce que nous ne sommes plus des immigrés. L'immigration est finie... Nous sommes des Français à part entière. Nous ne sommes pas des Français d'ailleurs mais un peuple d'ici.

Ce panéliste fait écho à la prise de conscience de Diop sur l'importance de considérer le pays d'accueil comme sa patrie. En plus de ses talents d'orateur, qui suscitent les applaudissements, il semble se positionner en tant qu'ethnographe et historien, donnant un sentiment d'expertise et de connaissance dans la manière dont il présente ses arguments. Il met en avant ses références en tant que voyageur du monde, en tant que personne ayant été témoin de phénomènes similaires dans d'autres contextes. Ce faisant, il démontre qu'il correspond à la quintessence de l'identité du voyageur sénégalais. En outre, il souligne le temps qu'il a passé aux États-Unis, ce qui lui a permis d'apprécier l'histoire de ce pays et de bénéficier de certaines connaissances d'initié. Il évoque le mouvement Black Power pour souligner la mobilisation politique sur laquelle les Noirs se sont appuyés pour revendiquer l'américanité, et il affirme que cette mobilisation et cet investissement ont permis au pays d'accueillir son premier président noir. Si son discours passionné a été bien reçu, le débat qui a suivi lors de ce forum, ainsi que les discussions régulières entre Sénégalais à Paris, montrent que cette communauté se débat fréquemment avec les désirs souvent contradictoires d'appartenir à la France tout en maintenant un lien avec le Sénégal. La mention des États-Unis par le panéliste démontre également l'importance accordée à la compréhension de la façon dont les phénomènes migratoires se manifestent dans d'autres lieux.

Les références à des endroits tels que les États-Unis sont fréquentes dans mes résultats provenant de Paris, ce qui montre que les gens regardent au-delà de leurs communautés immédiates ou des frontières nationales pour trouver des conseils. Être sénégalais en France et être français d'origine sénégalaise ne se limite jamais au territoire matériel où l'on se trouve, mais repose également sur une performance de cosmopolitisme mondial.[38] Par exemple, Lucie a cité les États-Unis et l'Angleterre comme des endroits où la race n'est plus liée à la nationalité pour soutenir que ce n'était qu'une question de temps avant que les gens, quelles que soient leurs différences, ne soient acceptés. Transmettant un sentiment d'espoir, elle a affirmé que cette incapacité à être accepté en tant que Français non blanc était un problème générationnel qui disparaîtrait un jour : « Ça va peut-être se résoudre parce que c'est un problème de génération. Dans dix ans, quinze ans, vingt ans, cinquante ans ça changera parce que quand les Italiens sont arrivés, ils ont connu ce même phénomène. La seule différence c'est la couleur, mais on s'est intégrés aux États-Unis, en Angleterre. Pourquoi pas ici ? »

En raison de la représentation afro-américaine dans des domaines tels que la politique, le cinéma et la musique, de nombreux Sénégalais supposent que les Noirs aux États-Unis se sont intégrés. Le fait d'être présent signifie que discuter de la race ou signaler les différences n'est pas nécessairement mal perçu. Bien que les États-Unis soient aux prises avec des problèmes raciaux, comme le montre le chapitre 2, et que le discours national assimile souvent l'américanité à la blanchité, la majorité des personnes que j'ai pu interroger avaient une vision positive des États-Unis et du rôle de la race dans l'identité nationale.[39]

Faatu s'est également tournée vers les États-Unis pour exprimer sa frustration face à la façon dont la France continue de nier son histoire afin de nier son appartenance racisée. Dans la même conversation où elle a formulé sa critique du traitement par la France de la race et de l'histoire coloniale, elle a déclaré : « Je trouve que par rapport aux États-Unis, la France est très en arrière. » Si Faatu passait du temps aux États-Unis, elle pourrait se rendre compte que la même incapacité à reconnaître et à expier son passé frappe également les États-Unis.[40] Cependant, en indiquant clairement qu'elle voulait que la société française reconnaisse les Sénégalais et tous les peuples colonisés dans ses livres d'histoire et les inclut dans le récit historique de la France plutôt que de les traiter comme des envahisseurs actuels qui n'ont pas leur place, elle a également reconnu l'existence de différents modèles pour atteindre ces objectifs qui pourraient être utiles dans le contexte français.

À la fin de l'entretien, Faatu s'est penchée vers moi et a continué à chuchoter. Je me suis rapprochée d'elle pour l'entendre, l'écoutant attentivement car je savais que c'était par ces chuchotements qu'elle transmettait les pensées qu'elle souhaitait crier le plus fort. Elle m'a chaleureusement remerciée de lui avoir donné l'occasion de s'exprimer ouvertement. Elle se plaignait du fait que les Français ne parlaient du racisme que lorsqu'ils examinaient le contexte américain. Ce n'est jamais abordé comme un problème français. D'une certaine manière, le mot *racisme* indexe l'américanité, où cette signification de l'Amérique sert de nombreux objectifs et a de multiples facettes. D'une part, de nombreux informateurs ont affirmé que l'Amérique était plus avancée dans les relations raciales parce qu'elle abordait directement la question de la race. D'autre part, le discours français qualifie le racisme d'importation américaine.[41] Par exemple, mentionner le racisme dans un contexte français signale souvent une marque américaine de racisme et de communautarisme que le discours français dépeint comme étrangère. Dans le cas de Faatu, même si elle était mal à l'aise à l'idée de parler de race et de racisme dans le contexte français d'une voix plus forte qu'un murmure, elle a quand même pu exprimer son malaise face à un système qui prétend être aveugle à la couleur de peau mais qui parvient pourtant à classifier et à hiérarchiser.

Au-delà de Rome :
« *Ma qua tu vedi per strada la gente che vende i CD* »

Alors qu'à Paris, la plupart des discussions orientées vers l'extérieur se concentraient sur les États-Unis, à Rome, ces conversations étaient souvent tournées vers la France. Les participants à mon étude ont souligné que la présence prolongée de migrants Sénégalais en particulier, et d'immigrants africains en général, avait obligé la France à réfléchir à la place des habitants « non traditionnels » dans la nation. Le vaste réseau postcolonial de la France et le fait qu'elle possède des départements et territoires d'Outre-mer aux populations majoritairement noires ont également engendré des discussions sur la race et l'identité nationale, quoiqu'avec réticence. En ce qui concerne les expériences quotidiennes, les personnes de couleur ont le sentiment que davantage d'options s'offrent à elles en France, même si beaucoup questionnent ce qu'elles considèrent comme des pratiques discriminatoires qui entravent leur intégration.

Par exemple, Karim, un danseur de 32 ans originaire de Kaolack, a vécu à Paris pendant quatre ans avant de déménager spontanément à Rome après avoir rendu visite à un ami pendant une semaine. Habitant à Rome depuis trois ans, Karim était en mesure de fournir une perspective comparative : *In Francia se vedi la polizia, vedi polizia black. Se vai al municipio, vedi un sindaco black. Se vai all'aeroporto, vedi un pilota black. Dovunque vai. Qua, non c'è un poliziotto black. Non c'è un barman black... Ma qua tu vedi per strada la gente che vende i CD.* (En France, vous voyez des policiers black. Si tu vas à la mairie, tu vois un maire black. Si tu vas à l'aéroport, tu vois un pilote black. Où que tu ailles. Ici, il n'y a pas de policiers black. Il n'y a pas de barman black. Mais ici tu vois des gens qui vendent des CD dans la rue).

Selon Karim, une notion implicite de classe économique fait partie intégrante du statut d'immigré. Karim présente le positionnement des immigrés comme un obstacle, qui les relègue dans des emplois indésirables à faible capital social (comme les vendeurs de CD) et les empêche d'accéder à des postes qui leur valent le respect. Il semble dépeindre un sentiment d'appartenance qui dépend des rôles qu'une communauté donnée occupe dans une société. Cela est évident lorsqu'il juxtapose les professions respectées d'officier de police, de maire et de pilote, auxquelles les Noirs ont accès en France, à la profession méprisée de vendeur ambulant, l'une des rares options d'emploi disponibles pour les immigrants africains qui arrivent en Italie, en particulier pour ceux qui n'ont pas de papiers.

Il est également important de noter que, tout comme Professore, Karim a choisi d'utiliser le mot anglais *black* au lieu de l'italien *nero* ou du français *noir*. Comme abordé précédemment, le fait de changer de code pour ce mot chargé peut être un signe d'évitement d'un mot tabou ou une façon de se connecter à la diaspora noire, où le concept de négritude est issu d'un cadre théorique afro-américain.[42] Indépendamment de l'intention réelle de Karim, l'utilisation du mot *black* offre un contexte géographique et historique supplémentaire à la conversation qui n'aurait pas existé s'il avait utilisé le mot *nero*.

Le cas d'Abi est un exemple plus évident d'utilisation de la langue et de compréhension transnationale de l'appartenance. Abi, la danseuse dont les rapports avec la race ont été analysés précédemment, a illustré la manière dont ses expériences raciales dans différents pays ont influencé ses opinions sur ces pays, ce qui a eu une incidence sur son désir d'apprendre les langues officielles de ces endroits. Elle est un exemple intéressant car, lors de son entretien, elle a voulu passer la majeure partie du temps à parler de ses expériences hors d'Italie. Voyageant avec une troupe de danse, elle avait parcouru l'Europe ainsi que les États-Unis.[43] Lorsque je l'ai interviewée à Rome, près d'un an après son arrivée, elle a juxtaposé une expérience essentiellement négative en Italie avec un lien positif avec les États-Unis et l'Espagne. Mal à l'aise en italien, même si elle pouvait se débrouiller dans cette langue, Abi communiquait principalement en français avec moi. Tout au long de l'entretien, elle a clairement indiqué qu'elle n'aimait pas l'Italie en raison de ce qu'elle considérait comme un traitement raciste. En revanche, Abi ne parlait pas des États-Unis en termes de racisme, mais soulignait plutôt le lien culturel qu'elle ressentait avec ce pays : « Les États-Unis, c'est meilleur. Parce que j'aime les Américains. J'aime les danses. J'aime le blues. J'aime tout, quoi. L'Italie, c'est un peu difficile. Il y a du racisme, trop. ».[44] Pour une danseuse comme elle, le lien avec la musique suggère un investissement dans la culture qui se traduit par un investissement dans la langue : « Quand j'étais aux États-Unis, franchement, je parlais anglais ». En d'autres termes, l'utilisation de certaines langues est une manière d'exprimer la citoyenneté et l'appartenance. L'utilisation d'une langue est liée à des tonalités affectives, qui montrent le caractère affectif de la citoyenneté.

D'autres événements soulignent également la manière dont les opinions d'Abi sur un pays d'accueil influencent ses attitudes à l'égard de la langue. Elle a décrit sa relation avec l'Espagne et l'espagnol en termes similaires à son expérience des États-Unis et de l'anglais. Elle a passé un moment agréable en Espagne, ce qui explique en partie la quantité élevée d'espagnol utilisée tout au long de l'entretien. Elle a estimé qu'il n'y avait aucune sorte de hiérarchie entre elle et les Espagnols lorsqu'elle vivait là-bas, comme le montre l'extrait suivant :[45]

A : Nous sommes *égual*, des Espagnols, des Sénégalais.

M : Et pour ça tu aimes, tu préfères la langue espagnole ?

A : Oui, à cause de ça, franchement.

M : C'est intéressant.

A : Et puis, je ne vois pas là-bas le racisme. Même s'il y en a.

Bonny Norton a formulé l'investissement en termes de droit à la parole basé sur les relations de pouvoir.[46] Abi exprime sa position perçue dans la hiérarchie des relations de pouvoir en prononçant « nous sommes égual », *égual* semblant être un mélange du français *égal* et de l'espagnol *igual*. Elle identifie explicitement le lien entre cette égalité ressentie et son amour pour la langue espagnole. Par la formulation de la dernière ligne de cet extrait, elle met également en évidence le fait qu'il s'agit de son expérience, et pas nécessairement de celle des autres. Elle ne suggère pas que l'Espagne est dépourvue de racisme, mais simplement qu'elle n'en a pas fait l'expérience.[47]

En fin de compte, Abi est parvenue à sa propre conclusion : ses difficultés avec la langue italienne étaient liées à ses sentiments à l'égard de l'Italie. Cette déduction vient d'une comparaison entre ses expériences des États-Unis et de l'anglais et ses expériences de l'Italie et de l'italien[48] : « *Io vivo con italiens dieci mesi e non parlo biene italiano.*[49] *Non so por qué...* parce que moi, j'ai fait Amérique, trois mois. Mais je parle l'anglais plus qu'italien. Je sais pas. Oui. Parce que j'aime. » (Je vis avec des Italiens depuis dix mois et je ne parle pas bien l'italien. Je ne sais pas pourquoi... parce que j'étais en Amérique pendant trois mois. Mais je parle plus l'anglais que l'italien. Je ne sais pas. Si, je le sais. Parce que j'aime ça.). C'est l'amour de la langue anglaise ainsi que les expériences positives vécues aux États-Unis qui l'ont poussée à apprendre l'anglais. Le contraire est également vrai pour l'italien.

Au-delà de New York City :
"Black is black. They don't know where you're from."

Je suis sortie du métro à l'arrêt Woodhaven Boulevard. C'était la première fois que je venais dans cette partie du Queens. La station m'a déposée en face d'un centre commercial géant, alors j'ai décidé de prendre un raccourci à travers les magasins pour sortir de l'autre côté. J'ai navigué dans les rues inconnues du quartier résidentiel qui bordait le centre commercial. Il y avait tellement d'espace dans le Queens. Les bâtiments étaient plus récents que les brownstones que je fréquentais lorsque je menais des entretiens à Brooklyn. Et si Manhattan possède de grands immeubles résidentiels, je trouvais que les résidences qui se présentaient devant moi, avec leurs surfaces plus larges, étaient plus imposantes dans leur façon d'occuper l'espace.

Je consultais l'adresse que Julien avait griffonnée dans mon carnet la veille lorsqu'il m'avait invitée à ce pot de l'amitié organisé par l'un des membres de l'Association catholique sénégalaise. Une fois arrivée à destination, je me suis approchée de l'interphone et j'ai fait défiler les noms. La sonnette m'a permis d'entrer, et j'ai pris l'ascenseur jusqu'au quatorzième étage. Un petit enfant a ouvert la porte, m'a regardé de haut en bas, a haussé les épaules et m'a laissé entrer. Je n'ai d'abord reconnu personne et j'ai eu l'impression de m'incruster dans une fête. Puis Julien a surgi du balcon et m'a interpellée de l'autre côté de la pièce, à sa manière tapageuse. Les bruyants bavardages qui ricochaient contre les murs se sont arrêtés net. Il semblait que tout le monde était curieux de savoir qui j'étais, même s'ils n'avaient pas laissé paraître leur curiosité à mon arrivée.

Une fois présentée, plusieurs personnes sont venues vers moi pour me saluer. Ils m'ont demandé quelle église je fréquentais, et j'ai marmonné quelque chose sur le fait que je venais de Seattle, ne voulant pas emprunter cette voie. L'hôte m'a tendu une assiette de poulet avec une sauce yassa et un verre de vin, ce qui était une différence par rapport aux interactions sans alcool avec mes interlocuteurs musulmans, et Julien m'a conduit sur le balcon. C'était un balcon de taille décente, mais néanmoins débordant de monde. Julien a rapidement expliqué que je souhaitais interroger les gens sur leurs habitudes linguistiques, et après avoir distribué des formulaires de décharge audio, j'ai commencé à enregistrer. Je me suis dit que ce serait un exercice productif d'entendre plusieurs points de vue sur l'utilisation de la langue en même temps. Cependant, après quelques minutes seulement, la conversation a rapidement dévié des pratiques linguistiques vers un débat animé sur l'engagement continu de la France au Sénégal.

J'avais simplement demandé si quelqu'un avait vécu en France avant de venir aux États-Unis. L'un des hommes (A), âgé d'une trentaine d'années, a répondu à voix haute qu'il n'aimait pas la France. Je lui ai demandé de s'expliquer, ce qui a déclenché un concert de réponses de la part de tout le groupe et d'un homme en particulier (B) :

A : Parce qu'ils nous oppriment.

M : Comment ça ?

A : Depuis mon arrière-arrière-arrière-grand-père.

B : Nous avons été colonisés par les Français.

A : C'est comme le même clash que vous avez entre les afro-américains et les blancs. C'est la même chose.

B : Et ils sont toujours en Afrique. Pourquoi ne veulent-ils pas quitter l'Afrique ? Pourquoi ils sont toujours en Afrique ? ...

Donc ils sont toujours en Afrique, ils utilisent leur pouvoir, leur politique en Afrique, ils prennent des décisions. Ma question c'est pourquoi les Français sont toujours en Afrique ? Pourquoi ? Vous savez.

A : Parce qu'ils veulent vous sucer jusqu'au dernier os.[50]
Le jeune homme (A) qui a le premier partagé son dégoût de la France a décrit la France comme un oppresseur et a transmis le poids historique de cette oppression en évoquant son arrière-arrière-arrière-grand-père. Ce lien familial et générationnel suggère que, dans son esprit, peu de choses ont changé depuis la période coloniale. D'une certaine manière, cet argument reflétait la discussion précédente de Karafa sur la nature oppressive de la langue française qui persiste bien après la décolonisation du Sénégal. Peu après, un autre homme (B), à peu près du même âge, a explicité le rôle de la colonisation. (A) et (B) ont continué à coconstruire ce récit de l'oppression postcoloniale, alors que (B) remettait en question l'implication continue de la France en Afrique et que (A) offrait la métaphore de la consommation à travers l'image d'être dévoré par quelqu'un ayant un appétit insatiable.

Alors que (A) expliquait ses théories sur les raisons pour lesquelles les Français continuaient à se mêler des affaires de l'Afrique de l'Ouest, arguant que la France avait besoin d'accéder aux ressources naturelles de la région, Sandra (S), une Afro-Américaine qui sortait avec l'un des hommes du groupe, a commencé à parler de l'imposition culturelle des Français avant d'être coupée par un autre homme (C). (C) adoptait un point de vue opposé sur la source des problèmes actuels du Sénégal, ayant déjà blâmé les dirigeants du Sénégal pour leurs malheurs. Il a ensuite déclaré qu'utiliser le passé pour expliquer le présent était contre-productif :

A : C'est pourquoi ils ne peuvent pas nous laisser tranquilles.

S : Ils vous enseignent leur culture...

C : Maya, vous êtes afro-américaine, n'est-ce pas ?

M : Oui.

C : [à Sandra et (A)] Je ne suis pas d'accord. Vous savez pourquoi ? Parce que je suis fatiguée d'entendre, vous savez,

c'est le passé, les gens parlent de l'esclavage. L'esclavage c'est
fini.

A : ABSOLUMENT PAS !

S : Bon sang non.

A : Je le dis haut et fort. ABSOLUMENT PAS !

À ce moment-là, une quinzaine de personnes se sont mises à hurler
les unes sur les autres. Alors que quelques personnes
comprenaient ce que (C) voulait dire, à savoir qu'il fallait aller de
l'avant, la majorité d'entre elles ont fourni des preuves
anecdotiques de la raison pour laquelle le passé n'était jamais que
le passé.

L'analyse de cet extrait montre la manière dont (C) a mis en
avant mon identité d'Afro-Américaine afin de faire le lien entre les
problèmes raciaux actuels des États-Unis et l'institution de
l'esclavage. Tout comme (A) l'a fait dans le tour de parole précédent,
(C) a suggéré les similitudes de cette relation avec celle du Sénégal et
du colonialisme. Cependant, bien qu'il ait utilisé une tactique
similaire, son argument ne pouvait pas être plus différent de celui de
(A). Cette divergence d'opinion a poussé Sandra et (A) à émettre des
réfutations retentissantes en élevant la voix et en se répétant l'un
l'autre. Ce débat, qui a commencé comme une simple discussion sur
les attitudes linguistiques, s'est transformé en une longue dispute
dans laquelle les héritages de l'esclavage et du colonialisme ont
convergé. Outre le thème du bagage historique et de son influence
sur les expériences actuelles, que nous avons évoqué plus haut dans
ce chapitre, cet échange a également mis en évidence la formation
raciale mondiale.

Que ce soit à Paris, New York, Rome (par exemple, Ndiaga
évoque l'expérience afro-américaine pour expliquer sa propre
existence racialisée en Italie), ou n'importe où ailleurs dans le monde,
les citoyens sont investis dans la formation de l'identité raciale
mondiale. Mes recherches révèlent une négociation complexe de ce
que signifie être noir, être citoyen d'un pays particulier, être
immigrant ou perçu comme tel, être un étranger et être membre de
groupes culturels dont les frontières sont en constante évolution.[51] De
l'évocation par Professore de l'icône des droits civiques, le Dr. King,
à Faatu qui dénonce la disparition de l'esclavage dans les manuels

d'histoire français, en passant par la comparaison entre l'esclavage américain et le colonialisme français lors d'un dîner dans le Queens, des histoires communes ont émergé.

Plus tard dans ce débat dans le Queens, les participants ont orienté la conversation vers une comparaison de la discrimination raciale aux États-Unis et en France. À travers des anecdotes personnelles, Charlotte, 45 ans, a donné différents éclairages pour appuyer qu'il était plus facile de réussir aux États-Unis qu'en France en tant que personne noire : « En Amérique disons que j'essaie de m'occuper de mes affaires, et que personne ne me dérange. En France, vous pouvez marcher dans la rue et l'immigration vous dit : "Bonjour, comment allez-vous ? Est-ce que l'on peut voir vos papiers s'il-vous-plaît ?" » .[52] Et bien qu'il y ait des preuves de profilage racial par la police dans les données de New York, ce profilage n'est pas lié à des questions d'immigration, du moins dans les expériences des personnes que j'ai interrogées.[53]

Charlotte a également mis en lumière la manière dont les attitudes à l'égard de la langue jouaient un rôle clé dans la comparaison des expériences entre la France et les États-Unis :

> Vous n'allez pas en France parce que vous n'aurez pas les mêmes opportunités. Il est beaucoup plus facile de réussir ici [aux États-Unis] qu'en France... parce que même si la langue est une barrière, le pays offre plus de possibilités aux immigrants. Les gens qui viennent ici, tout ce qu'ils doivent faire, c'est croire. C'est un autre état d'esprit. C'est une autre façon de penser.... alors qu'en France, même si vous avez la plus grande ambition, vous avez toujours des obstacles à franchir, tout au long du chemin, à cause de votre peau. Peu importe que vous parliez bien la langue. Peu importe que vous parliez bien le français, quand vous passez l'entretien au téléphone, le poste est accordé. Quand vous arrivez chez ces gens, vous n'avez pas le travail, parce qu'ils ne pensent pas, même si vous avez l'accent français et tout, que c'est une personne noire qui parle au téléphone.[54]

Charlotte a corroboré les exemples de mes interlocuteurs de Paris au chapitre 2, où Lucie, Jean-Paul et Ngirin ont interprété des incidents spécifiques d'attaques sur leur utilisation de la langue comme des attaques subreptices sur leur identité raciale. Cet environnement hostile a nui aux sentiments d'appartenance, ce qui a empêché toute intégration significative. Les réflexions de Charlotte indiquent qu'un accueil négatif en France, ainsi que les changements politiques qui, depuis les années 1970, ont détourné l'immigration de la France, ont affaibli l'attraction de l'ancienne puissance coloniale et problématisé la nature de la postcolonialité, en particulier en ce qui concerne la langue.

Alors que Charlotte expliquait les raisons pour lesquelles elle préférait les États-Unis à la France, elle soutenait qu'il y avait toujours une discrimination raciale rampante aux États-Unis, par exemple dans les entreprises américaines. (C), qui jouait encore le rôle de contradicteur, a suggéré qu'il s'agissait d'un problème qui visait spécifiquement les Afro-Américains et ne concernait pas les Africains en Amérique de la même manière. Il juxtaposait les termes *black* et *afro-américain* de la même manière que Mariama et Julien ont raconté comment certains Afro-Américains séparaient les termes *black* et *africain*. Charlotte le contredit rapidement : « Un Noir est un Noir. Ils ne savent pas d'où tu viens. Ils ne le savent pas. » Pour Charlotte, la formation raciale noire a émergé des expériences raciales communes que les Africains et les Afro-Américains ont rencontrées dans le contexte américain. Dans le même temps, la discussion a également démontré les nuances entre ces groupes ainsi que les glissements et les chevauchements désordonnés entre les conceptualisations de noir, africain et afro-américain. En réalité, cet argument a conduit le groupe à changer d'orientation et à mettre en lumière le fossé entre les Afro-Américains et les Africains en Amérique.

Si les recherches universitaires ont analysé ce fossé entre Africains et Afro-Américains,[55] elles n'ont pas théorisé la place de la langue. Secouant la tête, Julien a argumenté : « Le problème, c'est que nous, les Noirs, ou les Afro-Américains, ou les Africains, nous ne sommes pas ensemble. Nous ne travaillons pas ensemble. Si nous travaillons ensemble, nous réussissons. Vous voyez le peuple espagnol ? Ils sont ensemble, quoi qu'il arrive. Même s'ils ont la peau noire, s'ils parlent espagnol, ils sont espagnols. Nous sommes divisés. C'est pour cela que nous échouons tout le temps ».[56] La conceptualisation de Julien des Latinos comme un groupe qui se serre les coudes, même lorsqu'il est confronté à son hétérogénéité, montre son désir d'apprendre de ce qu'il considère comme une réussite. En voulant imiter cette conceptualisation des Latinos, il montre la relationnalité de la race qui n'a pas besoin d'un centre blanc comme seul élément de négociation. En outre, il voit dans ce contexte la langue comme un moyen de transcender la couleur de la peau et de niveler les divisions forgées par la stratification raciale.[57]

Julien n'était pas le seul à mettre l'accent sur le pouvoir de la langue pour aplanir les divisions. Peu après l'intervention de Julien, un jeune homme qui était resté relativement silencieux tout au long de la discussion est intervenu, en faisant remarquer que les immigrants africains anglophones avaient plus de facilité à être acceptés dans la communauté afro-américaine que les migrants sénégalais en raison de leur bagage linguistique : « Le Nigérian, le Ghanéen ou quiconque parle anglais depuis l'Afrique, quand ils arrivent ici, ils s'intègrent très bien. Ils s'intègrent plus rapidement. Vous savez pourquoi ? Parce qu'ils parlent anglais. » Il reprend l'argument de Samba selon lequel sa sœur Madina a eu du mal à s'intégrer non pas parce qu'elle était africaine en soi, mais parce qu'elle était une Africaine francophone. Alors que des personnes telles que Charlotte pointaient du doigt la pression linguistique à Paris comme une barrière à l'intégration et à l'acceptation par la société en général, cet homme remettait en question les barrières linguistiques érigées par un sous-ensemble spécifique de la population de la ville de New York. Pour lui, dans le contexte très particulier des relations entre Africains et Afro-Américains, c'est le partage de la langue plutôt que le partage de la négritude qui permet aux immigrants africains d'être acceptés. Alors que Julien positionnait la langue espagnole comme un outil d'inclusion en dépit des différences raciales, ce jeune homme positionnait la langue anglaise comme une force d'inclusion qui avait plus de poids que les similitudes raciales. En d'autres termes, à partir de perspectives différentes, ils ont tous deux démontré la manière dont la langue éclipsait la race dans leur esprit.

RÉFLEXIONS FINALES

Souvent, dans les discussions sur l'immigration, les responsables gouvernementaux et les médias du pays d'accueil défendent les notions d'intégration. Il est attendu de la communauté des migrants qu'elle fasse tout ce qui est en son pouvoir pour assimiler les normes culturelles du pays d'accueil. Les trois lieux de mon étude offrent cependant différents modèles d'intégration que mes interlocuteurs ont appris à maîtriser. Ils se sont engagés dans ces différents contextes géopolitiques et dans les lois et politiques d'immigration qui ont émergé. Nombre d'entre eux ont constaté que la France attendait le plus haut niveau d'assimilation, que les États-Unis se situaient à l'autre extrémité du spectre et que l'Italie se situait quelque part entre les deux. Ce chapitre a permis d'approfondir la discussion sur la manière dont les compréhensions des identités raciales et linguistiques des Sénégalais s'inscrivent dans les discours nationaux des pays d'accueil en matière d'immigration et d'intégration.

À Paris, le gouvernement français et les discours dominants dans tout le pays ont fait pression sur les immigrants pour qu'ils s'intègrent et se comportent d'une manière qui reflète une version très spécifique de la francité et de l'identité nationale française. Cependant, cette pression en faveur de l'assimilation est fallacieuse car les marqueurs identitaires raciaux, religieux, et linguistiques empêchent de nombreux Sénégalais de revendiquer la francité de manière convaincante. Ils ne seront jamais plus que des Français d'origine sénégalaise. Ce rejet a été particulièrement douloureux car nombre de mes interlocuteurs étaient en réalité des citoyens français. Il existe une relation de longue date entre la France et le Sénégal qui influence les idéologies linguistiques et les conceptions culturelles ainsi qu'un discours national sur l'indifférence à la couleur de peau qui a faussement convaincu certaines personnes qu'elles pouvaient être acceptées et, par conséquent, intégrées.

À Rome, la race et le statut de citoyen sont confondus, de sorte qu'une personne noire est automatiquement considérée comme un immigrant. Cependant, par rapport à ceux de Paris, mes interlocuteurs de Rome ne semblaient pas aussi gênés par cette distinction parce qu'ils s'identifiaient eux-mêmes principalement comme des immigrants. La grande majorité d'entre eux considéraient leur séjour en Italie comme temporaire, comme une occasion de gagner de l'argent pour l'envoyer au Sénégal. Ils ne se souciaient pas outre mesure de s'intégrer à la société italienne et ne considéraient pas l'Italie comme leur foyer. Cependant, ce n'est pas parce que les Sénégalais semblaient mieux accepter l'étiquette d'immigré à Rome qu'à Paris qu'ils n'étaient pas offensés par cette marginalisation. La préférence d'Abi pour les États-Unis et l'Espagne, basée sur ses expériences, suggère que ce désir de nouvelle migration dans le futur provient autant du désintérêt de l'Italie à être un pays d'accueil que d'un imaginaire culturel sénégalais qui apprécie la possibilité d'être mobile.

Les résultats de New York, quant à eux, ont démontré l'utilité d'avoir un environnement où l'immigrant se sent à sa place. Little Senegal représente un lieu où le fait d'être sénégalais et d'exprimer sa sénégalité globale ne fait pas de quelqu'un un étranger ou un intrus. Alors que la France et les États-Unis ont tous deux une histoire raciale tumultueuse qui continue à nuire et à marginaliser leurs populations non blanches et immigrées, en Amérique, l'existence du communautarisme, qui est découragé en France, aide à combattre le danger de l'invisibilisation des minorités. Selon mes interlocuteurs, le fait de parler des langues et porter des vêtements sénégalais leur a permis de s'intégrer dans la diaspora sénégalaise et de bénéficier des avantages apportés par la communauté en milieu hostile. Toutefois, comme l'a souligné Diop, il est nécessaire de trouver un équilibre. S'il ne voyait rien de mal à afficher la fierté de ses origines culturelles diverses, il reconnaissait également la nécessité de s'intégrer à la société dans son ensemble et d'investir dans le pays d'accueil autant que dans le pays d'origine. Comme souligné par la jeune génération de migrants sénégalais, apprendre et utiliser l'anglais est l'un des moyens les plus faciles d'investir dans leur nouvel espace et de tirer parti du capital symbolique. Cela permet également de lutter contre la stigmatisation associée à l'étiquette d'Africain francophone.

Si ce chapitre s'est intéressé aux réflexions sur l'immigration et l'intégration dans trois régions, il a également mis en lumière la manière dont les Sénégalais comprennent l'idéologie linguistique, l'identité raciale et l'appartenance sociétale à travers la perspective transnationale. De la même manière que les interlocuteurs de Denis Provencher ont combiné plusieurs discours (perspectives anglo-américaines sur la sexualité, tradition républicaine française et tradition française queer) pour discuter de la sexualité, mes interlocuteurs se sont appuyés sur les conceptions sénégalaises de l'identité ethnique/raciale, les théories françaises de la race/nation et les constructions américaines de la race/multiculturalisme pour se positionner au niveau local, national et mondial.[58] En mettant l'accent sur la mobilité des Sénégalais, ils ont formulé des critiques comparatives de chaque lieu en se basant sur les expériences qu'ils avaient vécues ailleurs ou sur les récits qu'ils avaient entendus d'autres voyageurs. Ils ont abordé la manière dont les idéologies linguistiques au niveau sociétal affectaient le désir et la capacité d'intégration (par exemple, Charlotte comparant les États-Unis et la France), de la façon dont les expériences personnelles dictaient les langues qu'ils voulaient apprendre et de la relation entre ces langues et leur vision de la société (par exemple, Abi comparant l'Italie, l'Espagne et les États-Unis). Enfin, ils ont questionné le rôle de la langue commune comme marqueur identitaire primordial (par exemple, la langue anglaise semble être plus importante que la couleur de peau parmi les immigrants africains).

En outre, les discussions ont permis de révéler l'influence des environnements locaux et mondiaux sur la formation raciale. Certains ont expliqué que la construction de leur identité raciale s'est faite principalement dans des espaces à prédominance blanche, comme dans les trois lieux de mon projet de recherche.[59] Par exemple, Professore et Diop, respectivement en Italie et aux États-Unis, ont pris conscience de leur couleur de peau au sein d'un imaginaire social racisé spécifique. D'autres, cependant, ont décrit leur formation raciale comme un processus forgé à travers un prisme plus large. Par exemple, (A) a juxtaposé la situation critique des Sénégalais face à la présence française au Sénégal avec le conflit entre les Afro-Américains et les Blancs aux États-Unis. Ce faisant, il a non seulement mis en avant l'existence de perceptions raciales au Sénégal, mais également une expérience racialisée partagée par les Noirs aux États-Unis et les Sénégalais dans un Sénégal dominé par la France.[60] En d'autres termes, même avant d'émigrer, ces personnes interrogées avaient des opinions et des croyances très développées concernant la race, même dans des espaces majoritairement noirs comme le Sénégal, et ces idées ont été mises en évidence une fois qu'elles ont émigré dans des espaces majoritairement blancs.[61] C'est cette réflexion à long terme sur les relations postcoloniales qui a poussé ce groupe de Sénégalais à s'engager dans un débat houleux sur la race, l'histoire et la souveraineté politique lors de l'apéritif communautaire dans le Queens. Grâce aux liens historiques, au positionnement politique et à la formation culturelle diasporique, cette communauté sénégalaise mondiale poursuit une tradition de dialogues afro-atlantiques en définissant et redéfinissant qui elle est et qui elle deviendra dans un contexte transnational.

Chapitre IV

Tirer parti de la langue. Multilinguisme et formation de l'identité transnationale

Quelques jours après mon installation à Paris pour mon travail de terrain, j'ai appelé Duudu, un vieil ami de ma famille d'accueil à Dakar et, à ce moment-là, l'un de mes seuls liens avec la communauté sénégalaise de Paris. Il m'a chaleureusement saluée au téléphone, car il s'attendait à mon appel. Duudu m'a invitée chez lui, à Choisy-le-Roi, dans la banlieue sud-est de Paris. Le lendemain, je prenais le RER C à Saint-Michel et longeais la rive gauche de la Seine jusqu'à la station Choisy-le-Roi. Arrivée à Choisy, j'ai serpenté dans le quartier pendant environ deux kilomètres jusqu'à sa maison.

Lorsque je suis arrivée au onzième étage de son immeuble, Nafi, la femme de Duudu, a ouvert la porte et m'a invitée à entrer. Elle venait de rentrer de l'école maternelle située de l'autre côté de la rue dans laquelle elle travaillait. Duudu avait la jambe gauche dans une attelle, surélevée grâce à un oreiller. Il était actuellement en congé de maladie de son emploi de directeur dans une compagnie d'assurance spécialisée en indemnisation post-incendie, après un accident de voiture qui lui avait laissé une jambe cassée. Il m'a fait signe de m'asseoir dans un fauteuil en bois orné à côté du canapé, me donnant l'impression d'être l'invitée d'honneur. Nafi m'a apporté un jus de gingembre frais, puis s'est assise aux côtés de Duudu pour participer à la conversation. En pensant à leur vie relativement confortable en France, avec un emploi sûr, des arrêts maladie payés et une maison accueillante parfaite pour recevoir, je me suis dit que ce portrait remettait en question les images caricaturales attribuées aux migrants. En me racontant leur histoire, ils soulignaient de nombreux points positifs : les stratégies utilisées pour se déplacer dans les espaces transnationaux, la langue comme source de plaisir et d'utilité, et la façon dont ils s'identifiaient au multilinguisme et en tiraient profit.

Maintenant dans la cinquantaine, Duudu et Nafi s'étaient installés à Paris dix-huit ans auparavant. Ils élevaient leurs quatre enfants, dont trois étaient nés en France. Duudu a grandi dans une famille de langue peul à Saint-Louis, après que ses parents eut émigré depuis la Mauritanie frontalière. Nafi est née au Fouta, dans le nord du Sénégal, et est également issue d'une famille peulophone. Après l'obtention d'un diplôme universitaire par Duudu, le couple s'est installé en Mauritanie où Duudu a monté une entreprise de comptabilité prospère. Cependant, les tensions frontalières entre la Mauritanie et le Sénégal à la fin des années 1980 les ont conduits à se sentir en situation d'exclusion sociale. La violence croissante de la guerre frontalière entre la Mauritanie et le Sénégal les a poussés à partir s'installer en France, où ils ont tous deux fini par obtenir la nationalité française par le biais de la *réintégration*.[1]

Lorsque la conversation s'est orientée vers les langues, Duudu a réfléchi à son répertoire linguistique et aux opportunités que son environnement lui avait offertes :

> Nous avons de la chance d'avoir fait les écoles françaises donc nous avons appris le français. Nous avons tété cette langue qui est le pular, dès la naissance. Nous avons aussi grandi au Sénégal où on parle couramment le wolof, donc ça devient un melting pot où entre nous c'est n'importe quoi. On bascule du français au wolof au pular en moins de trois minutes. On ne sait même pas ce qu'on parle. Ça devient du ragoût, quoi.

Duudu a mentionné les différentes relations qu'il avait avec chaque langue. Le français était la langue de l'école, et le wolof la langue de la société. En décrivant le peul, il a évoqué l'image de la nourriture, assimilant la langue maternelle au fait de se nourrir du sein de sa mère : « nous avons tété cette langue ».[2] Duudu présente une description positive de cette capacité à passer d'une langue à l'autre en articulant la discussion autour du terme chance. Pour lui, être né dans un endroit où il pouvait utiliser trois langues est une chance. Il donne ensuite l'impression d'osciller d'avant en arrière (basculer) dans sa description du passage d'une langue à l'autre. Les mots *melting pot* et *ragoût* évoquent l'image d'un plat mijotant sur le feu composé de divers ingrédients, reliant l'idée de nourriture à la réalité capturée par le verbe *téter*. Cependant, en utilisant un mot emprunté à l'anglais, *melting pot*, qui signifie diversité dans le contexte francophone, il dépasse la métaphore alimentaire pour souligner l'aspect multiculturel du multilinguisme.

J'ai demandé à Duudu s'il se sentait comme une personne différente avec chaque langue qu'il parlait. Il a répondu : « Quand on maîtrise ces trois langues-là, ça devient un jeu, quoi. Quand on parle le français, quand on parle le wolof, quand on parle le pular, on sait que dans la tête on est toujours sénégalais. » En appelant l'usage multilingue un jeu, il souligne la notion de jeu linguistique, la joie et la créativité qui émergent de la capacité à manipuler plusieurs langues. En outre, il démontre que le multilinguisme fait partie intégrante de l'identité sénégalaise. Ce n'est donc pas tant que parler plusieurs langues donne accès à plusieurs identités, mais que parler plusieurs langues donne accès à une identité résolument sénégalaise, sénégalité qui vient précisément de ce multilinguisme.[3]

Sa migration en France lui a permis de réaliser à quel point son multilinguisme, qui lui était cher, n'était pas forcément reconnu de la même manière dans ce nouveau contexte : « Quand on vient en France, on est obligé de changer [sa façon de penser] parce qu'il y a des choses qui sont valables au Sénégal mais qui ne le sont pas ici ». Duudu fait référence à la fois à des traits distincts de son français (vocabulaire, accent et autres caractéristiques qui le marquent comme étranger) et à l'usage répandu du multilinguisme. L'idéologie linguistique de la société française défend le monolinguisme et une image très spécifique de ce que la langue française devrait être.[4] Pour certains de mes interlocuteurs, la pression pour parler « parfaitement » français pourrait empêcher des décisions conscientes d'alternance codique s'ils supposent qu'ils seront étiquetés comme moins compétents à cause de leur multilinguisme.[5] Même dans les environnements en France où le multilinguisme est mieux accepté, être capable de parler des langues africaines comme le wolof ou le peul n'a pas la même valeur que de parler des langues occidentales aux yeux des Français. C'est à Paris que j'ai eu le moins d'exemples d'alternance codique et où mes interlocuteurs étaient les plus intéressés à être étiquetés comme des locuteurs compétents de la langue officielle. Ces résultats sont peut-être liés aux considérations précédemment abordées.

Cependant, même si l'utilisation de plusieurs langues en général et des langues africaines en particulier avait moins de valeur dans le contexte français, Duudu et Nafi ont travaillé dur pour s'assurer que leurs enfants ne parleraient pas seulement leurs langues maternelles, mais aussi l'anglais et tout autre langue pouvant s'avérer utile au sein de la diaspora sénégalaise. Pour eux, la capacité de leurs enfants à communiquer dans et entre les langues africaines et européennes signifie qu'ils construisent un capital symbolique au sein de la communauté sénégalaise mondiale. D'autres Sénégalais de Paris se sont également concentrés sur la construction et l'utilisation de répertoires multilingues en raison du pouvoir que cela leur conférait, notamment pour revendiquer un statut dans la sénégalité mondiale.

Cette vignette illustre bon nombre des questions qui ont été soulevées lors de mes conversations à Paris, Rome et New York, des questions qui n'ont jusqu'à présent pas été au centre des recherches sur la migration sénégalaise. Le Sénégal est un pays ouvertement multilingue, comme en témoignent de multiples exemples, depuis les plus de vingt langues nationales protégées par la constitution jusqu'à l'utilisation quotidienne de plusieurs langues dans les espaces publics et privés. Une personne élevée dans ce pays devient très habile à utiliser les langues de manière stratégique, et il existe un corpus relativement solide de littérature sur l'utilisation des langues et la politique au Sénégal.[6] Parallèlement, des recherches ont été menées sur les Sénégalais hors du Sénégal, principalement par le biais d'études sur la migration dont les travaux se concentrent essentiellement sur l'accueil des migrants dans le pays d'accueil, leur contact permanent avec le Sénégal, et l'existence de réseaux transnationaux et de systèmes de soutien.[7] Tout comme dans les recherches et les discussions sur les Africains de la diaspora, l'accent est généralement mis sur le travail, où la mobilité des Africains modernes est théorisée à travers un prisme économique. Il n'est pas surprenant que la recherche sur la migration des Sénégalais s'intéresse principalement aux raisons économiques qui poussent les individus à migrer et aux flux de biens et de capitaux entre le Sénégal et diverses destinations mondiales.

Ce qui manque dans cette littérature est une approche de la recherche sur la migration à travers une lentille sociolinguistique. En supposant que les compétences de gymnastique linguistique qui ont été documentées au Sénégal accompagnent les Sénégalais migrant vers d'autres pays, mon intérêt réside dans la détermination exacte de la manière dont fonctionnent l'alternance codique et le multilinguisme dans ces nouveaux contextes. La capacité à utiliser plusieurs langues rend souvent lisibles diverses formulations de l'identité, comme lorsque Ndiaga, Professore et Abi signalent un rejet racial et un manque d'appartenance dû à l'alternance codique. Alors que les chapitres précédents se sont concentrés sur certaines des épreuves et des tribulations vécues par les Sénégalais en ce qui concerne la négociation de l'identité et la revendication de la légitimité dans les espaces européens et américains, particulièrement en ce qui concerne la négritude, toutes les interactions entre les personnes de mon étude et leurs nouveaux environnements ne doivent pas être considérées comme stressantes et éprouvantes. De même, ils ne se sont pas toujours trouvés en position d'impuissance. Dans les chapitres précédents, j'ai relevé des moments où les personnes ont exprimé leur contrôle sur leur situation. Ce chapitre vise à mettre plus clairement en évidence le pouvoir d'action que de nombreuses personnes ont revendiqué et le capital symbolique qu'elles ont amassé.

Ce chapitre illustre concrètement de quelle manière le multilinguisme joue-t-il un rôle dans l'imaginaire culturel sénégalais et comment l'accent mis sur ce multilinguisme offre-t-il une nouvelle perspective sur l'identité transnationale. Beaucoup de mes interlocuteurs ne se sont pas seulement concentrés sur leur origine, leur situation actuelle ou leur destination. Ils ont également mis l'accent sur leur position transitoire, une position favorisée par le multilinguisme. Dans cette formulation spécifique de l'identité, ils ont mis en avant le voyage lui-même et la liberté qu'ils avaient de se déplacer entre les frontières. Il est important de noter que ces frontières sont transnationales de deux manières, car nous verrons des exemples de personnes passant d'une nation à l'autre mais également, par la performance, d'une nationalité à l'autre, alors qu'elles négocient leur identité par l'humour et la langue. En utilisant plusieurs langues occidentales ainsi que leurs langues vernaculaires respectives, les Sénégalais se positionnent mondialement par le biais de formations linguistiques complexes. Dans les pages qui suivent, je mets en avant les plaisirs et les compétences liés à l'utilisation de la langue partagés par mes interlocuteurs de Paris, Rome et New York. Tout en reconnaissant la diversité et la multiplicité des expériences, je trouve également des points communs dans chaque lieu et entre les lieux. Cette exploration de la relation entre le multilinguisme et la migration dévoile une image fascinante : celle du voyageur multilingue, une construction transnationale qui explique un phénomène positif absent des discussions académiques précédentes sur les Sénégalais de la diaspora.

LE VOYAGEUR MULTILINGUE :

TROIS LIEUX, TROIS APERÇUS
New York : *L'uomo perfetto*

Par une journée d'été moite, je suis sortie d'un métro bondé et j'ai emprunté l'un des grands boulevards bordés d'arbres qui me conduisit au cœur de Little Senegal. La description du quartier, dressée par Aminata, prenait vie sous mes yeux. Dans l'air, les sons du wolof se mêlent aux odeurs de poisson assaisonné et de plantains frits. Les passants, parés d'habits en wax multicolores, se saluaient dans des échanges multilingues. En arrivant à la terrasse d'un restaurant sénégalo-français, j'ai remarqué un homme sur le point de s'asseoir à l'une des tables du trottoir. Il portait la chemise boutonnée en coton blanc avec des bordures en batik rouge qui correspondait à la description qu'Ousseynou, 37 ans, m'avait envoyée par SMS. Lorsque je me suis approché, il m'a salué avec un grand sourire. « Alors, c'est toi qui poses des questions sur la langue ? » m'a-t-il demandé en français. Coupable, j'ai ri, et il m'a fait signe de m'asseoir. Alors que nous étions en train de bavarder, le serveur (S) est arrivé et, s'adressant à Ousseynou (O) en wolof, il a demandé : *Sénégalais nga* ? (Êtes-vous sénégalais ?), tant par le contenu de ses paroles que par son choix linguistique. Continuant en wolof, il m'a ensuite demandé si je parlais le wolof, laissant entendre qu'il savait que je n'étais pas sénégalaise. J'ai participé aux salutations de base en wolof avant de passer au français. Dès notre première interaction, le serveur a exprimé ses suppositions sur notre identité par ses choix linguistiques et ses modes de communication. J'ai noté que je devrais lui demander plus tard s'il serait intéressé par une interview. Pendant que le serveur passait à ses prochains clients, Ousseynou et moi avons poursuivi notre conversation. J'ai appris qu'il était chauffeur de taxi, qu'il était originaire de Dakar et qu'il avait passé les neuf dernières années à New York. J'ai ensuite commencé l'entretien. Bien qu'il y ait eu un précédent lien établi concernant les entretiens multilingues tout au long de ma collecte de données, je n'étais pas préparée à la tournure linguistique palpitante que la conversation allait prendre. C'est ce moment qui m'a amené à me concentrer sur le concept de voyageur multilingue.[8]

M : Quelle est votre langue préférée ?

O : Italiano.

M : Italiano ? Vous parlez italiano ?

O : Io parlo bene italiano.

M : Sì ? Perché ?

O : Perché sono andato in Italia e ho fatto tre anni in Italia.

M : Dove in Italia ?

O : Io stavo a Roma...

S : [Le serveur l'interrompt] Parlano italiano ?

O : Yes. Este li è italiano, too. [Désigne le serveur]

M : Sì ?

O : Yeah.

M : È interessante. Perché ho fatto la stessa ricerca a Roma.
A Parigi ed a Roma....L'italiano è la tua lingua preferita ?

O : Preferita, sì.

M : Perché ?

O : Per me, l'italiano è una lingua romantica. Quando la gente parla italiano, io, quando sento un italiano parlare ... mi sento bene ...

M : Sì. Come hai imparato l'italiano ?

S : Sei italiana ?

M : No. Ho vissuto a Roma.

S : Sì ?

M : Sì. Lì ho imparato l'italiano.

S : ... io ho studiato anche l'italiano in Italia.

M : Dove esattamente ?

W : Vicino a Pisa. E tu ?

O : Roma.

S : Roma ? OK.

O : ... Ma ça fait huit ans *ma ngi fii leegi*.

S : Ora io sono qui da cinque mesi.

O : Cinco mesi ? Ah.

S : Cinque mesi che sono qui.

O : Ah, OK.

S : Però io sono laureato in lingue.

M : Anch'io.

S : Perciò ho studiato lingue. Inglese, francese, spagnolo, portoghese.

M : Anch'io!

S : S! ...

O : Un perfetto uomo che parla tutto.
[Le serveur sourit et repart travailler]

O : Ah, oui.
[Je ris]

O : Tu as vu, hein ? Ça c'est les Sénégalais.

M : Oui oui. C'est incroyable.

O : Les Sénégalais aiment voyager, aiment apprendre des langues. Tu vois ?

M : C'est ça ! C'est intéressant.

M : Quelle est votre langue préférée ?

O : L'italien.

M : L'italien ? Vous parlez italien ?

O : Je parle bien l'italien.

M : Oui ? Pourquoi ?

O : Parce que j'ai vécu en Italie. J'ai passé trois ans en Italie.

M : Où en Italie ?

O : J'étais à Rome.

M : [le serveur l'interrompt] Vous parlez italien ?

O : Oui. Celui-là est italien aussi. [Désigne le serveur]

M : Oui ?

O : Oui.

M : C'est intéressant. Parce que j'ai fait la même recherche à Rome. Paris et Rome... L'italien est votre langue préférée ?

O : Préférée, oui.

M : Pourquoi ?

O : Pour moi, l'italien est une langue romantique. Quand les gens parlent italien, je... quand j'entends un Italien parler... je me sens bien ...

M : Oui. Comment avez-vous appris l'italien ?

S : Vous êtes italien ?

M : Non. J'ai vécu à Rome.

S : Oui ?

M : Oui. J'ai appris l'italien là-bas.

S : ... J'ai aussi étudié l'italien en Italie.

M : Où exactement ?

W : Près de Pise. Et vous ?

O : Rome.

S : Rome ? OK.

O : ... Mais cela fait huit ans que je suis ici maintenant.

W : Je suis ici depuis cinq mois.

O : Cinq mois ? Ah.

S : Je suis ici depuis cinq mois.

M : Ah, OK.

S : Mais j'ai obtenu un diplôme en langues.

M : Moi aussi.

S : C'est pour cette raison que j'ai étudié les langues. Anglais, français, espagnol, portugais.

M : Moi aussi !

S : Oui ! ...

O : Un homme parfait qui parle tout.

[Le serveur sourit et continue à travailler]

O : Oh oui.

[Je ris]

O : Tu vois, hein ? Ça c'est les Sénégalais.

M : Oui oui, c'est incroyable.

O : Les Sénégalais aiment voyager, aiment apprendre les langues. Tu vois ?

M : C'est ça ! C'est intéressant.

La réflexion d'Ousseynou m'a conforté dans l'idée que je me faisais de la façon dont la majorité des membres de la diaspora sénégalaise s'imaginent. Beaucoup de mes interlocuteurs avaient vécu dans plusieurs pays et étaient fiers de leur capacité à se déplacer, à s'adapter et à apprendre la langue locale. Ousseynou souligne quelque chose de fondamental dans cette perception culturelle de soi. De plus, ses propos ainsi que l'articulation de son discours ont mis en lumière cette théorisation approfondie de la sénégalité mondiale.

Ousseynou a changé de code pour répondre à la question sur sa préférence linguistique, ce qui a eu pour effet de changer la langue dominante de la conversation en italien. En nous entendant, le serveur est intervenu en italien, soulignant d'autant plus les vertus et l'omniprésence de la migration et du multilinguisme chez les Sénégalais. Ousseynou a poursuivi en expliquant ce qui lui plaisait dans la langue italienne, qu'il a qualifiée de romantique et qui le fait se sentir bien lorsqu'il l'entend. Qu'il ait joué avec les stéréotypes connus de l'italien ou qu'il en soit arrivé à cette conclusion de son propre chef, il avait une réaction positive viscérale à l'italien et exprimait la joie qui accompagnait son utilisation.

J'ai également été frappée par les revendications de propriété que lui et le serveur ont formulées sur la langue et l'identité italiennes. Il y avait une certaine incarnation de l'identité nationale, comme en témoigne le fait qu'Ousseynou ait dit dans un mélange d'espagnol et d'italien, *Este li è italiano* (celui-là est italien) en parlant du serveur. Cette revendication d'identité nationale était juxtaposée à la supposition antérieure du serveur selon laquelle Ousseynou était sénégalais, évidente d'après la langue utilisée pour s'adresser à lui. Le serveur m'a également demandé si j'étais italienne, envisageant cette possibilité, même si je ne ressemblais pas à une Italienne traditionnelle. C'est un point important car mes recherches à Rome ont montré combien il était difficile pour les personnes de couleur de revendiquer une identité italienne, même si elles avaient la nationalité italienne et/ou parlaient couramment l'italien. Le fait qu'il m'ait donné l'occasion d'être italienne et qu'Ousseynou l'ait appelé italien indique une certaine négociation de l'italianité liée à nos capacités italiennes respectives.[9]

Dans le même temps, Ousseynou et le serveur ont tous deux manifesté ce qu'ils considéraient comme une identité résolument sénégalaise dans leur façon de parler et de passer d'une langue à l'autre. Ousseynou a prouvé à quel point l'alternance codique était omniprésente lorsqu'il a utilisé l'italien, le français et le wolof sans effort dans la phrase « *Ma* ça fait huit ans *ma ngi fii leegi* » (Mais cela fait huit ans que je suis ici maintenant). Dans son tour de parole suivant, il a utilisé l'espagnol et l'italien pour vérifier *Cinco mesi ?* (Cinq mois ?). Entre-temps, à ce stade de la conversation, le serveur a décidé de ne répondre qu'en italien, alors qu'il passait du français au wolof. Il était impossible de prévoir quelle langue serait utilisée. S'il est vrai que la majorité du monde est multilingue et que, dans ces sociétés, l'alternance codique est un phénomène attendu auquel beaucoup de gens ne réfléchissent pas, Ousseynou a mis en avant la nature positive de cette compétence avec sa remarque *Un perfetto uomo che parla tutto* (Un homme parfait qui parle tout). En outre, il a souligné cette identité multilingue en expliquant : « Ça c'est les Sénégalais». Les Sénégalais, selon lui, se différencient par leur amour des voyages et des langues. Ce sont des aspects essentiels de leur sénégalité globale et la preuve d'une accumulation de capital symbolique.

Plus tard dans la conversation, Ousseynou m'a expliqué pourquoi, en tant que chauffeur de taxi, il voulait apprendre l'espagnol :[10] *Por me, è muy interesante de hablar muchos different languages...* si le client entre dans ma voiture, je dis, *¿Cómo estás? ¿Muy bien?* Il répond : *Ah OK, ¡tu hablas español !* Tu vois ? » (Pour moi, c'est très intéressant de parler plusieurs langues différentes... si le client monte dans ma voiture, je dis, *Comment allez-vous ? Très bien ?*

Il répond : *Ah OK, tu parles espagnol !* Tu vois ?). En créant un espace d'hospitalité linguistique, il cherchait à mettre à l'aise ses clients, dont beaucoup parlaient espagnol. Mais ce ne sont pas seulement ses propos qui ont suggéré l'identité multilingue qu'il essayait de cultiver. C'est également la manière dont il l'a dit, passant en douceur d'une langue à l'autre dans ce court extrait et tout au long de l'entretien, qui a illustré la nature privilégiée du multilinguisme.

Bouba, un mécanicien âgé de 38 ans, a fait preuve d'une polyvalence similaire en matière de langues. Né à Dakar d'un père parlant bambara et d'une mère parlant peul, Bouba a appris le wolof en jouant avec les enfants du quartier. Il a fait une école de commerce au Maroc pendant trois ans, puis a décidé de partir travailler en Suisse durant deux ans. Il est retourné au Sénégal, où il est resté sept ans, travaillant pour une entreprise italienne un certain temps. Lorsque je l'ai interviewé, il était aux États-Unis depuis deux ans avec l'espoir d'obtenir un diplôme d'une université américaine, mais il avait trouvé le coût de l'éducation aux États-Unis prohibitif. Bouba m'a expliqué la manière dont son expérience linguistique au Sénégal et ses déménagements aux quatre coins du monde lui ont permis l'apprentissage multilingue des langues :[11] « Je *parlo italiano* mais *just a little bit* parce que je travaille avec des Italiens au Sénégal. Mais ici, quand je suis venu aux États-Unis, ici j'ai pas mal de travail avec des Espagnols ». Bouba a démontré une volonté d'adaptation linguistique, ayant appris un peu d'italien en raison de son environnement de travail au Sénégal et voulant apprendre l'espagnol en raison de son environnement de travail actuel, aux États-Unis. Tout comme Ousseynou, il m'a fait découvrir ses compétences tout en me racontant son histoire. Bien qu'il ait admis ne parler que peu italien, il était confiant quant à ses capacités en français et anglais et a illustré la façon dont il utilisait ces compétences à son avantage.

Par exemple, il m'a expliqué en quoi son français lui était utile dans son emploi actuel dans un restaurant : « Mon big boss, il ne parle pas français. Maintenant, quand il veut quelque translation, il m'appelle, pour que je puisse faire cette translation. Ça c'est fort pour moi. C'est pour cela que j'aime bien mon idéologie. »[12] Bouba a donc fourni des preuves tangibles pour soutenir son engagement en faveur du multilinguisme. Pour lui, partout où il allait, il s'adaptait à son environnement immédiat. Cette capacité d'adaptation, facilitée par son accès à différentes langues, minimisait les frontières qui contraignaient souvent les autres individus. L'importance qu'il accordait à la traduction mettait en évidence la manière dont il maîtrisait l'espace liminal entre les langues, garantissant ainsi son appropriation de la compétence symbolique. En acquérant du pouvoir par le biais de cette capacité linguistique cultivée, Bouba a transcendé les restrictions qui pouvaient lui être imposées en tant qu'étranger, locuteur non natif ou immigrant.

Bouba comme Ousseynou ont tous deux exposé les objectifs utilitaires de la pratique de plusieurs langues, car leurs capacités se sont avérées utiles pour leur travail. Cependant, ils ont brouillé la frontière entre parler pour l'utilité et parler pour le plaisir. Bouba a exprimé la fierté qu'il ressentait lorsque quelqu'un en position d'autorité, son patron, devait s'appuyer sur lui. En appelant son patron « big boss », il a accentué la dynamique de pouvoir : le patron était peut-être plus important, mais il avait besoin des compétences linguistiques supérieures de Bouba. Ainsi, bien que ses compétences servent un objectif utilitaire, elles sont également une source de plaisir. La situation est similaire pour Ousseynou. En tant que chauffeur de taxi, il ne devait avoir que des compétences limitées en matière de communication. Tant que l'adresse de destination était comprise, il n'était pas nécessaire de pouvoir communiquer de manière plus approfondie. Cependant, il prenait plaisir à créer un bon environnement pour ses clients, réalisant ainsi ce que de nombreux interlocuteurs considéraient comme une valeur sénégalaise quintessentielle : la *teranga*, ou hospitalité.[13] En outre, Bouba et Ousseynou prennent plaisir autour de deux autres principes clés de la sénégalité mondiale, à savoir la mobilité et le multilinguisme, ce qui correspond de plus à leur conception d'un véritable Sénégalais de la diaspora.

Paris : L'homme d'affaires comme Modèle du Voyageur Multilingue

Chaque semaine à Paris, j'assouvissais ma soif de cuisine traditionnelle sénégalaise dans un restaurant du nord de la ville. Si je discutais parfois avec le propriétaire loquace, Nyambi, la plupart de mes conversations tournaient autour des songeries de la serveuse, Ndella, et de son plus fidèle client, Boubacar.[14] La télévision, qui était toujours réglée sur la chaîne sénégalaise RTS1, hurlait constamment en arrière-plan, alimentant les discussions sur l'actualité. Tous les deux étaient constamment en train de faire un commentaire, s'emparant des histoires que les journalistes sénégalais présentaient et intercalant leurs propres critiques colorées. Ce jour-là, le sujet brûlant était celui de la dévaluation de la monnaie en Guinée, et Boubacar se disait qu'il pourrait probablement acheter un village entier là-bas en raison du taux de change actuel. S'étant présenté à moi comme un « homme d'affaires extraordinaire », il m'expliquait souvent quels étaient ses projets d'affaires actuels et futurs.

Pendant les pauses dans leurs résumés cocasses des nouvelles, j'intercalais généralement des questions sur la langue. Lorsque je les ai interrogés sur leurs préférences linguistiques, Ndella (N) et Boubacar (B) ont convenu que, même s'ils avaient un faible pour le wolof, aucune langue ne pouvait rivaliser avec l'anglais au niveau mondial.[15]

B : L'anglais c'est mieux parce que dans le monde entier on parle anglais.
N : ... J'aime bien l'anglais.
B : Dafa neex, quoi. Làkk bu neex la.
N : Torop.[16]
B : Boo déggee, loo wax ci tubaab,[17] soo ko waxee ci anglais day neex.
N : Yow, dégg nga anglais ?
B : Bien sûr dégg naa anglais. Man ma def cinq ans en Hollande. Businessman bu déggul anglais ?
N : Loolu, moom, dëgg la.
B : Suba nga dem fenn. Beneen nga dem fenn. Bu yàggee nga dégg anglais.

[B : L'anglais c'est mieux parce que le monde entier parle anglais.
N : ... J'aime bien l'anglais.

B :   C'est beau, tu sais. C'est une belle langue.

N :   Si belle.

B :   Si tu comprends, tout ce que tu dis en français a une belle traduction en anglais.

N :   Parles-tu anglais ?

B :   Bien sûr que je parle anglais. J'ai passé cinq ans en Hollande. Un homme d'affaires qui ne parle pas anglais ?

N :   C'est vrai.

B :   Demain, tu vas quelque part. Le jour suivant, ailleurs. Bientôt tu comprendras l'anglais.][18]

La théorie de Boubacar sur l'identité de l'homme d'affaires contribue au thème général du voyageur multilingue. Il traduit la nature éphémère de l'homme d'affaires qui change de lieu d'un jour sur l'autre : « *Suba nga dem fenn. Beneen nga dem fenn. Bu yàggee nga dégg* anglais. » (Demain, tu vas quelque part. Le jour suivant, ailleurs. Bientôt vous comprendrez *l'anglais*). C'est en voyageant que l'on peut apprendre l'anglais, une langue essentielle pour réussir. En menant pleinement ses affaires, et enrichir son répertoire linguistique. Il suggère que cet apprentissage de la langue est aussi naturel pour l'homme d'affaires que le besoin de migrer. L'utilisation de la formule *bien sûr* indique qu'il est peu probable qu'une personne qui s'identifie comme un homme d'affaires ne connaisse pas l'anglais. De plus, l'utilisation de l'anglicisme *businessman* en lieu et place *d'homme d'affaires* indexe l'Amérique et sa position de grande puissance dans le monde des affaires internationales et du capitalisme mondial.[19]

Boubacar laisse également entendre l'importance mondiale de l'anglais en mentionnant son utilisation de l'anglais au cours des cinq années qu'il a passées aux Pays-Bas, un pays qui n'est pas officiellement anglophone. Il n'a pas appris le néerlandais, il est donc fortement probable que la connaissance de l'anglais ait été suffisante pour le temps qu'il a passé là-bas. Ce désintérêt pour l'apprentissage du néerlandais complique l'image du voyageur multilingue que nous avons observée dans la discussion d'Ousseynou, sur l'apprentissage des langues, où le fait même d'être capable de communiquer avec les gens dans la langue qui leur est la plus confortable est vecteur de joie. Cette différence peut peut-être s'expliquer par l'investissement fort de

Boubacar dans son identité d'homme d'affaires qui a pu se faire au détriment d'un investissement dans une identité multilingue plus globale. De plus, Boubacar semblait adopter une approche plus pragmatique de l'apprentissage des langues, en acquérant la langue qui lui serait la plus utile, et le néerlandais ne répondait pas à ce critère.

Néanmoins, Boubacar ne s'est pas contenté de réfléchir à l'utilité de l'anglais, il en a également parlé d'un point de vue esthétique. Il a décrit l'anglais comme étant beau : *Làkk bu neex la* (C'est une belle langue). Il a ensuite comparé le français et l'anglais, observant que tout ce qu'il disait en français pouvait être magnifiquement traduit en anglais : *Boo déggee, loo wax ci tubaab, soo ko waxee ci* anglais *day neex* (Si tu comprends, tout ce que tu dis en français a une belle traduction en anglais). Dans ce cas, il partage une motivation intrinsèque commune avec Ousseynou, qui ressentait un bien-être en apprenant l'italien. Pour Boubacar, la beauté de la langue anglaise justifiait son acquisition. Il a déclaré que l'esthétisme auditif de l'anglais et la transmission succincte de messages, ce qui est particulièrement utile dans les négociations commerciales, contribuaient à sa beauté. En somme, Boubacar a réitéré bon nombre des attitudes à l'égard de la langue anglaise apparues tout au long de ma recherche, à savoir son utilité, son importance mondiale, son attrait esthétique et sa distinction en tant que langue que tout le monde veut apprendre. Par conséquent, si l'anglais est jugé utile dans une variété de contextes, cette utilité existe de concert avec le plaisir qu'il procure à ceux qui le parlent.

Hakim n'était pas un homme d'affaires autodidacte comme Boubacar, mais il réalisait des études de marché pour un supermarché et avait ses propres idées sur le multilinguisme et les voyages qui véhiculaient à la fois utilité et satisfaction : « C'est un enrichissement, le fait d'être plurilingue. Parler le wolof, français, anglais, arabe, et aussi une autre langue, ça permet une fois dans un autre pays de s'intégrer. C'est une ouverture dans le monde, c'est une ouverture en soi-même. On en profite ». L'utilisation par Hakim de mots tels qu'*enrichissement* et *profiter* évoque des notions d'accumulation de richesse, mais dans ce cas précis, la richesse ne se mesure pas en capital économique mais en capital symbolique. Le multilinguisme permet l'intégration et donc l'acceptation dans des pays étrangers. Alors que la plupart des discussions sur l'intégration ont été formulées de manière négative, comme un objectif insaisissable qui était limité par la race, Hakim a choisi de souligner l'intégration réussie rendue possible par la capacité à utiliser les langues. Hakim a également souligné les notions de mobilité. L'intégration est généralement confinée à des lieux spécifiques, mais la liste de langues multiples d'Hakim et son incapacité à nommer un pays en particulier suggère que l'intégration est possible dans de multiples contextes. L'accès aux langues permet aux individus de se déplacer librement et sans effort tout en se développant personnellement en acquérant une meilleure connaissance d'eux-mêmes.

Pour Nyambi, le restaurateur, lui-même homme d'affaires, cette mobilité est un trait culturel foncièrement sénégalais : « Mais l'immigration sénégalaise est culturelle d'abord. Le Sénégalais, c'est quelqu'un dans le départ... C'est un peuple qui voyage, un peuple qui s'en va ». Nyambi m'a donné une leçon d'histoire sur la mobilité des Sénégalais qui ont migré dans toute l'Afrique de l'Ouest, puis en France, et enfin aux États-Unis et en Italie. À chaque vague, ils atteignaient des rivages de plus en plus lointains. L'image dépeinte de quelqu'un étant sur le départ était assez poétique en français. Soulignant leur mouvement constant, il a positionné les Sénégalais dans l'acte de partir, dans cet espace de transition entre deux lieux. C'est comme si le départ lui-même était un lieu que l'on pouvait habiter. Il a renforcé cette image par la répétition, en modifiant légèrement le verbe tout en conservant son sens général et le rythme de la phrase : « un peuple qui voyage, un peuple qui s'en va ». En d'autres termes, il évoque le mouvement de manière rythmique à travers sa construction linguistique. Tout comme Ousseynou à New York qui décrit les Sénégalais comme des voyageurs multilingues accomplis (« Ça c'est les Sénégalais »), Nyambi met en avant ce qu'il considère également comme le trait le plus indissociable des Sénégalais.

Maya Angela Smith

Rome : « *Sempre in giro* »

Karim, danseur vedette et propriétaire de son école de danse éponyme, guidait un groupe de femmes italiennes, pour la plupart âgées d'une vingtaine d'années, dans une routine de Sabar. Elles étaient accompagnées d'une troupe entière de tambours avec Idi, originaire de Dakar, à la tête. J'essayais de suivre, en espérant que le cours de danse ouest-africaine que j'avais suivi lors de mon séjour à Dakar sept ans auparavant me permettrait au moins de ne pas être distancée. À la fin de l'heure, je n'étais plus qu'une gigantesque flaque de sueur, un aspect parfait pour s'introduire à une éventuelle personne à interroger. L'amie qui m'avait amenée au cours m'a ensuite fait rencontrer ses amis Karim et Idi. Lorsque j'ai exposé le thème de mes recherches, Idi s'est mis à rire. « Je connais justement la personne qu'il te faut », a-t-il dit dans un italien courant. Il s'agissait de Bachir, 30 ans, décrit comme *una persona importante*. Béatrice, la partenaire italienne de danse d'Idi, s'enquit de la nature de cette importance. Idi nous répondit simplement que Bachir savait énormément de choses. La difficulté était qu'il serait difficile à attraper. Bachir était rentré la veille de Suisse et se rendait à Turin le lendemain. Il était allé en France le mois précédent. Idi a parfaitement résumé ce que nous pensions : *Lui sta sempre in giro* (Il est toujours en mouvement).

Être *in giro* signifie que quelqu'un est souvent en déplacement, toujours en mouvement. Lorsque j'ai enfin joint Bachir, qui partageait son temps entre Rome, le nord de l'Italie, et Paris, je lui ai demandé pourquoi il était venu en Italie en premier lieu et pourquoi il était constamment en voyage. Il s'est arrêté un moment et m'a répondu de manière songeuse :[20] « *Vengo perché magari venendo qui posso fare un cambiamento. Quello che ti dispinge-ti spinge,[21] quello che* te pousse à partir, ça n'a rien à voir à la fin. C'est un besoin profond de vouloir arriver à quelque chose de plus concret. De donner sens à ta vie, même si ta vie a déjà son sens ». (Je viens ici parce que, en venant ici, je peux peut-être changer les choses. Ce qui te dépousse, ce qui te pousse, ce qui te pousse à partir, ça n'a rien à voir à la fin. C'est un besoin profond de vouloir arriver à quelque chose de plus concret. De donner sens à ta vie, même si ta vie a déjà son sens.). Bachir percevait le mouvement comme un processus naturel qui donnait un sens à la vie. Alors qu'il trébuche sur le mot *dispingere*, un mot inventé, erreur qu'il semble corriger instantanément avec le mot italien pour pousser, *spingere*, il passe au français pour conclure sa pensée. Il semblait avoir besoin du français, la langue qu'il pouvait parler le plus confortablement, afin de fournir une description philosophique de ce besoin de migrer. Le passage de l'italien au français imite son déplacement spatial entre les pays à la recherche d'un prix intangible.

De nombreuses autres personnes interrogées à Rome ont également souligné la propension des Sénégalais à voyager et à parler plusieurs langues. Lorsque j'ai demandé à Karim pourquoi il avait déménagé en Italie, il a détaillé une longue histoire de migration et d'acquisition de langues. Né dans une famille sérère, il a grandi à Kaolack, une région du centre du Sénégal. Il parlait à la fois le wolof et le sérère à la maison, ce qu'il décrit comme une situation normale dans un pays comme le Sénégal. Son village était majoritairement sérèrophone, mais comme il y avait beaucoup de groupes ethniques différents à proximité, le wolof était la lingua franca. Il a également commencé à apprendre le français à l'école primaire. À 18 ans, armé de trois langues, il s'est installé à Dakar et a préparé un diplôme en langues à l'université. Il sait qu'il ne veut jamais cesser d'apprendre des langues et décide d'ajouter l'anglais et l'espagnol à son répertoire. Lors de mon entretien il a considéré que son anglais était imparfait mais correct. Il a ensuite ri en pensant à la façon dont l'espagnol qu'il avait appris à l'université a rapidement disparu lorsqu'il a déménagé en Italie.

Karim a expliqué que son déménagement en Italie était simplement une opportunité linguistique : *Volevo imparare un'altra lingua. Voglio imparare tutte le lingue possibili. Venendo qua, posso vedere il sistema, come è. Se tu non viaggi, non sei ricco. Se non viaggi, non sai chi sei.* (Je voulais apprendre une autre langue. Je veux apprendre toutes les langues possibles. En venant ici, je peux voir le système, comment il est. Si tu ne voyages pas, tu n'es pas riche. Si tu ne voyages pas, tu ne sais pas qui tu es.) Karim avait vécu à Paris pendant quatre ans avant de s'installer à Rome, où, lorsque je l'ai rencontré, il était installé depuis trois ans. En passant de la campagne sénégalaise à Dakar, puis à Paris et enfin à Rome, Karim suivait le schéma migratoire que Nyambi m'avait décrit quelques mois plus tôt. Alors que Karim avait dépeint Bachir comme *sempre in giro*, il ne se portait pas trop mal lui-même. J'ai également été frappée par la façon dont il philosophait la mobilité et le multilinguisme d'une manière similaire à celle de Hakim. C'est en voyageant que l'on peut s'enrichir de ses expériences et prendre conscience de soi. L'Italie, en particulier, a été une occasion d'étudier à l'étranger de façon autonome pour beaucoup de mes interlocuteurs.

Ondine, une actrice dakaroise de 26 ans vivant à Rome depuis cinq ans, a mis l'accent sur la figure du citoyen du monde que beaucoup de mes interlocuteurs incarnent. Elle se vantait d'avoir fait *tanti giri nel mondo* (tant de voyages à travers le monde), y compris des voyages aux Pays-Bas, en Espagne et en Italie. Faisant le lien entre les voyages et les langues, elle a déclaré : *È molto importante parlare tante lingue. È importantissimo perché come noi siamo cittadini del mondo, facciamo giri a qualsiasi paese. È importante anche studiare altre lingue.* (Il est très important de parler plusieurs langues. C'est extrêmement important parce que, comme nous sommes des citoyens du monde, nous nous déplaçons dans n'importe quel pays. Il est également important d'étudier d'autres langues). Avec la phrase « noi siamo cittadini del mondo », elle est passé du « je » au « nous », de son point de vue personnel à celui des sénégalais qui sont socialisés pour voyager et acquérir des langues. Ondine n'a utilisé le superlatif *importantissimo* que deux fois dans son interview pour argumenter l'importance du multilinguisme. Parler plusieurs langues donne accès au monde, et en retour le monde donne des occasions de parler. La mobilité et le multilinguisme existent en symbiose.

En outre, il y a aussi un aspect ludique au multilinguisme, les personnes que j'ai interrogées à Rome concevant l'utilisation de différentes langues dans une conversation comme un jeu, comme nous l'avons vu avec la description de Duudu de l'alternance codique comme *un jeu*.[22] Par exemple, Ibou a fait référence à la capacité de parler plusieurs langues comme *uno sport* et au désir de quitter son pays comme un moyen de *fare esperienze fuori* (avoir des expériences en dehors du pays). Ndour, 36 ans, qui a passé une décennie à Rome, s'est fait l'écho de ce sentiment en parlant avec des Sénégalais d'Italie : « *Quando ci vediamo, non è che parliamo wolof. Parliamo in italiano. Ho un amico con cui lavoro. Tante volte parliamo wolof, ma tante volte anche parliamo italiano perché ci piace parlare in italiano. Scherziamo un po'.* » (Lorsque nous nous rencontrons, nous ne parlons pas wolof. Nous parlons en italien. J'ai un ami au travail. Nous parlons souvent wolof, mais nous parlons aussi italien parce que nous aimons parler en italien. Nous plaisantons un peu). L'expression *scherziamo un po'* signifie *plaisanter* ou *s'amuser*, ce qui a un sens similaire à celui du mot *sport*. L'accent mis sur le fait de jouer avec plusieurs langues souligne la nature même de la compétence symbolique. Même s'il était plus à l'aise en wolof, il lui arrivait de parler italien pour le plaisir de le faire. Son ami et lui avaient plus d'une langue à leur disposition, de sorte qu'ils pouvaient choisir une langue aléatoire à parler à tout moment. Parfois, le choix de la langue a un sens ; parfois, c'est le simple fait d'avoir le choix qui donne un sens à l'expérience.

La nature utilitaire des différents choix constitue un fil conducteur dans les recherches sur le multilinguisme au Sénégal et sur la migration des Sénégalais vers l'Occident. Dans le premier cas, les individus choisissent certaines langues pour afficher des allégeances particulières ou exprimer certains marqueurs identitaires. Dans le second cas, les individus apprennent une langue pour obtenir un emploi. Les motivations sont comprises en fonction des objectifs qu'elles servent. Si ces raisons ne peuvent être écartées, il y a plus. L'utilité et le plaisir coexistent. Ousseynou a explicitement décrit l'italien comme une langue romantique, tandis que Boubacar a souligné la beauté de l'anglais. Quant à Ibou, Ndour et Duudu, ils ont exprimé le plaisir lié aux jeux de langage. Ces réflexions montrent à quel point la relation d'une personne à la langue est nuancée. En outre, ces expériences offrent aux Africains un espace pour refléter l'expérience de la joie, une notion souvent absente des recherches sur l'Afrique et les Africains.

PERFORMER LES IDENTITÉS

Au travers différents types d'expression linguistique, mes
interlocuteurs ont simultanément performé et construit des identités
dans une variété d'espaces. De l'utilisation de l'humour multilingue
dans un restaurant sénégalais à la création et à la consommation de
hip-hop multilingue à Paris, en passant par la négociation d'identités
par le biais d'échanges et de musiques multilingues dans une enclave
sénégalaise new-yorkaise et à travers la diaspora, la langue était au
cœur de la manière dont ces communautés donnaient un sens à leur
environnement local et mondial et le revendiquaient.

Les restaurants et cafés peuvent servir d'espace favorable à la
formation identitaire. Mes recherches ont souligné l'importance des
cafés, des restaurants, des centres culturels et des repas partagés dans
l'espace personnel dans la construction du sentiment d'identité et
d'appartenance des communautés sénégalaises. Dans chaque lieu, j'ai
trouvé des gens qui débattaient de la nature de la vie autour de plats. La
plupart du temps, je n'étais pas l'instigateur de ces conversations mais
une spectatrice attentive. Souvent, les discussions s'enflammaient
légèrement, car les participants aimaient se livrer à des réparties
enthousiastes. Ces lieux servaient non seulement d'espace de liberté
créative, mais aussi de laboratoire où l'on pouvait tester des idées et
recevoir des commentaires.[23] En effet, le café-incubateur d'idées
revenait de façon récurrente, notamment dans le restaurant sénégalais
de Rome mentionné précédemment.

De même, la musique offre un espace d'expression culturelle et
un terrain de formation de l'identité. L'écoute de la musique est une
pratique à la fois individuelle et collective, où les auditeurs font
simultanément l'expérience des paroles, des mélodies et des rythmes à
un niveau personnel (en ressentant des émotions et en faisant appel à
leurs sens) et à un niveau sociétal (en s'alignant sur un groupe
partageant les mêmes goûts musicaux).[24] Par la production et la
consommation de musique, l'individu revendique une diversité
d'identités. Par exemple, en explorant les traditions musicales des
communautés noires en Grande-Bretagne, Paul Gilroy a triangulé
la construction de la négritude à travers le monde atlantique : « Ce
patrimoine musical est progressivement devenu un facteur important

pour faciliter la transition des divers arrivants vers un mode particulier de vécu noir. Il a joué un rôle déterminant dans la production d'une multiplicité de positions dont les conditions de possibilité étaient ouvertement tributaires des Caraïbes, des États-Unis et même de l'Afrique ».[25] La musique permet donc de saisir la manière dont l'autre interprète les expériences vécues et de construire des récits de similitude et de différence, indépendamment de la localisation géographique.

Les récents mémoires de l'ancien président ghanéen John Dramani Mahama et de l'ancienne ministre de la justice française Christiane Taubira témoignent du pouvoir de la musique, de la langue et de la formation de l'identité noire. Mahama se souvient de la façon dont la musique, à travers le continent et le monde, l'a aidé à articuler son identité et son appartenance.[26] De la capacité de Miriam Makeba à convaincre les gens du monde entier de chanter *Pata Pata* en Xhosa aux amis de Mahama qui remplaçaient les paroles de James Brown par des mots familiers de Gonja, de Dagbani ou de pidgin, la diversité linguistique et culturelle alimente l'expérience noire globale et crée un espace d'échange culturel entre l'Amérique noire et l'Afrique.[27] Parallèlement, Taubira établit un lien entre certaines des mêmes icônes musicales et les grands noms de la libération noire (par exemple, Angela Davis et les Black Panthers). Elle écrit notamment : « Le swing furieux de James Brown m'a révélé une impétueuse vérité, enfouie, négligée jusqu'alors, étouffée peut-être. *Say It Loud, I'm Black & I'm proud* ». (Dis-le à voix haute, je suis noir et je suis fier). Lycéens à Cayenne à la fin des années 1960, elle et ses camarades de classe employaient cet impératif pour s'exclamer avec fierté et sans détour qu'elles étaient « noires et belles ».[28]

Au lieu de conversations en tête-à-tête dans des cafés qui donnent lieu à des discussions complexes sur l'identité et l'appartenance, ces interactions musicales se produisent par le biais d'un média culturel diffusé à l'échelle mondiale. Comme le reconnaît Simon Frith, « ce qui rend [la musique] spéciale au regard de l'identité... c'est qu'elle définit l'espace sans limite ».[29] Dans la section suivante, j'examine le rôle des espaces de rassemblement, tels que les restaurants, les événements musicaux et les centres culturels, dans le renforcement de la formation de l'identité sénégalaise à l'étranger. Nous retrouverons le même mélange d'utilité et de plaisir avec peut-être un accent plus marqué sur le plaisir, puisque ces types d'espaces sont des lieux de rassemblement et de partage. Ces témoignages, analysés d'un point de vue linguistique, interrogent la manière dont ces différents types de structures favorisent la formation et la performance de l'identité dans les espaces transnationaux.

Un restaurant sénégalais à Rome
comme lieu de divertissement

En repensant à mes trois mois passés à Rome, je suis surprise par la quantité de rires qui imprègnent mes souvenirs. Le restaurant sénégalais secret était au cœur de mon expérience. Il n'avait pas de nom officiel. Il n'existait même pas officiellement. En réalité, il n'avait rien d'officiel. Il était caché derrière une vitrine qui contenait un étrange assortiment de produits de beauté, de journaux et d'autres choses. Les lumières étaient toujours si faibles que je doute que quiconque passant par-là ait pu se rendre compte que c'était ouvert. C'était comme si les propriétaires cherchaient à ne rien vendre.

Mais pour les connaisseurs, cette vitrine ouvrait un portail vers l'espace sénégalais le plus authentique que j'ai rencontré durant toute mon étude. Au bout d'un long couloir se trouvait une arrière-salle avec quelques tables, de nombreuses chaises et une télévision accrochée au mur. À toute heure de la journée, un groupe d'habitués tapageurs se régalait de *ceebu jen* et d'autres plats typiquement sénégalais. La nourriture n'était pas disposée sur des assiettes, comme c'est le cas dans les restaurants sénégalais établis à Paris et à New York, mais sur un grand plateau. Comme c'est la coutume dans toutes les maisons de Dakar, les gens s'asseyaient et se remplissaient la bouche de riz avec leur main droite. Cet établissement pouvait à peine être considéré comme un restaurant. C'était comme si Kolle, la propriétaire, ouvrait simplement sa maison à tous ses amis et recevait un petit pourboire pour couvrir le coût des matières premières. Cet espace était un refuge, une anomalie dans le tourbillon de la vie des immigrés à Rome. Ceux qui mangeaient ici n'étaient pas des étrangers. Ils appartenaient au lieu. Dans ce cadre détendu, les rires, les blagues et les taquineries fusaient sans fin. Lors d'une froide journée de février, les clients étaient particulièrement fougueux, probablement parce que c'était la première fois en deux décennies que Rome voyait de la neige. Kolle (K) réprimandait Biondo (B) à haute voix à cause de son comportement. Victoria (V), l'italienne mariée à Idi, était également présente :[30]

> K : Waaw, baax na. Hai sentito ? Baax na. Moytul rekk. Comme que dangay tas rekk, negal ba nga dem sa kër, nga def ko fa. Problème nga ma naral indil. Bàyyil li ngay def.
> B : *Est-ce que* am nga *assurance* ? [Kolle est agacée et ne répond plus Biondo se tourne vers Victoria] Allora, che dici ? Tutto a posto ?
> V : Ma sì...
> B : Ana waa kër ga ?
> V : Bene. Hai visto la neve ?
> B : Mamma mia.

[K : Oui, c'est bon. Tu entends ? C'est bon. Fais attention. Comme tu veux le casser, attends d'être à la maison pour le faire. Ne crée pas de problèmes. Arrête ce que tu es en train de faire.

B : Est-ce que tu as une assurance ? [Kolle est agacée et ne répond plus. Biondo se tourne vers Victoria] Alors, qu'est-ce qui se passe avec toi ? Tout va bien ?

V : Bien sûr.

B : Comment va la famille ?

V : Bien. Tu as vu la neige ?

B : Mamma mia.][31]

Kolle a dit de façon plutôt sarcastique à Biondo : « *Waaw, baax na. Hai sentito, baax na ?* » (Oui, c'est bon. Tu m'as entendu ? C'est bon.) Toute cette partie de la conversation s'était déroulée en wolof, le contraste avec l'italien était donc assez frappant. C'était comme si elle soulignait son sarcasme en le mettant entre parenthèses grâce à l'italien. Le fait de passer à l'italien pour dire « Tu entends » a donné du poids à ses mots en attirant l'attention sur le sens de l'ouïe. Parallèlement, Biondo a également été capable d'ajouter de l'emphase grâce au multilinguisme : « *Est-ce que* am nga *assurance* ? » (Est-ce que tu as une assurance ?). Il a utilisé des marqueurs d'interrogation en français et en wolof alors que am nga aurait été suffisant en soi. Il aurait pu tout aussi bien dire « Est-ce que tu as une assurance ? » mais cela aurait constitué une rupture totale avec la conversation en wolof. La présence du mot français *assurance* n'était pas surprenante puisqu'il s'agissait d'un emprunt français en wolof. Cependant, le marqueur d'interrogation français était inutile car *am   nga* indiquait déjà qu'une question était posée. Cette redondance a mis en avant la nature ironique de sa question ainsi que la question elle-même.

Lorsque Kolle s'est mise à refuser de lui parler davantage, Biondo s'est tourné vers Victoria, changeant de langue pour montrer qu'il avait changé d'interlocutrice. Cependant, il n'en avait pas fini avec le wolof. Après avoir salué Victoria en italien, *tutto a posto ?* (Tout va bien ?), il a fait écho à cette salutation avec une salutation standard en wolof, *Ana waa kër ga ?* (Comment va la famille ?). Victoria a répondu en italien avant de déplacer la conversation sur le sujet du jour, les chutes de neige sans précédent à Rome. En signalant la multiplicité de locuteurs et de sujet, l'alternance codique a offert une variété d'options discursives.

Le restaurant sénégalais secret était également un lieu où les gens pouvaient *essayer* et *performer* des identités sans se soucier de la façon dont elles seraient reçues et perçues. Par exemple, un jour, Moustapha, que je n'avais jamais rencontré auparavant et que je n'ai jamais eu l'occasion de questionner formellement, a interprété sa version d'un Italien. En prenant une bouchée de son repas, il a déclaré de façon spectaculaire : *Buonissimo. Buonissimo. Come gli italiani. Mamma mia, che buono. Come, come hai fatto per prepararlo così, eh ?* (Délicieux. Délicieux. Comme les Italiens. *Mamma mia*, que c'est bon. Qu'avez-vous fait pour le préparer comme ça, hein ?) Dans son esprit, il se comportait comme un Italien et signalait cette évocation de l'esprit italien en disant *come gli italiani* (comme les Italiens). Il exagérait les mots en allongeant les voyelles dans *buono*, en répétant le superlatif, ce qui en accentuait le poids, et en utilisant une expression que les Sénégalais que j'avais interrogés à Rome avaient adoptée avec vigueur, *mamma mia*. Il présentait sa version d'un Italien qui appréciait son repas et utilisait les phrases qu'il supposait qu'un Italien emploierait. Son utilisation de l'italien était presque théâtrale, semblant mettre l'accent sur une marque particulière d'italianité.[32] Les exagérations de Moustapha capturaient la voix qu'il imaginait pour l'Italien stéréotypé, soulignant la façon dont il s'engageait dans son nouvel environnement.

Un autre jour, Biondo (B) et Kolle (K) regardaient une vidéo de deux artistes ouest-africains bien connus le sénégalais Youssou Ndour et la malienne Rokia Traore. Dans cet extrait, ils étaient à mi-chemin de leur conversation, qui était presque exclusivement menée en wolof.[33]

> K : Wa ji booko xoolee.
> B : Oh che bella, mamma mia, guarda gli occhi. Che belli.
> K : Gisoo ki ànd ak ki toog. Xam nga, ñoom, bu ñu àndee ak Afrikan ba dugg si biir Afrik yi, dañuy bég. Mungi bég xam nga di ree rekk. [Regarde la vidéo]

> K : Ce gars, si tu le regardes.
> B : Comme elle est belle, ma parole. Regarde ses yeux. Comme ils sont beaux.
> K : Regarde celui-là, assis là. Tu sais, eux, quand ils sont avec des Africains, parmi les Africains, ils sont heureux. Il est si heureux, tu sais, il rit sans cesse. [Regarde la vidéo][34]

Alors que Kolle décrivait l'homme en wolof dans la vidéo, Biondo est passé momentanément à l'italien lorsque Rokia Traore est apparue. Il s'est extasié devant sa beauté. Mais pourquoi l'a-t-il fait en italien ? Gesticulant furieusement, il a employé un ton exagéré, suggérant que le changement de langue signifiait l'expression de ce qu'il pouvait considérer comme le prototype de l'homme italien en présence d'une belle femme. Il a fait usage du *mamma mia*, qui semble être un prérequis, et s'est concentré sur une partie du corps, les yeux. Il a répété le mot *bello* pour accentuer la beauté de la femme. Encore une fois, cette expression italienne semble créer une performance identitaire italienne, du moins la conceptualisation que Biondo a d'une identité italienne masculine.

Ces deux exemples illustrent la performance identitaire culturelle et nationale à travers la voix. L'extrait suivant va même au-delà en ne se contentant pas de s'approprier certaines caractéristiques culturelles et nationales mais en initiant également un rejet conscient de l'identité nationale. Les questions identitaires ont été évoquées consciemment dans une conversation naturelle en jouant sur les mots et les langues de façon créative. Dans la conversation suivante, Idi (I), un ami (A) et Bachir (B) plaisantent sur le fait d'être sénégalais au cours d'un repas au restaurant sénégalais :[35]

I : Non mi piacciono i senegalesi, e per questo io ho tornato[36] italiano adesso. Capito ? [tout le monde rit] I senegalesi parlano troppo, capito. Hai visto questo ?

A : Chi è italiano ? Sei italiano ?

I : Sì.

A : Meno male. Boy, yow yaa doon naan fii ?

I : Non è male che cosa ?

A : Perche sei italiano adesso. Noi siamo dei senegalesi, capito ?

B : Je suis fier d'être sénégalais.

A : Wax ko si italien.

I : Ecco, io, grazie a tutti...

A : Jox ko si ndox mi mu naan si italien.

I : Bokkul si italien.

A : Waaye benn la.

I : Asstaf four la.[37]

I : Je n'aime pas les Sénégalais et donc je suis devenu Italien maintenant. Compris ? [Tout le monde rit]. Les Sénégalais parlent trop. Compris ? Vous avez vu ça ?

A : Qui est italien ? Tu es italien ?

I : Oui.

A : Merci mon Dieu. Mon garçon, ce n'était pas toi qui buvais ici ?

I : Qu'est-ce qui n'est pas grave ?

A : Parce que tu es italien maintenant. Nous sommes sénégalais, compris ?

B : Je suis fier d'être sénégalais.

A : Dis-le en italien.

I : Écoutez, Moi, merci à tous...

A : Donnez-lui de l'eau pour qu'il puisse la boire en italien.
I : Cela ne fait pas partie de la langue italienne.
A : C'est la même chose.
I : Le pardon de Dieu. / Ce n'est pas vrai.]

Alors que les conversations au restaurant se déroulaient habituellement en wolof, sauf si un locuteur non wolof y participait, il était logique pour Idi de traiter ce sujet en italien puisqu'il se débarrassait de son identité sénégalaise. Puisqu'il avait décidé qu'il ne voulait pas être sénégalais parce qu'ils parlaient trop, il revendiquait une identité italienne. L'ami d'Idi l'a défié en suggérant qu'il était ivre pour dire une telle chose, utilisant le mot *boy* pour s'adresser à lui, un mot tiré de l'anglais mais adopté en langue wolof. Il a également lancé de façon légère l'interjection *merci mon Dieu* avec *meno male*. Cette phrase, dans son contexte, pourrait également signifier *bon débarras*. Cependant, soit par une mauvaise interprétation, soit par jeu de mots, Idi a transformé *meno male* en *non è male* à son tour. La réponse de l'autre interlocuteur suggère un cadre *nous contre lui*. Noi (nous) incluait tous les Sénégalais, mais Idi avait maintenant fait défection, ce qui n'était pas nécessairement une mauvaise chose dans l'esprit de son ami.

Bien que cet échange soit de toute évidence une plaisanterie, car il y avait des rires en arrière-plan et un manque de sérieux dans leurs voix, l'interruption de Bachir « Je suis fier d'être sénégalais » traduit un besoin d'exprimer la fierté de son identité. Il est surprenant que Bachir ait utilisé le français pour professer son héritage sénégalais alors qu'il s'exprimait généralement en wolof et qu'il avait évoqué dans d'autres conversations l'imposition du français comme langue coloniale. Bien que la raison de son choix linguistique ne soit pas claire, cela a réaffirmé ce que beaucoup de mes interlocuteurs ont avancé : être sénégalais implique d'être capable de se déplacer entre l'espace et la langue.

Dans le même temps, pour les personnes présentes, l'italianité est passée d'une simple identité marquée par la langue parlée à une identité englobant tous les aspects de la vie. Par exemple, l'ami d'Idi lui a dit de boire l'eau en italien. Idi a répliqué en arguant que boire n'était pas inclus dans la langue italienne, un argument aussitôt rejeté. Comme si cet échange et les langues utilisées n'étaient pas assez intéressants, Idi a eu le dernier mot, choisissant d'utiliser l'arabe pour ce faire. Si les traductions possibles sont *le pardon de Dieu* ou *Dieu l'interdit*, une traduction plus spécifique au contexte est *ce n'est pas vrai*. En d'autres termes, Idi a décidé de nier une fois de plus les paroles de son ami.

La complexité linguistique de cet échange reflète la complexité de la place du sénégalais dans les discussions sur l'italianità. Même si Idi a présenté sa revendication de l'italianité d'une manière humoristique, il a indiqué que la nature de l'italianité méritait d'être négociée. Il contrastait avec Bachir, qui profitait au contraire de l'occasion pour réaffirmer sa sénégalité globale. Pendant ce temps, l'ami d'Idi, par son instigation, a créé un espace où ces réflexions sur l'identité et la nation pouvaient s'épanouir. Ce qui est le plus évident ici, c'est la nature muable de l'identité et l'insistance à négocier cette-dernière.

D'une certaine manière, Rome et le restaurant sénégalais secret favorisent un environnement où cette négociation créative peut s'épanouir. Le phénomène de l'immigration sénégalaise à Rome étant relativement nouveau par rapport à d'autres régions du monde ou même d'autres régions d'Italie, il existe moins de modèles pour déterminer comment une personne peut, d'une part, être italienne en tant que Sénégalais et, d'autre part, être sénégalaise dans un espace italien. En outre, ce restaurant en particulier était devenu un endroit parfait pour que ses clients expriment leurs perspectives existentielles par l'esprit, les plaisanteries, les taquineries, la réflexion et l'introspection au sein d'une communauté qui encourage cette formation identitaire à se développer. Fournissant une contrepartie sociolinguistique à l'analyse historique de Benoît Lecoq et à l'analyse littéraire de Shachar Pinsker de la culture des cafés, ces scènes de restaurant ont illustré de manière saisissante la façon dont la manipulation de plusieurs langues permet aux individus de négocier leur identité tout en faisant preuve d'humour.[38] En jouant avec de nombreux codes linguistiques afin de traverser les frontières et d'afficher des représentations nationales, ils ont manié une quantité considérable de compétences symboliques.

Formation de l'identité à Paris à travers le hip-hop

J'ai pris le RER D nord jusqu'à Sarcelles pour la première fois. Comme pour tout voyage dans la banlieue parisienne, le paysage a radicalement changé lorsque le train a franchi le seuil du Périphérique. Les grands ensembles immobiliers des années 1960 dominent leur environnement, leur présence austère et leurs gris sourds contrastant avec l'image architecturale que Paris tend à exporter dans le reste du monde. Alors que les bâtiments se ternissaient, la présence humaine s'enrichissait, une diversité de personnes et de vêtements marquant les rues. Sarcelles a accueilli des vagues d'immigration depuis l'arrivée des pieds-noirs et des Juifs pendant la guerre d'indépendance algérienne.[39] Avec un nombre important de personnes originaires des territoires français des Caraïbes, d'Afrique de l'Ouest, d'Afrique du Nord et d'autres parties du monde, Sarcelles représente une diversité française qui existe mais qui n'est pas toujours visible ou affichée au monde extérieur.

Abdu m'a invitée à entrer dans son appartement, au vingtième étage de son immeuble. Le soleil se couchait, laissant dans son sillage une lumière tamisée. Abdu m'a offert un verre et un siège. Tandis que je sirotais un jus d'hibiscus fraîchement préparé, il feuilletait des prospectus de concerts passés et me transportait dans ces souvenirs grâce à sa mémoire vive de chaque expérience. J'ai utilisé ses rêveries comme point de départ de notre entretien. C'était un rappeur assez connu, né à Dakar d'une romancière sénégalaise encore plus connue. Paris était son port d'attache depuis sept ans. Après m'avoir expliqué l'importance qu'attachait sa mère à la langue française, je lui ai demandé quelle langue il préférait parler.

En réfléchissant à ma question, il a inconsciemment tordu un de ses *locs* entre son index et son pouce avant de répondre qu'il se sentait proche des deux langues :[40]

> A : En fait des deux langues je me sens proche. Le wolof, c'est mon identité quelque part. Et moi, je fais du rap en français mais c'est pas du rap français. La réflexion est en wolof. Les valeurs viennent de là-bas. Ce qu'on a vécu. Les images sont

en wolof. Mais le rap est en français. Je mets des petits mots
en wolof mais je ne peux pas écrire comme un *guy* qui est né
en wolof, qui a capté le wolof.[41] Même mon accent, en fait.
Je n'ai pas un vrai accent français ni un vrai accent wolof.

M : C'est problématique ?

A : Je ne sais pas si c'est un problème. C'est mon identité en fait.
Je n'ai pas de complexes.

Le wolof fait partie de son identité même s'il rappe en français. Il me
parlait de « réflexion », m'expliquant qu'il pensait en wolof, et que
son rapport au monde était en wolof. Il conceptualisait le monde en
wolof dû au temps passé au Sénégal, à la façon dont il a été élevé,
même s'il a grandi dans une famille francophone et passé une
grande partie de son enfance en France. Abdu s'identifie au Sénégal
et met à l'honneur son identité wolof en utilisant occasionnellement
des mots wolofs dans sa musique.

Pour autant, l'utilisation du français lui a permis d'élargir
son public et d'avoir une communauté de fans dans le monde
francophone. Comme il le dit, rapper en français lui permet
d'atteindre les Guinéens, les Maliens, les Suisses, les Belges... En
plus de lui permettre de capter un public plus large, l'utilisation du
français lui a également permis de rendre hommage à la forte
tradition francophone du hip-hop. Bien qu'Abdu ait souligné
l'importance de Paris en tant que centre francophone et la façon
dont sa musique en langue française a rassemblé des gens du monde
entier, il a insisté sur le fait que, bien qu'il rappe principalement en
français, il ne créait pas de rap français. En faisant cette
distinction, Abdu revendique la langue française tout en défendant
la sensibilité wolof.

Lorsqu'il a décrit sa façon de rapper, ses yeux se sont
illuminés. En souriant, il m'a demandé si je voulais l'accompagner à
la jam session de son groupe plus tard dans la soirée. Après
l'entrevue, nous avons pris le RER D pour retourner au centre de
Paris, en changeant pour le RER B à la Gare du Nord. Nous
sommes arrivés à Bagneux, une banlieue sud de Paris, environ une
heure plus tard.

La jam session était fantastique. J'ai pu le voir interagir avec
ses musiciens, ses choristes et son manager. Ils semblaient tous

entretenir une belle relation et m'ont laissée m'essayer au chant libre. Je ne sais absolument pas chanter mais c'était sympa de leur part. Quelques semaines plus tard, j'ai assisté à la transformation de leur répétition en concert dans une salle de taille décente du onzième arrondissement de Paris. La salle était pleine et le public, d'origines ethniques diverses, accompagnait le groupe en chantant et applaudissant. Pendant qu'il jouait, j'ai pris note de son utilisation du multilinguisme et de la manière dont il exprimait son identité à travers ses choix linguistiques. Par exemple, à un moment, Abdu a fait participer son groupe et la foule simultanément :[42]

> A : J'ai envie de partager, tu vois, aujourd'hui, tu vois, cette scène avec tous ceux qui sont là. Ce que je voudrais... je vais lui donner mon micro et il va traverser.
>
> B1 : OK.
>
> A : Vous pensez que c'est possible ? Vous pensez que c'est possible ?
>
> B1 : C'est possible. C'est possible.
>
> B2 : Hold up, hold up, hold up. Abdu. Abdu. Hold up. Abdu, ça c'est quoi, ça ? Ça, ça, ça c'est quoi ?
>
> A : C'est Af-roots.
>
> B2 : Ça veut dire que ça parle de nos roots, quoi.
>
> A : Oui, c'est ça.
>
> B2 : Yeah, you know the deal. Afroroots. It's coming soon.

Pendant le concert, Abdu a rappé et il a parlé à la foule principalement en français, ce qui corrobore notre discussion sur la langue dans son entretien. Il s'est adressé à la foule mais a dialogué avec deux membres du groupe. Dans le but d'inclure la foule dans sa création musicale, il a prévu de lui donner la parole en faisant passer un micro pour la dernière chanson de la soirée. Le plus frappant était l'alternance codique entre le français et l'anglais que le deuxième membre du groupe a employé. Il entre dans la conversation en utilisant l'anglais. Dans ce premier tour de parole, le membre du groupe passe de l'anglais au français aux limites de la phrase.[43] Cependant, dans son deuxième tour de parole, il change au cours d'une seule phrase, substituant le mot anglais *roots* au mot français *racines* tout en conservant l'adjectif possessif français *nos* avant d'utiliser le marqueur *quoi*. Alors qu'Abdu répond en français, dans le tour de parole suivant, le membre du groupe passe complètement à l'anglais.

En utilisant à la fois le français et l'anglais, le groupe souligne deux centres symboliques du hip-hop. Ils vont au-delà de la tradition du hip-hop francophone, en valorisant son origine afro-américaine de langue anglaise. Lorsque j'ai demandé à Abdu lors de notre entrevue s'il utilisait souvent l'anglais, il a répondu : « Pas trop. Soit qu'il y a des mots intraduisibles comme *lyrics* ou des mots en jargon de hip-hop qui sont la base. »[44] Si Abdu a limité son usage de l'anglais lors des concerts, il a reconnu la présence sous-jacente de l'anglais et son influence sur le milieu du hip-hop.

Lorsque le membre du groupe est entré dans la conversation en lançant *hold up, hold up, hold up*, il ne s'était rien passé auparavant pour justifier ce changement. Il semblait s'engager dans une alternance codique métaphorique, dans laquelle le « monde » métaphorique de la variété était celui du hip-hop. Cette lecture de l'épisode me semble particulièrement correcte au vu de l'utilisation du terme *roots*. Le hip-hop est un phénomène mondial aux inflexions locales, liées par une appréciation de la culture afro-américaine. Le terme *roots* est chargé de toutes sortes de significations, dont beaucoup sont liées à un type d'identité africaine.[45] Le membre du groupe a souligné ce lien avec l'Afrique lorsqu'il a dit *Afroroots*. Si l'on applique le modèle de marquage à cette lecture de l'alternance codique, il est possible d'affirmer que le membre du groupe signale son affiliation souhaitée à la culture hip-hop américaine ainsi qu'un sentiment de panafricanisme et de connexion diasporique.[46]

Alors que Jesse Shipley considère que le hip-hop permet l'adhésion à une communauté mondiale et en particulier à un monde cosmopolite noir, je soutiens que le hip-hop offre également une forme de voyage multilingue. Bayo Holsey évoque la capacité du hip-hop à donner accès à un « cosmopolitisme imaginé », même pour ceux qui n'ont pas les moyens de voyager. Mon travail témoigne de la perspective convaincante que les implications linguistiques liées à la musique offrent dans la théorisation du hip-hop et du cosmopolitisme.[47] Abdu se situe dans une tradition hip-hop liée à la langue anglaise et à la culture afro-américaine, dans un espace francophone qui n'est pas explicitement français (pas du rap français) mais qui s'appuie sur la langue française pour avoir une portée maximale, et dans une sensibilité wolof (la réflexion est en wolof) véhiculée par les mots wolof occasionnellement jeté dans le mix. Il refuse donc de se limiter à une seule langue afin d'exploiter toutes les facettes de son identité en tant que personne et artiste. En d'autres termes, un artiste hip-hop tel qu'Abdu est en quelque sorte un voyageur multilingue. Grâce à son vocabulaire multilingue, il transporte ses auditeurs dans les multiples mondes métaphoriques évoqués par le hip-hop et situe ses différents marqueurs identitaires dans ces espaces.

Négocier l'identité par la langue à New York comme ailleurs

Le siège de l'Association sénégalaise à Harlem loue souvent ses locaux à la communauté pour des événements culturels. Madina, Ndiaye et les autres femmes que j'avais suivies ont décidé de déplacer leurs efforts de collecte de fonds de la maison de Madina à Brooklyn au cœur de la communauté sénégalaise dans l'Upper Manhattan.[48] Je suis arrivée tôt au siège de l'association devenu, de facto, un centre culturel et me suis assise au fond, en essayant de rester aussi discrète que possible. Cependant, la plupart des personnes avaient revêtu leurs plus beaux boubous et foulards pour l'occasion et mon manque de sophistication m'a compliqué la tâche. Une photo encadrée de Macky Sall, le président nouvellement élu du Sénégal, était accrochée au-dessus de la porte, et une petite fille, qui n'avait pas plus de trois ans, venait de prendre le micro et essayait d'inciter la foule clairsemée à se joindre à elle dans une ronde de *Old MacDonald*. Ndiaye, qui m'a repérée dans la salle, a fait une pause dans sa préparation pour m'accueillir. Elle s'est assise à côté de moi pour reprendre son souffle, et une autre petite fille s'est installée à côté d'elle. Elle a placé son bras à côté de celui de Ndiaye et a cherché à savoir qui avait la peau la plus claire. Ndiaye lui a calmement demandé en quoi cela importait puisqu'elles avaient toutes les deux de belles nuances de brun. Elle s'est ensuite attelée à décrire l'étendue de la diaspora africaine d'une manière compréhensible pour la petite fille, donnant ainsi l'exemple de ce que son organisation cherche à faire lorsqu'elle emmène des jeunes au Sénégal.

Bien que l'association de Ndiaye et Madina soit fermement ancrée à New York et qu'elle ait été créée pour permettre aux jeunes Noirs américains de découvrir le Sénégal et de s'y rendre, les fondateurs de l'organisation ont rapidement compris que les jeunes Sénégalais souhaitaient découvrir l'Amérique. Madina a insisté sur sa mission principale de facilitation de l'interaction interculturelle : « C'est littéralement un mouvement interculturel parce qu'il y a des gens de la diaspora africaine qui souhaitent en savoir plus sur la culture au Sénégal, en Afrique de l'Ouest, et puis au Sénégal, en Afrique de l'Ouest, ils veulent aussi en savoir plus sur ce qu'il y a ici, sur notre histoire en tant qu'Afro-Américains et sur ce que nous avons vécu. Il s'agit donc littéralement d'un programme d'échange interculturel ». Tout au long de l'année, les participants suivent un programme artistique et éducatif le samedi. Puis, chaque été, un groupe de jeunes américains à prédominance sénégalaise ainsi que des stagiaires universitaires de l'organisation se rendent à Dakar et participent à divers enseignements avec de jeunes Sénégalais et leurs instructeurs. Ils collaborent autour de projets artistiques qui intègrent le théâtre, la danse, le tambour, le chant, le cinéma et les arts visuels. Pour Samba, le frère de Madina, c'est l'occasion parfaite « d'établir des liens entre la jeunesse sénégalo-américaine et la jeunesse sénégalaise. » Si l'éducation artistique est à l'origine le principal objectif de l'organisation, l'enseignement de l'anglais au Sénégal est devenu un aspect crucial du programme d'été. Comme l'a fait remarquer Ndiaye, « Je suis le coordinateur des activités. Mais nous enseignons tout. Tout le monde enseigne l'anglais »[49] La demande d'apprentissage de l'anglais est énorme, les participants sénégalais appréciant le fait de pouvoir apprendre l'anglais américain.

Tout au long de mes entretiens, les personnes interrogées ont fait remarquer l'intérêt que les Sénégalais, en particulier les jeunes, portaient à l'anglais américain. Omar a émis une hypothèse sur les raisons de cet intérêt : « Les gens au Sénégal, ils aiment la langue anglaise. Croyez-moi. Quand quelqu'un, quand vous vous promenez dans la rue, vous parlez anglais parce que les gens pensent que l'anglais est cool. Ensuite, c'est associé à cette puissance américaine. Vous savez. Et puis les gens pensent que lorsque vous le parlez, vous êtes vous-même cool. Alors vous représentez la puissance américaine, entre guillemets. » La primauté de l'Amérique dans le monde se matérialise sous la forme d'un choix linguistique. Même si les élèves apprennent l'anglais britannique dans les écoles sénégalaises et que, traditionnellement, l'anglais britannique a un facteur de prestige plus élevé que l'anglais américain au niveau mondial, les attitudes positives à l'égard de l'anglais américain ont gagné du terrain.[50] Selon Omar, l'Amérique est synonyme de pouvoir et de modernité, deux éléments qu'il est possible de créer par le biais de la langue anglaise, tant que cette langue est l'anglais américain.[51] En outre, la langue, par le biais de la culture afro-américaine, permet l'américanité et l'accès à la tendance d'une manière bien spécifique. La production culturelle afro-américaine, notamment à travers le hip-hop, contribue au prestige croissant de l'anglais américain dans le monde. Alors que le chapitre 1 explorait la manière dont les Sénégalais qui avaient appris l'anglais britannique au Sénégal devaient naviguer dans différentes variétés d'anglais américain une fois arrivés à New York, ce chapitre se concentre sur la manière dont les Sénégalais rencontrent ces variétés d'anglais au Sénégal.[52]

Certains interlocuteurs semblaient employer ou entendre les autres employer l'anglais stylisé noir (*Black Stylized English*, BSE au Sénégal, souvent appris par le biais du hip-hop et de la musique rap. Aliou, 53 ans, ayant passé la moitié de sa vie à New York, a, par exemple, corroboré les conclusions d'Ibrahim sur la motivation à apprendre le BSE : « La jeune génération parle un peu anglais. Ils veulent tous parler anglais pour la musique, pour le rap. Ils veulent comprendre ce dont ils parlent ». Mariama a parfaitement illustré ce phénomène lorsqu'elle m'a relaté une expérience de communication interculturelle avec son cousin au Sénégal :

> Nous ne pouvions pas vraiment communiquer. Il ne parlait presque pas anglais et je ne parlais pratiquement pas wolof, et nous essayons de nous comprendre à travers la musique. Et donc, le hip-hop est arrivé et il chantait *I Wanna Love You* de Snoop Dogg, mais la version explicite.[53] Et vous pouviez

voir qu'il ne comprenait pas ce qu'il chantait mais il était juste enthousiaste de pouvoir le chanter pour moi, parce que c'était comme, « oui je comprends la musique américaine ». J'aime la musique américaine. Je connais cette chanson. Mais ensuite j'étais comme, « oh non, c'est une grossièreté. » J'ai essayé de lui faire comprendre que, vous savez, la putain..., le lâcher comme ça.

Cet extrait témoigne de l'importance du hip-hop non seulement comme moteur de motivation à l'apprentissage de l'anglais, mais aussi comme outil d'acquisition de la langue anglaise et d'atténuation des barrières linguistiques, dans une certaine mesure.[54] Bien que la nature explicite de la chanson ait mise Mariama quelque peu mal à l'aise, elle a compris ce qu'elle représentait pour son cousin : quelque chose qui le reliait à sa famille américaine et qui le positionnait comme un consommateur et un praticien de la culture américaine et plus particulièrement afro-américaine.[55]

De nombreux Sénégalais de la diaspora vivant en Amérique et ailleurs, ainsi que des Sénégalais vivant au Sénégal, ont accès et partagent un intérêt pour la production culturelle afro-américaine qui influence les attitudes linguistiques et la formation identitaire. Alors que l'analyse de l'exemple de Julien au chapitre 1 met en lumière la façon dont son désir de s'intégrer dans des communautés spécifiques new-yorkaise a dicté le type d'anglais qu'il a essayé de parler, le cousin dakarois de Mariama a montré comment le hip-hop traverse les frontières pour engager des locuteurs potentiels dans l'apprentissage de l'anglais. En outre, son cousin s'est aligné sur une identité panafricaine particulière qui a émergé de la consommation culturelle afro-américaine.

Cependant, les jeunes Sénégalais ne se contentent pas de consommer la production culturelle afro-américaine, ils produisent également leurs propres versions, entrant ainsi dans un dialogue transnational. Mariama m'a expliqué ceci : « Pendant mes quelques séjours [au Sénégal], j'ai vu des vidéos de la version sénégalaise de 50 Cent. La version sénégalaise de Lil Wayne. Leurs manières d'être est extrêmement proche de celle de 50 Cent ou de Lil Wayne ». Bien qu'ils rappent principalement en wolof, ces rappeurs sénégalais imitent les rappeurs américains populaires, s'appropriant leurs manières et copiant l'esthétique visuelle de leurs clips. Par exemple, Mariama, Sonia et Diallo m'ont montré une vidéo intitulée *Home Party* du rappeur sénégalais Baby Izi, une chanson autotunée en wolof et en anglais, qui ressemble à *House Party* de Meek Mill. Sortant leurs smartphones, elles ont visionné les deux vidéos simultanément et ont formulé leurs critiques assises sur le perron de la maison de Madina à Brooklyn. Les femmes ont décrit Baby Izi comme étant le portrait craché de Lil Wayne, relevant en détail toutes les manières dont Baby Izi essayait d'imiter Lil Wayne (par exemple, chapeau, lunettes, coiffure similaires, voix autotunée). Elles ont constaté combien ces artistes sénégalais s'apparentaient à des artistes de hip-hop américains, empruntant souvent des visuels et des sons à plusieurs artistes à la fois. Cependant elles ont également reconnu l'ajout de touches locales injectées dans cette image.[56]

Tout comme dans la conceptualisation de Gilroy de la Grande-Bretagne, où la représentation culturelle de la négritude a permis à des groupes disparates de sentir qu'ils faisaient partie d'un ensemble, les Sénégalais comptent maintenant sur les exportations culturelles afro-américaines pour se sentir connectés à ces notions spécifiques de négritude.[57] Ce n'est donc pas seulement une couleur de peau et une histoire partagée qui créent le sentiment d'appartenance. La co-construction de la culture noire outre-Atlantique contribue également à cette appartenance. Cependant, de multiples allers-retours existent car Baby Izi, en tant qu'imitateur de la culture américaine, n'est pas seulement consommé en Afrique : il est également consommé en Amérique. Lorsque les femmes de mon étude regardaient ce rappeur sénégalais imiter les rappeurs américains Meek Mill et Lil Wayne, elles importaient la production culturelle africaine pour s'aider à théoriser leurs propres identités en tant qu'Africaines en Amérique. Dans sa réflexion sur la musique et les positions des individus dans le monde outre-Atlantique noir, Gilroy semble minimiser l'importance de l'Afrique dans ce dialogue diasporique : l'Afrique est dernière de sa liste et est présentée avec un air de surprise (même l'Afrique). Pourtant, dans mes données, il existe de nombreux exemples où l'Afrique occupe le centre de la théorisation de la diaspora.[58]

La discussion des femmes sur le hip-hop ne montre pas seulement la manière dont la culture peut contribuer au sentiment d'inclusion. Le rôle de la langue, en particulier des langues plurielles, est au cœur de leur théorisation. Outre les critiques des femmes à l'égard de Baby Izi, alors que je discutais plus tard avec Aminata (A) et Diallo (D) de leurs réflexions sur l'alternance codique, Diallo s'est enhardie et a livré une anecdote sur la façon dont son obsession pour le rappeur nigérian Wizkid lui a ouvert les yeux sur sa propre utilisation de la langue. Alors qu'elle pensait au départ qu'il y avait quelque chose de répréhensible à passer non seulement d'une langue à l'autre, mais aussi d'un dialecte à l'autre, elle s'est rendu compte de l'omniprésence de cette pratique et la considère désormais comme une capacité intéressante :

> D : Ma meilleure amie est afro-américaine. Quand je lui parle en anglais, c'est comme de l'anglais avec de l'argot, de l'anglais des rues. Mais quand je parle à, disons, ma belle-sœur, et que je lui parle en anglais, c'est comme si j'avais un accent. Même si je parle en anglais, j'ai un accent. Je n'avais jamais réalisé... Je regardais cet artiste, il s'appelle Wizkid, il fait exactement la même chose. Quand il est au Nigéria, il a l'accent Yor, Yorba, Yor...
>
> M : Yoruba ?
>
> D : L'accent Yoruba. Quand il parle en anglais, il a l'accent. Mais quand il est avec les artistes d'ici comme Chris Brown, il a l'accent des rues. Je suis comme, wow, nous faisons vraiment ça.
>
> A : Nous le faisons tous. Nous le faisons tous.
>
> D : On fait ça. On l'allume et on l'éteint.

Diallo s'est tournée vers des artistes qu'elle respectait non seulement pour trouver des explications à son comportement, mais également pour, en quelque sorte, demander une permission. C'est un peu comme si elle disait : « Si c'est assez bien pour Wizkid, c'est assez bien pour moi ». Pour les personnes de mon étude qui n'étaient pas toujours à l'aise avec la position marginale qu'elles occupaient, souvent marquée par les langues qu'elles parlaient, les vêtements qu'elles portaient, leur pays d'origine, leur couleur de peau, et par d'autres marqueurs, il était important d'avoir accès à une pluralité de modèles. Diallo a trouvé un modèle inattendu en la personne de Wizkid. Dans cette situation, Diallo s'appuie sur les interactions entre Africains et Afro-Américains, tant en Afrique qu'en Amérique, pour l'aider à donner un sens à sa propre vie et trouver sa place dans des contextes pluriels.

Des individus tels que Diallo interprètent leur négritude et leur africanité, en s'appuyant non seulement sur les conceptualisations américaines de la race ou de la culture noire, mais aussi sur une formation internationale de la négritude. Alors que dans le chapitre 2 Lucie a montré que les Noirs en France ont souvent échoué à revendiquer une citoyenneté culturelle, même lorsqu'ils avaient une citoyenneté réelle et des compétences en français pourtant si évocatrices de l'identité française, Diallo a illustré l'accès à un autre type de citoyenneté culturelle noire rendu possible par la musique et les pratiques multilingues. Pour Diallo, un répertoire linguistique complexe lui permettait de revendiquer son appartenance à un monde cosmopolite noir.

En outre, comme nous l'avons vu avec Abdu à Paris, le hip-hop ne se contente pas d'offrir un sentiment d'appartenance. Grâce à l'utilisation du langage, il permet de voyager vers différents mondes métaphoriques. De plus, je soutiens que le voyage peut être plus que métaphorique. Le lien entre hip-hop et multilinguisme ouvre la possibilité d'un véritable voyage physique. En tant que Nigérian, Wizkid est quelque peu limité dans sa mobilité mondiale. En tant qu'artiste hip-hop connu, Wizkid jouit d'un statut qui lui donne accès à des pays qui auraient peut-être hésité à l'admettre s'il n'avait pas été célèbre. Le cousin de Mariama a appris l'anglais par le biais du hip-hop afin de se sentir lié à sa famille aux États-Unis et d'investir dans un média détenant un capital symbolique important. Cependant, il pourrait également utiliser le hip-hop pour se convertir en voyageur multilingue. Cette expérience d'apprentissage des langues est le signe d'une aspiration à découvrir le monde et à maîtriser plusieurs langues. Même encore adolescent, il pense peut-être déjà à la façon dont il pourrait déménager dans d'autres pays, comme l'ont fait de nombreux membres de sa famille. En outre, le cousin a manifesté le même type de plaisir qu'Ousseynou et Boubacar à parler une langue étrangère. Il a trouvé du plaisir à écouter de la musique qui lui plaisait, tout en complétant son apprentissage de l'anglais d'une manière probablement plus agréable et engageante que la façon dont il apprenait l'anglais à l'école.

RÉFLEXIONS FINALES

Les extraits de ce chapitre donnent un aperçu de la multitude de façons dont les personnes étudiées ont trouvé leur place dans leur communauté immédiate, dans la société en général, au sein de la diaspora sénégalaise et dans la diaspora africaine au sens large. En plus d'autres marqueurs culturels, c'est par le biais de la langue qu'ils ont négocié et renégocié leur position et leurs revendications identitaires. L'utilisation de plusieurs langues leur a non seulement permis de communiquer avec un large spectre d'individus dans diverses situations, mais également d'explorer et de défendre différentes identités pour créer un sentiment d'appartenance et exprimer leur satisfaction. Qu'il s'agisse de la performance humoristique d'Idi, qui abandonnait son identité sénégalaise pour une identité italienne lorsqu'il voulait provoquer ses amis, ou de la réflexion pensive d'Abdu, qui reconnaissait les différents messages qu'il pouvait envoyer en rappant dans des langues spécifiques, mes interlocuteurs étaient parfaitement conscients du pouvoir que leur offrait la langue. À travers la sénégalité globale, elles incarnaient le citoyen multilingue transnational.

Les contextes spécifiques ont influencé la manière et le lieu d'expression du multilinguisme. À Paris, alors que de nombreuses personnes étaient convaincues de l'importance du multilinguisme, l'usage réel du multilinguisme ne reflétait pas nécessairement cette conviction. Les données que j'ai recueillies étaient en grande majorité en français. Cela pourrait être en partie dû à la démographie de mes interlocuteurs parisiens, dont certains étaient des Français d'origine sénégalaise et ne parlaient donc que le français couramment. Cela pourrait également être dû au contexte dans lequel j'ai interrogé ces individus. La plupart des conversations spontanées ont été enregistrées en compagnie de personnes de milieux divers dans des conditions où parler une langue telle que le wolof aurait été un manque de respect à l'égard des interlocuteurs non wolophones. Cependant, je dirais qu'il y a aussi un désir de prouver la compétence linguistique française dans une société qui accorde une telle importance au fait de parler un français standard. En outre, les lieux où le multilinguisme était abondant à Paris s'adressaient soit à un public sénégalais, comme le restaurant sénégalais, où les clients reproduisaient des phénomènes linguistiques que l'on s'attendrait à trouver au Sénégal, soit à un public plus cosmopolite, comme les concerts de hip-hop d'Abdu, où il s'appuyait sur une variété de traditions hip-hop et les langues qui leur étaient associées.

Des trois villes, les données de Rome sont les plus robustes en ce qui concerne l'alternance codique. Cela est partiellement attribuable au répertoire linguistique : toutes les personnes que j'ai interrogées parlaient le wolof, et la plupart avaient une certaine connaissance du français et de l'italien. En outre, la société italienne semblait moins préoccupée par le fait de parler italien que la société française. S'ils étaient avec des Italiens monolingues, la plupart des informateurs s'efforçaient de ne parler qu'en italien par respect pour leur interlocuteur, mais ils ne communiquaient pas de sentiments négatifs quant à l'alternance codique. Abi est la seule personne qui a souligné avoir été attaquée sur le plan linguistique pour avoir parlé une autre langue que l'italien. En outre, les espaces dans lesquels j'ai enregistré les conversations étaient propices au multilinguisme. Lorsque les Sénégalais et les Italiens étaient engagés dans une conversation, que ce soit au restaurant sénégalais ou aux cours de danse ouest-africaine, les Italiens se plaçaient volontairement dans des domaines à prédominance sénégalaise. Ces Italiens montraient une grande affinité avec la culture sénégalaise, et certains apprenaient même le wolof. Il n'était donc pas surprenant que le wolof soit mélangé à l'italien. Cependant, l'italien était fréquemment utilisé dans des situations où seuls des Sénégalais étaient présents. Dans ces cas, j'ai supposé que les participants parleraient d'une manière similaire à ce que l'on trouve à Dakar ou dans d'autres villes du Sénégal : un wolof fortement influencé par le français et d'autres langues nationales sénégalaises. Pour autant, dans des endroits tels que le restaurant sénégalais, il était courant d'entendre du wolof mélangé à de l'italien.

Les données de la ville de New York contenaient également de nombreux cas d'alternance codique. New York ressemble davantage à Paris en ce qui concerne le nombre de citoyens d'origine sénégalaise. Cependant, dans la métropole américaine, il ne semble pas y avoir la même pression à parler exclusivement anglais. Cela ne signifie pas que l'anglais n'est pas important. Comme nous l'avons constaté tout au long du livre, plusieurs interlocuteurs ont souligné que parler anglais permettait aux individus d'atténuer les stigmates de l'immigration ou de revendiquer un statut de Noir « américain ». Ils ont également fait l'éloge du multilinguisme, en particulier dans l'enclave multilingue du Little Senegal, où l'on pouvait entendre le wolof et le français aussi souvent que l'anglais. Selon l'interlocuteur (ancienne génération ou jeune génération de sénégalais, sénégalo-américain, afro-américain), différents types de répertoires linguistiques servaient différents objectifs.

Cependant, bon nombre des personnes interrogées dans le cadre de cette étude ne se contentaient pas d'utiliser leurs répertoires linguistiques en fonction de la situation. Elles créaient et maintenaient fièrement une identité mondiale, celle du voyageur multilingue, qui transcendait l'emplacement géographique. Ainsi, alors que Dominic Thomas montre que la production littéraire francophone témoigne de la capacité des Africains de l'Ouest à se rendre en France pour acquérir un capital culturel, ma recherche élargit le champ d'application, en faisant valoir que les Sénégalais ne s'arrêtent pas au français ou à la France, mais qu'ils ont le monde entier et les langues du monde en ligne de mire.[59] En d'autres termes, à travers les récits de migration et la maîtrise de la langue, ils forgent la figure d'un Sénégalais qui n'est pas limité par les frontières géographiques ou linguistiques, amassant un capital symbolique dans chaque pays visité et grâce à chaque langue apprise. Pour des personnes comme Ousseynou, cette définition est la quintessence du Sénégalais, quelqu'un qui aime les langues, qui aime voyager. C'est l'*uomo perfetto*. Les Sénégalais de la diaspora exportent cette image dans le monde entier. Ils montrent aussi qu'il est possible de voyager.

Le multilinguisme offre à la fois la possibilité de voyager physiquement et le pur plaisir d'habiter un fantasme (par exemple, l'Italien romantique ou l'Américain cool). Le multilinguisme ne façonne donc pas seulement l'identité : la multiplicité linguistique alimente également l'art esthétique.

Par conséquent, grâce aux pratiques multilingues dans lesquelles les individus négocient activement leur identité, ainsi qu'au partage de la production culturelle où chacun propose son sens de l'esthétisme propre, les membres de la diaspora sénégalaise contrôlent leur récit. Ils ne sont pas seulement les membres de communautés marginalisées qui doivent faire face aux effets latents de l'esclavagisme et du colonialisme. Ils représentent également la mobilité, la créativité et l'action en puisant dans un cosmopolitisme transnational qui prône le multilinguisme et la formation d'une identité globale. En d'autres termes, grâce à cette subjectivité multilingue transnationale, ils acquièrent une compétence symbolique qui renverse l'image que les pays d'accueil se font des migrants comme étant dépourvus des qualités qui les rendent désirables dans des contextes nationaux spécifiques. Au contraire, ils créent et s'approprient des identités qui reflètent ce qui est important pour eux dans un contexte mondial, par-delà les frontières et les langues.

Une semaine après mon premier entretien avec Ndiaga, il a demandé à me rencontrer à nouveau. Il m'a envoyé un message pour me dire qu'il avait repensé à certaines de mes questions et qu'il voulait partager ses réflexions. C'était une journée exceptionnellement chaude pour un mois de février. Nous nous sommes donc retrouvés dans le même parc près de mon appartement, et alors que nous nous asseyions sur un banc face à une fontaine, il a poliment retourné la situation. En répondant à ses questions, j'ai pensé que c'était rafraîchissant d'être la personne interrogée pour une fois.

Il voulait savoir ce que c'était que d'aller vers des inconnus et de gagner leur confiance au point qu'ils s'ouvrent à moi. Nous avions un ami commun, une doctorante italienne en anthropologie, qui nous avait initialement mis en contact. Il m'a dit en riant qu'il avait l'habitude de l'appeler 007 parce qu'il la soupçonnait d'être une policière ou une journaliste sous couverture. Il m'a expliqué que si les Sénégalais faisaient de leur mieux pour exprimer la teranga (hospitalité), lorsqu'ils vivaient dans des endroits où ils se sentaient souvent exclus, ils se méfiaient des personnes qui les interrogeaient. Cependant, il m'a confié que mes questions l'ont tout de suite mis à l'aise. Personne ne l'avait jamais interrogé sur les langues qu'il parlait et sur son sentiment à l'égard de ces langues. Ces questions lui étaient restées en tête toute la semaine.

Lorsque nous nous sommes rencontrés pour la dernière fois au début du mois de mai, après trois mois de discussions hebdomadaires dans des cafés ou des parcs, nous nous sommes remémoré nos conversations. Ndiaga s'était montré très ouvert au cours de ces rencontres, et ses récits avaient réussi à capturer l'éventail des émotions humaines. Nous avons repensé à la frustration comique qu'il avait ressentie lors de sa première semaine à Rome, huit ans auparavant, lorsqu'il avait essayé d'acheter des œufs au magasin, mais avait échoué parce que le mot *œufs* en français ne ressemblait en rien au mot en italien et que sa pantomime laissait beaucoup à désirer. Il a exprimé son désarroi en se rappelant les incidents racistes vécus à Rome et sa nostalgie de sa vie et de sa famille au Sénégal. Mais tout aussi important, il a revécu ses succès, comme lorsqu'il a pu communiquer en italien pour la première fois ou lorsqu'il s'est fait son premier ami italien. Il m'a également confié que sa question préférée avait été celle de savoir en quelle(s) langue(s) il rêvait. Il a admis avoir passé ces trois derniers mois à prêter attention à ses rêves et a été heureux d'annoncer qu'il rêvait toujours en wolof. Il a apprécié la question car elle l'a amené à prendre conscience d'un aspect de sa vie qu'il avait toujours considéré comme acquis.

Au moment de prendre congé, il m'a remercié de lui avoir donné l'occasion de partager ses expériences linguistiques et je lui ai exprimé ma gratitude pour son temps et sa franchise. Lorsque je repense aux plus de quatre-vingts entretiens que j'ai menés à Paris, Rome et New York, je m'émerveille de la complexité de ces histoires de vie, avec leurs trajectoires complexes, leurs expériences linguistiques et leurs réseaux élaborés. Je perçois les manières compliquées qu'ont les personnes que j'ai interrogées de naviguer simultanément à travers des identités nationales, raciales, migratoires, linguistiques, postcoloniales et mondiales, exposant les nuances et les nombreuses perspectives de la formation identitaire ainsi que sa constante évolution. Je me rends également compte de la diversité des points de vue. Certains chérissaient leur mobilité et leur manque d'attachement à un lieu spécifique, d'autres luttaient pour s'intégrer dans leur pays d'adoption, tandis que d'autres encore se tournaient sans cesse vers ce qu'ils considéraient comme leur patrie, le Sénégal.

En relatant leurs autobiographies linguistiques, mes interlocuteurs ont pu prendre du recul et donner un sens à leurs expériences d'un point de vue extérieur. Grâce au pouvoir de la narration, ils m'ont offert leurs conceptions de la mobilité et du multilinguisme. Ils ont mis en avant le rôle des langues dans leur vie, ce qui m'a permis de comprendre comment et pourquoi ils voyageaient. Alors qu'une grande partie de ce que nous entendons sur les migrants est filtrée par des discours nationaux déplorant leur présence et appelant à restreindre leurs mouvements, ce livre a cherché à privilégier leurs voix et à se focaliser sur leurs perceptions de l'expérience migratoire. Le fait que tant de Sénégalais se considèrent comme des voyageurs cosmopolites remet en question la conceptualisation occidentale des Africains en Occident, qui ne sont rien de plus que des migrants contraints de se déplacer par nécessité économique.

Les premiers entretiens ont débuté il y a près de dix ans et, à bien des égards, le monde est aujourd'hui différent. La bigoterie et l'intolérance flagrantes que les cours nationaux ont tenté d'attribuer à des groupes politiques marginaux sont devenues plus courantes. Les gouvernements de plusieurs pays européens se sont déplacés ou sont en train de se déplacer vers l'extrême droite par le biais de plateformes guidées par la xénophobie, la peur de l'étranger et un rejet des musulmans. Depuis mi-2016, le Royaume-Uni négocie le Brexit. En 2017, le Rassemblement National, ancien Front National, de Marine Le Pen, historiquement le parti d'extrême droite le plus performant de France, s'est hissé au second tour de l'élection présidentielle.[1] Début 2018, la ville de Macerata, en Italie, a dû faire face à la fusillade en voiture de six migrants africains par Luca Traini, un candidat de la Ligue du Nord au niveau municipal. Cette violente manifestation de racisme et de xénophobie n'était qu'un signe annonciateur des événements à venir, car les partis populistes d'extrême droite ont obtenu environ 50 % des voix lors des élections générales de 2018. La crise des migrants a ensuite atteint de nouveaux sommets lorsque le ministre de l'Intérieur italien d'extrême droite, Matteo Salvini, a interdit au navire de sauvetage Aquarius transportant plus de six cents migrants d'accoster sur le sol italien en juin 2018. Selon les sondages, la majorité des Italiens soutiennent ces positions radicales.[2]

Pendant ce temps, les États-Unis continuent d'aliéner leurs populations les plus marginalisées et les plus vulnérables. Depuis 2017, sous la direction du Président Trump et du Congrès républicain, les États-Unis ont entrepris de réaliser des projets isolationnistes, notamment en tentant de construire un mur à la frontière mexicaine, en refusant les dossiers d'asile de certains pays à majorité musulmane et en expulsant plus vigoureusement les populations immigrantes. Dans le même temps, les discours politiques sur le racisme et l'exclusion se sont intensifiés. Par ailleurs, en 2017, le Federal Bureau of Investigation a étiqueté Black Lives Matter et d'autres activistes en quête de justice sociale avec le nouveau label « d'extrémistes de l'identité noire », qui justifie une surveillance accrue et d'éventuelles poursuites. Cette désignation est particulièrement problématique si l'on tient compte du fait que les nationalistes blancs sont ceux qui ont perpétré les délits les plus violents commis par les groupes extrémistes.

En outre, les commentaires de Trump décrivant Haïti et les nations africaines comme des pays « trous à merde » début de 2018, suivis d'une interdiction pour les Haïtiens de demander des visas de travail peu qualifiés, montrent la manière dont l'animosité raciale influence la politique nationale. La rhétorique de l'exclusion est particulièrement notable dans la modification de la déclaration de mission des services de citoyenneté et d'immigration des États-Unis, qui a supprimé les mots « la promesse de l'Amérique en tant que nation d'immigrants. » Cependant, cette rhétorique fait pâle figure en comparaison des expériences vécues d'abus et de déshumanisation que les migrants ont subi dans le cadre de la politique de « tolérance zéro » de l'administration Trump, qui consiste à séparer les enfants de leurs parents dans le but de dissuader les passages de frontière, ce qui a suscité un tollé en juin 2018. Je serais intéressée de savoir en quoi les conceptualisations identitaires raciales et immigrées de mes interlocuteurs ont-elles changé au milieu des manifestations extérieures et globales du nationalisme blanc et du traitement inhumain des migrants. Il est plus important que jamais de donner la parole aux groupes marginalisés.[3]

Une recherche telle que celle qui a été entreprise dans ce livre présente des implications politiques potentielles, tant en matière de langue que de migration, dans un monde qui, d'une certaine manière, semble repousser les forces de la mondialisation. Ce type d'étude peut offrir aux pays d'accueil et aux communautés de migrants une nouvelle perspective pour aborder un certain nombre de sujets liés à la migration, à la politique linguistique et à l'intégration. Les décideurs politiques sensibilisés à la nature hautement spécifique et complexe de chaque relation entre une communauté d'immigrants et un pays d'accueil et à ses conséquences sur l'intégration sont plus susceptibles d'élaborer des politiques qui reflètent cette compréhension. De plus, les organismes qui travaillent sur le terrain avec les migrants peuvent être informés du type de facteurs contextuels influençant l'acquisition d'une deuxième langue chez les migrants spécifiques avec lesquels ils travaillent. La brève conversation que j'ai eue avec l'avocat spécialisé dans l'immigration à Rome a démontré que de nombreuses personnes chargées de l'intégration des populations étrangères sont à la recherche de toute information susceptible de faciliter leur travail. Fournir aux migrants et aux membres du pays d'accueil des réflexions détaillées sur l'immigration et les attitudes linguistiques est un pas en avant vers l'apaisement des tensions et la promotion de la sensibilisation à l'interculturalité. Il est urgent de nuancer ainsi notre compréhension des identités des migrants, compte tenu de la situation critique des demandeurs d'asile et des autres personnes qui émigrent partout dans le monde. Les décideurs politiques pourraient bénéficier d'études ethnographiques comparatives supplémentaires.

En résumé, ce que les gens disent et la façon dont ils le disent offre un aperçu significatif de la relation entre le soi, la langue et le contexte social. L'examen des marqueurs identitaires dans les contextes sociaux et historiques spécifiques de chaque lieu permet de mieux comprendre la formation identitaire et la détermination des limites par rapport aux attitudes et à l'utilisation de la langue. Les études comparatives devraient devenir un élément central de la recherche sur le SLA, car elles mettent en relief de nombreux concepts qui ne sont pas aussi accessibles dans la recherche sur site ou groupe unique. De même, l'approche de la recherche diasporique et transnationale à travers une lentille sociolinguistique apporte des nuances et des perspectives précieuses aux études sur la migration, la théorie critique de la race et la culture. En évoquant leurs expériences avec la langue, les individus disposent d'une plateforme pour faire entendre leur voix. L'image souvent sombre des migrants ou d'autres groupes marginalisés est contrebalancée par des histoires de créativité, d'action, de réflexion et de résilience, non pas pour diminuer les luttes que les gens rencontrent dans des environnements souvent hostiles, mais pour changer les termes de la conversation. Des possibilités esthétiques et créatives incroyables sont également alimentées précisément par ces conditions. En se déplaçant non seulement dans l'espace mais aussi dans le langage, les membres de la diaspora sénégalaise expriment la fierté, la honte, le bonheur, le déplaisir, l'espoir, la consternation et une myriade d'autres émotions qui traduisent la condition humaine.

Appendice A : Interlocuteurs sénégalais de Paris

Nb.	Nom	Âge	Date de l'entretien	Sexe	Lieu de naissance/enfance	Langues maternelles	Autres langues parlées	Éducation	Nb d'années en France	Pays de résidence
1	Duudu*	54	2 oct. 2009	M	Saint-Louis	peul	français, wolof, arabe	Université	18	Sénégal, Mauritanie, France
2	Ouria	45	4 oct. 2009	F	Sénégal	wolof	français	Lycée	25	Sénégal, France
3	Nyambi	50ne	8 oct. 2009	M	Dakar	wolof	français, ~anglais	Baccalauréat	26	Sénégal, France
4	Nafi	50ne	17 oct. 2009	F	Fouta (Sénégal du Nord)	peul	wolof, français, ~ anglais	École primaire	18	Sénégal, France
5	Djibril	25	18 oct. 2009	M	Sénégal du Nord	soninke	français, peul, wolof	Lycée	7	Sénégal, France
6	Latif	27	20 oct. 2009	M	Kedougou (Sénégal du Sud-Est) / Saint-Louis	peul	mandinka, wolof, français, ~ anglais	Master	1	Sénégal, France
7	Yasirah	22	30 oct. 2009	F	Sénégal	wolof	français, ~ anglais, ~allemand, ~chinois	À l'université	2	Sénégal, France
8	Ndella	45	3 nov. 2009	F	Dakar	wolof	français, ~ anglais	Lycée	19	Sénégal, France
9	Boubacar	40ne	3 nov. 2009	M	Dakar	wolof	français, anglais	Baccalauréat	20	Non renseigné
10	Sébastien*	28	8 nov. 2009	M	Dakar	français	wolof, espagnol, anglais,~allemand	Licence	8	Sénégal, États-Unis, France

11	Dib	27	8 nov. 2009	M	Dakar	wolof, français	~ anglais, ~ allemand	Licence	3 semaines	Sénégal, France
12	Ngirin avec Sandrine	38	21 nov. 2009	M	Touba (Centre Sénégal)	wolof	français, ~ anglais	Baccalauréat	7	Sénégal, France
13	Vera	22	23 nov. 2009	F	Dakar	jola	wolof, français	À l'université	2 mois	Sénégal, France
14	Jean-Paul	32	23 nov. 2009	M	Monrovia/Dakar	français	anglais, wolof, ~allemand	Master	11	Sénégal, Libéria, Irlande, France
15	Abdu*	31	25 nov. 2009	M	Dakar	français	wolof, ~ anglais	Baccalauréat	7	Sénégal, France
16	Karafa	50ne	26 nov. 2009	M	Sénégal du Sud	wolof	français, mandinka, peul, jola, portugais, ~espagnol, ~ anglais	Licence	30	Sénégal, France
17	Lucie	31	27 nov. 2009	F	Marseille	français	wolof	Licence	31	France
18	Soulou (notes)	22	30 nov. 2009	M	Sénégal	mandinka	français, wolof, ~ anglais	Lycée	Non renseigné	Sénégal, France
19	Étudiant à Riquet	22	1 déc. 2009	M	Sénégal	non renseigné	non renseigné	Non renseigné	Non renseigné	Sénégal, France
20	Tambo (notes)	27	2 déc. 2009	M	Sénégal	mandinka	~français	École primaire	8	Sénégal, France
21	Faatu	28	3 déc. 2009	F	Paris	jola	français, ~ anglais, ~espagnol	Licence	28	France
22	Salif	23	7 déc. 2009	M	Dakar	wolof	français, anglais, ~arabe, ~espagnol, ~allemand	Master en cours	4	Sénégal, France

(*Appendice A—suite*)

Nb.	Nom	Âge	Date de l'entretien	Sexe	Lieu de naissance/enfance	Langues maternelles	Autres langues parlées	Éducation	Nb d'années en France	Pays de résidence
23	Yasmina	27	8 déc. 2009	F	Paris	wolof	français, allemand	Licence	27	France
24	Hakim	35	8 déc. 2009	M	Dakar	wolof	français, anglais, espagnol	Licence	2	Sénégal, France
25	Ali	25	8 déc. 2009	M	Dakar	wolof, français	anglais, ~allemand	Licence	8	Sénégal, France
26	Chantal	25	12 déc. 2009	F	Marseille	français	anglais, ~chinois, ~espagnol, ~allemand, ~wolof	Licence	25	France
27	Ajuma (b. Niger)	27	13 déc. 2009	M	Niger/Dakar	zarma, français	wolof, anglais, ~hausa	Master	Non renseigné	Sénégal, Niger, France
28	Momar (notes)	30s	14 déc. 2009	M	Sénégal	peul	français, wolof	Pas d'éducation formelle	15+	Sénégal, France

* Indique l'interlocuteur principal.

** Le lieu de naissance est l'une des plus petites unités de mesure. Dans la plupart des cas il s'agit de la ville. C'est par région si la ville n'est pas connue et par pays si la région n'est pas connue.

~ Capacité d'expression limitée

Données supplémentaires ;

Enseignants en langue :

1.	Interview de Thérèse	30 oct. 2009
2.	Interview de Anastasie	4 nov. 2009
3.	Interview de Anouk	27 nov. 2009
4.	Interview de Dorothée	2 déc. 2009
5.	Interview de Louise (notes)	10 déc. 2009

Fonctionnaires :

1.	Huong du Secours Populaires Français (association)	4 déc. 2009 ; 10 déc. 2009

Enregistrements additionnels :

1.	Conférence de l'AESGE (Association Étudiante Sénégalaise)	24 oct. 2009
2.	Conversation avec Boubacar et Ndella	27 oct. 2009
3.	Classe de Wolof (débutant et intermédiaire)	14 nov. 2009
4.	Cours sur la race à l'EHESS	18 nov. 2009
5.	Réunion de l'Association des entrepreneurs sénégalais avec de nombreux panélistes	21 nov. 2009
6.	Projection du film *Les foyers*	24 nov. 2009
7.	Cours à l'Espace Riquet	1 déc. 2009
8.	Conférence sur l'enseignement du français aux migrants	9 déc. 2009

Répartition démographique des informateurs sénégalais :

19 hommes, 9 femmes

âgés de 22 à 54 ans

âge moyen 31 ans

14 dans leur vingtaine, 6 dans leur trentaine, 3 dans leur quarantaine, 4 dans leur cinquantaine

Appendice B : Interlocuteurs sénégalais de Rome

Nb. Nom	Âge	Date de l'entretien	Sexe	Lieu de naissance/enfance	Langues maternelles	Autres langues parlées	Éducation	Nb d'années en Italie	Pays de résidence
1 Kati	27	10 fév. 2010	F	Paris	peul, français	anglais, italien	Licence	6 mois	France, Italie
2 Bachir	30	12 fév. 2010	M	Sénégal	wolof	français, italien, ~latin	Non renseigné	Non renseigné	Sénégal, Italie, Suisse
3 Ndiaga*	36	14 fév. 2010	M	Matam (Sénégal du Nord-Est) /Dakar	peul	wolof, français, italien,	École primaire	8	Sénégal, Italie, France
4 Ibou*	42	19 fév. 2010	M	Fouta (Sénégal du Nord)/ Saint-Louis	peul	wolof, français, anglais, italien, ~russe	Baccalauréat	12	Sénégal, Italie, France
5 Alfa	39	25 fév. 2010	M	Dakar	wolof	italien, français, ~ anglais	Université	11	Sénégal, Italie, France
6 Ndour	36	27 fév. 2010	M	Fatick (Centre Sénégal)/Dakar	wolof, peul	sérère, français, italien, anglais, ~espagnol	JD	10	Sénégal, Italie
7 Karim	32	2 mars 2010	M	Kaolack (Centre Sénégal)/Dakar	sérère, wolof	français, anglais, italien, espagnol	Université	3 (4 en France)	Sénégal, Italie, France
8 Anta	26	7 mars 2010	F	Dakar	wolof	français, italien	Licence	5	Sénégal, Italie
9 Ngoné	23	7 mars 2010	F	Dakar	wolof	français, ~italien	Lycée	2	Sénégal, Italie

#	Nom	Âge	Date	Sexe	Lieu	Langue	Langues	Éducation	N	Pays
10	Ablaay	40	8 mars 2010	M	Casamance	jola, wolof	français, italien	Baccalauréat	5	Sénégal, Italie
11	Ondine	26	11 mars 2010	F	Dakar	wolof, mandjak	français, italien, ~ anglais	Lycée	5	Sénégal, Italie
12	Naza	36	13 mars 2010	F	Dakar	jola, wolof	~peul, français, italien	École primaire	5	Sénégal, Italie
13	Balla	42	28 mars 2010	M	Kaolack	wolof	français, italien, anglais	Université	5	Sénégal, Italie
14	Abi	35	28 mars 2010	F	Kaolack	mandinka	wolof, ~bambara, français, ~italien, ~espagnol	Lycée	1	Sénégal, Italie, Espagne
15	Badu	32	2 avril 2010	M	Dakar	wolof	italien, ~ français, ~anglais	École primaire	9	Sénégal, Italie
16	Kolle	32	10 avril 2010	F	Dakar	wolof	français, italien	École primaire	7	Sénégal, Italie
17	Ndao	35	10 avril 2010	M	Dakar	peul	wolof, français, italien, anglais, ~grec	Lycée	10	Sénégal, Italie, Grèce
18	Idi*	33	10 avril 2010	M	Dakar	wolof	italien, ~ français	École primaire	6	Sénégal, Italie
19	Biondo avec un ami	34	10 avril 2010	M	Dakar	wolof	peul, anglais, français, italien	Non renseigné	5	Sénégal, Italie, France
20	Isidore	32	17 avril 2010	M	Diourbel (Centre Sénégal)	wolof	peul, portugais, français, italien, anglais	Baccalauréat	Non renseigné	Sénégal, Italie, Portugal

Nb.	Nom	Âge	Date de l'entretien	Sexe	Lieu de naissance/enfance	Langues maternelles	Autres langues parlées	Éducation	Nb d'années en Italie	Pays de résidence
21	Alasaan	30	23 avril 2010	M	Dakar	wolof	français, italien, ~anglais	Non renseigné	3	Sénégal, Italie
22	Keita	33	23 avril 2010	M	Dakar	wolof, bambara	français, italien, anglais, ~espagnol	École primaire	10	Sénégal, Italie, Espagne
23	Djenebou	27	23 avril 2010	F	Sénégal	wolof, mandinka	~ français, ~italien	Non renseigné	4	Sénégal, Italie
24	Amath	35	23 avril 2010	M	Louga (Sénégal du Nord)	wolof	italien	Non renseigné	11	Sénégal, Italie
25	Professore avec Ndiaga	40	24 avril 2010	M	Fouta/Saint-Louis	wolof	français, italien, anglais, espagnol	Master	5	Sénégal, Italie

* Indique l'interlocuteur principal.

** Le lieu de naissance est l'une des plus petites unités de mesure. Dans la plupart des cas il s'agit de la ville. C'est par région si la ville n'est pas connue et par pays si la région n'est pas connue.

~ Capacité d'expression limitée

Données supplémentaires ;

Enseignants en langue et fonctionnaires :

1. Interview de Speranza — 16 fév. 2010
2. Arietta (sociologue) (notes) — 28 avril 2010
3. Silvia (avocate) — 29 avril 2010

Enregistrements additionnels:

1. Cours de danse avec Idi — 11 fév. 2010
2. Conversations au restaurant Sénégalais — 12 fév. 2010; 26 mars 2010; 6 avril 2010; 10 avril 2010; 16 avril 2010
3. Classe Media (similaire à un cours d'éducation générale) — 16 fév. 2010
4. Classe d'italien élémentaire — 17 fév. 2010; 24 fév. 2010; 3 mars 2010; 10 mars 2010; 17 mars 2010; 7 avril 2010; 14 avril 2010; 21 avril 2010; 28 avril 2010
5. Cours de danse avec Karim — 24 fév. 2010
6. Spectacle de danse avec Idi — 26 fév. 2010
7. Journée de protestation des immigrés — 1 mars 2010
8. Conversation entre Karim et ses amis durant l'interview — 2 mars 2010
9. Conversation (maison de Ablaay) entre Bachir, Ablaay, et un ami — 2 mars 2010
10. Performance de danse Sénégalaise — 23 mars 2010
11. Conversation chez Abi — 28 mars 2010
12. Conversation avec Ibou et un couple français — 31 mars 2010
13. Cours de langue pour les immigrants — 13 avril 2010
14. Conversation avec Ndiaga — 17 avril 2010
15. Performance de tambour lors d'un rassemblement de sans-papiers — 17 avril 2010

Répartition démographique des informateurs sénégalais :

17 hommes, 8 femmes

Âgés de 23 à 42 ans

Âge moyen: 33 ans

5 dans leur vingtaine, 16 dans leur trentaine, 4 dans leur quarantaine

parlées : wolof, peul, français, bambara, mandinka, mandiak, sérère

Appendice C : Interlocuteurs sénégalais de New York City

Nb.	Nom	Âge	Date de l'entretien	Sexe	Lieu de naissance/enfance	Langues maternelles	Autres langues parlées	Éducation	Nb d'années en France	Pays de résidence
1	Aliou	53	8 juil. 2014	M	Dakar	wolof	anglais, ~arabe	Licence	26	Sénégal, États-Unis
2	Moussa	58	11 juil. 2014	M	Dakar	peul	français, jolla, ~wolof, ~anglais	École primaire	13	Sénégal, États-Unis
3	Aminata	24	12 juil. 2014	F	Dakar	wolof	français, anglais	À l'université	5	Sénégal, États-Unis
4	Diallo	23	12 juil. 2014	F	New York City (Harlem)	anglais	wolof	Licence	23	États-Unis
5	Ndiaye	24	12 juil. 2014	F	New York City(Bronx)	wolof, anglais	français, sérère	Licence	24	États-Unis
6	Mariama	26	12 juil. 2014	F	Oakland/Dakar	wolof, ~peul	anglais	Master	20	Sénégal, États-Unis
7	Madina*	27	12 juil. 2014	F	New York City (Brooklyn)/Dakar	wolof, anglais	~ français	Master	15	Sénégal, États-Unis, France
8	Sonia	25	12 juil. 2014	F	New York City	anglais	~espagnol, ~wolof	Licence	25	États-Unis
9	Fatoumata	31	16 juil. 2014	F	Dakar	wolof	français, anglais	Licence	14	Sénégal, États-Unis
10	Julien*	34	17 juil. 2014	M	Casamance	mankanya	wolof, français, anglais, ~kriol	Master	1	Sénégal, États-Unis
11	Ablaye	33	19 juil. 2014	M	Sénégal, parentsde Guinée	peul	wolof, jolla, mandingo, anglais, français, ~grec, ~latin	Licence	13	Sénégal, États-Unis

12	Dija	21	19 juil. 2014	F	Sénégal	anglais	wolof, ~espagnol	À l'université	21	Sénégal, États-Unis
13	Marieme	50s	20 juil. 2014	F	Sénégal	anglais	~wolof	Licence	50+	Sénégal, États-Unis
14	Samba	31	20 juil. 2014	M	Caroline du Sud	anglais	~wolof, ~espagnol, ~français	Master	31	États-Unis
15	Omar* avec Daphne	31	23 juil. 2014	M	Saloum (Sénégal de l'Ouest)/Saint-Louis	wolof	français, anglais, mandinka, arabe, ~sérère, ~peul	Master en cours	3	Sénégal, États-Unis
16	Diop	51	26 juil. 2014	M	Louga	wolof	français, anglais	École coranique	26	Sénégal, États-Unis
17	Tapha	17	26 juil. 2014	M	New York City (Harlem)	anglais	wolof, ~ français	Au lycée	17	États-Unis
18	Charlotte	45	27 juil. 2014	F	Casamance	sérère	wolof, français, anglais, espagnol, ~portugais	Licence	20	Sénégal, États-Unis, France
19	Vivienne	40	27 juil. 2014	F	Casamance	français	wolof, anglais	Licence	5	Sénégal, États-Unis, France
20	Laurent	30	27 juil. 2014	M	Casamance	peul	wolof, français, anglais	Université	5	Sénégal, États-Unis
21	Papy	56	27 juil. 2014	M	Niger/ Sénégal	français	wolof, anglais	Lycée	23	Sénégal, Niger, États-Unis
22	Ousseynou avec un serveur	37	29 juil. 2014	M	Dakar	wolof	français, anglais, italien, ~espagnol	École primaire	9	Sénégal, États-Unis, Italien

Nb.	Nom	Âge	Date de l'entretien	Sexe	Lieu de naissance/enfance	Langues maternelles	Autres langues parlées	Éducation	Nb d'années en France	Pays de résidence
23	Joseph	33	5 août 2014	M	Dakar, mère du Cape Verde	jola	français, wolof, ~sérère, ~peul	Diplôme d'associé	5	Sénégal, États-Unis, France
24	Amadou	29	7 août 2014	M	Saloum, Saint-Louis	wolof	français, anglais, arabe, ~peul	Master	2	Sénégal, États-Unis
25	Idrissa	31	10 août 2014	M	Casamance/ Dakar	mankanya	wolof, français, anglais, jolla, mandinka, peul, kriol, ~espagnol	Master	2	Sénégal, États-Unis
26	Bouba	35	18 août 2014	M	Dakar	peul, bambara	wolof, français, anglais, ~italien	Lycée professionnel	2	Sénégal, États-Unis, Maroc, Suisse
27	David	46	23 août 2014	M	Dakar, mère du Cape Verde	kriol, wolof	français, anglais, ~espagnol	Licence	21	Sénégal, États-Unis, France
28	Khadidiatou	54	26 août 2014	F	Banjool, Gambie/ Dakar	mandinka	wolof, anglais, ~ français	Baccalauréat	25	Sénégal, Gambie, États-Unis
29	Khady	46	29 août 2014	F	Saint-Louis	wolof	français, anglais, ~espagnol	École primaire	15	Sénégal, États-Unis

* Indique l'interlocuteur principal.

** Le lieu de naissance est l'une des plus petites unités de mesure. Dans la plupart des cas il s'agit de la ville. C'est par région si la ville n'est pas connue et par pays si la région n'est pas connue.

~ Capacité d'expression limitée

Données supplémentaires ;

Enregistrements additionnels

1.	Collecte de fonds de Brooklyn	12 juil. 2014
2.	Collecte de fonds dans un centre culturel sénégalais à Harlem	15 juil. 2014
3.	Dîner dans le Queens avec des membres de l'Association Catholique Sénégalaise.	27 juil. 2014
4.	Fête de la Korité	28 juil. 2014
5.	Marché africain dans le Little Senegal	29 août 2014
6.	Laverie automatique à Harlem	2 sept. 2014

Répartition démographique des informateurs sénégalais :

16 hommes, 13 femmes

Âgés de 17 à 58 ans

Âge moyen : 36 ans

1 adolescent, 8 dans leur vingtaine, 10 dans leur trentaine, 4 dans leur quarantaine, 6 dans leur cinquantaine

Langues maternelles parlées : wolof, peul, sérère, anglais, français, mankanya, jola, bambara, mandinka, kriol.

Appendice D : Interviews originales

Chapitre I, p. 74

Yeah. I mean sometimes I got problems because my English is a little bit from school. In school they say to you, "This is the rule. This is the grammar. You have to respect this. You have to do this." But when I come here, many people learn the English from the street. So, they don't respect those rules. Sometimes when I heard people say, "I'm gonna do this." I said, "Come on, man, why do you say, 'I'm gonna do this?' You have to say, [slowly and pronounced] 'I am going to do this.'" They say, "I wanna." I say, "Why do you say, 'I wanna?' I want to. Come on, man "They said, "We don't have time for that. Life is time. You have to speak quickly. There's no importance about this. What is important is the communication. If you make yourself understand, that's it." So now I understand that this is the most important thing, communication.

Chapitre I, p. 74

They told me, "You been learning English back home, but when you speak, we don't understand you. You should go to hell with your academical English." [laughs] It's funny. It's great.

Chapitre I, p. 75

When I first got to this country, the problem que j'avais [that I had], I couldn't understand what people were saying. But then I realized it was African American culture. You have to respect that, the way they speak.

Chapitre I, p. 76

Immediately they know. You don't speak like them. You're speaking correct English. You don't cut out words. You don't use slang. You just speak the way it's supposed to be spoken

Some people love it. They respect you for that. Especially older women here. When you speak, they're like, "Oh, this little guy here, this young man here, he's intelligent. You're from Africa, right?"

Chapitre I, p. 80

Yes, it's really normal when you're in 116th and you hear people talk in Wolof. Like they say, it's Little Senegal. It's like you're in Senegal. So, it doesn't surprise you when you're walking and talking in Wolof, or you hear some Senegalese person. It would be different if I were, if I was let's just say in Times Square or like or, like, you know, Central Park and I just hear some Senegalese people. Of course, I would turn around and look, who's saying that? So, it's different. So, when you're in Little Senegal, 116th, you know. Harlem there is like the only, everybody comes there. If you want Senegalese food, everybody knows you come to 116th. Like the whole avenue is full of Senegalese food, Senegalese people, Senegalese stores everything. Like whatever you need that is from Senegal, whenever you want to like talk to or ask a question about something that has to do with Senegal, you always have to go to 116th. It's like the main site. Even people in Senegal, they heard about 116th.

Chapitre I, p. 81

I feel like a lot of Senegalese judge me before even knowing who I am. Like the elders in the community because automatically they're like, "Oh she's an American. She doesn't speak our language." It's funny because when I do speak Wolof, they're like, "Oh, but you sound like you're from the Gambia, instead of Senegal." Because in the Gambia they speak, they were colonized by the British, so they speak Wolof and English. Senegal, the French colonized us, so we have French and Wolof. Now, I'm comfortable with who I am. I really feel like my parents did a wonderful job with all that they could to teach me and my sisters our cultures and traditions. Our language.

Chapitre I, p. 83

MM: I feel judgment in not being able to speak Wolof. Some people will be very vocal. They will be like, "How are you Senegalese?" Well, you're not Senegalese when you don't speak the Wol—the language.
M: But there are many languages in Senegal.

MM: Yes. It is true. It is true. But Wolof. You have to be able to speak Wolof. That makes you Senegalese. And um, it creates an issue with me because I'm not then going to turn around and say I'm not Senegalese. I can't deny my heritage because I don't speak the language, you know?

Chapitre I, p. 84

Well, I could see that, like, my message wasn't fully received… It could be that I was dressed in nontraditional clothes. Nothing that represented the culture. Then it is like, just like, very limited Wolof that I speak. That is, I think at that fund-raiser, that was a no-no… And also, the young woman, I think her name is [redacted], she didn't speak as much Wolof and was like, like brought to tears because she couldn't express herself. It was an expectation that you know something, just a little bit, you know because you are representing, if you go to Senegal and are teaching English, but we also want them to retain a part of their culture. The African part is what we're preaching. That wasn't represented in my speech, which was solely in English. So those things become very very complex, especially when we are traveling to Senegal with my sister. I mean she is constantly explaining, "No no no, him not knowing Wolof is not a representation of how much he loves his Africanness. You know, but it's just that he hasn't learned it fully yet." [laughs] I felt like I had to apologize because of the tension in the room. When I started speaking, they were thinking: "OK, you're Senegalese, what is up? What's the deal, brotherman?" You know?

Chapitre II, p. 115

Mariama: With Anglo-Americans, I don't really have that much experience. Maybe just corporate. And in that instance, I always felt like I had to protect myself. I always felt like they always had an air of superiority. Or maybe I gave them that air of superiority.

Julien: White Americans, I don't have a lot of contact with them because I don't know most of them, living in Washington Heights. Most of the neighborhood is Spanish or Black. That's why I don't have. Sometimes at the workplace, but at the workplace you got to be professional and that's it. M: Do you have any white friends? J: White friends? Just one. But he's from Russia. He's not from here.

Chapitre II, p. 116

Ablaay: I would say 90 percent are immigrants. But other friends will be like in school.
M: Why do you think 90 percent of your friends have an immigrant background?
A: I think the type of schools that I go to… If I went to Columbia instead of going to City College.

Chapitre II, p. 119

Idrissa: And the other thing is the fact that they reject us. One day we were joking and one Black American said to my friend, "You monkey-ass, you got to go back home." "How can you call this guy a monkey-ass? He's Black, you're Black. The only difference is that they bring you here and impose you to live here. But your roots are in Africa. You don't belong to this country. That's why they call you African American. They use two pejorative words. African, American. You can't be two at the same time. You just can be one." That's what Du Bois was trying to say about double consciousness, when you are between the two. You are trying to go one way, these people are saying, "No you don't belong to this place. You have to go back." And you try to go back, and people are saying, "No, you are not from here." And you are in the middle. You can't be with this one, and you can't be with that one.

Chapitre II, p. 120

Mariama: I would hate to believe that people can be racist against their own people, but it was definitely that. And it kind of baffles me because the same people who were saying these things look just like me. I mean, same skin color. I mean almost to a T. They knew I was West African. You know. They knew that my name wasn't common. Maybe I had an accent. I can't remember if I did but I probably did. Um, yeah. They just knew. You're different, you know. It doesn't make you Black. It makes you African. Therefore, I guess they feel validated in making fun of me. Though I look just like them.

Chapitre II, p. 121

Mariama: And um, so my, me being close to that community made me feel like I was a part of them and that I could possibly begin to look like them. So, I began to self-hate and wish I was lighter and straighten my hair and try to move away from my African culture. Telling people I was half Puerto Rican. Trying to learn the language, eating the foods. And I really wasn't supposed to eat the foods because I was Muslim. But anything just to be a part. Anything just to be a part. Because I felt more accepted. And maybe I wanted to be more accepted because they had lighter skin. And the things I was being beat up about, they were the opposite.

Chapitre II, p. 122

Sonia: It could be really difficult growing up, especially in Brooklyn, where people judge you. A lot of times you hear, "You're Black and ugly." So knowing your actual heritage and culture drives you to allow how to deal with these situations.

Diallo: I hated my skin tone. I hated being dark. Like it got to a point I wouldn't even tell people I was African if they didn't ask me. I was skeptical to tell people, "Yeah, I'm African." Now, psshh, that's the first thing I say.

Chapitre II, p. 123

Madina: Growing up, it was difficult. I was often called an African booty-scratcher. I was, and it's from people who look just like me. That are from the West Indies; that are within the African diaspora. West Indians, Africans, even Africans would call me booty-scratcher... I guess, you know, they don't identify with who they really are. And I think with children, children can be really cruel. And ignorant at the same time.

Samba: The whole time she was here she had difficulties because the children would fight her. They called her African booty-scratcher because she spoke French and other languages.

Chapitre III, p. 144

Diop: D: I find it almost as natural as living in Senegal.
M: Really? How so?

D: Because I don't see anything that reminds me that I don't belong here. What you call in France the délit de faciès. Because you are wearing African clothes or Senegalese clothes, no one is stopping you to say where are you from.

Chapitre III, p. 146

Diop: When I come here... I tell my relatives, "I want to find a school where I can learn English." They say, "Come on. What do you need that for? You're not coming here to get money and go home?" I say "Guys, you see this country, I need to take the time to speak their language, at least. We're not going home." And they say, "You are crazy. Don't jinx us." The same people, twenty years later, are garding the exact same job as when they just come. Because they never think of themselves as part of the society. Never done anything to improve their life here because they are waiting to go home to have a life. And they're not going home.

Chapitre III, p. 147

Diop: Get your roots deep here. And even if you think of going home, try to make a good living here that will help you go back home. But if you are suspending your life, thinking, "When I go home, I'll start living," you will not go home. You will never go home.

Laurent: Once you come here, after years, you're going to find out like the best thing to do, when you come here, is to go to school and learn English. Because communication matters. It's the basic skill.

Chapitre III, p. 148

Laurent: Myself, or a lot of people like me, once they come here, they don't want nothing from here. They want to live here, make money, and send the money back to Africa. And every day they're going to be like, I'm going back home, but they never go back" [people laugh]

Chapitre III, p. 159

A: Because they oppress us.
M: How so?
A: Since my great-great-great-grandfather.
B: We were colonized by the French.
A: It's like the same clash you have between African Americans and the white people. That's the same thing.
B: And they're still in Africa. Why don't they want to leave Africa? Why they still in Africa? So, they're still in Africa, using their power, their politic in Africa, making decisions. My question is why French people still in Africa? Why? You know.
A: Because they want to suck you to the last bone.

A: That's why they can't leave us alone. S: They teach you their culture—
C: Maya, you're African American, aren't you? M: Yes.
C: [to Sandra and "A"] I disagree. You know why? Because I'm tired of when I hear you know, this is the past, people are talking about slavery. Slavery is over.
A: HELL NO!
S: Hell no.
A: I say loud and clear. HELL NO!

Charlotte: [In America] let's say I'm trying to take care of my business, and nobody is bothering me. In France, you can walk on the street and have immigration tell you, "Hi, how are you? Can we have your papers, please?"

You don't go to France because you aren't going to have the same opportunities. It's much easier to succeed here [the United States] than to succeed in France... because even if you have the language as a barrier, the country has more opportunities for immigrants. People who come here, all you have to do is believe. It's another state of mind. It's another way of thinking... while in France, even if you have the highest ambition, you always have hurdles to go over, all the way, because of your skin. No matter how well you speak the language. No matter how well you speak French, when you do the interview on the phone, the job is granted. When you get to the place of those people, you don't have the job, because they didn't think, even if you had the French accent and everything, that that was a Black person talking on the phone.

Charlotte: Black is Black. They don't know where you're from. They don't know.

Julien: The problem is, we Blacks, or African Americans, or from Africa, we are not together. We are not doing together. If we work together, we succeed. You see the Spanish people? They together, no matter what. Even if they're black-skinned, if they speak Spanish, they are Spanish. We are divided. That's why all the time we fail.

Young man: The Nigerian or the Ghanaian or whoever speaks English from Africa, when they come here, they fit very well. They fit faster. You know why? Because they speak English.

Madina: It is literally an intercultural movement because there are people who are from the African diaspora here who want to know more about the culture back in Senegal, West Africa, and then in Senegal, West Africa, they also want to learn more about what's here, about our history as African Americans and what we've been through. So, it's literally like an intercultural exchange program.

Samba: opportunity to make connections between Senegalese American youth and Senegalese youth.

Ndiaye: I'm step coordinator. But we also teach like everything. Everybody teaches English.

Chapitre IV, p. 204-5

Omar: People in Senegal, they love the English language. Trust me. When somebody, when you're walking around the street, you speak English because people think English is cool. Then it's associated with this American power. You know. And then people think that when you're speaking it, you are yourself cool. Then you are representing the American kind of like powerness quote unquote.

Chapitre IV, p. 205

Aliou: The younger generation speaks a little bit of English. They all want to speak English because of the music, all that rap. They want to understand what they are talking about.

Chapitre IV, p. 205-6

Mariama: We couldn't really communicate. He spoke hardly any English and I spoke hardly any Wolof, and we were trying to understand each other through music. And so, hip-hop came on and he was singing Snoop Dogg's "I Wanna Love You," but the explicit version. And you could just tell that he didn't understand what he was singing but he was just excited to be able to sing it for me, because it was like uh, yes, I understand American music. I like American music. I know this song. But then I was like, oh no, that's a bad word. I tried to get him to understand that, you know, F-bomb, dropping it like that.

Chapitre IV, p.206

Mariama: During my few times [in Senegal] I've seen videos of Senegalese version of 50 Cent. Senegalese version of Lil Wayne... the way they look would definitely be very very nearly identical to 50 Cent or Lil Wayne.

D: My best friend is African American. When I'm talking to her in English, it's like English with slang, a hood English. But when I talk to let's say my sister-in-law, and I'm talking to her in English, it's like I have an accent. Even though I'm speaking in English, I have an accent. I never realized ... I was watching this artist, his name is Wizkid, he does the same exact thing. When he's in Nigeria he has the like Yor, Yorba, Yor—
M: Yoruba?
D: Yoruba accent. When he speaks in English, he has the accent. But when he's with the artists over here like Chris Brown, he has the hood accent. I'm like, wow, like we really do do that.
A: We all do that. We all do that. D: We do that. Turn it on and off.

Chapter IV, Note 52, p. 278

Amadou: I was debating about going to France. I had the opportunity to go there. Everybody has the opportunity to go there. But, you know, I heard from people saying that you know racism and police officers always ask your ID everywhere. They give you a hard time.

Notes

Introduction

1. Tous les noms de mes interlocuteurs ont été modifiés, y compris ce pseudonyme. Dans ce cas précis, le pseudonyme choisi reflète sa nature studieuse.

2. Le personnage de Celie dit : « Je suis pauvre, noire, je suis peut-être même laide, mais mon Dieu, je suis là ! Je suis là ! » Spielberg, *Color Purple*. Pour la citation de la déclaration de Celie dans le film, voir *quotes.net/mquote/11088*. Cet échange avec Ndiaga et Professore sera analysé en profondeur plus en avant.

3. Une des principales intrigues secondaires du roman et du film est la découverte par Celie des lettres que sa sœur Nettie lui a écrites sur ses expériences de vie en Afrique avec des compagnons qui s'avèrent être les enfants biologiques de Celie.

4. En plus de mettre en avant la race, *La couleur pourpre* (à la fois comme roman et comme film) se concentre fortement sur le genre, un marqueur d'identité que je n'analyse pas en détail dans ce livre. Lauren Berlant discute des intersections entre le genre et la race tout au long du roman dans *Race, Gender and Nation*.

5. Buggenhagen, *Muslim Families in Global Senegal* ; Carter, *States of Grace* ; O. Kane, *Homeland Is the Arena* ; Riccio, *Toubab* and *Vu Cumprà* ; Robin, *Atlas des migrations ouest-africaines* ; Schmidt di Friedberg, *L'immigration africaine en Italie* ; Stoller, *Money Has No Smell* ; Tall et Tandian, *Migration irrégulière des Sénégalais*.

6. La critique littéraire comprend D. Thomas, *Black France* ; Cazenave, *Afrique sur Seine* ; Rofheart, *Shifting Perceptions of Migration*. La production littéraire comprend Camara, *L'enfant noir* ; C. H. Kane, *L'aventure ambiguë* ; Socé, *Mirages de Paris* ; Diome, *La préférence nationale*.

7. Voir Toma et Castagnone, *What Drives Onward Mobility*, pour un aperçu de la propension des Sénégalais à migrer vers de multiples destinations. Parallèlement, l'ouvrage *Race, Nation, Class* de Balibar et Wallerstein explore le phénomène du racisme culturel pour montrer comment les identités nationales en Europe sont structurées par la race.

8.   Entre eux, les Sénégalais se concentrent davantage sur les affiliations ethniques telles que le wolof, le sérère ou le fulani pour marquer leur différence.

9.   J'ai interrogé vingt-huit personnes d'origine sénégalaise à Paris, vingt-cinq à Rome et vingt-neuf à New York. J'ai recueilli les données de Paris d'octobre à décembre 2009, celles de Rome de février à avril 2010, et celles de New York de juin à août 2014.

10.   Cohen, *French Encounter with Africans*, p. 167. En fait, les contacts français avec l'Afrique de l'Ouest remontent au XVe siècle, mais le premier port commercial a été établi à Saint-Louis en 1659. Mamadou Diouf fait la distinction entre *les habitants* ou *originaires*, qui étaient des Africains (de pure souche ou métis) vivant dans les quatre communes et pouvaient accéder à la citoyenneté française, et les indigènes, qui étaient des Africains vivant en dehors de ces quatre localités. Seuls ceux qui étaient suffisamment riches obtenaient la citoyenneté française. Diouf, *French Colonial Policy of Assimilation*, p. 672. Voir également Wilder, *French Imperial Nation-State*, pour plus d'informations.

11.   Selon Johnson, les missionnaires catholiques ont introduit l'éducation occidentale au Sénégal dès les années 1630. Au début du vingtième siècle, des institutions publiques ont également dispensé un enseignement afin de mieux endoctriner les Sénégalais avec les idéaux de la République française. En outre, comme l'a soutenu Johnson, « la France a étendu ses écoles dans l'intention de former de nouveaux commis, messagers et maîtres d'école. » Johnson, *Emergence of Black Politics*, p. 139.

12.   McLaughlin, *Dakar Wolof*, p. 159.

13.   Le système éducatif national est calqué sur le système français. Le français est la seule langue d'enseignement.

14.   Selon l'article 1, partie 2, de la constitution du 7 juillet 2001, « La langue officielle de la république du Sénégal est le français. Les langues nationales sont le diola, le malinké, le peul, le sérère, le soninké, le wolof et toute autre langue nationale qui sera codifiée. » Ball et Morley, *The French-Speaking World*, 35. Voir Trudell, *Practice in Search of a Paradigm*, pour des informations sur la manière dont les langues autochtones sont reconnues par le gouvernement à travers le processus de *codification*. En 2014, 21 avaient été reconnues. Pour plus d'informations, voir ministère de l'Éducation Nationale, *Élaboration d'une politique d'éducation*, p. 65.

15.   Les statistiques sur la langue française sont fournies par l'étude de l'OIF *La francophonie dans le monde : 2006-2007*. Les francophones vivent

généralement dans les grandes villes, comme Dakar ou Saint-Louis. De plus, les hommes sont plus nombreux que les femmes à connaître et à parler le français. Quant au wolof, le pourcentage de locuteurs est considérablement plus élevé que les 43 % de la population qui sont ethniquement wolof. Pour une discussion plus approfondie, voir Cissé, *Langues, État et société*, p. 101, p. 105.

16. Dans *Diglossia*, Charles Ferguson a inventé le terme pour expliquer le clivage entre les variétés « hautes » et « basses » d'une même langue, tandis que dans *The Sociology of Language*, Joshua Fishman a élargi la définition de la diglossie pour inclure des langues distinctes dans une zone géographique commune. La situation est encore plus compliquée au Sénégal, où dans certains contextes le français et le wolof représentent respectivement des langues hautes et basses, et où dans d'autres contextes le wolof devient la langue haute à côté du statut bas des autres langues nationales. Voir Calvet et Dreyfus, *Urban Family*, et Schürkens, *Le rôle du français*, pour des discussions sur la situation diglossique au Sénégal.

17. Pour plus d'informations, voir Cruise O'Brien, *Shadow-Politics of Wolofisation* ; Cruise O'Brien, *Langue et nationalité* ; et McLaughlin, *Haalpulaar Identity*.

18. Voir Diop, *Nations nègres et cultures*, et Warner, *Limits of the Literary*, pour plus d'informations. Quelques décennies plus tard, la romancière sénégalaise Mame Younousse Dieng a écrit l'un des premiers romans en wolof avec son livre *Aawo bi* (La première femme) paru en 1992.

19. *Caitaani Mutharaba-Ini* (Le diable sur la croix) de Ngũgĩ wa Thiong'o de 1980 est le premier roman moderne en kikuyu.

20. Thiong'o, *Décoloniser l'esprit*, xiv ; Thiong'o, *Quelque chose de déchiré et de nouveau*, p. 17-19.

21. Cissé, *Langues, État et société*, 101. Les groupes ethniques comprennent les Lebou, les Jola, les Mandinka et les Soninké, entre autres. Voir McLaughlin, *Haalpulaar Identity*, pour une discussion plus approfondie sur le wolof en tant que langue de colonisation.

22. « Wolof pur » est une traduction directe de l'expression wolof urbain « Olof piir » pour désigner le wolof parlé dans les régions rurales. Il n'existe vraisemblablement pas de variété « pure » de wolof, mais le terme en est venu à désigner tout wolof qui n'est pas influencé par le français : « Opposé au wolof profond (olof bu xóot) parlé dans le Baol et le Cayor, les terres du cœur des Wolofs, le wolof de Dakar est considéré par beaucoup

comme une langue impure en raison de ses nombreux emprunts de mots français. Paradoxalement, le terme wolof urbain pour olof bu xóot est olof piir, ou wolof pur, piir étant dérivé du mot français pur. » McLaughlin, *Dakar Wolof*, 163.

23.   Swigart, *Cultural Creolisation*, p. 179.

24.   Dans sa définition la plus simpliste, l'alternance codique est l'utilisation de « combinaisons variées de deux ou plusieurs variétés linguistiques. » Gardner-Chloros, *Code-Switching*, 4. Dans « *Two Codes or One* ? », Swigart se demande si les locuteurs du wolof de Dakar pratiquent l'alternance codique entre deux langues ou s'ils parlent une langue fortement influencée par le français. McLaughlin, qui soutient cette dernière hypothèse, s'appuie sur la notion de matrice du langage et de langage intégré de Myers-Scotton, selon laquelle « l'une des deux langues impliquées dans l'échange de codes ou le mélange de codes peut être considérée comme la matrice du langage dans la mesure où elle fournit la structure morphologique et syntaxique globale du discours, tandis que le langage intégré fournit des éléments lexicaux qui peuvent être insérés dans la structure matricielle ». McLaughlin, *Dakar Wolof*, p. 160.

25.   En fait, la recherche sociolinguistique a depuis longtemps remis en question la notion de langues distinctes. Pour plus d'informations, voir Creese et Blackledge, *Translanguaging and Identity* et Blommaert et Rampton, *Language and Superdiversity*.

26.   Même les Sénégalais qui ne parlent pas le français parlent probablement plusieurs langues, généralement le wolof et au moins une des autres langues nationales.

27.   Par exemple, il existe de nombreuses recherches en sociolinguistique et en enseignement de l'anglais sur la place de l'anglais aux côtés de diverses langues nationales en Inde.   Voir Ramanathan, *English-Vernacular Divide*.

28.   McLaughlin, *Sénégal*, p. 89-90.

29.   Blommaert affirme que « le multilinguisme est une caractéristique de la diversité socioculturelle, souvent associée à la migration, et sensible aux influences aux niveaux macro et micro, ce qui conduit à des phénomènes sociolinguistiques très complexes, désordonnés et hybrides qui défient les catégories établies. Commençons par le niveau macro : la migration, en tant que force à l'origine du multilinguisme oblige les analystes à considérer les personnes mobiles, c'est-à-dire les personnes qui ne restent pas à l'endroit où leur langue est traditionnellement utilisée,

pour faire simple, dont les ressources linguistiques et les possibilités de communication sont affectées par ces formes de mobilité. » Blommaert, *From Mobility to Complexity*, p. 4.

30. Voir MacGaffey et Bazenguissa-Ganga, *Congo-Paris*, Tall et Tandian, *Migration irrégulière des Sénégalais*, et Maher, *Barça or Barzakh*, pour des discussions sur la façon dont la migration est une sorte de rite de passage qui permet aux migrants, en particulier aux hommes, de revenir au Sénégal transformés en hommes mûrs et cosmopolites. Voir les recherches de Riccio, *Talkin' about Migration*, et de Rofheart, *Shifting Perceptions of Migration*, pour les conceptualisations de la migration dans la culture populaire sénégalaise, notamment à travers le mbalax et la musique hip-hop.

31. Riccio, *West African Transnationalisms Compared*, O. Kane, *Homeland Is the Arena*, Cole et Groes, *Affective Circuits*.

32. Le rapport 2016 de l'INSEE, *La localisation géographique des immigrés*, qui prend en compte les données du recensement de 2012, indique que les immigrés représentent 8,7 % de la population en France, et que Paris et sa banlieue sont la destination la plus populaire ; 38 % de tous les immigrés en France y vivent. Selon le rapport 2017 de l'INSEE, *Étrangers-Immigrés en 2014*, qui prend en compte les données du recensement de 2014, il y a 92 000 Sénégalais en France métropolitaine, dont 10 000 vivent en région parisienne. La France ne faisant pas de statistiques raciales ou ethniques de ses citoyens, il est impossible de savoir combien de personnes d'origine sénégalaise y résident.

33. Carter, *States of Grace* ; Riccio, *Senegal Is Our Home*, O. Kane, *Homeland is the Arena* ; Robin, A*tlas des migrations ouest-africains ;* Schmidt di Friedberg, *L'immigration africaine en Italie*

34. Riccio, *Senegal Is Our Home*, p. 78.

35. Le chiffre fourni par le recensement ISTAT 2016 fait état de 101 207 résidents sénégalais, soit 2,0 % de la population étrangère totale. Le Sénégal est le pays d'Afrique subsaharienne le plus représenté. Ce chiffre marque une énorme augmentation par rapport aux 80 989 du rapport ISTAT 2010. Rome a toujours été une destination importante pour la migration vers le nord et, plus récemment, pour l'immigration étrangère. Actuellement, 13,2 % de la population de Rome est composée de migrants, ce qui est un peu plus élevé que les 8,3 % de la population née à l'étranger en Italie en général (environ 5 millions d'étrangers sur plus de 60 millions de personnes). Le recensement de 2016 a calculé 377 217 étrangers sur une population de 2 864 731 personnes

vivant dans la ville de Rome. De plus amples informations sont disponibles sur le site *Demo.istat.it.*

36. De nombreux ouvrages examinent la migration sénégalaise vers les villes du nord de l'Italie (par exemple, l'accent mis par Carter sur Turin dans *States of Grace* et le regard de Riccio sur Bergame dans *Migranti per il co-sviluppo* et sur Ravenne et Rimini dans *More than a Trade Diaspora*).

37. Le nombre tend à fluctuer entre 12000 et 20000 selon les années. Cette statistique ne prend pas non plus en compte les descendants des Africains réduits en esclavage, dont beaucoup sont venus de la région de la Sénégambie à partir du XVIIᵉ siècle. O. Kane, *Homeland Is the Arena*, et Stoller, *Money Has No Smell*, offrent tous deux des discussions détaillées sur la migration sénégalaise relativement récente vers New York.

38. Semple, *City's Newest Immigrant Enclaves*. Actuellement, 37 % des 8,5 millions d'habitants de la ville sont nés à l'étranger. New York est également une ville majoritairement minoritaire, moins de 45 % de la population étant blanche selon le Bureau du recensement des États-Unis, *2012-2016 American Community Survey 5-Year Estimates*. Les statistiques raciales ne sont présentes que pour la ville de New York puisque ni le gouvernement français ni le gouvernement italien ne collectent de données officielles de recensement basées sur la race.

39. McClintock, *L'ange du progrès*, p. 87, 97.

40. Alors que 79 % des Sénégalais migrent vers un seul pays d'Europe, 10 % continuent vers un deuxième pays européen et 11 % retournent au Sénégal. Il s'agit très probablement d'une estimation prudente car « ceux qui se trouvent encore dans leur première destination européenne au moment de l'enquête peuvent remigrer vers un autre pays européen ou retourner au Sénégal à une date ultérieure. » Toma et Castagnone, *What Drives Onward Mobility*, p. 77. Parmi ceux qui participent à la migration vers l'étranger, 40 % arrivent d'abord en France, puis en Espagne et en Italie. Toutefois, la tendance inverse se produit également, puisque 25 % des personnes commencent en Italie ou en Espagne et continuent vers la France.

41. Glick Schiller, *Centrality of Ethnography,* p. 105.

42. Selon la matrice des envois de fonds bilatéraux 2017 de la Banque mondiale, le Sénégal a reçu plus de 2,2 milliards de dollars d'envois de fonds en 2017. Les personnes en France ont renvoyé la plus grande partie, soit 647 millions de dollars. L'Italie est deuxième avec 425 millions de dollars. L'Espagne est troisième avec 302 millions de dollars. Les États-Unis

arrivent en septième position, derrière la Gambie, la Mauritanie et le Gabon, avec 85 millions de dollars. Ces statistiques sur les transferts de fonds montrent la présence de la diaspora sénégalaise dans toute l'Afrique ainsi qu'en Amérique et en Europe. Pour les besoins de ce projet, j'ai choisi de me concentrer uniquement sur la diaspora sénégalaise en Occident car je m'intéresse à l'aspect racial des discours sur la migration qui est accentué dans les espaces majoritairement blancs. J'ai choisi les États-Unis plutôt qu'un pays comme l'Espagne, qui est plus haut sur la liste des transferts de fonds, parce que je voulais inclure l'anglais en tant que langue mondiale et langue nationale. En outre, il est important de souligner la différence dans les projets de formation raciale à travers l'Atlantique.

43.   L'Internet, par le biais de plateformes telles que YouTube, Facebook, Twitter et Wordpress, permet un accès accru et une plus grande variété de perspectives ; cependant, ce ne sont pas les textes avec lesquels les études littéraires et culturelles s'engagent le plus facilement.

44.   C. L. Miller, *Theories of Africans*, p. 24.

45.   Comme nous l'avons vu avec Thiong'o, même les auteurs africains qui fournissent un effort concerté pour écrire en langues africaines cèdent souvent aux pressions du monopole des langues européennes sur le marché littéraire. Christopher Miller explique comment les auteurs africains s'engagent sur ce marché mondial : « Cette littérature utilise continuellement des dispositifs tels que les notes de bas de page, les parenthèses et les explications de personnage à personnage afin de fournir au lecteur les informations culturelles nécessaires. En raison des conditions dans lesquelles cette littérature voit le jour, notamment l'alphabétisation et la connaissance limitées du français dans l'ensemble de l'Afrique *francophone*, on ne peut pas présumer que le lecteur d'un texte francophone soit local. Chaque fois qu'un auteur utilise une expression comme ici en Afrique, une non-Afrique est révélée comme étant en jeu dans le processus d'écriture et de lecture. Un degré d'altérité est inscrit dans tout texte qui s'adresse à un monde considéré comme extérieur. » C. L. Miller, *Theories of Africans*, p. 6.

46.   Selon Shih, « De manière générale, les discours culturels et politiques sous-tendus par l'idéologie républicaine européenne, en particulier en France, ont posé le prisme politique et analytique de la race comme différentialiste, diviseur et même illibéral, alors qu'en fait la discrimination est endémique sous le signe non reconnu mais hautement opérationnel de la race... La race est une question tellement américaine ! La théorie critique d'origine française a continué, dans le milieu universitaire américain, à reléguer la race à la marge, et les théories de la

race élaborées dans le cadre des études ethniques et d'autres disciplines ne sont toujours pas reconnues comme des théories. » Shih, *Comparative Racialization*, 1348.

47.	Shih, *Comparative Racialization*, p. 1360.

48.	Provencher, *Queer French*, p. 193.

49.	Canagarajah présente le livre comme tel : « Ce manuel s'efforce de se concentrer sur le lien entre la langue et la mobilité afin que les chercheurs interdisciplinaires puissent faire le point sur les études émergentes pour une réflexion critique et un développement ultérieur. Le manuel ne présente pas de chercheurs d'autres domaines des sciences humaines et sociales (telles que la littérature comparée, la géographie, la sociologie ou l'anthropologie) engagés dans l'étude de la mobilité, bien que leurs travaux aient considérablement influencé la recherche et la théorisation des linguistes appliqués représentés ici. » Canagarajah, *Routledge Handbook*, p. 1.

50.	Pour une discussion générale sur les idéologies linguistiques, voir Woolard et Schieffelin, *Language Ideology*. Pour des informations sur les AAVE en particulier, voir Milroy, *Language Ideologies*, et Spears et Hinton, *Languages and Speakers*. Voir Cruise O'Brien, *Shadow-Politics of Wolofisation*, Cruise O'Brien, *Langue et nationalité* et McLaughlin, *Haalpulaar Identity*, pour des informations sur le multilinguisme au Sénégal.

51.	Haugen, *Dialect, Language, Nation*. Le rapport de l'abbé Grégoire sur les langues régionales à l'époque de la Révolution française affirmait que 46 % des 26 millions de personnes ne savaient pas parler français et que seulement 11 % maîtrisaient parfaitement la langue. Pour une discussion détaillée du rapport, voir Certeau, Julia, et Revel, *Une politique de la langue*, ou Lodge, *French*.

52.	Selon Rebecca Posner, « La langue standard est considérée dans la tradition française comme un trésor, un patrimoine, une institution qui a été élaborée et perfectionnée au fil du temps. » Posner, *Linguistic Change in French*, p. 11.

53.	Pour des discussions concernant l'anxiété, voir Coppel, *Les Français et la norme linguistique*, et Drewelow et Theobald, *Comparison of the Attitudes*. Archibald soutient que certaines personnes qui ont demandé la citoyenneté ont été refusées en raison de leurs capacités linguistiques insuffisantes. Archibald, *La langue citoyenne*, p. 19.

54. Selon John Staulo, « [la France] avait fait l'expérience d'une force politique centrale qui faisait rayonner l'ordre et l'unité dans tout le pays à des stades assez précoces de leur aspiration à l'unité politique et linguistique nationale. L'Italie, en revanche, n'a obtenu son unité politique que dans la seconde moitié du XIXe siècle et a connu pendant des siècles des formes politiques de gouvernement qui tendaient à fragmenter chaque région en entités linguistiques distinctes et permanentes. » Staulo, *Other Voices*, p. 8-9.

55. Même si l'italien standard a fait des progrès importants au cours des deux dernières décennies, des statistiques récentes montrent que l'utilisation de l'italien standard ne dépasse encore qu'un peu plus de 50 % lorsque les gens sont à la maison ou avec des amis. Selon l'ISTAT, « de 1995 à 2012, l'utilisation dominante de l'italien dans la famille a augmenté d'environ 10 points de pourcentage (de 43,2 % en 1995 à 53 % en 2012), de 10,3 points de pourcentage la proportion de ceux qui utilisent l'italien avec des amis (de 46,1 % à 56,4 %), et de 13,4 % l'utilisation avec des inconnus (de 71,4 % en 1995 à 84,8 % en 2012). L'utilisation exclusive du dialecte, en particulier au sein de la famille, a diminué de manière assez significative au fil du temps : entre 1995 et 2012, le pourcentage de ceux qui parlaient uniquement le dialecte dans leur famille a diminué de 23,7 % à 9 % ; de 16,4 % à 9 % lorsqu'ils parlaient avec des amis et de 6,3 % à 1,8 % lorsqu'ils parlaient avec des étrangers. » ISTAT, *Usage of Italian Language.*

56. Par exemple, Donald Carter raconte les difficultés de l'un de ses informateurs : « Un migrant sénégalais, récemment arrivé en Italie, qui a été scolarisé dans des écoles françaises toute sa vie et qui travaillait dans la construction en Italie, s'est un jour plaint : 'Cette langue est si difficile, l'italien. Au travail, mon patron est piémontais et il parle donc piémontais. Un autre est sicilien et il ne parle que le sicilien. Avec toutes ces langues, comment vais-je apprendre l'italien ? ' ». Carter, *States of Grace*, p. 143-44.

57. Selon Ronald Schmidt, « Le mouvement de l'*anglais officiel*, connu de ses détracteurs et de certains partisans comme le mouvement de l'*anglais uniquement*, a commencé officiellement au niveau national le 27 avril 1981, lorsque le sénateur S. I. Hayakawa (R-Californie) a présenté au Sénat une proposition d'amendement à la Constitution qui aurait désigné l'anglais comme la seule langue officielle des États-Unis. Depuis lors, une proposition d'amendement constitutionnel similaire a été présentée à

chaque Congrès, mais aucune n'a été soumise au vote des deux chambres. » Schmidt, *Language Policy and Identity Politics*, p. 28.

58. Gonzalez, *Language Ideologies*, introduction et Schmid, *Politics of English Only*.

59. Roberts, *Listening to (and Saving) the World's Languages*.

60. Carter, *States of Grace*.

61. Voir O. Kane, *Homeland Is the Arena* ; Buggenhagen, *Muslim Families in Global Senegal* ; Riccio, *Toubab and Vu Cumprà*, pour les études sur la migration sénégalaise qui se sont largement concentrées sur la formation de l'identité religieuse. Si la religion a été abordée dans certains de mes entretiens, la race était toujours présente. Peut-être ma propre identité raciale a-t-elle contribué à ce désir de discuter de la race. Le climat sociopolitique qui régnait à l'époque de ces entretiens a peut-être incité mes interlocuteurs à participer à la conversation sur la race.

62. Omi et Winant, *Racial Formation*, p. 102, 115.

63. Norton, *Language, Identity*, Norton, *Identity and Language Learning*; Rampton, *Crossing*.

64. Kramsch, *Privilege of the Non-Native Speaker*, Kubota, *Rethinking;* Lippi-Green, *English with an Accent*.

65. Rosa et Flores, *Unsettling Race and Language*, p. 3.

66. Ibrahim, *Becoming Black*, p. 353.

67. Selon Ibrahim, « [les jeunes Africains de l'étude] accèdent aux identités culturelles noires et à la pratique linguistique noire dans et à travers la culture populaire noire, en particulier les vidéos de musique rap, les programmes de télévision et les films noirs ». Il affirme que ce type d'apprentissage de la langue ne consiste pas tant à maîtriser la langue qu'à faire une déclaration sur l'identité : « C'est une façon de dire : Moi aussi, je suis noir » ou « Moi aussi, je désire et je m'identifie à la négritude ». Ibrahim, *Becoming Black*, p. 359, 351.

68. Fanon, *Peau noire, masques blancs*, p. 14.

69. Sarkozy, *Le discours de Dakar*.

70. La version mise en ligne sur le site gouvernemental n'est plus accessible. Le Monde a reproduit le discours mais sans le mot « histoire » en majuscule.

71.   Mbembe, *L'Afrique de Nicolas Sarkozy*. Voir D. Thomas, *Africa and France*, pour une exploration plus approfondie du discours de Sarkozy et des discussions sur la relation entre la France et l'Afrique.

72.   Pour une discussion plus approfondie, voir Hargreaves, *Multiethnic France*, et Lloyd, *Concepts, Models and Anti-Racist Strategies*.

73.   Voir Lozès, *Black France*, pour une discussion sur le logement et l'emploi, et Constant, *Invention of Blacks in France*, pour une discussion autour de la légitimité.

74.   Patrick Lozès, fondateur du CRAN (Conseil représentatif des associations noires de France), s'est étendu sur la tension autour du mot *noir*, qui a « longtemps été tabou dans le vocabulaire politique français, peut-être parce qu'il renvoyait à une réalité que personne ne voulait affronter. Dans un pays qui se considère comme le pays des droits de l'homme, il est difficile, voire honteux, d'admettre que des millions de citoyens subissent quotidiennement des discriminations massives, qui limitent leur accès au logement, à l'emploi, à l'éducation, au crédit, à la création d'entreprise, aux loisirs. » Lozès, *Black France*, p. 103.

75.   Pap Ndiaye a évoqué ce paradoxe pour les minorités visibles : « Les Noirs de France sont individuellement visibles, mais ils sont invisibles en tant que groupe social et qu'objet d'étude pour les universitaires. D'abord en tant que groupe social, ils sont censés ne pas exister, puisque la République française ne reconnaît pas officiellement les minorités, et ne les compte pas non plus. » Ndiaye, *Pour une histoire des populations noires*, p. 91.

76.   Remettant en cause une tradition qui s'est concentrée uniquement sur le rôle des structures sociales dans la formulation d'une identité nationale, Didier et Éric Fassin ont montré comment « la question sociale est aussi une question raciale ».   Fassin et Fassin, *De la question sociale*, p. 13. Les chapitres du volume édité par Trica Danielle Keaton, Denean Sharpley-Whiting et Tyler Stovall montrent comment « la négritude en France est avant tout une réponse et un rejet du racisme anti-noir. Être noir, c'est avant tout être la cible de ce racisme et développer des stratégies pour y résister. » Keaton, Sharpley-Whiting et Stovall, *Black France / France Noire*, p. 3.

77.   En se concentrant sur la migration des personnes et de leurs identités dans les œuvres d'auteurs provenant d'une variété de pays africains francophones et de périodes, Dominic Thomas explore les « circonscriptions transnationales qui ont émergé du colonialisme et de l'immigration [pour offrir] de nouvelles façons de penser la dimension

symbiotique des relations et des flux de population entre la France et le monde francophone ». Il relie le colonialisme et l'immigration postcoloniale ainsi que les histoires françaises et africaines en utilisant ce qu'il appelle une approche transcoloniale afin de « rendre compte de la négritude dans ses multiples formes expressives en France en tant qu'expérience vécue, d'autant plus que ces questions ont, jusqu'à récemment, été ignorées en France. » D. Thomas, *Black France*, p. 3, p. 206.

78.   Christina Lombardi-Diop et Caterina Romeo marquent la période coloniale italienne depuis sa première colonie officielle en Érythrée en 1890 jusqu'à sa perte de la Libye ainsi que de l'Albanie et des îles du Dodécanèse en 1943 : « Au cours de la période 1890-1943, l'Italie a revendiqué des droits coloniaux sur l'Érythrée, la Somalie, certaines parties de la Libye, l'Éthiopie, les îles du Dodécanèse et l'Albanie. » Lombardi-Diop et Romeo, introduction à *Postcolonial Italy*, p. 1.

79.   Ben-Ghiat et Fuller, *Italian Colonialism*, p.1. Voir *Racist Discourses and Practices* de Barbara Sòrgoni pour une discussion du racisme systémique dans l'administration de la colonie éthiopienne.

80.   Voir Gramsci, *Southern Question*, pour une discussion sur le clivage Nord-Sud. Nelson Moe soutient que dans l'imaginaire du Nord, le Sud a représenté « à la fois l'Afrique et la *terra vergine*, un réservoir de résidus féodaux, de paresse et de misère d'une part, et de paysans pittoresques, de traditions rustiques et d'exotisme d'autre part ». Moe, *View from Vesuvius*, p. 3.

81.   Verdicchio, *Bound by Distance*, p. 28.

82.   Gillette, *Racial Theories in Fascist Italy*.

83.   Selon David Ward, l'incapacité de l'Italie à réconcilier son passé fasciste entraîne des répercussions sur les formulations actuelles de l'identité nationale italienne. En examinant divers types de production culturelle italienne, tels que les graffitis trouvés dans Rome, il a retracé l'évolution des discours racistes contemporains concernant l'immigration. Ward, « *Italy* » *in Italy*, p. 91.

84.   Le *Io, nero italiano* de Khouma en est un excellent exemple. Voir Brioni, *Somali Within*, pour plus d'informations.

85.   Omi et Winant, *Racial Formation*.

86.   La dimension raciale de l'esclavage a été mise en évidence dans le jugement de 1640 dans lequel John Punch, un Africain, a été condamné à l'esclavage à vie après avoir été pris en train de s'échapper de sa servitude pour dettes, tandis que les deux évadés blancs pris avec lui n'ont

été punis que par quelques années supplémentaires de servitude pour dettes. En outre, Leon Higginbotham a affirmé qu'au milieu du XVIIᵉ siècle, les colons blancs « commençaient déjà à mettre en place un processus d'avilissement et de cruauté réservé aux Noirs ». Higginbotham, *In the Matter of Color*, p. 26.

87. La Louisiane, colonie française jusqu'à la vente de la Louisiane, s'appuyait sur le Code Noir depuis 1724. Tout en garantissant certains droits aux personnes asservies, ce code, qui remonte à 1685 dans les autres colonies françaises, codifiait également le lien entre la négritude et l'esclavage. De même, en 1723, le gouverneur de Virginie William Gooch justifie le refus du droit de vote aux Noirs libres, estimant qu'il est nécessaire « de fixer une marque perpétuelle sur les nègres et les mulâtres en les excluant du grand privilège d'un homme libre. » Allen, *Invention of the White Race*, p. 242.

88. Voir Ross, *Multi-Level Bayesian Analysis*, pour une exploration des préjugés raciaux dans la police ; Gray, *Watching Race*, et Means Coleman, *Say it Loud !* pour la représentation dans les médias ; et Alim, Rickford, et Ball, *Raciolinguistics*, et Flores et Rosa, *Undoing Appropriateness*, pour la relation entre la race et les normes linguistiques. Par exemple, en attirant l'attention sur la dynamique du pouvoir, Flores et Rosa théorisent que les idéologies raciolinguistiques « produisent des sujets racialisés qui sont construits comme linguistiquement déviants même lorsqu'ils s'engagent dans des pratiques linguistiques considérées comme normatives ou innovantes lorsqu'elles sont produites par des sujets blancs privilégiés ». Flores et Rosa, *Undoing Appropriateness*, p. 150.

89. Voir Stoller, *Money Has No Smell*, et Zeleza, *Diaspora Dialogues*, pour une discussion sur les relations entre Africains et Afro-Américains. *Globalization of Race* de Clarke et Thomas explore les difficultés qui surgissent lorsque les diasporas s'affrontent.

90. Marable et Agard-Jones, *Transnational Blackness*, p. 3.

91. Fouquet, *Construire la Blackness depuis l'Afrique*.

92. Fila-Bakabadio explique : « Au-delà des liens continus des Africains-Américains avec d'autres peuples noirs, le terme blackness peine à s'extraire d'une lecture étatsunienne et conduit souvent à réifier la race, voire à penser une unicité des peuples noirs qui n'existe pas ». Fila-Bakabadio, *Photographie et géographie corporelle*, p. 23.

93. Pierre et Niauffre, *L'Afrique et la question*. Pierre aborde également la question de la formation raciale mondiale : « Mon travail révèle la longue histoire de l'interaction qui n'a pas seulement été facilitée par les négociations actives et conscientes des personnes d'ascendance africaine, des deux côtés de l'Atlantique, mais qui a également été façonnée par les processus sociaux, économiques et politiques mondiaux qui ont travaillé pour informer les compréhensions raciales de l'identité de ces populations. En tant que tel, mon objectif n'était pas de me limiter aux négociations complexes dans l'élaboration contemporaine des relations entre la diaspora africaine et les Africains, mais de recadrer ces négociations à la fois dans la longue durée historique des dialogues afro-atlantiques et dans les processus de formation raciale globale. » Pierre, *Predicament of Blackness*, p. 183.

94. Pierre, *Predicament of Blackness*, p. xii.

95. Une autre façon de penser à la racialisation mondiale est d'utiliser le concept de Shih de la mondialité de la race. Selon elle, « parce que les instances de racialisation sont situées à des moments et dans des lieux spécifiques, la comparaison entre ces instances peut sembler aléatoire ou sans rapport, mais le tournant colonial révèle des relations potentielles et concrètes entre elles. Penser de manière comparative revient donc à penser le monde où le tournant colonial a laissé des traces indélébiles, c'est-à-dire à penser la mondialité de la race. » Shih, *Comparative Racialization*, p. 1349.

96. Dans la théorie de la traduction, Paul Ricoeur décrit l'hospitalité langagière comme un site où « le plaisir d'habiter la langue de l'autre est compensé par le plaisir de recevoir chez soi, dans sa propre demeure, la parole de l'étranger. » Ricœur, *Sur la traduction, « Défi et bonheur de la traduction »*, p. 20. De plus, il soutient qu'elle est le parangon de tous les autres types d'hospitalité. Ricœur, *Réflexions sur le juste*, p. 116.

97. Anderson soutient que la nation « est imaginée parce que les membres de la plus petite nation ne connaîtront jamais la plupart de leurs congénères, ne les rencontreront jamais, ni même n'entendront parler d'eux, et pourtant dans l'esprit de chacun vit l'image de leur communion. Dans les faits, toutes les communautés plus grandes que les villages primitifs de contact face à face (et peut-être même ceux-là) sont imaginées. » Anderson, *Imagined Communities*, p. 6.

98. Elles incarnent le concept de transnational de Françoise Lionnet et Shu-mei Shih, qui « n'est pas lié par le binaire du local et du global et peut se produire dans des espaces nationaux, locaux ou globaux à travers

des spatialités et des temporalités différentes et multiples. » Lionnet et Shih, *Minor Transnationalism*, p. 6.

99. Bourdieu, *Distinction*, p. 291.

100. Kramsch et Whiteside détaillent ce qu'implique la compétence symbolique : « Les acteurs sociaux dans les contextes multilingues semblent activer plus qu'une compétence communicative qui leur permettrait de communiquer de manière précise, efficace et appropriée les uns avec les autres. Ils semblent faire preuve d'une capacité particulièrement aiguë à jouer avec divers codes linguistiques et avec les diverses résonances spatiales et temporelles de ces codes. Nous appelons cette compétence compétence symbolique ». Kramsch et Whiteside, *Language Ecology in Multilingual Settings*, p. 664. Ana Celia Zentella donne comme exemple de compétence symbolique les enfants portoricains de New York qui grandissent à El Bloque et qui utilisent toutes les langues à leur disposition pour transmettre différentes significations, tout en étant fiers de leur capacité unique à le faire. Zentella, *Growing Up Bilingual*.

101. Kramsch, *Multilingual Subject*, p. 17. Kimberly Vinall explique en outre que c'est grâce à la compétence symbolique que les apprenants en langue seconde peuvent acquérir « le potentiel de prendre conscience de la traversée de multiples frontières entre les codes linguistiques et les significations culturelles, le soi et les autres, diverses échelles de temps et contextes historiques, et les structures de pouvoir, et d'y réfléchir de manière critique et d'agir en conséquence. » Vinall, *Got Llorona?*, p. 5.

102. García, *Education, multilinguisme et translangage*, p. 140.

103. Comme l'affirment Jan Blommaert et Ben Rampton, « il existe aujourd'hui un ensemble substantiel de travaux sur les idéologies du langage qui dénaturalisent l'idée qu'il existe des langues distinctes, et qu'une langue propre est délimitée, pure et composée de sons structurés, d'une grammaire et d'un vocabulaire conçus pour se référer à des choses (Joseph et Taylor 1990 ; Woolard, Schieffelin et Kroskrity 1998). Les langues nommées (anglais, allemand, bengali) sont des constructions idéologiques historiquement liées à l'émergence de l'État-nation au XIXe siècle, lorsque l'idée de langues autonomes, libres de tout organisme et d'intervention individuelle s'est mêlée à la différenciation des peuples en termes d'essences spirituelles (Gal et Irvine 1995 ; Taylor 1990). » Blommaert et Rampton, *Language and Superdiversity*, p. 3-4.

104. Ofelia García et Wei Li expliquent comment « une approche translangagière du bilinguisme étend le répertoire des pratiques sémiotiques

des individus et les transforme en ressources mobiles dynamiques qui peuvent s'adapter aux situations sociolinguistiques mondiales et locales. En même temps, le translangager s'intéresse aussi à la construction sociale de la langue et du bilinguisme dans laquelle les locuteurs opèrent. » García et Wei, *Translanguaging*, p. 18.

105. Si le terme *translangager* est un outil conceptuel important, *l'alternance codique* est un terme parfaitement adéquat pour désigner le discours multilingue et sera utilisé tout au long de cet ouvrage.

106. Pour García, le multilinguisme est la norme dans le monde entier, mais les pratiques multilingues, en particulier en Amérique du Nord et en Europe, sont souvent présentées comme des formes de communication déficientes. Elle explique que la plupart des études sur le bilinguisme ont lieu en Amérique du Nord, où, aux yeux du public, le bilinguisme est souvent considéré comme nuisible à la compétence linguistique monolingue ; cependant, la plus grande complexité linguistique existe en Afrique subsaharienne et en Asie du Sud-Est. García, *Education, Multilingualism and Translanguaging*, p. 142-43.

107. Comme l'affirment Blommaert et Rampton, « Plutôt que de travailler avec l'homogénéité, la stabilité et la délimitation comme hypothèses de départ, la mobilité, le mélange, la dynamique politique et l'intégration historique sont désormais des préoccupations centrales dans l'étude des langues, des groupes linguistiques et de la communication. » Blommaert et Rampton, *Language and Superdiversity*, p. 3. Voir également Blommaert, *From Mobility to Complexity*.

108. Par exemple, l'étude anthropologique de Tricia Redeker Hepner met en lumière les facettes du transnationalisme dans un monde globalisé lorsqu'elle démontre comment une nation postcoloniale comme l'Érythrée peut être à la fois centralisée et diffuse, nationaliste et internationaliste. Redeker Hepner, *Soldiers, Martyrs, Traitors, and Exiles*.

109. Pour protéger davantage la vie privée, j'ai également accepté de prendre des notes au lieu d'enregistrer les conversations lorsqu'on me l'a demandé.

110. L'appendice A fournit des informations démographiques sur les informateurs à Paris.

111. L'appendice B fournit des informations démographiques sur les informateurs de Rome.

112. Un cours de langue intermédiaire, qui attire souvent les migrants, est similaire à une classe prise pour un diplôme d'équivalence générale (GED).

113. Bien que les trois principaux informateurs soient tous des personnes instruites âgées de 20 à 30 ans, ils ont interagi et m'ont présenté un large éventail de personnes en termes d'âge et de niveau d'instruction. L'appendice C fournit des informations démographiques sur les informateurs de la ville de New York.

114. Voir Norton, *Language, Identity*, et Norton, *Identity and Language Learning*, pour une discussion plus approfondie.

Chapitre 1

1. Voir les informations sur chaque informateur, y compris la date de l'entretien, dans les appendices.

2. Norton, *Language, Identity*, p. 411.

3. Voir le site officiel du gouvernement français pour plus d'informations : https://www.diplomatie.gouv.fr/fr/

4. Voir par exemple les scènes d'écriture de lettres dans *La noire de...* et *Mandabi* (Le mandat) de Sembène.

5. Constatant les « marques indélébiles » du colonialisme, Dominic Thomas montre comment ce phénomène affecte également la production littéraire francophone : « Les écrivains francophones ont par définition été contraints de médiatiser leurs projets esthétiques et politiques à travers un domaine linguistique inextricablement lié à ce contexte historique. » D. Thomas, *Black France*, p. 82-83.

6. En effet, l'OIF estime que d'ici 2050, 80 % des 700 millions de francophones prévus dans le monde se trouveront en Afrique et que le français pourrait devenir la deuxième langue la plus parlée de la planète. Pour plus d'informations, voir *diplomatie.gouv.fr* ; *francophonie.org*.

7. Dans le cas du Sénégal, le français est le plus souvent considéré comme la langue officielle, le terme « langue nationale » étant généralement réservé aux langues autochtones telle que le wolof.

8. Le territoire français d'Afrique de l'Ouest comprenait les pays actuels que sont le Sénégal, le Mali, la Mauritanie, la Guinée, la Côte d'Ivoire, le Burkina Faso, le Bénin et le Niger. La capitale fédérale, et donc

la résidence des gouverneurs généraux de l'Afrique occidentale française, était d'abord à Saint-Louis, puis à Dakar.

9. Voir Senghor, *Le français, langue de culture*, pour ses réflexions sur la langue et la culture françaises. Voir le roman d'Ousmane Sembène, *Le dernier de l'empire*, pour une critique de la relation de Senghor avec la France et le français.

10. Hakim fait spécifiquement référence à l'Afrique de l'Ouest, mais il inclut l'Afrique centrale lorsqu'il parle du Congo.

11. La notion de discours de Tarzan apparaît généralement dans les recherches sur le discours des étrangers. Voir Ferguson, *Toward a Characterization*, et Lipski, *Partial Spanish Strategies*.

12. Fanon, *Peau noire, masques blancs*.

13. En fait, dans la chanson « Tout ceci ne vous rendra pas le Congo », le rappeur belge congolais Baloji dit : « Le Congolais reste le nègre de l'Afrique ».

14. Ce terme Français de souche apparaît souvent dans mes interviews et désigne les Français blancs dont les familles vivent en France depuis au moins plusieurs générations. Laurent Dubois le traduit par « vrais » Français. Dubois, *République Métissée*, p. 18 (guillemets ironiques dans l'original).

15. Il serait intéressant de savoir si cette situation est atypique. Je n'ai pas encore trouvé dans la recherche d'autres exemples de locuteurs d'une langue officielle soutenant que leur variété d'une langue coloniale est meilleure que celle des locuteurs du pays colonisateur d'origine. (J'exclus les contextes coloniaux de peuplement tels que les États-Unis, le Canada et l'Australie, qu'il serait également utile d'explorer, mais qui nécessiteraient une lentille différente). Cependant, Yasukata Yano cite des preuves anecdotiques tirées de communications personnelles dans lesquelles des locuteurs singapouriens de l'anglais remettent en question la validité des locuteurs du cercle intérieur (ceux du centre) en ce qui concerne la langue maternelle parce qu'ils « pensent qu'ils sont des locuteurs natifs de l'anglais et qu'ils ont l'intuition du locuteur natif ». Yano, *World Englishes*, p. 122. Voir également B. Kachru, *Standards, Codification and Sociolinguistic Realism*, pour une discussion sur les trois cercles de l'anglais.

16. Empruntant à l'économie politique et se référant au monde anglophone, Canagarajah définit le centre comme « les communautés industriellement et économiquement avancées de l'Occident, qui soutiennent

leur hégémonie idéologique en maintenant les communautés moins développées dans un statut de périphérie ». La périphérie, quant à elle, désigne « les utilisateurs récents de cette langue, dont beaucoup feraient preuve d'une solide compétence multilingue dans de nombreux codes, y compris les dialectes standard du centre ainsi que leurs variantes indigènes de l'anglais, qu'ils utiliseraient de manière appropriée au contexte ». Canagarajah, *Interrogating the Native Speaker Fallacy*, p. 79.

17.   Nous observons une situation similaire avec l'espagnol en Amérique latine, où les facteurs historiques et sociaux ont une incidence sur les conceptions contemporaines du prestige qui pourraient être appliquées à une compréhension révisée du centre et de la périphérie. Par exemple, Ralph Penny affirme qu'en raison de la position de Mexico et de Lima en tant que principaux centres administratifs et culturels de l'Amérique latine, les parlers des hauts plateaux du Mexique et du Pérou sont devenus des exemples de variétés prestigieuses. Les locuteurs de ces deux variétés pouvaient être considérés comme incarnant le statut de centre par rapport au reste de l'Amérique latine, dont le statut est plus périphérique. Penny, *History of the Spanish language*, p. 23-26.

18.   Comme l'affirme Thomas, « l'éducation coloniale et la diffusion du mythe de l'universalisme et de la supériorité culturelle de la France ont créé un désir logique chez les sujets coloniaux de voyager vers la métropole, résultat d'un francocentrisme acquis qui contenait à son tour la promesse d'un capital culturel. » D. Thomas, *Black France*, p. 51.

19.   Il va sans dire que les personnes de couleur peuvent parler le français standard aussi bien que les locuteurs blancs ; cependant, comme la discussion du chapitre 2 le montrera, les jugements de valeur sur la capacité linguistique sont souvent liés à la race, indépendamment de la compétence linguistique des locuteurs, démontrant ainsi la myopie des idéologies de cécité aux couleurs.

20.   Il y a quelques cas notables d'italophones dans les données de la ville de New York, y compris Bouba, la seule personne qui a été exposée à l'italien pendant son séjour au Sénégal, dont je vais analyser la perspective en détail au chapitre 4.

21.   L'extrait utilise les langues suivantes : italien, français.

22.   *Damme* en romanesco ; *dammi* en italien standard.

23.   Se référer à l'Alphabet phonétique international (API) pour les écritures entre crochets.

24. Bien qu'il existe des règles orthographiques formelles pour ces langues, utilisées principalement par les linguistes et certains auteurs littéraires, la plupart des gens se contentent de les écrire phonétiquement, ce qui signifie généralement utiliser une orthographe francisée qui date de l'époque coloniale. McLaughlin, *Dakar Wolof*, p. 167.

25. *Essetto* est la version romanesco du mot italien *eccetto*.

26. Selon les enquêtes Doxa (mille interviews en 1974 et 1988, deux mille interviews en 1982), en 1988, 40 % des Italiens adultes parlaient le dialecte avec tout le monde à la maison, contre 34 % qui parlaient l'italien à la maison avec tout le monde. Avec les amis et les collègues, 23 % parlaient toujours le dialecte, contre 31 % qui parlaient toujours l'italien. Tosi, *Language and Society*, p. 29-30.

27. Il serait intéressant pour une recherche future de voir si les Sénégalais qui ont appris des variétés régionales considèrent certaines comme plus prestigieuses que d'autres.

28. Le romanesco est plus répandu dans le quartier de Trastevere et se caractérise par une prononciation plus ouverte et plus lente. La prévalence des formes abrégées des mots est notée. K. J. Pratt, *Dialect of Rome*, p. 168. Déaffrication de l'intervocalique /tʃ/ en /ʃ./ /ʃ/ est également courante. Loporcaro et Bertinetto, *Sound Pattern of Standard Italian*, p. 135.

29. Une étude similaire sur les attitudes des Gambiens envers l'anglais, en utilisant la Gambie comme site principal, serait une direction future utile.

30. Voir Ager, *Identity, Insecurity and Image*, pour des recherches sur la menace de la langue anglaise. Cependant, l'aversion de la France pour l'anglais est parfois exagérée. Selon un rapport Eurobaromètre de 2012 sur les langues dans l'Union européenne, 39 % des personnes interrogées en France ont déclaré parler l'anglais suffisamment bien pour tenir une conversation, 57 % ont déclaré utiliser l'anglais occasionnellement, et 92 % pensent que l'anglais est l'une des deux langues les plus utiles à apprendre pour les enfants. *Les Européens et leurs langues*, p. 21, 44, 80.

31. Il y a beaucoup d'exemples dans mes entretiens sur la façon dont les Italiens n'apprennent pas bien l'anglais, mais les explications sont basées non pas sur un dédain culturel pour l'anglais comme on le trouve dans les données de Paris, mais sur une perception que l'Italie n'est pas intéressée par le multilinguisme à moins qu'il ne se réfère spécifiquement aux langues et dialectes italiens.

32. Bien que rien dans mes données ne soutienne spécifiquement ces affirmations, des recherches supplémentaires sur les attitudes des Sénégalais à l'égard de l'anglais en tant que langue post-coloniale seraient tout à fait productives. En outre, alors que les amis de mon collègue peuvent se hérisser à l'idée d'aller en Gambie pour apprendre l'anglais, la réalité est qu'il existe une longue tradition de migration entre le Sénégal et la Gambie. Voir Ngom, *Social Status*, pour plus d'informations. De plus, la Gambie a envoyé 264 millions de dollars au Sénégal en 2017, ce qui la place au quatrième rang des envois de fonds annuels (derrière la France, l'Italie et l'Espagne), selon la matrice des envois de fonds bilatéraux 2017 de la Banque mondiale.

33. Bien qu'il existe très peu de travaux universitaires sur l'acquisition de l'anglais au Sénégal, Fallou Ngom note que la domination britannique intermittente au Sénégal et en Gambie aux XVIIIᵉ et XIXᵉ siècles est partiellement responsable de l'influence de l'anglais. Ngom, *Statut social*, p. 354. En outre, puisque le Sénégal suit le modèle éducatif français, il serait logique que l'on apprenne l'anglais britannique à l'école. La plupart des discussions sur l'apprentissage des langues étrangères ne se trouvent pas dans les textes académiques mais dans ceux destinés au marketing. Par exemple, une étude du British Council a révélé que le Sénégal a le plus haut niveau de compétence en anglais de tous les pays d'Afrique de l'Ouest. Sene, *Sénégal*.

34. Ayant été expulsés de Harlem, qui s'embourgeoise rapidement, beaucoup des personnes que j'ai interrogées vivent au fin fond du Bronx ou du Queens.

35. Howe, *Négation*, p. 185. New York est un centre dialectal majeur avec de multiples hiérarchies et registres. Voir Newman, *New York City English*, pour un compte rendu très détaillé de la variation linguistique dans la ville de New York en ce qui concerne les caractéristiques régionales ainsi que les facteurs raciaux contribuant à la variation sociolinguistique.

36. La recherche sur l'acquisition d'une langue seconde s'est spécifiquement penchée sur l'acquisition de langues non standard telles que l'AAVE. Par exemple, Lynn Goldstein a étudié la motivation d'un groupe de vingt-huit garçons latinos de la ville de New York à choisir l'AAVE plutôt que le SAE comme langue cible. Ce faisant, elle aborde la question de savoir ce que signifie faire un choix sociolinguistique dans l'apprentissage d'une deuxième langue et quels facteurs dictent le choix de la langue cible. Elle postule que le contact avec la langue et le sentiment d'identité jouent le

plus grand rôle dans l'assimilation de différents points de grammaire. Goldstein, *Standard English*, p. 426.

37.   La race n'est pas le seul facteur de variation linguistique mentionné par les informateurs. Par exemple, Bouba a fait remarquer des différences à la fois raciales et régionales : « Les blancs et les noirs ne parlent pas la même langue. Ou quand vous allez en Alaska ou en Oregon, tous les états ici, l'anglais n'est pas le même. J'ai vécu en Pennsylvanie et la langue n'est pas la même dans d'autres parties des États-Unis ». Dans toutes les données, on trouve des exemples de différences de classe et de région. Cependant, la plupart des discussions sur les variations linguistiques sont liées à la race ou au niveau d'éducation.

38.   McLaughlin, *Haalpulaar Identity*.

39.   La région de la Casamance, en particulier, remet en question le récit de la domination wolof. Bien qu'ils constituent une infime minorité au niveau national, les Jola sont le groupe ethnique dominant de la Casamance. Depuis les années 1980, la Casamance est le foyer d'un mouvement séparatiste qui revendique son autonomie, voire son indépendance.

40.   Techniquement, le pular est un terme utilisé pour désigner les dialectes de la langue fulfulde parlés par les Peuls et les Toucouleurs en Sénégambie, en particulier dans la région de Futa Toro, le long de la frontière sénégalo-mauritanienne. Le fulfulde est, en quelque sorte, une langue internationale puisque ses dialectes sont parlés dans une grande partie de l'Afrique de l'Ouest ainsi que dans la diaspora, avec des degrés variables d'intelligibilité entre eux. Cependant, il n'existe pas de norme transdialectale comparable à l'arabe standard moderne, ce qui limite la portée internationale de chaque dialecte. Voir Kane et Robinson, *Islamic Regime of Fuuta Tooro*, pour plus d'informations.

41.   Le coeur du Little Senegal, la 116ème rue traverse Harlem.

42.   Le français est une autre lingua franca.

43.   Aminata s'exprimait lors de son entretien commun avec Diallo

44.   Cependant, le français doit être utilisé avec modération. Comme Swigart l'explique à propos de l'utilisation du wolof au Sénégal, « L'utilisation d'une variété urbaine telle que le wolof urbain doit être mise en contraste avec le choix des locuteurs éduqués d'utiliser une langue européenne par elle-même. L'utilisation du français sans au moins un

recours aux expressions ou aux éléments lexicaux wolofs dans une conversation amicale, ou même dans une discussion informelle sur le lieu de travail, fait du Sénégalais un assimilé, une victime peut-être trop consentante de la mission civilisatrice française. Parler français est souhaitable ; parler trop français est inapproprié. La plupart des Sénégalais ne souhaitent pas afficher ce genre d'admiration ou de proximité avec le centre culturel de l'époque coloniale. » Swigart, *Cultural Creolisation*, p. 179.

45. O. Kane, *Homeland Is the Arena*, p. 63-66.

46. Alors que Harlem continue de s'embourgeoiser et que les communautés sénégalaises des autres arrondissements attirent de nouveaux migrants, il sera intéressant de voir ce que cette fragmentation fait au Little Senegal. Cependant, tant que les marchés, les magasins et les restaurants survivront, les Sénégalais de toute la ville continueront d'affluer à Harlem.

47. Carter, *States of Grace* ; Riccio, *Toubab et Vu Cumprà*.

48. Charbol, *Château Rouge*.

49. Sébastien a révélé qu'il était un citoyen sénégalais avec une carte de séjour temporaire française.

50. McLaughlin, *Dakar Wolof.*

Chapitre 2

1. Secrétariat général à l'immigration et à l'intégration, *Réforme du contrôle de la connaissance de la langue française par les candidats à la nationalité* (Loi n° 94-665 du 4 août 1994). Cette exigence ne s'applique pas aux apatrides et aux réfugiés politiques. Les États-Unis ont également une exigence linguistique, avec des exemptions et des aménagements en fonction de l'âge, de la durée de résidence et des handicaps. Le test d'anglais exige que le demandeur lise correctement une phrase sur trois, écrive correctement une phrase sur trois et communique en anglais pendant l'entretien d'éligibilité (voir *uscis.gov*). Depuis 2012, les candidats à la résidence en Italie doivent signer un accord d'intégration (accordo di integrazione), qui prévoit soit de suivre des cours d'italien, soit de passer un test de langue italienne (voir *interno.gov.it/it/temi/immigrazione-e-asilo/modalita-dingresso/accordo-integrazione-straniero-richiede-permesso-soggiorno*).

2. La législation linguistique en France reflète les attitudes sociétales concernant la valeur accordée à la langue française, en particulier,

une norme standardisée, qui a historiquement été importante en France comme marqueur de la cohésion sociétale. De la législation de l'époque révolutionnaire, qui a accentué la nécessité d'une langue nationale, aux lois Ferry de 1882-83, qui ont inauguré l'ère de l'acquisition universelle de la langue standard, lier la langue au sentiment de nationalité et au devoir envers la patrie n'est pas nouveau.

3. Archibald, *La Langue Citoyenne*, p.19. Le niveau de compétence linguistique requis est B1 : « Peut comprendre les points essentiels quand un langage clair et standard est utilisé et s'il s'agit de choses familières dans le travail, à l'école, dans les loisirs, etc. Peut se débrouiller dans la plupart des situations rencontrées en voyage dans une région où la langue cible est parlée. Peut produire un discours simple et cohérent sur des sujets familiers et dans ses domaines d'intérêt. Peut raconter un événement, une expérience ou un rêve, décrire un espoir ou un but et exposer brièvement des raisons ou explications pour un projet ou une idée. » Les niveaux de compétences linguistiques ont été définis par le Conseil de l'Europe dans le *Cadre européen commun de référence pour les langues.*

4. Claire Kramsch a fait valoir que le statut de locuteur natif « est plus qu'un privilège de naissance ou même d'éducation. C'est l'acceptation par le groupe qui a créé la distinction entre locuteurs natifs et non natifs ». Kramsch, *Privilege of the Non-Native Speaker*, p. 363.

5. Kubota, *Repenser la supériorité.*

6. Dans ses recherches sociolinguistiques sur les attitudes linguistiques et l'accent, Rosina Lippi-Green décrit comment « l'évaluation de l'efficacité de la langue, bien que parfois tout à fait pertinente, est souvent une façon déguisée de juger non pas la livraison du message mais l'identité sociale du messager. » *Lippi-Green, English with an Accent*, p. 17.

7. Le V alsacien se prononce /f/, ce que Diome transmet en substituant des V aux F dans l'écriture. Voir Keller, *German Dialects*, pour plus d'informations sur la phonologie alsacienne.

8. Diome, *La préférence nationale*, p. 86, p. 87 ; diatribe silencieuse, p. 87

9. La narratrice de Diome rencontre un scénario très similaire lorsqu'une femme refuse de lui offrir un poste de soutien scolaire en raison de la couleur de sa peau : « Je veux une personne de type européen ; je ne veux pas qu'on me bousille l'éducation de mon enfant ». L'expression de type européen est un euphémisme pour désigner une personne blanche qui permet de ne pas dire « blanc » dans un contexte où parler de race est tabou.

La narratrice se dit alors : « Madame est française, il est vrai, mais elle n'a même pas son bac et s'estime incapable d'assurer le soutien scolaire de sa fille. À cause de mes lèvres noires, qui du moins psalmodient la langue de Vaugelas mieux que les siennes, elle me refuse le travail. ». Diome, *La préférence nationale*, p. 91. La compétence linguistique française de la narratrice ne suffit pas à blanchir ses lèvres noires, à faire d'elle une Française, et elle se voit donc refuser un emploi pour des raisons raciales.

10. Lucie est en train d'apprendre le wolof afin de se sentir plus proche du pays de ses ancêtres.

11. Jean-Paul a insisté pour être interviewé en anglais afin de s'entraîner.

12. L'*Autre* évoque le subalterne noir postcolonial. La question de Gayatri Spivak, à savoir si le subalterne peut parler, est particulièrement pertinente si l'on considère quelles langues sont utilisées, à qui ces langues « appartiennent, et combien de fois les locuteurs sont illégitimes en raison de leurs origines et donc refusés d'être entendus ». Spivak, *Can the Subaltern Speak?*

13. Se concentrant principalement sur la façon dont les perceptions des accents influencent les interactions entre les locuteurs natifs et non natifs, Lippi-Green prévient que, bien que tous les interlocuteurs doivent s'efforcer de réussir la communication, les locuteurs natifs ont tendance à se soustraire à leurs devoirs de communication lorsqu'ils s'adressent à des locuteurs non natifs, par exemple en prétendant qu'ils ne peuvent pas comprendre l'accent de quelqu'un sans vraiment essayer. Lippi-Green, *English with an Accent*. L'étude de Donald Rubin, dans laquelle soixante-deux étudiants américains de premier cycle ont écouté une conférence préenregistrée de quatre minutes donnée par un anglophone de l'Ohio, montre comment la perception de l'ethnicité d'un locuteur peut influencer la compréhension orale. On a montré à la moitié du groupe la photo d'une femme asiatique et on lui a dit que la voix lui appartenait, tandis qu'on a montré à l'autre moitié la photo d'une femme blanche. Les questionnaires ont non seulement montré que les étudiants pensaient que la femme blanche était plus facile à comprendre, mais ils ont également obtenu de meilleurs résultats à un test de compréhension orale, même si tous les étudiants ont écouté exactement le même enregistrement. Rubin, *Nonlanguage Factors*.

14. Lippi-Green propose une conclusion similaire : « Le processus de standardisation et de subordination linguistique ne se préoccupe pas tant

d'une homogénéité globale de la langue, mais de l'exclusion de certains types de langue et de variation seulement, ceux liés aux différences sociales qui nous mettent mal à l'aise. » Lippi-Green, *English with an Accent*, p. 121.

15. Lippi-Green, disséquant différentes publicités et articles promouvant les bons accents dans le contexte américain, montre que le racisme est un facteur probable : « Les accents asiatiques, indiens et du Moyen-Orient et les accents espagnols ne sont pas acceptables ; apparemment, les accents français, allemands, britanniques, suédois le sont, quelles que soient les difficultés de communication que ces langues peuvent entraîner dans l'apprentissage de l'anglais. » Lippi-Green, *English with an Accent*, p. 146. En d'autres termes, ces accents ne représentent pas l'Autre dans l'esprit de la plupart des Américains qui considèrent les personnes venant de ces pays comme des égaux.

16. Cela ne veut pas dire que certains secteurs de la population française ne sont pas inquiets de l'influence de la langue anglaise. Par exemple, la loi Toubon, également appelée loi n°. 94-665 du 4 août 1994, « Relative à l'emploi de la langue française », exige l'utilisation du français dans les publications officielles du gouvernement, les publicités, les lieux de travail, les écoles financées par le gouvernement et d'autres contextes. De nombreux chercheurs, comme Michele Belluzzi, ont suggéré que cette loi visait particulièrement l'anglais et son influence sur la langue et la culture françaises. Belluzzi, *Cultural Protection*. Dennis Ager examine en détail l'américanophobie. Ager, *Identity, Insecurity and Image*. Si de nombreuses attitudes négatives existent quant à l'influence de la langue anglaise en France, ces attitudes semblent limitées à la langue. Lorsqu'il s'agit d'attitudes négatives à l'égard des personnes qui parlent anglais, les expatriés d'Angleterre ou d'Amérique ne semblent pas constituer une menace pour la société française à un niveau individuel.

17. Le francien, l'ancien dialecte du latin qui allait devenir le français moderne, était issu de la monarchie et de la noblesse de la région parisienne ; il n'est donc pas surprenant que le descendant de ce dialecte soit le dialecte de prestige de la France actuelle. Dans les travaux réalisés par John Paltridge et Howard Giles sur les accents régionaux en France, l'accent provençal est considéré comme le plus accentué mais vient en deuxième position après le dialecte parisien dans une hiérarchie concernant les attitudes positives à l'égard des variations régionales. Paltridge et Giles, *Attitudes towards Speakers*. Entre-temps, Lawrence Kuiper a constaté que les Parisiens classaient les locuteurs provençaux au vingtième rang sur vingt-quatre

régions pour la correction mais au premier rang pour l'agrément. Kuiper, *Perception Is Reality*, p. 36.

18.   Canagarajah, *Interrogating the Native Speaker Fallacy*, p. 79.

19.   Jean Beaman définit la citoyenneté culturelle comme « une revendication de la pleine appartenance à la société par les membres de sa communauté ». Beaman, *Citizen Outsider*, p. 23. Sa recherche qualitative sur 45 adultes nord-africains de deuxième génération ayant fait des études supérieures à Paris montre que le niveau d'éducation élevé et la classe sociale ne se traduisent pas par l'acceptation ou la capacité à s'intégrer pleinement. Ils étaient considérés comme des musulmans ou des Nord-Africains, avant tout.

20.   Kington, *Italy's First Black Minister*. Voir *Sports and Collective Identity* de Jaksa pour une discussion sur le sport et la formation de l'identité nationale.

21.   Kington, *Italy's First Black Minister*. Kyenge, évoquant l'accueil hostile qu'elle et Balotelli ont parfois reçu, a déclaré à Aldo Cazzullo : « *Lo fischiano per lo stesso motivo per cui insultano me : perché siamo degli apripista. Lui il primo centravanti nero della nazionale, io la prima ministra nera. Tentano di indebolirci, ma non ci riusciranno.* » (Ils sifflent et se moquent pour la même raison qu'ils m'insultent : parce que nous sommes des pionniers. Bolatelli, le premier avant-centre noir de l'équipe nationale italienne, et moi, le premier ministre noir. Ils essaient de nous affaiblir, mais ils ne réussiront pas). Cazzullo, *Kyenge*. Dans cet article, Kyenge réfléchit également à l'argument selon lequel les Italiens noirs n'existent pas.

22.   Voir Ben-Ghiat et Fuller, *Italian Colonialism*, pour un compte rendu détaillé de la formation raciale en Italie pendant la période coloniale. En outre, en examinant le rôle que joue le déni dans le discours italien sur la race, Alessandro Portelli a fait valoir que le manque d'introspection des Italiens à l'égard de la race s'explique en partie par la façon dont ils se positionnent (et ce depuis la colonisation) comme normaux et non marqués : « Les blagues et les chansons de la période coloniale n'opposent jamais un Blanc et un Noir, mais toujours un Italien et un Noir. » Portelli, *Problem of the Color-Blind*, p. 356.

23. Si une masse critique de voix noires en Italie n'a peut-être existé que récemment, les Africains sont présents en Italie depuis des siècles. Les analyses de Sergio Tognetti des livres de comptes de la Cambini Bank montrent que Florence a participé à la traite des Noirs africains, tandis que les travaux de Nelson Minnich examinent la relation entre les Noirs africains

en Italie et l'Église catholique. Tognetti, *Trade in Black African Slaves* ; Minnich, *Catholic Church.* Outre les Africains réduits en esclavage, il existe des exemples de personnes éminentes dans l'histoire de l'Italie qui seraient considérées comme noires selon les normes d'aujourd'hui. Par exemple, l'ouvrage *Black Prince of Florence* de l'historienne Catherine Fletcher retrace la vie d'Alessandro de Médici et son règne sur l'Italie de 1531 à 1537. Le fait que très peu de personnes connaissent ou parlent des Africains en Italie avant le XIXe siècle témoigne d'une amnésie historique sélective.

24. Lombardi-Diop et Romeo, *Introduction*, p. 10.

25. Khouma, *Io, nero italiano*, p. 3.

26. Kington, *Italy's First Black Minister*.

27. Elisabetta Povoledo note dans *Slurs against Italy's First Black National Official* que « les experts qui suivent les questions d'immigration disent que des formes plus subtiles et insidieuses de racisme sont omniprésentes en Italie alors que le pays s'efforce de faire face à l'évolution rapide de sa démographie. »

28. L'extrait utilise les langues suivantes : français, italien, anglais, romanesco.

29. *Vabbèh* signifie va bene (OK) en romanesco. K. J. Pratt, *Dialect of Rome*, p. 168.

30. Spielberg, *Color Purple.* Pour la citation de la déclaration de Celie dans le film, voir *quotes.net/mquote/11088.*

31. Jan-Petter Blom et John Gumperz décrivent l'alternance codique métaphorique comme un phénomène dans lequel le changement de langue « enrichit une situation, permettant l'allusion à plus d'une relation sociale dans la situation ». Blom et Gumperz, *Social Meaning in Linguistic Structures*, p. 408.

32. Gardner-Chloros, *Code-Switching*, p. 59.

33. L'extrait utilise les langues suivantes : français, anglais.

34. Ibrahim, *Becoming Black*.

35. Ana Celia Zentella relève des cas où les participants à son étude ont changé de langue pour éviter un mot tabou. Zentella, *Growing Up Bilingual*, p. 97.

36. Stovall, *Race*, p. 211.

37. Trica Keaton soutient que l'utilisation de *black* au lieu de *noir* en France relie les locuteurs « à une conscience de type américain qui imprègne la France et certaines parties de l'Europe ». Keaton, *Muslim Girls*, p. 7.

38. En outre, *The Color Purple* établit un lien explicite entre l'Afrique et l'Amérique noire lorsque Celie trouve les lettres de sa sœur Nettie sur ses expériences de vie en Afrique.

39. L'extrait utilise les langues suivantes : français, italien, espagnol. La transcription et la traduction tentent de restituer le français non standard qu'Abi utilisait.

40. Se référant à une étude sur l'anglais jamaïcain à Londres, Penelope Gardner-Chloros écrit « que l'alternance codique est utilisée pour animer le récit en fournissant différentes voix pour les participants à l'incident qui est décrit. » Gardner-Chloros, *Code-Switching*, p. 3.

41. Butler, *Excitable Speech*, (Le pouvoir des mots, Discours de haine et politique du performatif) p. 2.

42. Voir Faloppa, *Parole contro,* pour une discussion historique et contemporaine des mots pour décrire les Noirs en italien.

43. Selon Butler, « On ne commence à "exister" qu'en vertu de cette dépendance fondamentale à l'égard de l'adresse de l'Autre » (p. 26). « Les termes qui facilitent la reconnaissance sont eux-mêmes conventionnels, ils sont eux-mêmes les effets et les instruments d'un rituel social qui décide, souvent par le recours à l'exclusion et à la violence, des conditions linguistiques de la formation de sujets viables » (p. 26). Butler, *Excitable Speech,* p. 5. L'existence d'Abi était subordonnée à sa reconnaissance en tant qu'Autre, une identité qui n'était pas accueillie par ceux qui la raillaient.

44. Socé, *Mirages de Paris*, 34-35.

45. Socé, *Mirages de Paris*, 63-64.

46. Ibrahim, *Becoming Black*.

47. Un grand nombre des participants, mais pas tous, étaient des Sénégalais de première ou de deuxième génération qui avaient grandi en Amérique.

48. Voir O. Kane, *Homeland Is the Arena*, et Stoller, *Money Has No Smell* Un antagonisme similaire existe en France entre les communautés afro-caribéennes et africaines, vu à travers une production culturelle telle que la

nouvelle *Le Fugitif* d'Alain Mabanckou. Cependant, ce phénomène n'est pas souvent apparu dans mes données.

49.   Paul Gilroy met en garde contre le fait que le concept de diaspora peut être trompeur : « Un mythe des origines partagées n'est ni un talisman qui peut suspendre les antagonismes politiques ni une divinité invitée à cimenter une vision pastorale de la vie noire qui puisse répondre aux multiples pathologies du racisme contemporain. » Gilroy, *Black Atlantic*, 99.

50.   Okwui Enwezor démontre cette propension à réduire l'Afrique et les Africains à un statut inférieur à celui d'un être humain, si ce n'est qu'ils sont complètement éliminés : « Depuis des décennies, l'imaginaire photographique de l'Afrique tourne autour du même champ de présentation paradoxal : soit on nous montre les conditions précaires de la vie et de l'existence, auquel cas le sujet africain apparaît toujours en danger, en marge de la vie elle-même, à cette intersection où l'on est obligé de négocier la relation entre l'homme et l'animal. Ou bien nous sommes confrontés à la beauté déchirante de son monde naturel, où l'homme est pratiquement absent. » Enwezor, *Snap Judgments*, 12. Ce n'est qu'en 2016 que Disney a enfin mis en scène des personnages humains sur le continent africain, avec son film en prise de vue réelle *Queen of Katwe*.

51.   W.E.B. Du Bois a déclaré : « C'est une sensation particulière, cette double conscience, ce sentiment de toujours se regarder à travers les yeux des autres, de mesurer son âme à l'aune d'un monde qui la regarde avec un mépris et une pitié amusés. On a toujours le sentiment d'être deux : un Américain, un Noir ; deux âmes, deux pensées, deux aspirations non conciliées ; deux idéaux en guerre dans un seul corps sombre, dont seule la force tenace l'empêche de se déchirer ». Du Bois, *Souls of Black Folk*, 3. Gilroy a développé cette notion : « S'efforcer d'être à la fois européen et noir exige certaines formes spécifiques de double conscience. Cependant, lorsque des discours racistes, nationalistes ou ethniquement absolutistes orchestrent les relations politiques de telle sorte que ces identités semblent s'exclure mutuellement, occuper l'espace entre elles ou tenter de démontrer leur continuité a été considéré comme un acte provocateur et même oppositionnel d'insubordination politique. » Gilroy, *Black Atlantic*, 1.

52.   Les travaux de Jesse Shipley sur les Ghanéens aux États-Unis explorent des expériences similaires : « Les Ghanéens de l'étranger sont dispersés au sein de communautés afro-américaines et immigrées plus larges, avec des cultures populaires et des réseaux d'affiliation concurrents. Les théories de la race et les idéologies culturelles de la diaspora africaine

doivent tenir compte des nuances internes qui entremêlent culture, négritude et nation pour les immigrants de première génération. » Shipley, *Living the Hiplife*, 265.

53. Voir Russell-Cole, Wilson et Hall, *Color Complex*; Norwood, *Color Matters*.

54. Voir *Skin Lighteners* de Lynn Thomas ou *Predicament of Blackness* de Jemima Pierre concernant l'importance des produits éclaircissants pour la peau tant sur le continent africain qu'aux États-Unis.

55. Selon Dominic Thomas, « des individus ou des groupes peuvent établir des connexions avec d'autres structures diasporiques, immigrées ou réfugiées d'Afrique subsaharienne, des Caraïbes, d'Asie, etc., et peuvent circuler en dehors de ces alignements communautaires, voire y résister (la population mouride, par exemple, à Marseille, New York ou Los Angeles), préférant naviguer de manière autonome en fonction des demandes et des exigences liées à leur statut de dislocation et de transplantation ». D. Thomas, *Black France*, 7.

56. Kamari Clarke et Deborah Thomas affirment que « nous devons reconnaître que les réseaux de relations entre les différentes communautés noires, et entre les personnes de sexe ou de classe différents au sein de communautés noires particulières, sont également structurés par les mêmes dynamiques de pouvoir et d'hégémonie qui ont constitué la diaspora elle-même. Cela nous oblige à examiner les communautés diasporiques non pas comme unitaires mais comme divisées par des questions liées à la classe, au genre, à la sexualité et à la génération. » Clarke et Thomas, *Globalization and Race*, 13. Mes recherches montrent que la langue est également un facteur de division important.

57. Shu-mei Shih montre en quoi la reconnaissance accrue des voix asiatiques-américaines et latino-américaines a nuancé la théorisation du binaire noir-blanc que l'on trouve dans les études raciales américaines. Shih, *Comparative Racialization*, 1350-51. Le pouvoir de différenciation du langage observé dans ma recherche remet en question la dichotomie américaine noir-blanc d'une autre manière.

58. Le chapitre 1, en particulier, a montré de quelle manière les informateurs se sont comparés à d'autres Africains de l'Ouest francophones, en faisant valoir que leur français était plus proche du français standard, afin d'établir une hiérarchie des compétences. Certains informateurs ont même soutenu que leurs compétences étaient supérieures à celles des Français de souche.

Chapitre 3

1. J'ai observé ce tour de passe-passe rhétorique lorsque je vivais à Paris. Un jour, dans le métro parisien, j'ai remarqué un avis de recherche concernant un vol. La police recherchait un homme de type africain. Dans ce cas, le terme de type africain a été substitué au terme noir pour éviter d'utiliser une classification raciale, de la même manière qu'un personnage de *La préférence nationale* de Fatou Diome cherche un type européen pour être le tuteur de sa fille.

2. La discussion de Faatu résonne avec *Lies My Teacher Told Me* de James Loewen, où il soutient que les manuels d'histoire des États-Unis fournissent aux étudiants des traitements déformés, eurocentriques et partiels de l'histoire américaine.

3. *White Innocence* de Wekker, qui traite de l'effacement de la race dans la société néerlandaise, offre un aperçu de ce qui se passe en France. Elle identifie trois paradoxes dans la société néerlandaise, ne pas s'identifier aux migrants, se considérer comme des victimes innocentes de l'occupation allemande, et sous-estimer la présence impériale néerlandaise dans le monde, qui contribuent à la formation raciale néerlandaise actuelle. Parce qu'ils ne reconnaissent pas le rôle des Pays-Bas dans chacun de ces phénomènes, les Néerlandais sont en mesure de professer leur « innocence blanche » et de dépeindre l'identité néerlandaise comme blanche. Voir l'introduction, en particulier, pour plus d'informations.

4. Comme le note Christine Chivallon à propos de la loi Taubira de 2001, « des attaques récentes l'ont qualifiée d'une honte pour le pays et de loi anti-française, et ont donné lieu à un certain nombre d'incidents répulsifs sur Twitter. » Chivallon, *Representing the Slave Past*, 32. Voir Chivallon, ainsi que Gueye, *Memory at Issue*, et C. L. Miller, *French Atlantic Triangle*, pour une discussion plus approfondie des tentatives de la France de commémorer l'esclavage. Il est important de noter, cependant, que la loi va plus loin que la législation américaine d'apologie de l'esclavage. Pour le libellé de ces excuses dans le contexte américain, voir *Apologizing for the Enslavement* et *Concurrent Resolution Apologizing for the Enslavement*.

5. En France, il est illégal de collecter des données basées sur la race. Oppenheimer, *Why France Needs to Collect Data*. De nombreuses personnes pensent que les classifications raciales sont discriminatoires. Les entretiens montrent comment les gens comparent l'utilisation de catégories raciales à des pratiques qui ont eu lieu sous le gouvernement de Vichy : « Classer les gens par race permettrait également d'encourager la

discrimination, et non de la prévenir, et de réduire l'identité à des critères d'une autre époque, celle de la France coloniale, ou de Vichy ». Fadela Amara, ministre du gouvernement d'origine algérienne, est allée plus loin. Notre république ne doit pas devenir une mosaïque de communautés, a-t-elle déclaré. « Personne ne doit plus porter l'étoile jaune ». *Economist, France's Ethnic Minorities.* En d'autres termes, une mosaïque de communautés suggère le communautarisme. En ce qui concerne la notion d'héritage français, la phrase « nos ancêtres les Gaulois » était un slogan important lors de la formation du nationalisme français et était même récitée dans les écoles des colonies françaises telles que le Sénégal. Voir Dietler, *Our Ancestors the Gauls*, pour une explication de la manière dont cela s'est produit. Diome renverse ingénieusement l'expression dans la citation suivante : « Vous m'avez appris à chanter Nos ancêtres les Gaulois, et j'ai compris que c'était faux. Je veux apprendre à vos gosses à chanter Nos ancêtres les tirailleurs sénégalais, car la France est un grenier sur pilotis, et certaines de ses poutres viennent d'Afrique. » Diome, *La préférence nationale*, 89. En faisant référence à ce régiment colonial, qui a été en partie responsable des victoires françaises lors des deux guerres mondiales, Diome attire l'attention sur le blanchiment de l'histoire et la nécessité de la rectifier.

6. Pour une discussion plus approfondie, voir P. Ndiaye, *Pour une histoire des populations noires,* et Stille, *Can the French Talk about Race?*

7. Keaton, Sharpley-Whiting et Stovall problématisent la tension entre l'imaginaire national de la race et les expériences vécues des êtres racisés : « D'une part, il existe un discours constitutionnel et juridique évident sur la cécité aux couleurs dans diverses sphères de la vie française, dans lequel la race a été rejetée en tant que catégorie significative, étant considérée comme de la biologie, à juste titre. Il n'y a donc pas de minorités raciales françaises, seulement des Français ; il n'y a pas non plus de discours identitaire officiellement reconnu comme c'est le cas, par exemple, aux États-Unis ou au Royaume-Uni, où l'on trouve des termes tels que Noirs américains, Afro-américains et Britanniques noirs pour exprimer cette différenciation. D'autre part, l'expérience vécue de la race, et plus particulièrement de l'anti-négrité, dément le principe de l'indifférence à la couleur inscrit dans la pensée universaliste-humaniste sur laquelle la République a été forgée. » Keaton, Sharpley-Whiting et Stovall, *Black France / France Noire*, 2.

8. Comme l'affirme Keaton, les personnes de couleur sont censées être discriminées parce qu'elles sont des immigrants ou des étrangers redoutés, et pas nécessairement parce qu'elles sont africaines, asiatiques ou

noires (De Rudder, Poiret et Vourc'h 2000). Mais le fait qu'une chose ne soit pas nommée racialement ne signifie pas qu'elle n'est pas racialisée. De même, Patrick Lozès affirme que « [les populations noires] sont le plus souvent identifiées à travers le prisme réducteur de l'immigration et de l'intégration. C'est la couleur de la peau qui fait d'un Français un étranger et lui demande de s'intégrer tout au long de sa vie. » Lozès, *Black France*, 107-8.

9.   Dans le cas de la France, alors que l'on attend des immigrés qu'ils s'intègrent, le discours politique fait qu'il leur est presque impossible de se défaire du stigmate de l'immigré. Par exemple, Ineke van der Valk a analysé le langage des débats parlementaires français sur l'immigration et a constaté ce qui suit : l'assimilation implique apparemment l'inclusion. La recherche présentée dans cet article montre cependant que le discours de la droite sur l'immigration et la nationalité se caractérise par des traits exclusifs majeurs. Comme le Front national, la droite dominante utilise des stratégies de présentation positive de soi et négative de l'autre, associe les immigrés à des phénomènes sociaux problématiques et exprime sa crainte du déclin de la civilisation française. Van der Valk, *Right-Wing Parliamentary Discourse*, 310-11.

10.   Elisabeth Mudimbe-Boyi interroge le concept de France Noire, qui situe le Noir dans une double position liminale : « Français mais noir, ou noir mais faisant partie de la France ». Mudimbe-Boyi, *Black France*, 21. Le travail de Jean Beaman montre comment les Nord-Africains subissent un traitement similaire, où l'identité raciale et religieuse exclut l'acceptation nationale. Dans la formation actuelle de l'identité nationale, on ne peut être les deux à la fois. Beaman, *Mais Madame*, et Beaman, *Citizen Outsider*.

11.   Rana, *Terrifying Muslims*; Thangaraj, Desi *Hoop Dreams*. Voir Butler, *Bodies That Matter*, pour ses théorisations sur le corps.

12.   Il est vrai que s'il s'était habillé de manière à signaler aux autres qu'il était musulman, son identité religieuse aurait pu être plus prononcée lors de l'entretien. Cependant, il est important de noter que l'image du comportement corporel musulman dans l'imaginaire culturel français est souvent très différente de la façon dont de nombreux musulmans sénégalais s'habillent. Même au Sénégal, qui est musulman à près de 95 %, il existe une grande variété de tenues. Voir É. Smith, *Pluralisme religieux et culturel*, pour une discussion sur le pluralisme religieux et culturel au Sénégal.

13.   Lorde, *Sister Outsider*.

14. Voir Keaton, *Muslim Girls*, pour la situation critique des musulmans noirs en France et la précarité de leur existence en raison des nombreux aspects de leur identité.

15. Van der Valk, *Right-Wing Parliamentary Discourse*.

16. Selon Laurent Dubois, « Au cours de l'été 1998, dans l'euphorie de la victoire de la France à la Coupe du monde de football, remportée par une équipe qui symbolisait le mélange multiculturel de la France... il semblait possible que la République puisse parvenir à la tolérance et à la coexistence entre les différents groupes qui composent aujourd'hui sa population. Le caractère « multicolore » de l'équipe de France, et le fait que les jeunes de la banlieue se reconnaissent dans cette équipe, sont remarqués par les observateurs. Beaucoup ont répété l'idée qu'en gagnant la Coupe du monde, l'équipe de France avait porté un coup puissant au Front national de Le Pen et à sa vision restreinte de la France.Un commentateur a écrit : « À travers la Coupe du monde, les Français découvrent, sur le visage de leur équipe, ce qu'ils sont devenus, une République métissée, et que ça marche, qu'on peut s'aimer et qu'on peut gagner. » (Castro, 1998). Dubois, *La République Métissée*, 29. Les discussions sur la race et l'appartenance ont refait surface lorsque la France a remporté la Coupe du monde 2018, et grâce aux médias sociaux, ces conversations étaient plus globales que les années précédentes. Avant même la victoire de la France, des mèmes sur Internet plaisantaient sur le fait que la France était la seule équipe africaine restante, ce qui a donné lieu à des débats en ligne dans toute la diaspora africaine sur la question de savoir s'il fallait soutenir la France en raison de la prédominance de joueurs d'origine africaine ou s'opposer à la France pour avoir continué à bénéficier de son passé colonial. Walker, *Twitter: Africa's Going to the Final*. Voir également Pierrot, *Fear of a Black France*. La réflexion mondiale sur l'identité nationale et l'équipe nationale française a culminé avec un échange stimulant entre l'ambassadeur de France, Gérard Araud, et l'animateur du Daily Show, Trevor Noah, qui a mis en évidence les différents paradigmes culturels concernant la race et la société qui existent en France et aux États-Unis. Voir Noah, *Trevor Responds to Criticism*, et Beauchamp, *Trevor Noah's Feud with France*, pour plus d'informations.

17. Giovanna Zincone, fondatrice et présidente de FIERI (Forum Internazionale ed Europeo di Ricerche sull'Immigrazione / Forum Européen et International sur la Recherche en Immigration), décrit le modèle d'intégration raisonnable mis en avant par la loi sur l'immigration de 1998 (la loi Turco-Napolitano) comme « pas trop rigide, pas trop idéologique

trop prétentieux ». Zincone, *Model of 'Reasonable Integration'*, 959. L'intégration raisonnable repose sur quatre principes : une interaction basée sur la sécurité, l'intégrité des droits humains pour les immigrants sans papiers, l'intégrité totale pour les immigrants légaux et une interaction basée sur le pluralisme et la communication. Cependant, comme le reconnaît Salvatore Palidda, le gouvernement Berlusconi, par le biais de la loi Bossi-Fini, a fait en sorte que les politiques italiennes découragent « l'intégration pacifique des immigrés par le biais d'un cadre d'hostilité, de discrimination et de racisme ». Palidda, *Insertion, Integration and Rejection*, 372. Il est important de noter que même avant l'arrivée au pouvoir de Berlusconi, l'Italie décourageait activement les immigrants de s'installer et de s'intégrer. En conséquence, le taux de rotation est élevé, de nombreux immigrants choisissant de ne pas rester en Italie à long terme. Pour plus d'informations, voir Zincone et Caponio, *Immigrant and Immigration Policy-Making*.

18.   Cependant, comme mentionné dans le chapitre précédent, Christina Lombardi-Diop et Caterina Romeo soutiennent que même si les Noirs en Italie maîtrisent la langue, ils ne peuvent jamais vraiment revendiquer *l'italianità* et ne peuvent donc jamais s'intégrer pleinement, même s'ils le souhaitent. Lombardi-Diop et Romeo, *Introduction*.

19.   Les recherches de Bruno Riccio ont montré comment les migrants sénégalais contribuent de manière proactive au manque d'intégration. Il affirme que les migrants sénégalais ne se conforment aux politiques d'intégration que de manière superficielle, en faisant ce qu'il faut pour survivre dans le pays d'accueil mais en gardant un pied fermement ancré dans leur pays d'origine : « Le manque d'attachement à l'Italie et la mobilité transnationale des Sénégalais contrastent avec la logique sédentariste sur laquelle reposent ces pratiques. Les transmigrants sénégalais ne sont finalement pas des usagers suffisamment *disciplinés* : ils s'accommodent, parce qu'ils sont capables de la supporter, de la précarité des politiques d'accueil (notamment à Rimini), mais ils ne se conforment pas à l'idée du colon "réception". Plus précisément, la majorité des Sénégalais ne semble pas correspondre à l'idéal de l'accueil de seconde zone. » Riccio, *Toubab et Vu Cumprà*, 189. Cette deuxième étape de l'accueil suggère un désir de s'enraciner dans le pays d'accueil, le plus souvent exprimé par le regroupement familial. Cependant, il est très rare que le regroupement familial sénégalais soit réalisé. L'immigration sénégalaise est plutôt marquée par ce que Riccio considère comme une troisième voie d'intégration, qui se situe quelque part entre l'assimilation et la ségrégation pluraliste. Riccio, *Toubab et Vu Cumprà*, 181-87. Voir également Schmidt di Friedberg, *Le réseau sénégalais mouride en Italie*. En outre, si Riccio met en lumière

une vision commune de l'Italie parmi les Sénégalais, il introduit également une complication à ma théorie lorsqu'il note que ceux qui acquièrent le *permesso di soggiorno* (permis de séjour) ont la possibilité de se déplacer entre l'Italie et le Sénégal, apportant des biens et des matériaux dans les deux sens. Par conséquent, il serait prudent d'effectuer des recherches supplémentaires pour essayer de comprendre pourquoi l'avocat de l'immigration ne voit pas plus de Sénégalais sauter à travers les cerceaux nécessaires pour traverser légalement et plus facilement les frontières nationales.

20.   Claire Kramsch a utilisé la métaphore du chez-soi en ce qui concerne l'apprentissage des langues étrangères, en soutenant qu'en prenant conscience de différents contextes et perspectives, les apprenants de langues étrangères « essaient de se sentir chez eux dans une culture *d'un troisième type* ». Kramsch, Contexte et culture, 235. Kramsch a toutefois suggéré plus récemment que le troisième lieu en tant que métaphore spatiale semble trop statique dans un monde de plus en plus globalisé. Elle s'inquiète du fait que « si l'on se base sur l'existence d'un premier et d'un deuxième lieu qui sont trop souvent réifiés en 'pays d'origine' et 'pays d'accueil', le troisième lieu peut facilement être romancé comme une position hybride qui contribue à l'idéologie de la diversité culturelle du pays d'accueil ». Elle a donc recadré le troisième lieu comme une compétence symbolique dans laquelle un locuteur possède, entre autres, « une capacité à tirer parti de la diversité sémiotique offerte par de multiples langues pour recadrer les façons de voir des événements familiers, créer des réalités alternatives et trouver une position de sujet appropriée entre les langues, pour ainsi dire ». Kramsch, Multilingual Subject, 200, 201.

21.   L'extrait utilise les langues suivantes : italien, wolof.

22.   Tannen, *What's in a Frame*, traite de la négation et des attentes.

23.   Myers-Scotton, *Duelling Languages*, 478.

24.   Gardner-Chloros, *Code-Switching*, 69.

25.   L'extrait utilise les langues suivantes : italien, français, anglais, wolof/arabe.

26.   La réponse du Professore à la question sur le domicile corrobore ce que Riccio a constaté dans son travail : « Les personnes mobiles transnationales semblent impliquer une conception plurilocale (Rouse, 1991) et plus globalement mobile du domicile (Rapport et Dawson, 1998). Cependant, les Sénégalais, bien que bien organisés sur le plan transnational, ne développent pas d'attachements multiples : la signification de leur foyer ne change pas radicalement. Inversement, il semble que leur identification au contexte au contexte d'origine aide leur organisation

transnationale et renforce leur résistance à un contexte d'accueil parfois raciste et contraignant ». Riccio, *Senegal Is Our Home*, 68.

27.   Voir Riccio, *Migranti per il co-sviluppo*, ou Riccio, *More than a Trade Diaspora*, et Carter, *States of Grace*, pour des études sur les communautés sénégalaises du nord de l'Italie, qui y existent depuis des décennies.

28.   Bien que les implications raciales de l'expression fassent l'objet d'un débat, un fil de discussion sur le site de traduction wordreference.com aborde le terme délit de faciès. Un utilisateur affirme « qu'il y a définitivement une connotation raciale dans l'utilisation et l'histoire du mot !!!!! ... Autant que je m'en souvienne, 'délit de faciès' est une expression née pendant la 'Guerre d'Algérie', lorsque des personnes d'apparence arabe étaient harcelées par la police au seul motif de leur origine raciale ». Voir Délit de faciès. Word Reference, 2007-14, forum.wordreference.com/showthread.php ?t=462835.

29.   Aux États-Unis, les discussions sur l'immigration et l'intégration impliquent souvent des notions de multiculturalisme qui émergent d'une société fondée par des immigrants. Par exemple, Richard Alba et Nancy Foner évoquent les discours dominants : « Les États-Unis sont parfois qualifiés de multiculturalistes de facto parce qu'ils n'ont pas de lois et de politiques qui encouragent et façonnent directement l'assimilation et qu'ils tolèrent plusieurs langues (bien que leur temps de survie soit souvent court) ». Alba et Foner, *Strangers No More*, 21. Ils soulignent l'importance du colonialisme de peuplement dans la construction de cette image où l'immigration est étroitement liée à l'identité nationale des États-Unis et où tout le monde peut bénéficier de la mobilité sociale avec suffisamment de travail et de persévérance. Alors que l'un des objectifs de leur recherche est de remettre en question cette représentation du multiculturalisme américain, de nombreuses personnes de mon étude avancent ce récit. En outre, le statut de la ville de New York en tant que ville d'immigrants et parangon du multiculturalisme joue sur la façon dont les gens parlent de leurs expériences d'intégration.

30.   Il est vrai qu'afficher des signes de différence n'est pas toujours accepté. Les attaques contre des musulmans portant un foulard ou sortant de mosquées aux États-Unis et en Angleterre en témoignent, notamment dans le climat du Trumpisme et du Brexit. Voir Khan, *Attacks on American Muslims*, et Dodd et Marsh, *Anti-Muslim Hate Crimes Increase*. Toutefois, on a le

sentiment que les musulmans ne se distinguent pas autant dans les grandes villes des États-Unis qu'en France.

31. Selon Charles Tshimanga, Didier Gondola et Peter Bloom, « la conscience et l'activisme des musulmans sont perçus comme une menace pour l'humanitarisme international longtemps proclamé de la France, précisément parce qu'ils révèlent des inégalités raciales dans un pays qui prétend être le porte-drapeau des droits humains universels. Cela confirme le mythe omniprésent selon lequel le racisme en France, contrairement à la Grande-Bretagne ou à l'Allemagne, fonctionne en vase clos, dans une société sans race où certains groupes sont incapables de s'assimiler ou d'adopter les normes culturelles françaises : c'est une autre façon de créer un climat d'exclusion raciale. » Tshimanga, Gondola et Bloom, *Frenchness and the African Diaspora*, 6.

32. Le mot garding dans la version originale anglaise dérive de « garder ».

33. Le terme diasporique met en évidence la citoyenneté mondiale : « Il s'agit d'un façonnement de soi qui déclare la capacité d'une personne à mobiliser des styles étrangers et à se définir ainsi comme cosmopolite. Ce faisant, j'ai fait valoir qu'il ne s'agit pas d'une tentative de devenir un citoyen du monde générique, mais un citoyen racialisé de manière particulière. » Holsey, *Black Atlantic Visions,* 515.

34. Comme l'a découvert Jesse Shipley, pour les Africains vivant à l'étranger, les sentiments de déplacement et de disjonction annulent les continuités culturelles et nationales, mais produisent également de nouvelles manières réfléchies de s'identifier à un collectif dispersé. Shipley, *Living the Hiplife,* 232. Voir Sharma, *Hip Hop Desis,* pour la conscience globale de la race, et Pierre, *Predicament of Blackness,* pour la formation raciale globale.

35. Pour plus d'informations sur Du Bois, voir D. L. Lewis, *W.E.B. Du Bois* ; sur Douglass, voir Fenton, *Frederick Douglass in Ireland* et Sweeney, *Frederick Douglass.* En ce qui concerne l'agence dans la diaspora africaine, voir Gilroy, *Black Atlantic,* et S. Hall, *Cultural Identity and Diaspora.* Voir Alim, *Translocal Style Communities,* pour l'importance du hip-hop dans la lutte contre la marginalisation. L'accent mis sur la musique dans les espaces transnationaux est examiné au chapitre 4.

36. Par exemple, mon article sur l'introduction de textes authentiques tels que la musique dans les classes de langue française montre comment le groupe de hip-hop Zebda s'est approprié le discours politique raciste du futur président Jacques Chirac en utilisant sa citation sur

le bruit et l'odeur que les immigrants produisent dans les banlieues. M. Smith, *Using Interconnected Texts*.

37.   Selon les statistiques les plus récentes de la Banque mondiale sur les transferts de fonds, le Sénégal a reçu plus de 2 milliards de dollars en 2017.

38.   Ce phénomène de cosmopolitisme global existe dans les villes du monde entier. Par exemple, dans son exploration de la manière dont la consommation de sports à Shanghai révèle la tension entre le cosmopolitisme et le nationalisme chinois, Eriberto Lozada affirme que le cosmopolitisme chinois incarne une ouverture à l'adoption de pratiques et d'idées culturelles mondiales qui évalue et critique également la propre position de la Chine par rapport aux autres sociétés. Lozada, *Cosmopolitanism et nationalism*, 226.

39.   Le phénomène d'assimilation de l'américanité à la blanchité a été mis en exergue à l'ère de Trump ; cependant, ces entretiens ont eu lieu pendant la présidence d'Obama, alors que l'on était plus optimiste quant au statut des Noirs aux États-Unis.

40.   Comme le soutient Amal Ibrahim Madibbo, « l'histoire enregistrée est sélective dans le sens où elle a été largement écrite du point de vue des peuples dominants. Cela signifie que des faits importants, ainsi que les voix des marginaux, n'ont probablement pas été inclus dans l'histoire écrite. » Madibbo, *Minority within a Minority*, 13. Par exemple, l'histoire révisionniste actuelle blanchit le passé et le présent hautement racialisés de l'Amérique, notamment dans la controverse sur les manuels scolaires du Texas, où les manuels de la maternelle à la 12e année font référence à la traite des esclaves en parlant simplement de migration, minimisent le rôle de l'esclavage dans la guerre civile américaine et éludent la question de la ségrégation et de Jim Crow. Schaub, *New Texas Textbooks* ; Fernandez et Hauser, *Texas Mother*. Tout comme l'innocence blanche dans les Pays-Bas, les États-Unis participent à la fois au déni blanc et à la fragilité blanche. Wise, *Between Barack and a Hard Place* ; DiAngelo, *White Fragility*. Par conséquent, les divergences de conception de la race en France et aux États-Unis ont eu des effets similaires sur les populations marginalisées dans les deux pays : « En s'ossifiant au cours de l'expansion coloniale, ces idéologies racialistes ont instillé des craintes de dégénérescence et de décadence, soutenant ainsi la notion assimilationniste de l'un qui allait devenir centrale dans les constitutions de la France et des États-Unis et qui a continué à entraver la pleine intégration des nouveaux migrants ». Lionnet, *Continents and Archipelagoes*, 1511.

41. La perception du racisme comme une importation américaine a une longue histoire. Voir Stovall, *Paris Noir*, pour une discussion sur la France de l'entre-deux-guerres, où les Français ont constaté une augmentation de ce qu'ils décrivaient comme un racisme de type américain.

42. Sarah Fila-Bakabadio soutient que le terme *blackness* émane lui « d'un contexte anglophone et particulièrement américain dans lequel il a été racialement construit à travers l'expérience des Noirs aux États-Unis ». Fila-Bakabadio, *Photographie et géographie corporelle*, 23.

43. Abi était allée en Espagne (neuf mois, en Suisse, en Australie, au Danemark, en Belgique, aux États-Unis, au Brésil, aux Pays-Bas (deux fois), en France (trois voyages), au Japon, en Italie et en Angleterre.

44. La transcription et la traduction du discours d'Abi tout au long reflètent son utilisation d'un français non standard.

45. L'extrait utilise les langues suivantes : français, français / espagnol.

46. Voir Norton, *Language, Identity*, et Norton, *Identity and Language Learning*.

47. L'Espagne ressemble à l'Italie en ce sens qu'elle n'avait que des possessions coloniales limitées en Afrique et que, jusqu'à récemment, elle n'accueillait pas un grand nombre d'immigrants. Alors que l'expérience d'Abi en Espagne a été positive, le romancier camerounais Inongo-vi-Makomé dépeint une image différente, similaire à celle d'Abi en Italie, affirmant que « *El negro africano le trae al español la imagen de un ser inferior, de un hombre dominado y, sobre todo, de un pobre ! ... Su color, que va unido a estas condiciones, hace que a primera vista sea despreciado.* » (L'Espagnol voit l'Africain noir comme un être inférieur, un homme dominé, et surtout, un pauvre ! ... Sa couleur, qui est liée à sa position sociale, produit du mépris au premier abord). Makomé, *España y los negros africanos*, 104.

48. L'extrait utilise les langues suivantes : français, italien, espagnol.

49. *Biene* est peut-être un mélange entre l'italien *bene* et l'espagnol *bien*.

50. Les extraits dans le reste de cette section sont tirés du dîner dans le Queens le 27 juillet 2014, sauf indication contraire.

51. À l'instar de Jean Beaman, Bayo Holsey définit la citoyenneté culturelle noire comme « une notion d'appartenance et de communauté

déterminée non pas par le statut juridique mais plutôt par d'autres formes de reconnaissance. Ces formes peuvent inclure la reconnaissance d'histoires, de cultures et de goûts partagés, ou d'engagements politiques. » Holsey, *Black Atlantic Visions*. Cet accent mis sur la reconnaissance est lié au capital symbolique de Pierre Bourdieu. Bourdieu, *Distinction*.

52.   Cette citation est tirée de l'interview de Charlotte. Amadou, 29 ans, qui n'était pas présent à l'événement dans le Queens mais que j'ai interrogé plusieurs jours plus tard, a fourni une perspective similaire : « Je me demandais si je devais aller en France. J'ai eu l'occasion d'y aller. Tout le monde a la possibilité d'y aller. Mais, vous savez, j'ai entendu des gens dire que vous savez, le racisme et les officiers de police demandent toujours votre carte d'identité partout. Ils vous font passer un mauvais moment. »

53.   Par exemple, Joseph a raconté qu'il avait été accosté par des policiers en civil dans un parc du Bronx alors qu'il était simplement assis sur un banc. Il pense qu'ils ont supposé qu'il fût en possession de cannabis simplement parce qu'il était noir. Il a ajouté que le profilage lié à la citoyenneté était généralement réservé aux personnes d'apparence latino-américaine. Cependant, Tiffany Lee attire l'attention sur l'effacement des Noirs dans les discussions sur l'immigration, surtout si l'on considère que « de 2013 à 2015, les immigrants noirs ne représentaient que 5,4 % de la population sans papiers, mais 10,6 % de tous les nouveaux arrivants dans les procédures d'expulsion ». Lee, *Black and Undocumented*. Bien qu'aucun de mes informateurs n'ait mentionné d'expériences avec la police en ce qui concerne l'immigration, cela ne signifie pas que ce n'est pas une préoccupation pour les immigrants noirs à New York en particulier et aux États-Unis en général. En ce qui concerne Rome, les informateurs ont noté que la police harcelait parfois les vendeurs de rue, dont une grande partie sont sénégalais, mais ils ne semblaient pas avoir l'impression qu'on demanderait à quelqu'un de prouver sa citoyenneté pour le simple fait d'exister dans un espace public. Cependant, la police peut demander et demande effectivement des papiers d'identité. En outre, étant donné que les lois sur l'immigration en Italie rendent difficile non seulement l'obtention d'un statut légal permanent mais aussi son maintien, de nombreux migrants oscillent entre des états de légalité et d'illégalité. Calavita, *Law, Citizenship and the Construction of (Some Immigrant 'Others'*.

54.   Cet extrait est tiré de l'interview de Charlotte.

55. Voir O. Kane, *Homeland Is the Arena*, et Stoller, *Money Has No Smell.*

56. Dans ce contexte, Julien utilise le mot « Espagnol » pour décrire toutes les personnes hispanophones et fait particulièrement référence aux personnes ayant des liens avec l'Amérique latine.

57. Julien a souligné ce que Stuart Hall a décrit comme « l'unité dans l'hétérogénéité ». S. Hall, *Cultural Identity and Diaspora*, 235. Cependant, les populations latino-américaines sont confrontées à la différenciation raciale comme toute autre communauté raciale diverse. Dzidzienyo et Oboler, *Neither Enemies nor Friends.*

58. Provencher, *Queer French*, 193.

59. En réalité, si les Blancs de la ville de New York représentent le groupe le plus important, avec 43,1 %, ils ne constituent pas une majorité absolue selon le document 2012-2016 *American Community Survey 5-Year Estimates* : *Quick Facts New York City* du Bureau du recensement des États-Unis.

60. L'informateur A pourrait s'appuyer sur mon identité d'afro-américaine ainsi que sur les autres afro-américains présents pour construire ce récit partagé.

61. Pierre soutient qu'un espace postcolonial moderne est invariablement un espace racialisé ; c'est un espace où les logiques raciales et culturelles continuent à être constituées et reconstituées dans les images, les institutions et les relations du moment colonial structurant. Pierre, *Predicament of Blackness*, xii.

Chapitre 4.

1. Les personnes qui ont perdu la nationalité française lorsque les anciennes colonies ont accédé à l'indépendance pouvaient demander la réintégration. Voir Feldblum, *Reconstructing Citizenship*, pour plus d'informations.

2. La relation entre l'allaitement maternel et l'acquisition du langage maternel est discutée depuis des siècles. Thomas Bonfiglio donne l'exemple de Dante Alighieri dans *De vulgari eloquentia* et de Johann Matthäus Meyfart dans *Teutsche rhetorica*. Le premier est l'un des premiers exemples documentés liant la langue maternelle au lait maternel : « En réfléchissant à l'origine de la langue, Dante est confronté à un problème : si

nous apprenons la première langue de nos nourrices, de qui Adam a-t-il appris la sienne, puisqu'il devait être un homme sans mère ni lait (*vir sine matre, vir sine lacte*) (Cap. 6, 1) ? De son côté, ce dernier affirme que les Allemands ne cherchent pas leur langue dans les livres... mais la tètent, au berceau, au sein des mères (p. 144) ». Bonfiglio, *Mother Tongues and Nations*, 73, 112.

3.   La recherche qualitative de Michèle Koven sur les bilingues français-portugais montre que lorsque les individus parlent des langues différentes, ils ont des représentations différentes d'eux-mêmes : « Les différentes façons de parler, à l'intérieur d'une langue et entre les langues, créent des effets socialement et psychologiquement réels pour les gens, produisant pour le même locuteur des expressions et des expériences multiples de soi socialement reconnaissables ». Koven, *Two Languages in the Self*, 437. Cela peut également être le cas pour Duudu lorsqu'il parle chaque langue, cependant, lui et d'autres comme lui mettent également en avant un autre type de soi, un soi sénégalais reconnu par le multilinguisme.

4.   Dans le chapitre 1, les interlocuteurs de Paris ont souligné ce qu'ils considéraient comme une méfiance et un dédain à l'égard de la langue anglaise, que certains Français qualifiaient de force colonisatrice. Ager, *Identity, Insecurity and Image*. Cependant, les opinions négatives n'étaient pas réservées à l'anglais. Dans le discours français, l'utilisation de toute langue autre que le français était considérée comme problématique.

5.   Pour des discussions sur la compétence et le multilinguisme, voir Kachru, *Code-Mixing as a Communicative Strategy*, et Grosjean, *Life with Two Languages*. En outre, Cecilia Montes-Alcalá a écrit que « l'alternance codique a été socialement stigmatisée par les monolingues et les bilingues, et ... est souvent attribuée à l'analphabétisme, au manque d'éducation formelle, ou au manque de compétence dans une ou deux langues ». Montes-Alcalá, *Attitudes toward Oral and Written Codeswitching*, 218.

6.   Voir McLaughlin, *Dakar Wolof* ; Cissé, *Langues, État et société* ; Cruise O'Brien, *Langue et nationalité* ; Swigart, *Créolisation culturelle* ; Swigart, *Limits of Legitimacy* ; et Trudell et Klaas, *Distinction, Integration and Identity*.

7.   Pour l'Italie, voir divers ouvrages de Riccio ainsi que Carter, *States of Grace* ; pour la France, voir Bertoncello, *Du Sénégal à Marseille* ; pour les États-Unis, voir O. Kane, *Homeland Is the Arena*.

8.   L'extrait utilise les langues suivantes : italien, français, anglais, wolof, espagnol.

9. À l'inverse, le serveur avait utilisé des critères différents lorsqu'il a supposé, avant même que j'ouvre la bouche, que je ne pouvais pas être sénégalaise.

10. L'extrait utilise les langues suivante : français, anglais, italien, espagnol.

11. L'extrait utilise les langues suivantes : français, italien, anglais.

12. L'extrait utilise les langues suivantes : français, anglais.

13. Paul Ricoeur, dans *Sur la traduction,* a soutenu que c'est par la traduction que l'on peut le mieux offrir de l'hospitalité linguistique, ce que font Ousseynou et Bouba.

14. Ndella, 45 ans, est née à Dakar mais a passé deuxdécennies à Paris.

15. L'extrait utilise les langues suivantes : wolof, français, anglais.

16. Torop est un mot d'emprunt français, venant de trop.

17. Tubaab, également écrit toubab, a plusieurs significations. La définition la plus courante est personne blanche. Cependant, lorsqu'il désigne une langue, il signifie français.

18. Cet extrait est tiré d'une conversation avec Ndella et Boubacar le 27 octobre 2009.

19. Les mots français utilisés dans cet échange (par exemple, bien sûr, anglais, cinq ans, Hollande) sont tous des mots que l'on retrouve couramment dans le wolof de Dakar. Les noms de langues et de pays européens entrent en wolof par le biais du français. Par ailleurs, les chiffres sont souvent exprimés en français pour des raisons de commodité, car les chiffres en wolof peuvent être assez longs.

20. L'extrait utilise les langues suivantes : Italien, français, Italien non standard.

21. *Dispinge* n'est pas un mot de l'italien standard. *Dipingere* signifie peindre ou décrire. Il semble qu'il cherchait le mot spingere, pousser.

22. David Crystal montre comment la fonction ludique du langage est importante pour l'appréciation du langage. Selon lui, nous jouons avec le langage en le manipulant, en lui faisant faire ce qu'il ne fait pas normalement, pour notre amusement ou pour l'amusement des autres. Crystal, *Language Play*, p.1.

23.   Dans son travail sur les écrivains modernistes et la culture des cafés métropolitains dans la diaspora juive, Shachar Pinsker démontre comment les cafés ont été essentiels à la construction et au maintien de l'identité juive : « Le café est un site d'énonciation de l'identité, de l'expérience vécue et des significations contestées ». Pinsker, *Modern (Jewish) Woman in a Café*, p. 4. Le volume édité par W. Scott Haine, Jeffrey Jackson et Leona Rittner explore le concept de café et de communauté : « Les cafés sont au cœur de l'histoire intellectuelle parce que l'interaction sociale et l'introspection solitaire qui s'y déroulent répondent à des besoins humains vitaux : nourrissant les perceptions humaines avec des boissons, des images, des odeurs et des sons, ces espaces ont eu un impact considérable sur l'histoire intellectuelle à différents moments ». Haine, Jackson et Rittner. *Thinking Space*, 3. Voir Lecoq, *Café*, pour une discussion sur les cafés en tant que laboratoires. p. 24.

24.   Comme le soutiennent John Connell et Chris Gibson, la musique reste une sphère culturelle importante dans laquelle les identités sont affirmées, remises en question, démantelées et reconstruites. Connell et Gibson, *Sound Tracks*, p. 117. Simon Frith note que « la musique construit notre sens de l'identité à travers les expériences directes qu'elle offre du corps, du temps et de la sociabilité, expériences qui nous permettent de nous placer dans des récits culturels imaginatifs ». Frith, *Music and Identity*, p. 124.

25.   Gilroy, *Black Atlantic*, p. 81-82.

26.   Mahama commence ses mémoires en décrivant l'ère de la libération, qu'il décrit comme « une génération entière d'art visuel, de littérature, de musique et de changement culturel international [qui] a été renforcée par l'électricité d'un continent secouant son oppression ». Mahama, *My First Coup d'Etat*, p. 10. Les citations ultérieures de cet ouvrage sont ici les suivantes : *Pata Pata*, p. 2 ; paroles de James Brown, p. 78 ; diversité linguistique et culturelle, p. 123.

27.   Mahama souligne également les échanges vestimentaires transatlantiques : « Les Noirs américains avaient troqué leurs blue-jeans, leurs costumes et leurs manches de chemise contre des batiks, des tie-dyes et des dashikis cousus à partir du tissu ghanéen populaire appelé 'Angelina'. Pendant ce temps, au Ghana, nous avions pris l'habitude de porter des hipsters, des minijupes et des chemises en polyester déboutonnées jusqu'au nombril. Aussi branchée que soit la mode, elle n'était qu'un sous-produit ; la musique était l'événement principal ». Mahama, *My First Coup d'Etat*, p. 123.

28.   Christiane Taubira, *Mes météores*, p. 17.

29. Frith, *Music and Identity*, p. 125. En outre, dans son exploration de la production culturelle à travers la diaspora sénégalaise, Mahriana Rofheart accorde une attention particulière à la manière dont la littérature sénégalaise et le hip-hop façonnent les identités locales et mondiales : « Les auteurs Aminata Sow Fall, Ken Bugul et Fatou Diome, ainsi que plusieurs artistes de hip-hop, ont répondu au phénomène de l'émigration du Sénégal en articulant des connexions locales et mondiales, de la même manière que la vidéo Y'en a Marre délivre un message local puissamment spécifique sur une scène mondiale ». Rofheart, *Shifting Perceptions of Migration*, p. viii.

30. L'extrait utilise les langues suivantes : Wolof, français, italien.

31. Cette conversation a eu lieu au restaurant sénégalais le 12 février 2010.

32. Mikhaïl Bakhtine a théorisé la notion d'hétéroglossie pour soutenir que les mots sont historiquement ancrés, véhiculant des significations et des associations antérieures. Il a également admis que les locuteurs transmettent une attitude évaluative à travers leurs mots. Voir Bakhtin, Holquist, et Emerson, *Speech Genres*.

33. L'extrait utilise les langues suivantes : Wolof, Italien.

34. Cette conversation a eu lieu au restaurant sénégalais le 10 avril 2010.

35. L'extrait utilise les langues suivantes : Italien, wolof, français, anglais.

36. En italien standard, ce serait *io sono diventato*.

37. Phrase arabe qui a été intégrée dans le wolof.

38. Voir Lecoq, *Café*, et Pinsker, *Modern (Jewish) Woman in a Café*.

39. Les Pieds-noirs étaient des personnes d'ascendance française ou européenne qui étaient nées ou vivaient en Afrique du Nord française.

40. L'extrait utilise les langues suivantes : français, anglais.

41. *Capter* dans ce contexte est l'argot pour comprendre.

42. L'extrait utilise les langues suivantes : français, anglais. B1 : membre du groupe no. 1, B2 : membre du groupe no. 2.

43. Suzanne Romaine marque les distinctions entre l'alternance extraphrastique (insertion d'une étiquette, par exemple vous savez, je veux dire), l'alternance interphrastique (commutation à la fin d'une phrase ou d'une expression) et le changement intraphrastique (à l'intérieur d'une phrase

ou d'une expression), en soutenant que chacun d'entre eux est progressivement plus difficile que le précédent. Romaine, *Bilingualism*, p.10.

44.   Il est intéressant qu'Abdu dise que le mot *lyrics* n'est pas traduisible en français, même si le terme *paroles* existe. Peut-être trouve-t-il ce terme inadéquat.

45.   Le terme évoque le nom du groupe de hip-hop populaire *The Roots* ainsi que le célèbre livre et la mini-série d'Alex Haley sur la migration forcée de ses ancêtres d'Afrique vers les Amériques.

46.   En expliquant le modèle de marquage, Carol Myers-Scotton soutient que « les locuteurs utilisent la possibilité de faire des choix de code pour négocier les relations interpersonnelles, et par extension pour signaler leurs perceptions ou leurs désirs concernant l'appartenance à un groupe ». Myers-Scotton, *Duelling Languages*, p. 478.

47.   Shipley centre l'Afrique dans une discussion transnationale de la négritude en se concentrant sur ce qu'il considère comme l'afro-cosmopolitisme, où l'investissement dans différents types de production culturelle permet aux gens d'accéder à un monde cosmopolite noir. Les recherches de Holsey sur le transnationalisme ghanéen montrent que même pour ceux qui ne peuvent pas voyager, différentes formes de production culturelle, comme la musique, permettent ce que Louisa Schein décrit comme un cosmopolitisme imaginé. Shipley, *Living the Hiplife*; Holsey, *Black Atlantic Visions* ; Schein, *Consumption of Color*.

48.   La collecte de fonds est le même événement où Samba, le frère de Madina, s'est senti linguistiquement inadéquat en s'adressant à la foule en anglais plutôt qu'en wolof.

49.   En tant que responsable du step, Ndiaye enseigne le stepping, une danse percussive qui fait partie intégrante de la plupart des fraternités et sororités historiquement noires.

50.   Voir Ladegaard, *National Stereotypes and Language Attitudes* ; Luján García, *La lengua inglesa en canarias* ; et González Cruz et Vera Cazorla, *Attitudes to Language and Culture*, pour plus d'informations. González Cruz et Vera notent en particulier que les étudiants espagnols qu'ils ont interrogés aux îles Canaries préféraient apprendre l'anglais britannique à la fois en raison de la proximité géographique avec la Grande-Bretagne et du fait qu'ils apprennent traditionnellement l'anglais britannique à l'école. Cependant, les étudiants considèrent les États-Unis comme la puissance mondiale et la raison pour laquelle l'anglais domine en tant que langue mondiale. González Cruz et Vera Cazorla soutiennent également

que le programme d'études devrait être plus sensible aux différentes variétés d'anglais car l'attitude des étudiants changerait très probablement.

51. Fallou Ngom établit un lien entre le pourcentage élevé de mots empruntés à l'anglais dans les registres culturels au Sénégal et sa relation avec la culture américaine, en particulier la culture afro-américaine. Pour les jeunes urbains, l'anglais est la langue de « la modernité et de la mode » . Ngom, *Social Status*, p. 357. Les recherches futures sur la réception de l'anglais américain par rapport à l'anglais britannique au Sénégal devraient explorer ce phénomène dans une optique postcoloniale. Le fait que l'anglais britannique signifie plus facilement une relation postcoloniale influence-t-il la valeur plus élevée associée à l'anglais américain ?

52. Alors que les téléspectateurs entendent principalement du SAE dans les médias américains grand public, tels que les émissions de télévision et les films à succès, ils entendent du AAVE et du BSE dans le hip-hop et le rap américains. Au chapitre 1, nous avons vu comment les AAVE diffèrent des SAE en termes de grammaire, de vocabulaire et d'accent. En revanche, comme le note Ibrahim, le BSE fait référence à des façons de parler qui ne dépendent pas d'une maîtrise totale de la langue. Il s'appuie sur des expressions rituelles (voir Rampton, 1995, pour l'idée de ritualité... qui sont exécutées de manière habituelle et récurrente dans le rap. Ibrahim, *Becoming Black*, p. 351.

53. Il est intéressant de noter que cette chanson a été écrite et chantée à la fois par Snoop Dogg et Akon, un artiste hip-hop sénégalo-américain.

54. Voir Sposet, *Role of Music*, pour une justification et des ressources pour l'utilisation de la musique dans la classe de langue étrangère. En outre, des études ont enregistré le phénomène d'imitation du hip-hop américain à des fins diverses. Par exemple, certains rappeurs tanzaniens comptent sur l'imitation du hip-hop américain pour apprendre à rapper : « M. II, l'un des rappeurs les plus populaires de Tanzanie, a expliqué qu'il écoutait des cassettes de rap à plusieurs reprises jusqu'à ce qu'il puisse imiter les paroles en anglais. Bien qu'il ne parlât pas anglais à l'époque, il prononçait les mots jusqu'à ce qu'il ait une idée des rimes et du 'flux' de la chanson ». Perullo et Fenn, *Language Ideologies, Choices and Practices*, p. 24.

55. Comme le démontre Shipley dans ses propres recherches, « le hip-hop représentait la coolitude américaine... [et] offrait une forme d'inclusion panafricaine et mondiale ». Shipley, *Living the Hiplife*, p. 61. En outre, mes interlocuteurs semblaient en général aimer le hip-hop américain, écoutant des artistes d'une grande variété de genres liés à différentes régions

(par exemple, le hip-hop de la côte ouest, le hip-hop de la côte est, le hip-hop du sud).

56.   Shipley explore un phénomène similaire : « Pour chaque génération, les styles vernaculaires afro-américains de discours, de comportement corporel et d'habillement ont été à la fois des signes d'affiliation raciale globale et des moyens de revendiquer une distinction locale (Bourdieu, 1984) ». Shipley, *Living the Hiplife*, p. 63.

57.   Si l'émulation du rap américain est importante au Sénégal, de nombreux genres de rap différents sont produits, de la musique socialement et politiquement active de Keur Gui ou des Xuman et Keyti du Journal Rappé au rap religieux, qui fait référence aux marabouts et aux confréries islamiques. Voir O. Kane, *Homeland Is the Arena*, pour plus d'informations sur ce dernier.

58.   Dans sa critique de Gilroy, Charles Piot plaide en faveur d'un recentrage de l'Afrique dans les discussions sur la diaspora africaine. En s'appuyant sur ses recherches sur les pratiques culturelles dans le nord du Togo, il montre que loin d'être unidirectionnelles, « ces significations ont circulé avec une certaine promiscuité de l'Afrique vers les Amériques et l'Europe, et de l'Europe et des Amériques vers l'Afrique, remodelant ainsi toutes les parties impliquées ». Piot, *Atlantic Aporias*, p. 168.

59.   Pour une discussion sur les protagonistes acquérant du capital culturel dans la littérature francophone, voir D. Thomas, *Black France*, p. 74. Thomas considère en particulier *Enfant noir* de Laye Camara, *Aventure ambiguë* de Hamidou Kane et *Mirages de Paris* d'Ousmane Socé.

Epilogue

1.   Le nom du parti a été changé en Rassemblement national en 2018.

2.   Voir Hunt et Wheeler, *Brexit*, pour des informations sur le Brexit ; Chrisafis, *Marine Le Pen*, sur le succès de l'extrême droite au niveau national ; Barry, *Extreme-Right Italian Gunman*, pour la violence anti-noire en Italie ; Tharoor, *Italy's Election*, pour une discussion sur les succès de l'extrême droite aux élections générales de 2018 ; et Squires, *Italy's hardline government*, pour une discussion sur la crise des migrants en Italie.

3.   Voir Stephenson et Knecht, *Trump Bars Doors to Refugees*, pour des informations sur les restrictions imposées à certains musulmans ; Lydia Smith, *Trump-Mexico Border Wall*, sur les perspectives de

concrétisation du rêve de mur frontalier de Trump ; Planas et Foley, *Deportations of Noncriminals*, sur l'augmentation des détentions et des expulsions d'immigrants ; Beydoun et Hansford, *F.B.I.'s Dangerous Crackdown* et Irby, *White and Far-Right Extremists*, pour des informations sur l'étiquetage des activistes comme *Black Identity Extremists* ; Zhao, *Trump Administration Bans Haiti*, concernant les remarques de Trump et l'interdiction subséquente ; Jordan, *Is America a 'Nation of Immigrants'?* pour une discussion sur les changements au sein des *U.S. Citizenship and Immigration Services* ; Davis et Shear, *How Trump Came to Enforce*, pour des informations sur la séparation forcée des familles dans les centres de détention de migrants ; Ellis, Hicken et Ortega, *Handcuffs, Assaults and Drugs Called 'Vitamins'*, sur les allégations d'abus, d'agression et de négligence que des mineurs ont rapportées alors qu'ils se trouvaient dans des centres de détention ; et Jordan et Dickerson, *More than 450 Migrant Parents*, sur la façon dont des centaines de parents ont été expulsés sans être réunis avec leurs enfants.

Bibliographie

ABC News. Paris Riots in Perspective, *ABC News*, 4 novembre 2005 *abcnews.go.com / International / story ?id=1280843.*

ADEPOJU, Aderanti. Creating a Borderless West Africa: Constraints & Projects for Intraregional Migration. In *Migration without Borders: Essays on the Free Movement of People*, dirigé par Antoine Pécoud & Paul Guchteneire, pp 161–74. Paris: UNESCO, 2007.

AGER, Dennis. Identity, Insecurity & Image: The Objectives of Language Policy in France & the Francophone World. In Marley, Hintze & Parker, *Linguistic Identities*, p. 243–64.

ALBA, Richard D. & FONER, Nancy. *Strangers No More: Immigration & the Challenges of Integration in North America & Western Europe.* Princeton, NJ: Princeton University Press, 2015.

ALIGHIERI, Dante. *De vulgari eloquentia : 1305.* Dirigé par Steven Botterill. Cambridge: Cambridge University Press, 1996.

ALIM, H. Samy. Translocal Style Communities: Hip Hop Youth as Cultural Theorists of Style, Language & Globalization. *Pragmatics: Quarterly Publication of the International Pragmatics Association* 19, no. 1 (2009), p. 03–27.

ALIM, H. Samy, RICKFORD, John R. & BALL, Arnetha F. *Raciolinguistics: How Language Shapes Our Ideas about Race.* New York: Oxford University Press, 2016.

ALLEN, Theodore. *The Invention of the White Race.* Vol. 2, *The Origin of Racial Oppression in Anglo-America.* London: Verso, 1997.

ANDERSON, Benedict R. *Imagined Communities: Reflections on the Origin & Spread of Nationalism.* Rev. ed. London: Verso, 2006.

Apologizing for the Enslavement & Racial Segregation of African-Americans. H.R. Res. 194. *110th Congress,* 29 juillet 2008. *govtrack.us / congress / bills / 110 / hres194 / text.*

ARCHIBALD, James. La langue citoyenne : Droits et obligations linguistiques des migrants en France et au Canada. In *La langue et l'intégration des immigrants : Sociolinguistique, politiques linguistiques, didactique*, dirigé par James Archibald & Jean-Louis Chiss, p. 15–32. Paris: Harmattan, 2007.

AUER, Peter. *Bilingual Conversation*. Philadelphia: John Benjamins, 1984.

AUER, Peter. *Code-Switching in Conversation: Language, Interaction & Identity*. New York: Routledge, 1998.

AUER, Peter. The Pragmatics of Code-Switching: A Sequential Approach. In Milroy & Muysken, *One Speaker, Two Languages*, p. 115–35.

AUER, Peter & WEI Li. Introduction: Multilingualism as a Problem? Monolingualism as a Problem? In *Handbook of Multilingualism & Multilingual Communication*, dirigé par Peter Auer & Wei Li, p. 1–14. New York: Mouton de Gruyter, 2007.

BACK, Les & SOLOMOS, John, eds. *Theories of Race & Racism: A Reader*. London: Routledge, 1999.

BAGGULEY, Paul & HUSSAIN Yasmin. *Riotous Citizens: Ethnic Conflict in Multicultural Britain*. Aldershot, England: Ashgate, 2008.

BAILEY, Kathleen M. An Introspective Analysis of an Individual Language Learning Experience. In *Research in Second Language Acquisition: Selected Papers of the Los Angeles Second Language Acquisition Research Forum*, dirigé par Robin C. Scarcella & Stephen D. Krashen, p. 58–65. Rowley, MA: Newbury House, 1980.

BAKER, Colin. *Foundations of Bilingual Education & Bilingualism*. Clevedon, England: Multilingual Matters, 2006.

BAKHTIN, Mikhail M., HOLQUIST, Michael & EMERSON, Caryl. *Speech Genres & Other Late Essays*. Austin: University of Texas Press, 1986.

BALIBAR, Étienne. *We the People of Europe? Reflections on Transnational Citizenship*. Traduit par James Swenson. Princeton, NJ: Princeton University Press, 2009.

BALIBAR, Étienne & WALLERSTEIN, Immanuel Maurice. *Race, Nation, Class: Ambiguous Identities*. London: Verso, 1991.

BALL, Rodney & MARLEY, Dawn. *The French-Speaking World: A Practical Introduction to Sociolinguistic Issues*. New York: Taylor & Francis, 2016.

BARRY, Colleen. Extreme-Right Italian Gunman Shoots 6 African Immigrants in Drive-By Spree: Officials. *Chicago Tribune*, 3 février 2018.

BAUMAN, R. An Ethnographic Framework for the Investigation of Communicative Behaviors. *ASHA* 13, no. 6 (juin 1971), p. 334–40.

BAYLEY, Robert & SCHECTER, Sandra R., eds. *Language Socialization in Bilingual & Multilingual Societies*. Clevedon, England: Multilingual Matters, 2003.

BBC News. Key Facts: Africa to Europe Migration. *BBC News*, 2 juillet 2007. *news.bbc.co.uk/2/hi/europe/6228236.stm*.

BEAMAN, Jean. But Madame, We Are French Also. *Contexts* 11, no. 3 (2012), p. 46–51.

BEAMAN, Jean. Citizen *Outsider: Children of North African Immigrants in France*. Oakland University of California Press, 2017.

BEAUCHAMP, Zach. Trevor Noah's Feud with France over Race, Identity & Africa, Explained. *Vox*, 19 juillet 2018. *vox.com/policy-&-politics/2018/7/19/17590302/trevor-noah-france-french-ambassador-araud-world-cup*.

BEYDOUN, Khaled A. & HANSFORD, Justin. The F.B.I's Dangerous Crackdown on 'Black Identity Extremists.' *New York Times*, 5 novembre 2017.

BELLUZZI, Michele. Cultural Protection as a Rationale for Legislation: The French Language Law of 1994 & the European Trend toward Integration in the Face of Increasing U.S. Influence. *Dickenson Journal of International Law* 14 (1995), p. 127–673.

BELZ, Julie A. Second Language Play as a Representation of the Multicompetent Self in Foreign Language Study. *Journal of Language, Identity & Education* 1, no. 1 (2002), p. 13–39.

BEN-GHIAT, Ruth & FULLER, Mia. *Italian Colonialism*. New York: Palgrave Macmillan, 2005.

BERG, Elliot J. The Economics of the Migrant Labor System. In *Urbanization & Migration in West Africa*, dirigé par Hilda Kuper, pp 160–84. Berkeley: University of California Press, 1965.

BERLANT, Lauren. Race, Gender & Nation in *The Color Purple*. *Critical Inquiry 14*, no. 4 (1988), p. 831–59.

BERTONCELLO, Brigitte. *Du Sénégal à Marseille*. Paris : Harmattan, 2009.

BESEMERES, Mary. Different Languages, Different Emotions? Perspectives from Autobiographical Literature. *Journal of Multilingual & Multicultural Development* 25, no. 2–3 (2004), p. 140–58.

BHABHA, Homi K. *The Location of Culture*. London: Routledge, 1994.

BILLIG, Michael. *Banal Nationalism*. London: Sage, 1995.

BLOCK, David. *Second Language Identities*. London: Continuum, 2014.

BLOCK, David. *The Social Turn in Second Language Acquisition*. Edinburgh: Edinburgh University Press, 2003.

BLOM, Jan-Petter & GUMPERZ, John Joseph. Social Meaning in Linguistic Structures: Code-Switching in Norway. In *Directions in Sociolinguistics: The Ethnography of Communication*, dirigé par John Joseph Gumperz & Dell H. Hymes, p. 407–34. New York: Holt, Rinehart & Winston, 1972.

BLOMMAERT, Jan. From Mobility to Complexity in Sociolinguistic Theory & Method. *Tilburg Papers in Culture Studies* 103 (2014), p. 1–24.

BLOMMAERT, Jan & RAMPTON Ben. Language & Superdiversity. *Diversities* 13, no. 2 (2011), p. 3–21.

BOLTON, Kingsley. World Englishes. In *The Handbook of Applied Linguistics*, dirigé par Alan Davies & Catherine Elder, p. 369–96. Oxford: Blackwell, 2004.

BONFIGLIO, Thomas Paul. *Mother Tongues & Nations: The Invention of the Native Speaker*. New York: De Gruyter Mouton, 2010.

BORRELLI, Doris. *Raddoppiamento Sintattico in Italian: A Synchronic & Diachronic Cross-Dialectical Study*. New York: Routledge, 2002.

BOURDIEU, Pierre. *Distinction: A Social Critique of the Judgment of Taste*. Traduit par Richard Nice. Cambridge, MA: Harvard University Press, 1984.

BOURDIEU, Pierre. *Language & Symbolic Power*. Traduit par Gino Raymond & Matthew Adamson. Dirigé par John B. Thompson. Cambridge, MA: Harvard University Press, 1991.

BOURDIEU, Pierre. *Outline of a Theory of Practice*. Traduit par Richard Nice. Cambridge: Cambridge University Press, 1977.

BRAZIEL, Jana Evans & MANNUR, Anita. *Theorizing Diaspora: A Reader*. Malden, MA: Blackwell, 2003.

BREMER, Katharina, ROBERTS, Celia, VASSEUR, Marie-Therese, SIMONOT, Margaret & BROEDER, Peter. *Achieving Understanding: Discourse in Intercultural Encounters*. London: Longman, 1996.

BRIONI, Simone. *The Somali Within: Language, Race & Belonging in Minor Italian Literature*. Oxford: Legenda, 2015.

BROWN, Jacqueline Nassy. Black Liverpool, Black America & the Gendering of Diasporic Space. *Cultural Anthropology* 13, no. 3 (1998), p. 291–325.

BRUBAKER, Rogers. *Citizenship & Nationhood in France & Germany*. Cambridge, MA: Harvard University Press, 1992.

BRUNOT, Ferdinand. *Histoire de la langue française des origines à 1900*. Paris: A. Colin, 1906.

BUCHOLTZ, Mary. Sociolinguistic Nostalgia & the Authentication of Identity. *Journal of Sociolinguistics* 7, no. 3 (2003), p. 398–416.

BUGGENHAGEN, Beth. *Muslim Families in Global Senegal: Money Takes Care of Shame*. Bloomington: Indiana University Press, 2012.

BULLOCK, Barbara E., and Almeida Jacqueline Toribio, eds. *The Cambridge Handbook of Linguistic Code-Switching*. Cambridge: Cambridge University Press, 2009

BURKE, Peter & PORTER, Roy. *The Social History of Language*. Cambridge: Cambridge University Press, 1987.

BURSTALL, Clare. Factors affecting Foreign-Language Learning: A Consideration of Some Recent Research Findings. *Language Teaching* 8, no. 1 (1975), p. 5–25.

BUTLER, Judith. *Bodies That Matter: On the Discursive Limits of Sex*. New York: Routledge, 1993.

BUTLER, Judith. *Excitable Speech: A Politics of the Performative*. New York: Routledge, 1997. Voir en particulier l'introduction, On Linguistic Vulnerability.

CALAVITA, Kitty. *Immigrants at the Margins: Law, Race & Exclusion in Southern Europe*. Cambridge: Cambridge University Press, 2005.

CALAVITA, Kitty. Law, Citizenship & the Construction of (Some) Immigrant 'Others.' *Law & Social Inquiry* 30, no. 2 (2005), p. 401–20.

CALVET, Louis-Jean & DREYFUS, Martine. The Urban Family: Three Models of Multilingualism. *Plurilinguismes* 3 (janvier 1992), p. 29–54.

CAMARA, Laye. *L'enfant noir.* Paris : Plon, 1953.

CAMPT, Tina. *Other Germans: Black Germans & the Politics of Race, Gender & Memory in the Third Reich.* Ann Arbor: University of Michigan Press, 2004.

CANAGARAJAH, Suresh. Interrogating the Native Speaker Fallacy: Non-linguistic Roots, Non-pedagogical Results. Dans *Non-native Educators in English Language Teaching,* dirigé par George Braine, pp 77–92. Mahwah, NJ: K. Erlbaum Associates, 1999.

CANAGARAJAH, Suresh. The Routledge Handbook of Migration & Language. New York: Taylor & Francis, 2017.

CARITAS DI ROMA. *Immigrazione: Dossier statistico.* Rome: Nuova Anterem, 2010.

CARLING, Jørgen, BLACK, Richard & KING, Russell. Emigration, Return & Development in Cape Verde: The Impact of Closing Borders. *Population, Space & Place* 10, no. 2 (2004), p. 113–32.

CARON-CALDAS, Suzanne & CALDAS, Stephen J. A Sociolinguistic Analysis of the Language Preferences of Adolescent Bilinguals: Shifting Allegiances & Developing Identities. *Applied Linguistics* 23, no. 4 (2002), p. 490–514.

CARTER, Donald Martin. *States of Grace: Senegalese in Italy & the New European Immigration.* Minneapolis: University of Minnesota Press, 1997.

CASTRO, Roland. Allez la France mondiale. *Libération,* 10 juillet 1998. *liberation.fr/tribune/1998/07/10/allez-la-france-mondiale_241583.*

CAVANAUGH, Jillian R. A Modern Questione della Lingua: The Incomplete Standardization of Italian in a Northern Italian Town. *Journal of the Society for the Anthropology of Europe* 8, no. 1 (2008), p. 18–31.

CAZENAVE, Odile Marie. *Afrique sur Seine : Une nouvelle génération de romanciers africains à Paris.* Paris : L'Harmattan, 2003.

CAZZULLO, Aldo. Kyenge: l'Italia non è un paese razzista. *Il Corriere,* 13 juin 2013.

CERTEAU, Michel de, JULIA, Dominique & REVEL, Jacques. *Une politique de la langue : La Révolution française et les patois ; L'enquête de Grégoire.* Paris : Gallimard, 1975.

CHARBOL, Marie. Château Rouge: A Little Africa in Paris? The Users & Usages of a Migrant Commercial Centrality. Traduit par Oliver Waine. *Metropolitiques,* 22 mai 2003. *metropolitiques.eu/Chateau-Rouge-a-Little-Africa-in.html.*

CHARRY, Eric S. *Hip Hop Africa: New African Music in a Globalizing World.* Bloomington: Indiana University Press, 2012.

CHIVALLON, Christine. Representing the Slave Past: The Limits of Museographical & Patrimonial Discourses. Dans *At the Limits of Memory: Legacies of Slavery in the Francophone World,* dirigé par Nicola Frith & Kate Hodgson, p. 25–48. Liverpool: Liverpool University Press, 2014.

CHOMSKY, Noam. *Aspects of the Theory of Syntax.* Cambridge, MA: MIT Press, 1965.

CHOMSKY, Noam. *Syntactic Structures.* The Hague: Mouton, 1957.

CHRISAFIS, Angelique. Marine Le Pen Defeated but France's Far Right Is Far from Finished. *Guardian,* 7 mai 2017.

CISSÉ, Mamadou. Langues, État et société au Sénégal. *Revue électronique internationale de sciences du langage SudLangues* 5 (décembre 2005), pp 99–133.

CLARKE, Kamari Maxine & THOMAS, Deborah A. *Globalization & Race: Transformations in the Cultural Production of Blackness.* Durham, NC: Duke University Press, 2006.

CLIFFORD, Edward. Social Visibility. *Child Development* 34 (1963), p. 799–808.

CLUB DU SAHEL. Mauritania: Restrictions on the 'Return Effects' of Intense & Diverse Migratory Movements. *OECD Emerging Economies,* no. 8 (mars 2009), p. 178–99.

ČMEJRKOVÁ, Světla. The Categories of 'Our Own' & 'Foreign' in the Language & Culture of Czech Repatriates from the Ukraine. *International Journal of the Sociology of Language* 162 (juillet 2003), p. 103–23

COHEN, William B. *The French Encounter with Africans: White Response to Blacks, 1530–1880*. Bloomington: Indiana University Press, 2003.

COLE, Jennifer & GROES Christian, eds. *Affective Circuits: African Migrations to Europe & the Pursuit of Social Regeneration*. Chicago: University of Chicago Press, 2016.

A Concurrent Resolution Apologizing for the Enslavement & Racial Segregation of African Americans. S. Res. 26, *111th Congress* (18 juin 2009). *congress.gov/bill/111th-congress/senate-concurrent-resolution/26*.

CONNELL, John & GIBSON, Chris. *Soundtracks: Popular Music, Identity & Place. Critical Geographies*. New York: Routledge, 2003.

CONNELL, R. W., ASHENDON, Dean, KESSLER, Sandra, & DOWSETT, Gary W. *Making the Difference: Schools, Families & Social Divisions*. Boston: Sage, 1982.

CONSTANT, Fred. The Invention of Blacks in France. Dans Keaton, Sharpley-Whiting & Stovall, *Black France / France Noire*, p. 103–9.

COOK, Vivian, ed. *Portraits of the L2 User*. Clevedon, England: Multilingual Matters, 2002.

COPPEL, Anne. Les Français et la norme linguistique : Une passion singulière. *Cosmopolitiques* 16 (novembre 2007), pp 157–68.

COUNCIL OF EUROPE. *Common European Framework of Reference for Languages: Learning, Teaching, Assessment*. 2001. *rm.coe.int/1680459f97*.

COUPLAND, Nikolas. Language, Situation & the Relational Self: Theorizing Dialect-Style in Sociolinguistics. Dans *Style & Sociolinguistic Variation*, dirigé par Penelope Eckert & John R. Rickford, pp 185–210. New York: Oxford University Press, 2001.

CREESE, Angela & BLACKLEDGE, Adrian. Translanguaging & Identity in Educational Settings. *Annual Review of Applied Linguistics* 35 (2015), p. 20–35.

CRUISE O'BRIEN, Donal. *Langue et nationalité au Sénégal : L'enjeu politique de la wolofisation*. Dans *La construction de l'État au Sénégal*, dirigé par Donal Cruise O'Brien, Momar-Coumba Diop & Mamadou Diouf, p. 143–55. Paris : Éditions Karthala, 2002.

CRUISE O'BRIEN, Donal. The Shadow-Politics of Wolofisation. *Journal of Modern African Studies* 36, no. 1 (1998), p. 25–46.

Crystal, David. *Language Play*. Chicago: University of Chicago Press, 2001.

DAVIES, Alan. *The Native Speaker Myth & Reality*. 2nd ed. Clevedon, England: Multilingual Matters, 2003.

DAVIS, Julie Hirschfeld & SHEAR, Michael D. How Trump Came to Enforce a Practice of Separating Migrant Families. *New York Times*, 16 juin 2018.

DEWALT, Kathleen Musante & DEWALT, Billie R. *Participant Observation: A Guide for Fieldworkers*. Walnut Creek, CA: AltaMira Press, 2002.

DIANGELO, Robin J. *White Fragility: Why It's So Hard for White People to Talk about Racism*. Boston: Beacon Press, 2018.

DIENG, Mame Younousse. *Aawo bi*. Dakar: IFAN Cheikh Anta Diop, 1992.

DIETLER, Michael. 'Our Ancestors the Gauls': Archaeology, Ethnic Nationalism & the Manipulation of Celtic Identity in Modern Europe. *American Anthropologist* 96, no. 3 (1994), p. 584–605.

DIOME, Fatou. *La préférence nationale*. 6th ed. Paris : Présence Africaine, 2001.

DIOP, Cheikh Anta. *Nations nègres et culture*. Paris : Présence africaine, 1954.

DIOUF, Mamadou. The French Colonial Policy of Assimilation & the Civility of the Originaires of the Four Communes (Senegal), A Nineteenth Century Globalization Project. *Development & Change* 29, no. 4 (1998), p. 671–96.

DIOUF, Mamadou. The Lost Territories of the Republic: Historical Narratives & the Recomposition of French Citizenship. Dans Keaton, Sharpley-Whiting & Stovall, *Black France / France Noire*, p. 32–56.

DODD, Vikram & MARSH, Sarah. Anti-Muslim Hate Crimes Increase Fivefold since London Bridge Attacks. *The Guardian*, 7 juin 2017.

DORAN, Meredith. Alternative French, Alternative Identities: Situating Language in La Banlieue. *Contemporary French & Francophone Studies* 11, no. 4 (2007), p. 497–508.

DOUGHTY, Catherine J. & LONG, Michael H., eds. *The Handbook of Second Language Acquisition*. Malden, MA: Blackwell, 2003.

DREWELOW, Isabelle & THEOBALD, Anne. A Comparison of the Attitudes of Learners, Instructors & Native French Speakers about the Pronunciation of French: An Exploratory Study. *Foreign Language Annals* 40, no. 3 (automne 2007), p. 491–520.

DU BELLAY, Joachim & HUMBERT, Louis. *La défense et illustration de la langue française suivie de De la Précellence du langage françois par Henri Estienne.* Paris : Classiques Garnier, 2014.

DUBOIS, Laurent. La République Métissée: Citizenship, Colonialism & the Borders of French History. *Cultural Studies*, 14, no. 1 (2000), p. 15–34.

DU BOIS, W.E.B. *The Souls of Black Folk.* New York: Dover, 1903.

DURKHEIM, Émile. *The Division of Labor in Society.* Glencoe, IL: Free Press, 1933.

DZIDZIENYO, Anani & OBOLER, Suzanne, eds. *Neither Enemies nor Friends: Latinos, Blacks, Afro-Latinos.* New York: Palgrave Macmillan, 2005.

EARLE, Thomas Foster & LOWE, K. J. P., eds. *Black Africans in Renaissance Europe.* Cambridge: Cambridge University Press, 2005.

ECHENBERG, Myron J. *Colonial Conscripts: The Tirailleurs Sénégalais in French West Africa, 1857–1960.* Portsmouth, NH: Heinemann, 1991.

ECKERT, Penelope & MCCONNELL-GINET, Sally. Think Practically & Look Locally: Language & Gender as Community-Based Practice. *Annual Review of Anthropology* 21, no. 1 (1992), p. 461–88.

ECONOMIST. France's Ethnic Minorities: To Count or Not to Count. *The Economist*, 28 mars 2009.

ELLIS, Blake, HICKEN, Melanie & ORTEGA, Bob. *Handcuffs, Assaults & Drugs Called 'Vitamins': Children Allege Grave Abuse at Migrant Detention Facilities.* CNN, 21 juin 2018.

ELLIS, Rod. *Second Language Acquisition.* Oxford: Oxford University Press, 2004.

ENWEZOR, Okwui. *Snap Judgments: New Positions in Contemporary African Photography.* New York: Steidl, 2006.

ESTIENNE, Henri. *Deux dialogues du nouveau langage françois italianizé, et autrement desguizé, principalement entre les courtisans de ce temps.* Paris : Liseux, 1883.

EUROPEAN COMMISSION. Europeans & their Languages. *Special Eurobarometer* 386, juin 2012. *ec.europa.eu/commfrontoffice/ publicopinion/archives/ebs/ebs_386_en.pdf.*

FAIRCLOUGH, Norman. *Discourse & Social Change.* Cambridge: Polity Press, 1992.

FAIRCLOUGH, Norman. Global Capitalism & Critical Awareness of Language. *Language Awareness* 8, no. 2 (1999), p. 71–83.

FALOPPA, Federico. *Parole contro: La rappresentazione del diverso nella lingua italiana e nei dialetti.* Milan: Garzanti, 2004.

FANON, Frantz. *Black Skin, White Masks.* Traduit par Charles Lam Markmann. New York: Grove Press, 1967. Publié initialement sous le titre *Peau noire, masques blancs* (Paris : Éditions du Seuil, 1952).

FASSIN, Didier. Politics of the Body & Recognizing Alterity: Fresh Issues Raised by Recent Immigration to France. *Recherches sociologiques* 33, no. 2 (2002) : p. 59–74.

FASSIN, Didier & FASSIN, Éric. *De la question sociale à la question raciale ?* Paris: La Découverte, 2010.

FELDBLUM, Miriam. *Reconstructing Citizenship: The Politics of Nationality Reform & Immigration in Contemporary France.* Albany: State University of New York Press, 1999.

FENTON, Laurence. *Frederick Douglass in Ireland The Black O'Connell.* Cork: Collins Press, 2014.

FERGUSON, Charles A. Diglossia. *Word* 15 (1959), p. 325–40.

FERGUSON, Charles A. Toward a Characterization of English Foreigner Talk. *Anthropological Linguistics* 17, no. 1 (1975), p. 1–14.

FERNANDEZ, Manny & HAUSER, Christine. Texas Mother Teaches Textbook Company a Lesson on Accuracy. *New York Times*, 5 octobre 2015.

FETTERMAN, David M. *Ethnography: Step-by-Step.* 3rd ed. Los Angeles: Sage, 2010.

FILA-BAKABADIO, Sarah. Photographie et géographie corporelle de l'Atlantique noir. Special issue, *Politique africaine* 136, no. 4 (2014), p. 21–40.

FIRTH, Alan & WAGNER, Johannes. On Discourse, Communication & (Some) Fundamental Concepts in SLA Research. *Modern Language Journal* 81, no. 3 (automne 1997), p. 285–300.

FIRTH, Alan & WAGNER, Johannes. SLA Property: No Trespassing! *Modern Language Journal* 82, no. 1 (printemps 1998), p. 91–94.

FISHMAN, Joshua A. Bilingualism with & without Diglossia; Diglossia with & without Bilingualism. *Journal of Social Issues* 23, no. 2 (avril 1967), p. 29–38.

FISHMAN, Joshua A. *The Sociology of Language: An Interdisciplinary Social Science Approach to Language in Society*. Rowley, MA: Newbury House, 1972.

FLETCHER, Catherine. *The Black Prince of Florence: The Spectacular Life & Treacherous World of Alessandro de' Medici*. New York: Oxford University Press, 2016.

FLORES, Nelson & ROSA, Jonathan. Undoing Appropriateness: Raciolinguistic Ideologies & Language Diversity in Education. *Harvard Educational Review* 85, no. 2 (été 2015), p. 149–71.

FOUCAULT, Michel. The Order of Discourse. Dans *Language & Politics*, dirigé par Michael J. Shapiro, p. 108–38. New York: New York University Press, 1984.

FOUCAULT, Michel. Two Lectures. Dans *Power/Knowledge: Selected Interviews*, dirigé par Colin Gordon, p. 78–108. New York: Pantheon, 1980.

FOUQUET, Thomas. Construire la Blackness depuis l'Afrique, un renversement heuristique. *Special issue, Politique africaine* 136, no. 4 (2014), p. 5–19.

FOUQUET, Thomas & BAZENGUISSA-GANGA, Rémy, eds. Blackness. *Special issue, Politique africaine* 136, no. 4 (décembre 2014).

FRITH, Simon. Music & Identity. Dans *Questions of Cultural Identity*, dirigé par Stuart Hall & Paul Du Gay, p. 108–27. London: Sage, 1996.

GAL, Susan. Multilingualism. Dans *The Routledge Companion to Sociolinguistics*, dirigé par Carmen Llamas, Louise Mullany & Peter Stockwell, p.149–56. London: Routledge, 2007.

GAL, Susan & Judith T. Irvine. The Boundaries of Languages & Disciplines: How Ideologies Construct Difference. (Defining the

Boundaries of Social Inquiry). *Social Research* 62, no. 4 (1995), p. 967–1001.

GAMBAROTA, Paola. *Irresistible Signs: The Genius of Language & Italian National Identity.* Toronto: University of Toronto Press, 2011.

GARCÍA, Ofelia. *Bilingual Education in the 21st Century: A Global Perspective.* Malden, MA: Wiley-Blackwell, 2011.

GARCÍA, Ofelia. Education, Multilingualism & Translanguaging in the 21st Century. Dans *Social Justice through Education*, dirigé par Tove Skutnabb-Kangas, Robert Phillipson, Ajit K. Mohanty & Minati Panda, p. 140–58. New Delhi: Orient Blackswan (anciennement Orient Longman), 2009.

GARCÍA, Ofelia & WEI Li. *Translanguaging: Language, Bilingualism & Education.* Palgrave Pivot. Basingstoke, England: Palgrave Macmillan, 2014.

GARDNER, Robert C. *Social Psychology & Second Language Learning: The Role of Attitudes & Motivation.* London: E. Arnold, 1985.

GARDNER, Robert C. & LAMBERT, Wallace E. *Attitudes & Motivation in Second-Language Learning.* Rowley, MA: Newbury House, 1972.

GARDNER, Robert C. Motivational Variables in Second Language Acquisition. *Canadian Journal of Psychology* 13 (1959), p. 266–72.

GARDNER-CHLOROS, Penelope. *Code-Switching.* Cambridge: Cambridge University Press, 2009.

GARDNER-CHLOROS, Penelope. Sociolinguistic Factors in Code-switching. Dans Bullock & Toribio, *Cambridge Handbook of Linguistic Code-Switching*, p. 97–113.

GASS, Susan. Apples & Oranges: Or, Why Apples Are Not Orange & Don't Need to Be; A Response to Firth & Wagner. *Modern Language Journal* 82, no. 1 (avril 1998), p. 83–90.

GASS, Susan M. & SELINKER, Larry, eds. *Second Language Acquisition: An Introductory Course.* New York: Routledge.

GIDDENS, Anthony. *Modernity & Self-Identity: Self & Society in the Late Modern Age.* Stanford, CA: Stanford University Press, 1991.

GILLETTE, Aaron. *Racial Theories in Fascist Italy.* New York: Routledge, 2002

GILROY, Paul. *The Black Atlantic: Modernity & Double Consciousness*. New York: Verso, 1993.

GILROY, Paul. *There Ain't No Black in the Union Jack: The Cultural Politics of Race & Nation*. 2nd ed. London: Hutchinson, 2002.

GINIO, Ruth. *French Colonialism Unmasked: The Vichy Years in French West Africa*. Lincoln: University of Nebraska Press, 2006.

GLICK SCHILLER, Nina. The Centrality of Ethnography in the Study of Transnational Migration: Seeing the Wetland instead of the Swamp. Dans *American Arrivals: Anthropology Engages the New Immigration*, dirigé par Nancy Foner, p. 99–128. Santa Fe: School of American Research Press, 2003.

GOFFMAN, Erving. Footing. *Semiotica* 25, no. 1–2 (1979), p. 1–29.

GOLDSTEIN, Lynn M. Standard English: The Only Target for Nonnative Speakers of English? *TESOL Quarterly* 21, no. 3 (septembre 1987), p. 417–36.

GONZALEZ, Roseann Dueñas. *Introduction to Language Ideologies: Critical Perspectives on the Official English Movement*, dirigé par Roseann Dueñas Gonzalez & Ildikó Melis, xxvii–xlvii. Urbana, IL: National Council of Teachers of English, 2000.

GONZÁLEZ Cruz, Isabel & CAZORLA María Jesús Vera. Attitudes to Language & Culture in the EFL Classroom: British versus American English? *Revista de Lenguas para Fines Específicos* 14 (2008), p. 63–92.

GOUDAILLIER, Jean-Pierre. *Comment tu tchatches ! Dictionnaire du français contemporain des cités*. Paris : Maisonneuve et Larose, 1998.

GRAMSCI, Antonio. *The Southern Question*. Traduit par Pasquale Verdicchio. Toronto: Guernica, 2005.

GRAY, Herman. *Watching Race: Television & the Struggle for Blackness*. Minneapolis: University of Minnesota Press, 1995.

GRÉGOIRE, Henri. *Rapport sur la nécessité et les moyens d'anéantir le patois, et d'universaliser l'usage de la langue française*. Paris : Imprimerie Nationale, 1794.

GROSJEAN, François. *Life with Two Languages: An Introduction to Bilingualism*. Cambridge, MA: Harvard University Press, 1982.

GUERINI, Federica. Language Policy & Ideology in Italy. *International Journal of the Sociology of Language* 2011, no. 210 (juillet 2011), p.109–26.

GUEYE, Abdoulaye. Memory at Issue: On Slavery & the Slave Trade among Black French. *Canadian Journal of African Studies / La revue canadienne des études africaines* 45, no. 1 (2011), p. 77–107.

GUMPERZ, John J. *Discourse Strategies.* Cambridge : Cambridge University Press, 1982.

GUMPERZ, John J. On the Linguistic Markers of Bilingual Communication. *Journal of Social Issues* 23, no. 2 (1967), p. 48–57.

GUNARATNAM, Yasmin. *Researching Race & Ethnicity: Methods, Knowledge & Power.* London: Sage, 2003.

GUTHRIE, Larry F. & HALL, William S. Ethnographic Approaches to Reading Research. Dans *Handbook of Reading Research*, vol. 1, dirigé par P. David Pearson, Rebecca Barr & Michael L. Kamil, p. 91–110. Mahwah, NJ: L. Erlbaum Associates, 1984.

HAGEGE, Claude. *Le français, histoire d'un combat.* Boulogne-Billancourt : Éditions Michel Hagège, 1996.

HAINE, Scott W., JACKSON, Jeffrey H. & RITTNER, Leona. *The Thinking Space: The Café as a Cultural Institution in Paris, Italy & Vienna.* Farnham, England: Ashgate, 2013.

HALL, Joan Kelly. (Re)creating Our Worlds with Words: A Sociohistorical Perspective of Face-to-Face Interaction. *Applied Linguistics* 16, no. 2 (juin 1995), p. 206–32.

HALL, Stuart. Cultural Identity & Diaspora. Dans *Identity: Community, Culture, Difference*, dirigé par Jonathan Rutherford, p. 222–37. London: Lawrence & Wishart, 1990.

HALL, Stuart. The Multi-cultural Question. Dans *Un/Settled Multiculturalisms*, dirigé par Barnor Hesse, p. 209–41. London: Zed Press, 2000.

HALL, Stuart. The West & the Rest: Discourse & Power. Dans *Modernity: An Introduction to Modern Societies*, dirigé par Stuart Hall, pp 184–227. Cambridge, MA: Blackwell, 1996.

HAMMERSLEY, Martyn. Ethnography: Problems & Prospects. *Ethnography & Education* 1, no. 1 (mars 2006), p. 3–14.

HANNERZ, Ulf. *Cultural Complexity: Studies in the Social Organization of Meaning*. New York: Columbia University Press, 1992.

HARGREAVES, Alec G. *Multi-ethnic France: Immigration, Politics, Culture & Society*. 2nd ed. New York: Routledge, 2007.

HARRIS, Roxy. Disappearing Language. Dans *Literacy, Language & Community Publishing*, dirigé par Jane Mace, p. 118–44. Clevedon, England: Multilingual Matters, 1995.

HARRIS, Roxy, LEUNG, Constant & RAMPTON, Ben. Globalisation, *Diaspora & Language Education* in England. Dans *Globalisation & Language Teaching,* dirigé par David Block & Deborah Cameron, p. 29–46. London: Routledge, 2001.

HARRIS, Roxy & RAMPTON, Ben, eds. *The Language, Ethnicity & Race Reader*. London: Routledge, 2003.

HAUGEN, Einar. Dialect, Language, Nation. *American Anthropologist* 68, no. 4 (1966), p. 22–35.

HEATH, Shirley Brice. Ethnography in Education: Defining the Essentials. Dans *Children in & out of School: Ethnography & Education*, dirigé par Perry Gilmore & Allan A. Glatthorn, p. 35–55. Washington, DC: Center for Applied Linguistics, 1982.

HIDALGO, Margarita. On the Question of 'Standard' versus 'Dialect': Implications of Teaching Hispanic College Students. Dans *Spanish in the United States: Sociolinguistic Issues*, dirigé par John J. Bergen, pp 110–26. Washington, DC: Georgetown University Press, 1990.

HIGGINBOTHAM, A. Leon. *In the Matter of Color: Race & the American Legal Process*. New York: Oxford University Press, 1978.

HOCK, Hans Henrich & JOSEPH, Brian D. *Language History, Language Change & Language Relationship: An Introduction to Historical & Comparative Linguistics*. New York: Mouton de Gruyter, 1996.

HOLSEY, Bayo. Black Atlantic Visions: History, Race & Transnationalism in Ghana. *Cultural Anthropology* 28, no. 3 (août 2013), p. 504–18.

HOOPER, John. Southern Italian Town World's 'Only White Town' after Ethnic Cleansing. *The Guardian*, 11 janvier 2000.

HORENCZYK, Gabriel. Conflicted Identities: Acculturation Attitudes & Immigrants' Construction of Their Social Worlds. Dans *Language,*

Identity & Immigration, dirigé par Elite Olshtain & Gabriel Horenczyk, pp 13–30. Jerusalem: Hebrew University Magnes Press, 2000.

HOWE, Darin. Negation in African American Vernacular English. Dans *Aspects of English Negation*, dirigé par Yoko Iyeiri, p. 173–204. Amsterdam: John Benjamins, 2005.

HUNT, Alex & WHEELER, Brian. Brexit: All You Need to Know about the UK Leaving the EU. *BBC News*, 26 février 2018. *bbc.com/news/uk-politics-32810887.*

HYMES, Dell. The Ethnography of Speaking. Dans *Anthropology & Human Behavior,* dirigé par Thomas Gladwin & William C. Sturtevant, p. 13–53. Washington, DC: Anthropology Society of Washington, 1962.

HYMES, Dell, ed. *Language in Culture & Society: A Reader in Linguistics & Anthropology*. Harper International edition. New York: Harper & Row, 1964.

HYMES, Dell. On Communicative Competence. Dans *Directions in Sociolinguistics*, dirigé par John Joseph Gumperz & Dell Hymes, p. 37–65. New York: Holt, Rinehart & Winston, 1970.

HYMES, Dell. Speech & Language: On the Origins & Foundations of Inequality among Speakers. *Daedalus* 102, no. 3 (1973), p. 59–85.

IBRAHIM, Awad El Karim M. Becoming Black: Rap & Hip-Hop, Race, Gender, Identity & the Politics of ESL Learning. *TESOL Quarterly* 33, no. 3 (octobre 1999), p. 349–69.

INSEE. Étrangers-Immigrés en 2014 : France métropolitaine. 2017. *insee.fr/fr/statistiques/2874036?sommaire=2874056&geo=METRO-1.*

INSEE. La localisation géographique des immigrés : Une forte concentration dans l'aire urbaine de Paris. 2016. *insee.fr/fr/statistiques/2121524.*

IRBY, Katie. White & Far-Right Extremists Kill More Cops, but FBI Tracks Black Extremists More Closely, Many Worry. *McClatchy DC Bureau,* 24 janvier 2018. *mcclatchydc.com/news/nationworld/national/article196423174.html*

IRVINE, Judith. When Talk Isn't Cheap: Language & Political Economy. *American Ethnologist* 16, no. 2 (1989), p. 248–67.

ISTAT. Cittadini stranieri. Popolazione residente e bilancio demografico al 31 dicembre 2016: Italia. *demo.istat.it.*

ISTAT. Cittadini stranieri. Popolazione residente per sesso e cittadinanza al 31 dicembre 2010: Italia. *demo.istat.it.*

ISTAT. Cittadini stranieri. Popolazione residente per sesso e cittadinanza al 31 dicembre 2016: Italia. *demo.istat.it.*

ISTAT. The Usage of Italian Language, Dialects & Other Languages in Italy. October 27, 2014. *istat.it/en/archive/136517.*

JAKSA, Kari. Sports & Collective Identity: The Effects of Athletics on National Unity. *SAIS Review of International Affairs* 31, no. 1 (Winter 2011), pp 39–41.

JAWORSKI, Adam & COUPLAND, Nikolas, eds. *The Discourse Reader.* London: Routledge, 1999.

JOHNSON, G. Wesley. *The Emergence of Black Politics in Senegal: The Struggle for Power in the Four Communes, 1900–1920.* Stanford, CA: Stanford University Press, 1971.

JORDAN, Miriam. Is America a 'Nation of Immigrants'? Immigration Agency Says No. *New York Times*, 22 février 2018.

JORDAN, Miriam & DICKERSON, Caitlin. More than 450 Migrant Parents May Have Been Deported Without Their Children. *New York Times*, 24 juillet 2018.

JOSEPH, John Earl & TAYLOR, Talbot J. *Ideologies of Language.* New York: Routledge, 1990.

KACHRU, Braj B. *The Alchemy of English: The Spread, Functions & Models of Non-native Englishes.* New York: Pergamon Institute of English, 1986.

KACHRU, Braj B. Code-Mixing as a Communicative Strategy. Dans *International Dimensions of Bilingual Education*, dirigé par James E. Alatis, pp 107–24. Washington, DC: Georgetown University Press, 1978.

KACHRU, Braj B. Standards, Codification & Sociolinguistic Realism: The English Language in the Outer Circle. Dans *English in the World: Teaching & Learning the Language & Literatures*, dirigé par Randolph Quirk & H. G. Widdowson, p. 11–36. Cambridge: Cambridge University Press, 1985.

KACHRU, Yamuna. Monolingual Bias in SLA Research. *TESOL Quarterly* 28, no. 4 (1994), p. 795–800.

KANE, Cheikh Hamidou. *L'aventure ambiguë.* Paris : Julliard, 1961.

KANE, Moustapha & ROBINSON, David. *The Islamic Regime of Fuuta Tooro: An Anthology of Oral Tradition*. East Lansing: Michigan State University, 1984.

KANE, Ousmane. *The Homeland Is the Arena: Religion, Transnationalism & the Integration of Senegalese Immigrants in America*. Oxford: Oxford University Press, 2011.

KEATON, Trica Danielle. *Muslim Girls & the Other France: Race, Identity Politics & Social Exclusion*. Bloomington: Indiana University Press, 2006.

KEATON, Trica Danielle, SHARPLEY-WHITING, T. Denean & STOVALL, Tyler Edward, eds. *Black France / France Noire: The History & Politics of Blackness*. Durham, NC: Duke University Press, 2012.

KELLER, Rudolf Ernst. *German Dialects: Phonology & Morphology, with Selected Texts*. Manchester: Manchester University Press, 1961.

KHAN, Khizr. Attacks on American Muslims Are Un-American: Under Trump, They're on the Rise. *Washington Post*, 21 juillet 2017.

KHOUMA, Pap. Io, nero italiano e la mia vita ad ostacoli. *La Repubblica*, 12 décembre 2009.

KHOUMA, Pap. *I Was an Elephant Salesman: Adventures between Dakar, Paris & Milan*. Dirigé par Oreste Pivetta. Traduit par Rebecca Crockett-Hopkins. Bloomington: Indiana University Press, 2010. Publié initialement sous le titre *Io, venditore di elefanti: Una vita per forza fra Dakar, Parigi e Milano* (Milan: Garzanti, 1990).

KINGINGER, Celeste. Alice Doesn't Live Here Anymore: Foreign Language Learning & Identity Reconstruction. Dans Pavlenko & Blackledge, *Negotiation of Identities*, p. 219–42.

KINGTON, Tom. Italy's First Black Minister: I Had Bananas Thrown at Me but I'm Here to Stay. *The Guardian*, 7 septembre 2013.

KOVEN, Michèle E. J. Two Languages in the Self / The Self in Two Languages: French-Portuguese Bilinguals' Verbal Enactments & Experiences of Self in Narrative Discourse. *Ethos* 26, no. 4 (décembre 1998), p. 410–55.

KRAMSCH, Claire. *Context & Culture in Language Teaching*. Oxford: Oxford University Press, 1993.

KRAMSCH, Claire. The Cultural Component of Language Teaching. *Language, Culture & Curriculum* 8, no. 2 (janvier 1995), p. 83–92.

KRAMSCH, Claire, ed. *Language Acquisition & Language Socialization: Ecological Perspectives*. New York: Continuum, 2002.

KRAMSCH, Claire. *The Multilingual Subject: What Foreign Language Learners Say about Their Experience & Why It Matters*. Oxford: Oxford University Press, 2009.

KRAMSCH, Claire. The Privilege of the Non-Native Speaker. *PMLA* 112, no. 3 (1997), p. 359–69.

KRAMSCH, Claire & WHITESIDE, Anne. Language Ecology in Multilingual Settings: Towards a Theory of Symbolic Competence. *Applied Linguistics* 29, no. 4 (décembre 2008), pp 645–71.

KRISTEVA, Julia. *Revolution in Poetic Language*. New York: Columbia University Press, 1984.

KUBOTA, Ryuko. Rethinking the Superiority of the Native Speaker: Toward a Relational Understanding of Power. Dans *The Native Speaker Concept: Ethnographic Investigations of Native Speaker Effects*, dirigé par Neriko Musha Doerr, p. 233–47. New York: Mouton de Gruyter, 2009.

KUIPER, Lawrence. Perception Is Reality: Parisian & Provençal Perceptions of Regional Varieties of French. *Journal of Sociolinguistics* 9, no. 1 (2005), p. 28–52.

LABOV, William. *Sociolinguistic Patterns*. Philadelphia: University of Pennsylvania Press, 1972.

LADEGAARD, Hans J. National Stereotypes & Language Attitudes: The Perception of British, American & Australian Language & Culture in Denmark. *Language & Communication* 18, no. 4 (1998), p. 251–74.

LAVE, Jean & WENGER, Étienne. *Situated Learning: Legitimate Peripheral Participation*. Cambridge: Cambridge University Press, 1991.

Le Code Noir : Édit du roi sur les esclaves des îles de l'Amérique (1680) ; Suivi de *Código Negro* (1789). Université du Québec à Chicoutimi, 2010. *dx.doi.org/doi :10.1522/030168016*.

LECONTE, Fabienne. L'identité linguistique des migrants africains en France. Dans Marley, Hintze & Parker, *Linguistic Identities*, p. 117–30.

LECOQ, Benoît. *The Café*. Traduit par Nancy Turpin. Dans *Legacies, vol. 3 of Rethinking France : Les lieux de mémoire*, dirigé par Pierre Nora &

David P. Jordan, p. 343–74. Chicago: University of Chicago Press, 2009.

LEE, Tiffany. Black & Undocumented: 5 Ways We Can Stop Erasing Black Folk from Conversations around Immigration. *The Body Is Not an Apology*, 24 juin 2017. *tinyurl.com/ydgj3hm9*.

Legge 15 Dicembre 1999, n°482. *Norme in materia di tutela delle minoranze linguistiche storiche. camera.it/parlam/leggi/99482l.htm*.

LEPSCHY, Anna Laura & LEPSCHY, Giulio. *The Italian Language Today*. London: Hutchinson, 1998.

LEUNG, Constant, HARRIS, Roxy & RAMPTON, Ben. *The Idealised Native Speaker, Reified Ethnicities & Classroom Realities. TESOL Quarterly* 31, no. 3 (automne 1997, p. 543–60.

LEWIS, David L., DU BOIS W. E. B.: *A Biography*. New York: Henry Holt, 2009. Lewis, M. Paul. Ethnologue: Languages of the World. Dallas: SIL International, 2009.

LIONNET, Françoise. Continents & Archipelagoes: From E Pluribus Unum to Creolized Solidarities. *Special issue, PMLA: Publications of the Modern Language Association of America* 123, no. 5 (2008), p. 1503–15.

LIONNET, Françoise & SHIH, Shu-mei. *Minor Transnationalism*. Durham, NC: Duke University Press, 2005.

LIPPI-GREEN, Rosina. *English with an Accent: Language, Ideology & Discrimination in the United States*. New York: Routledge, 1997.

LIPSKI, John M. 'Partial' Spanish Strategies of Pidginization & Simplification (from Lingua Franca to 'Gringo Lingo'). Dans *Romance Phonology & Variation: Selected Papers from the 30th Linguistic Symposium on Romance Languages*, Gainesville, Floride, février 2000, dirigé par Caroline R. Wiltshire & Joaquim Camps, p. 117–34. Amsterdam: John Benjamins, 2002.

LIPSKI, John M. *Varieties of Spanish in the United States*. Washington, DC: Georgetown University Press, 2008.

LLOYD, Cathie. *Concepts, Models & Anti-racist Strategies in Britain & France*. New Community 18, no. 1 (octobre 1991), p. 63–73.

LO, Adrienne. Codeswitching, Speech Community Membership & the Construction of Ethnic Identity. *Journal of Sociolinguistics* 3, no. 4 (novembre 1999), p. 461–79.

LODGE, R. Anthony. *French: From Dialect to Standard*. New York: Routledge, 1993.

LOEWEN, James W. *Lies My Teacher Told Me: Everything Your American History Textbook Got Wrong*. Touchstone ed. New York: Simon & Schuster, 2007.

Loi no. 2001-434 du 21 mai 2001 tendant à la reconnaissance de la traite et de l'esclavage en tant que crime contre l'humanité. *legifrance.gouv.fr/affichTexte.do?cidTexte=JORFTEXT000000405369*.

Loi no. 2005-158 du 23 février 2005 portant reconnaissance de la nation et contribution nationale en faveur des Français rapatriés. *admi.net/jo/20050224/DEFX0300218L.html*.

Loi no. 94-665 du 4 août 1994 relative à l'emploi de la langue française (Loi Toubon). *legifrance.gouv.fr/affichTexte.do?cidTexte=JORFTEXT000000349929*.

LOMBARDI-DIOP, Cristina. Postracial/Postcolonial Italy. Dans *Postcolonial Italy: Challenging National Homogeneity*, dirigé par Cristina Lombardi-Diop & Caterina Romeo, pp 175–90. New York: Palgrave Macmillan, 2012.

LOMBARDI-DIOP, Cristina & ROMEO, Caterina. Introduction: Paradigms of Postcoloniality in Contemporary Italy. Dans *Postcolonial Italy: Challenging National Homogeneity*, dirigé par Cristina Lombardi-Diop & Caterina Romeo, p. 1–30. New York: Palgrave Macmillan, 2012.

LOOMBA, Ania. *Colonialism/Postcolonialism*. 3rd ed. New York: Routledge, 2015.

LOPORCARO, Michele & BERTINETTO, Pier Marco. The Sound Pattern of Standard Italian, as Compared with the Varieties Spoken in Florence, Milan & Rome. *Journal of the International Phonetic Association* 35, no. 2 (2005), p. 131–51.

LORDE, Audre. *Sister Outsider: Essays & Speeches*. Trumansburg, NY: Crossing Press, 1984.

LOZADA, Eriberto P. Cosmopolitanism & Nationalism in Shanghai Sports. *City & Society* 18, no. 2 (décembre 2006), pp 207–31.

LOZÈS, Patrick. 'Black France' & the National Identity Debate: How Best to Be Black & French? Dans Keaton, Sharpley-Whiting & Stovall, *Black France / France Noire*, p. 123–44.

LUJÁN GARCÍA, Carmen. *La lengua inglesa en canarias: Usos y actidudes.* Las Palmas de Gran Canaria: Departamento de Ediciones de Cabildo de Gran Canaria, 2003.

MABANCKOU, Alain. The Fugitive. Traduit par Polly McLean. Dans *The Granta Book of the African Short Story*, dirigé par Helon Habila, pp 200–207. London: Granta Books, 2011.

MACGAFFEY, Janet & BAZENGUISSA-GANGA, Rémy. *Congo-Paris: Transnational Traders on the Margins of the Law.* Oxford: James Currey, 2000.

MADIBBO, Amal I. *Minority within a Minority: Black Francophone Immigrants & the Dynamics of Power & Resistance.* New York: Routledge, 2006.

MAHAMA, John Dramani. *My First Coup d'Etat & Other True Stories from the Lost Decades of Africa.* New York: Bloomsbury, 2012.

MAHER, Stephanie. *Barça ou Barzakh: The Social Elsewhere of Failed Clandestine Migration out of Senegal.* PhD diss., University of Washington, 2015. ProQuest Theses & Dissertations (1758795190).

MAKOMÉ, Inongo Vi. *España y los negros africanos.* Barcelona: La Llar del Llibre, 1990.

MANAGAN, Kathe. Diglossia Reconsidered: Language Choice & Code-Switching in Guadeloupean Voluntary Organizations. *Texas Linguistic Forum* 47 (2004), p. 251–61.

MARABLE, Manning & AGARD-JONES, Vanessa, eds. *Transnational Blackness: Navigating the Global Color Line.* New York: Palgrave Macmillan, 2008.

MARLEY, Dawn, HINTZE, Marie-Anne & PARKER, Gabrielle, eds. *Linguistic Identities & Policies in France & the French-Speaking World.* London: Association for French Language Studies in Association with the Centre for Information on Language Teaching & Research, 1998.

MARSHALL, Thomas Humphrey. Citizenship & Social Class. Dans *Citizenship & Social Class*, dirigé par Thomas Humphrey Marshall & T. B. Bottomore, p. 3–51. London: Pluto, 1992.

MARTIN-JONES, Marilyn & ROMAINE, Suzanne. Semilingualism: A Half-Baked Theory of Communicative Competence. *Applied Linguistics* 7, no. 1 (printemps 1986), p. 26–38.

MATHEWS, Gordon. *Global Culture / Individual Identity: Searching for Home in the Cultural Supermarket.* New York: Routledge, 2000.

MAY, Stephen. *Language & Minority Rights: Ethnicity, Nationalism & the Politics of Language.* New York: Routledge, 2008.

MBEMBE, Achille. L'Afrique de Nicolas Sarkozy. *Mouvements* 52, no. 4 (2007), p. 65.

MCCLINTOCK, Anne. The Angel of Progress: Pitfalls of the Term 'Postcolonialism.' *Social Text* 31–32 (1992), pp 84–98.

MCCORMICK, Kay. *Language in Cape Town's District Six.* Oxford: Oxford University Press, 2002.

MCKAY, Sandra & WONG, Sau-Ling. Multiple Discourses, Multiple Identities: Investment & Agency in Second-Language Learning among Chinese Adolescent Immigrant Students. *Harvard Educational Review* 66, no. 3 (1996), p. 577–608.

MCLAUGHLIN, Fiona. Dakar Wolof & the Configuration of an Urban Identity. *Journal of African Cultural Studies* 14, no. 2 (2001), pp 153–72.

MCLAUGHLIN, Fiona. Haalpulaar Identity as a Response to Wolofization. *African Languages & Cultures* 8, no. 2 (1995), pp 153–68.

MCLAUGHLIN, Fiona. Senegal: The Emergence of a National Lingua Franca. Dans *Language & National Identity in Africa*, dirigé par Andrew Simpson, p. 79–97. Oxford: Oxford University Press, 2008.

MCNAMARA, Francis Terry. *France in Black Africa.* Washington, DC: National Defense University, 1989.

MEANS COLEMAN, Robin R. *Say It Loud! African-American Audiences, Media & Identity.* New York: Routledge, 2002.

MEEUWIS, Michael & BLOMMAERT, Jan. A Monolectal View of Code-Switching: Layered Code-Switching among Zairians in Belgium. Dans Auer, *Code-Switching in Conversation*, p. 76–100.

MELA, Vivienne. Verlan 2000. *Langue Française* 114 (juin 1997), pp 16–34.

MELLINO, Miguel. De-provincializing Italy: Notes on Race, Racialization, and Italy's Coloniality." In *Postcolonial Italy: Challenging National Homogeneity,* dirigé par Cristina Lombardi-Diop & Caterina Romeo, p. 83–99. New York: Palgrave Macmillan, 2012.

MENARD-WARWICK, Julia. Both a Fiction & an Existential Fact: Theorizing Identity in Second Language Acquisition & Literacy Studies. *Linguistics & Education: An International Research Journal* 16, no. 3 (2005), p. 253–74.

MERRILL, Heather. *An Alliance of Women: Immigration & the Politics of Race.* Minneapolis: University of Minnesota Press, 2006.

MERRILL, Heather. Postcolonial Borderlands: Black Life Worlds & Relational Place in Turin, Italy. *ACME* 13, no. 2 (2014), p. 263–94.

MEYFART, Johannes Matthaeus. *Teutsche rhetorica*: Oder, Redekunst: 1634. Tübingen: Niemeyer, 1977.

MIGLIORINI, Bruno & GRIFFITH, T. Gwynfor. *The Italian Language.* Rev. ed. Boston: Faber & Faber, 1984.

MILLER, Christopher L. *The French Atlantic Triangle: Literature & Culture of the Slave Trade.* Durham, NC: Duke University Press, 2008.

MILLER, Christopher L. *Nationalists & Nomads: Essays on Francophone African Literature & Culture.* Chicago: University of Chicago Press, 1998.

MILLER, Christopher L. *Theories of Africans: Francophone Literature & Anthropology in Africa. Black Literature & Culture.* Chicago: University of Chicago Press, 1990.

MILLER, Jennifer. *Audible Difference ESL & Social Identity in Schools.* Clevedon, England: Multilingual Matters, 2003.

MILROY, James. Language Ideologies & the Consequences of Standardization. *Journal of Sociolinguistics* 5, no. 4 (novembre 2001), p. 530–55.

MILROY, Lesley & MUYSKEN, Pieter. *One Speaker, Two Languages: Cross-Disciplinary Perspectives on Code-Switching.* Cambridge: Cambridge University Press, 1995.

MINISTERE DE L'ÉDUCATION NATIONALE, REPUBLIQUE DU SENEGAL. *Élaboration d'une politique d'éducation de Base de dix ans diversifiée, articulée, et intégrée*, 2014.

MINISTERO DELL'INTERNO. *Accordo di integrazione per lo straniero che richiede il permesso di soggiorno.* 2012. *interno.gov.it/it/temi/immigrazione-e-asilo/modalita-dingresso/accordo-integrazione-straniero-richiede-permesso-soggiorno.*

MINNICH, Nelson. The Catholic Church & the Pastoral Care of Black Africans in Renaissance Italy. Dans Earle & Lowe, *Black Africans in Renaissance Europe*, p. 280–300.

MOE, Nelson. *The View from Vesuvius: Italian Culture & the Southern Question.* Berkeley: University of California Press, 2002.

MONTES-ALCALÁ, Cecilia. Attitudes toward Oral & Written Codeswitching in Spanish-English Bilingual Youth. Dans *Research on Spanish in the U.S.*, dirigé par Ana Roca, p. 218–27. Somerville, MA: Cascadilla Press, 2000.

MUDIMBE-BOYI, Elisabeth. Black France: Myth or Reality? Problems of Identity & Identification. Dans Keaton, Sharpley-Whiting & Stovall, *Black France / France Noire*, p. 17–31.

MURPHEY, Tim, CHEN, Jin, & CHEN, Li-chi. Learners' Constructions of Identities & Imagined Communities. Dans *Experiences of Language Learning*, dirigé par Phil Benson & David Nunan, p. 83–100. Cambridge: Cambridge University Press, 2005.

MYERS-SCOTTON, Carol. Codeswitching as Indexical of Social Negotiation. Dans *Code-switching: Anthropological & Sociolinguistic Perspectives*, dirigé par Monica Heller, p. 151–86. Berlin: Mouton de Gruyter, 1998.

MYERS-SCOTTON, Carol. *Duelling Languages: Grammatical Structure in Codeswitching.* Oxford: Oxford University Press, 1993.

MYERS-SCOTTON, Carol. *Social Motivations for Codeswitching: Evidence from Africa.* Oxford: Clarendon Press, 1993.

NDIAYE, Mandiogou & ROBIN, Nelly. Migrants Criminalized while *Making the Journey. Dans Regional Challenges of West African Migration: African & European Perspectives*, dirigé par Marie Trémolieres, p. 175–98. Paris: Organisation for Economic Cooperation & Development (OECD), 2009.

NDIAYE, Pap. *La condition noire : Essai sur une minorité française.* Paris : Calmann-Lévy, 2008.

NDIAYE, Pap. Pour une histoire des populations noires en France : Préalables théoriques. *Le Mouvement social* 213, no. 4 (2005), p. 91–108.

NEKVAPIL, Jiří . On Non-Self-Evident Relationships between Language & Ethnicity: How Germans Do Not Speak German & Czechs Do Not

Speak Czech. *Multilingua: Journal of Cross-Cultural & Interlanguage Communication* 19, no. 1–2 (2000), p. 37–53.

NEWMAN, Michael. *New York City English*. Berlin: De Gruyter Mouton, 2015.

NG, Roxana. Constituting Ethnic Phenomenon: An Account from the Perspective of Immigrant Women. *Canadian Ethnic Studies / Études ethniques au Canada* 13, no. 1 (1981), p. 97–108.

NGOM, Fallou. Linguistic Borrowing as Evidence of the Social History of the Senegalese Speech Community. *International Journal of the Sociology of Language*, no. 158 (2002), p. 37–51.

NGOM, Fallou. The Social Status of Arabic, French & English in the Senegalese Speech Community. *Language Variation & Change* 15, no. 3 (2003), p. 351–68.

NGŨGĨ wa Thiong'o. *Caitaani mutharaba-Ini*. Nairobi: East African Educational Publishers, 1980.

NGŨGĨ wa Thiong'o. *Decolonizing the Mind: The Politics of Language in African Literature*. London: James Currey, 1986.

NGŨGĨ wa Thiong'o. *Something Torn & New: An African Renaissance*. New York: Basic Civitas Books, 2009.

NOAH, Trevor. Trevor Responds to Criticism from the French Ambassador—Between the Scenes. *Daily Show*, 18 juillet 2018. *youtu.be/COD9hcTpGWQ*.

NORTON, Bonny. *Identity & Language Learning: Gender, Ethnicity & Educational Change*. Harlow, England: Longman, 2000.

NORTON, Bonny. Language, Identity & the Ownership of English. *TESOL Quarterly* 31, no. 3 (1997, p. 409–29.

NORTON Peirce, Bonny. Social Identity, Investment & Language Learning. *TESOL Quarterly* 29, no. 1 (printemps 1995, p. 9–31.

NORWOOD, Kimberly Jade. *Color Matters: Skin Tone Bias & the Myth of a Postracial America*. New York: Routledge, 2014.

OESCH, Serra, Cecilia. "Discourse Connectives in Bilingual Conversation: The Case of an Emerging Italian-French Mixed Code." In Auer, *Codeswitching in Conversation*, p. 101–24.

OMI, Michael & WINANT, Howard. *Racial Formation in the United States.* 3rd ed. New York: Routledge, 2015.

OPPENHEIMER, David B. Why France Needs to Collect Data on Racial Identity... in a French Way. *Hastings International & Comparative Law Review* 31, no. 2 (2008), p. 735–51.

ORGANISATION INTERNATIONALE DE LA FRANCOPHONIE. *La francophonie dans le monde : 2006–2007.* OIF, Paris. *francophonie.org/IMG/pdf/La_francophonie_dans_le_monde_2006-2007.pdf.*

OSUMARE, Halifu. Global Hip-Hop & the African Diaspora. Dans *Black Cultural Traffic: Crossroads in Global Performance & Popular Culture*, dirigé par Harry Justin Elam & Kennell A. Jackson, p. 266–88. Ann Arbor: University of Michigan Press, 2005.

PALIDDA, Salvatore. Insertion, Integration & Rejection of Immigration in Italy. Dans *Illiberal Liberal States: Immigration, Citizenship & Integration in the EU*, dirigé par Elspeth Guild, C. A. Groenendijk & Sergio Carrera, p. 357–72. Farnham, England: Routledge, 2009.

PALTRIDGE, John & GILES, Howard. *Attitudes towards Speakers of Regional Accents of French: Effects of Regionality, Age & Sex of Listeners.* Linguistische Berichte 90 (avril 1984), p. 71–85.

PAPASTERGIADIS, Nikos. *The Turbulence of Migration: Globalization, Deterritorialization & Hybridity.* Cambridge: Polity Press, 2000.

PAVLENKO, Aneta. Autobiographic Narratives as Data in Applied Linguistics. *Applied Linguistics* 28, no. 2 (2007), p. 163–88.

PAVLENKO, Aneta. Poststructuralist Approaches to the Study of Social Factors in Second Language Learning and Use. In Cook *Portraits of the L2 User*, p. 275–302.

PAVLENKO, Aneta & BLACKLEDGE, Adrian. *Negotiation of Identities in Multilingual Contexts.* Clevedon, England: Multilingual Matters, 2004.

PAVLENKO, Aneta & LANTOLF, James P. Second Language Learning as Participation & the (Re) Construction of Selves. Dans *Sociocultural Theory & Second Language Learning*, dirigé par James P. Lantolf, p. 155–77. New York: Oxford University Press, 2000.

PEI, Mario. *The Italian Language.* New York: Columbia University Press, 1941.

PENNY, Ralph. *A History of the Spanish Language*. 2nd ed. Cambridge: Cambridge University Press, 2002.

PENNYCOOK, Alastair. *The Cultural Politics of English as an International Language*. London: Longman, 1994.

PERULLO, Alex & FENN, John. Language Ideologies, Choices & Practices in Eastern Africa. Dans *Global Pop, Local Language*, dirigé par Harris. M. Berger & Michael Thomas Carroll, p. 19–52. Jackson: University Press of Mississippi, 2003.

PHILLIPSON, Robert. *Linguistic Imperialism*. Oxford: Oxford University Press, 1992.

PIERRE, Jemima. *The Predicament of Blackness: Postcolonial Ghana & the Politics of Race*. Chicago: University of Chicago Press, 2012.

PIERRE, Jemima & NIAUFFRE, Camille. L'Afrique et la question de la Blackness: Exemples du Ghana. *Special issue, Politique africaine* 136, no. 4 (2014), p. 83–103.

PIERROT, Grégory. Fear of a Black France. *Africa Is a Country*, 8 juillet 2018. *africasa country.com/2018/07/fear-of-a-black-france.*

PILLER, Ingrid & TAKAHASHI, Kimie. A Passion for English: Desire & the Language Market. Dans *Bilingual Minds: Emotional Experience, Expression & Representation*, dirigé par Aneta Pavlenko, p. 59–83. Clevedon, England: Multilingual Matters, 2006.

PINSKER, Shachar. A Modern (Jewish) Woman in a Café: Leah Goldberg & the Poetic Space of the Coffeehouse. *Jewish Social Studies: History, Culture, Society* 21, no. 1 (2015), p. 1–48.

PIOT, Charles. Atlantic Aporias: Africa & Gilroy's Black Atlantic. *South Atlantic Quarterly* 100, no. 1 (2001), p.155–70.

PLANAS, Roque & FOLEY, Elise. Deportations of Noncriminals Rise as ICE Casts Wider Net. *Huffington Post*, 5 décembre 2017.

POLANYI, Livia. Language Learning & Living Abroad: Stories from the Field. Dans *Second Language Acquisition in a Study Abroad Context*, dirigé par Barbara F. Freed, p. 271–91. Amsterdam: John Benjamins, 1995.

POLLETT, Andrea. *An Introduction to the Roman Dialect*. Virtual Roma, février 2004. *roma.andreapollett.com/S8/dialect5.htm.*

POMERANTZ, Anne. Language Ideologies & the Production of Identities: Spanish as a Resource for Participation in a Multilingual Marketplace.

Multilingua: Journal of Cross-Cultural & Interlanguage Communication 21, no. 2–3 (août 2002), p. 275–302.

PORTELLI, Alessandro. The Problem of the Color-Blind: Notes on the Discourse on Race in Italy. Dans *CrossRoutes: The Meaning of Race for the 21st Century*, dirigé par Paul Spickard, p. 355–64. New York: Routledge, 2004.

POSNER, Rebecca. *Linguistic Change in French*. Oxford: Oxford University Press, 1997.

POVOLEDO, Elisabetta. Slurs against Italy's First Black National Official Spur Debate on Racism. *New York Times*, 22 juin 2013.

PRATT, Jeff C. Italy: Political Unity & Cultural Diversity. Dans *The Politics of Recognizing Difference: Multiculturalism Italian-Style*, dirigé par Ralph Grillo & Jeff C. Pratt, p. 25–40. Aldershot, England: Ashgate, 2002.

PRATT, Kenneth J. The Dialect of Rome. *Italica* 43, no. 2 (1966), p. 167–79.

PRICE, Stephen. Comments on Bonny Norton Peirce's 'Social Identity, Investment & Language Learning': A Reader Reacts. *TESOL Quarterly* 30, no. 2 (été 1996), p. 331–37.

PROVENCHER, Denis M. *Queer French: Globalization, Language & Sexual Citizenship in France*. Aldershot, England: Ashgate, 2007.

PROVENCHER, Denis M. *Queer Maghrebi French: Language, Temporalities, Transfiliations*. Liverpool: Liverpool University Press, 2017.

PRUDENT, Lambert-Felix. Diglossie et interlecte. *Langages*, no. 61 (1981) : p.13–38.

RAIZON, Dominique. Chirac revient sur le 'rôle positif' de la colonisation. RFI, 26 janvier 2006. rfi.fr/actufr/articles/073/article_41417.asp.

RAMANATHAN, Vaidehi. *The English-Vernacular Divide: Postcolonial Language Politics & Practice*. Clevedon, England: Multilingual Matters, 2005.

RAMPTON, Ben. *Crossing: Language & Ethnicity among Adolescents*. London: Longman, 1995.

RAMPTON, Ben. Language Crossing & the Redefinition of Reality. Dans Auer, *Code-Switching in Conversation*, p. 290–320.

RANA, Junaid Akram. *Terrifying Muslims: Race & Labor in the South Asian Diaspora.* Durham, NC: Duke University Press, 2011.

RAPPORT, Nigel & DAWSON, Andrew. The Topic & the Book. Dans *Migrants of Identity: Perceptions of Home in a World of Movement*, dirigé par Nigel Rapport & Andrew Dawson, p. 3–17. Oxford: Berg, 1998.

REDEKER HEPNER, Tricia M. *Soldiers, Martyrs, Traitors & Exiles: Political Conflict in Eritrea & the Diaspora.* Philadelphia: University of Pennsylvania Press, 2009.

RICCIO, Bruno. *Migranti per il co-sviluppo tra Italia e Senegal: Il caso di Bergamo.* CeSPI, 2006. *cespi.it / it / ricerche / migranti-il-co-sviluppo-tra-italia-e-senegal-il-caso-di-bergamo.*

RICCIO, Bruno. More than a Trade Diaspora: Senegalese Transnational Experiences in Emilia-Romagna (Italy). Dans *New African Diasporas*, dirigé par Khalid Koser, p. 95–110. London: Routledge, 2003.

RICCIO, Bruno. Rehearsing Transnational Citizenship: Senegalese Associations, Co-development & Simultaneous Inclusion. *African Diaspora* 4, no. 1 (2011), p. 97–113.

RICCIO, Bruno. Senegal Is Our Home: The Anchored Nature of Senegalese Transnational Networks. Dans *New Approaches to Migration? Transnational Communities & the Transformation of Home*, dirigé par Nadje Sadig Al-Ali & Khalid Koser, p. 68–83. London: Routledge, 2002.

RICCIO, Bruno. Talkin' about Migration: Some Ethnographic Notes on the Ambivalent Representation of Migrants in Contemporary Senegal. *Wiener Zeitschrift für kritische Afrikastudien / Vienna Journal of African Studies* 8 (2005), p. 99–118.

RICCIO, Bruno. Toubab & Vu Cumprà: Italian Perceptions of Senegalese Transmigrants & the Senegalese Afro-muslim Critique of Italian Society. Dans *The Politics of Recognising Difference*, dirigé par Ralph Grillo & Jeff C. Pratt, pp 177–96. Aldershot, England: Ashgate, 2002.

RICCIO, Bruno. West African Transnationalisms Compared: Ghanaians & Senegalese in Italy. *Journal of Ethnic & Migration Studies* 34, no. 2 (mars 2008), p. 217–34.

RICOEUR, Paul. *Sur la Translation.* Traduit par Eileen Brennan. London: Routledge, 2006.

RICOEUR, Paul. *Reflections on the Just.* Traduit par David Pellauer. Chicago: University of Chicago Press, 2007.

ROBERTS, Sam. Listening to (and Saving) the World's Languages. *New York Times*, 29 avril 2010.

ROBIN, Nelly. *Atlas des migrations ouest-africaines vers l'Europe, 1985–1993*. Paris: EUROSTAT, 1996.

ROFHEART, Mahriana. *Shifting Perceptions of Migration in Senegalese Literature, Film & Social Media*. Lanham, MD: Lexington Books, 2014.

ROMAINE, Suzanne. The Bilingual & Multilingual Community. Dans *The Handbook of Bilingualism*, dirigé par Tej K. Bhatia & William C. Ritchie, p. 385–406. Oxford: Blackwell, 2004.

ROMAINE, Suzanne. *Bilingualism*. 2nd ed. Oxford: Blackwell, 1995.

ROSA, Jonathan & FLORES, Nelson. Unsettling Race & Language: Toward a Raciolinguistic Perspective. *Language in Society* 46, no. 5 (2017), p. 621–47.

ROSS, Cody T. A Multi-level Bayesian Analysis of Racial Bias in Police Shootings at the County-Level in the United States, 2011–2014. *PLoS ONE* 10, no. 11, doi: *10.1371/journal.pone.0141854.*

ROUSE, Roger. *Mexican Migration & the Social Space of Postmodernism.* Diaspora: A Journal of Transnational Studies 1, no. 1 (1991), p. 8–23.

RUBIN, Donald L. Nonlanguage Factors Affecting Undergraduates' Judgments of Nonnative English-Speaking Teaching Assistants. *Research in Higher Education* 33, no. 4 (1992), p. 511–31.

RUDDER, Véronique de, POIRET, Christian & VOURC'H, François. *L'inégalité raciste : L'universalité républicaine à l'épreuve*. Paris: Presses Universitaires de France, 2000.

RUSSELL-COLE, Kathy, WILSON, Midge & HALL, Ronald E. *The Color Complex: The Politics of Skin Color among African Americans*. New York: Harcourt Brace Jovanovich, 1992.

SÁNCHEZ-PARDO, Esther. Adrift on the Black Mediterranean Diaspora: African Migrant Writing in Spain. *Social Identities* 17, no. 1 (2011), p. 105–20.

SARKOZY, Nicolas. Le discours de Dakar de Nicolas Sarkozy : L'intégralité du discours du président de la République, prononcé le 26 juillet 2007. *Le Monde*, 11 novembre 2007.

SCHAUB, Michael. Do New Texas Textbooks Whitewash Slavery & Segregation? *Los Angeles Times*, 7 juillet 2015.

SCHEIN, Louisa. The Consumption of Color & the Politics of White Skin in Post-Mao China. Dans *The Gender/Sexuality Reader: Culture, History, Political Economy*, dirigé par Roger N. Lancaster & Michaela Di Leonardo, p. 471–84. London: Routledge, 1997.

SCHIEFFELIN, Bambi B., WOOLARD, Kathryn Ann & KROSKRITY, Paul V., eds. *Language Ideologies: Practice & Theory*. New York: Oxford University Press, 1998.

SCHMID, Carol. The Politics of English Only in the United States: Historical, Social & Legal Aspects. Dans *Language Ideologies: Critical Perspectives on the Official English Movement*, dirigé par Roseann Dueñas Gonzalez & Ildikó Melis, p. 62–86. Urbana, IL: National Council of Teachers of English, 2000.

SCHMIDT, Ronald. *Language Policy & Identity Politics in the United States*. Philadelphia: Temple University Press, 2000.

SCHMIDT DI FRIEDBERG, Ottavia. Le réseau sénégalais mouride en Italie. Dans *Exils et royaumes : Les appartenances au monde arabo-musulman aujourd'hui*, dirigé par Rémy Leveau & Gilles Kepel, pp 301–29. Paris : Presses de la FNSP, 1994.

SCHMIDT DI FRIEDBERG, Ottavia. L'immigration africaine en Italie : Le cas sénégalais. *Études internationales* 24, no. 1 (mars 1993), p. 125–40.

SCHUMANN, John H. *The Neurobiology of Affect in Language*. Malden, MA: Blackwell, 1997.

SCHÜRKENS, Ulrike. Le rôle du français dans un pays en voie de développement : Le Sénégal. *Le langage et l'homme : Recherches pluridisciplinaires sur le langage* 52 (mai 1983) : p. 67–75.

SECRÉTARIAT GÉNÉRAL À L'IMMIGRATION ET À L'INTÉGRATION. *Réforme du contrôle de la connaissance de la langue française par les candidats à la nationalité*. 12 octobre 2011. alf-auvergne.org/IMG/pdf/reforme_naturalisation.pdf.

SEIDMAN, Irving. *Interviewing as Qualitative Research: A Guide for Researchers in Education & the Social Sciences*. 3rd ed. New York: Teachers College Press, 2006.

SEMBÈNE, Ousmane. *La noire de...* New York : New Yorker Films, 2001 [1966]. DVD.

322   *Maya Angela Smith*

SEMBÈNE, Ousmane. *Le dernier de l'empire*. 2nd ed. Paris : L'Harmattan, 1985.

SEMBÈNE, Ousmane. *Mandabi*. New York: New Yorker Films, 1999 [1968]. DVD.

SEMPLE, Kirk. City's Newest Immigrant Enclaves, from Little Guyana to Meokjagolmok. *New York Times*, 8 juin 2013.

SENE, Fatou K. Sénégal : Apprentissage de l'anglais en Afrique francophone subsaharienne—Le Sénégal meilleur de sa classe. *Walfadjri*, 23 janvier 2013. *fr.allafrica.com/stories/201301250596.html*.

SENEGAL CONSTITUTION. *Art. I.* 7 juillet 2001. *gouv.sn/-Constitution-du-Senegal-.html*.

SENGHOR, Léopold Sédar. Le français, langue de culture. *Esprit*, novembre 1962. *esprit.presse.fr/archive/review/article.php?code=32919*.

SHARMA, Nitasha Tamar. *Hip Hop Desis: South Asian Americans, Blackness & a Global Race Consciousness*. Durham, NC: Duke University Press, 2010.

SHIH, Shu-Mei M. Comparative Racialization: An Introduction. Special issue, *PMLA* 123, no. 5 (octobre 2008), p. 1347–62.

SHIPLEY, Jesse Weaver. Aesthetic of the Entrepreneur: Afro-Cosmopolitan Rap & Moral Circulation in Accra, Ghana. *Anthropological Quarterly* 82, no. 3 (été 2009), p. 631–68.

SHIPLEY, Jesse Weaver. *Living the Hiplife: Celebrity & Entrepreneurship in Ghanaian Popular Music*. Durham, NC: Duke University Press, 2013.

SIEGAL, Meryl. The Role of Learner Subjectivity in Second Language Sociolinguistic Competency: Western Women Learning Japanese. *Applied Linguistics* 17, no. 3 (1996), p. 356–82.

SILVERSTEIN, Michael. Monoglot 'Standard' in America: Standardization & Metaphors of Linguistic Hegemony. Dans *The Matrix of Language: Contemporary Linguistic Anthropology*, dirigé par Donald Lawrence Brenneis & Ronald K. S. Macaulay, p. 284–306. Boulder, CO: Westview Press, 1996.

SINGH, Rajendra, ed. *The Native Speaker: Multilingual Perspectives*. New Delhi: Sage, 1998.

SKEGGS, Beverley. *Formations of Class & Gender: Becoming Respectable*. London: Sage, 1997.

SMITH, Étienne. Religious & Cultural Pluralism in Senegal: Accommodation through 'Proportional Equidistance'? Dans *Tolerance, Democracy & Sufis in Senegal*, dirigé par Mamadou Diouf, p. 147–79. New York: Columbia University Press, 2013.

SMITH, Lothar & MAZZUCATO, Valentina. 'Miglioriamo le nostre tradizioni': Gli investimenti dei migranti ashanti nelle abitazioni e nelle imprese ad Accra. *Afriche e Orienti* 6, no. 1/2 (2004), p. 168–85.

SMITH, Lydia. Trump-Mexico Border Wall: What Is Happening, Who Will Pay for It & What Is the US President Saying on the Border Barrier? *Independent*, 10 janvier 2018.

SMITH, Maya. Using Interconnected Texts to Highlight Culture in the Foreign Language Classroom. *L2 Journal* 5, no. 2 (2013), p. 1–17.

SMITH, William Gardner. *The Stone Face*. New York: Farrar, Straus, 1963.

SOCÉ, Ousmane. *Mirages de Paris*. *1937* ; Paris : Nouvelles Éditions Latines, 1964.

SORGÒNI, Barbara. Racist Discourses & Practices in the Italian Empire under Fascism. Dans *The Politics of Recognising Difference*, dirigé par Ralph Grillo & Jeff C. Pratt, p. 41–58. Aldershot, England: Ashgate, 2002.

SPEARS, Arthur K. & HINTON, Leanne. Languages & Speakers: An Introduction to African American English & Native American Languages. *Transforming Anthropology* 18, no. 1 (avril 2010), p. 3–14.

SPIELBERG, Steven, réalisateur. *The Color Purple*. Burbank, CA: Warner Home Video, 1987. DVD.

SPIVAK, Gayatri Chakravorty. Can the Subaltern Speak? Dans *Marxism & the Interpretation of Culture*, dirigé par Cary Nelson & Lawrence Grossberg, p. 271–313. Urbana: University of Illinois Press, 1988.

SPOSET, Barbara A. *The Role of Music in Second Language Acquisition: A Bibliographical Review of Seventy Years of Research, 1937–2007*. Lewiston, NY: E. Mellen Press, 2008.

SQUIRES, Nick. Italy's Hardline Government Threatens to Pull back from Migrant Rescue Missions. *Telegraph*, 18 juin 2018.

SRIDHAR, S. N. A Reality Check for SLA Theories. *TESOL Quarterly* 28, no. 4 (1994), p. 800–805.

The Status of French in the World. France Diplomatie. Consulté le 31 janvier 2018. *diplomatie.gouv.fr/en/french-foreign-policy/francophony/the-status-of-french-in-the-world.*

STAULO, John, ed. *Other Voices: A Collection of Essays on Italian Regional Culture & Language.* Washington, DC: Scripta Humanistica, 1990.

STEPHENSON, Emily & KNECHT, Eric. Trump Bars Doors to Refugees, Visitors from Seven Mainly Muslim Nations. *Reuters*, 27 janvier 2017.

STERPONI, Laura. Clandestine Interactional Reading: Intertextuality & Double-Voicing under the Desk. *Linguistics & Education* 18, no. 1 (2007), p. 1–23.

STILLE, Alexander. Can the French Talk about Race? *New Yorker*, 11 juillet 2014.

STOLLER, Paul. *Money Has No Smell: The Africanization of New York City.* Chicago: University of Chicago Press, 2002.

STOVALL, Tyler Edward. *Paris Noir: African Americans in the City of Light.* Boston: Houghton Mifflin, 1996.

STOVALL, Tyler Edward. Race & the Making of a Nation: Blacks in Modern France. Dans *Diasporic Africa: A Reader*, dirigé par Michael A. Gomez, pp 200–218. New York: New York University Press, 2006.

SWAIN, Merrill. The Output Hypothesis & Beyond: Mediating Acquisition through Collaborative Dialogue. Dans *Sociocultural Theory & Second Language Learning*, dirigé par James P. Lantolf, p. 97–114. New York: Oxford University Press, 2000.

SWEENEY, Fionnghuala. *Frederick Douglass & the Atlantic World.* Liverpool: Liverpool University Press, 2007.

SWIGART, Leigh. Cultural Creolisation & Language Use in Post-Colonial Africa: The Case of Senegal. *Africa: Journal of the International African Institute / Revue de l'institut africain international* 64, no. 2 (1994), p. 175–89.

SWIGART, Leigh. The Limits of Legitimacy: Language Ideology & Shift in Contemporary Senegal. *Journal of Linguistic Anthropology* 10, no. 1 (juin 2000), p. 90–130.

SWIGART, Leigh. Two Codes or One? The Insiders' View & the Description of Codeswitching in Dakar. *Journal of Multilingual & Multicultural Development* 13, no. 1–2 (janvier 1992), p. 83–102.

TALBURT, Susan & STEWART, Melissa A. What's the Subject of Study Abroad? Race, Gender & 'Living Culture.' *Modern Language Journal* 83, no. 2 (June 1999), p. 163–75.

TALL, Serigne Mansour. L'émigration internationale sénégalaise d'hier à demain. Dans *La société sénégalaise entre le local et le global*, dirigé par Momar-Coumba Diop, p. 549–78. Paris : Karthala, 2002.

TALL, Serigne Mansour. Les investissements immobiliers à Dakar des émigrants sénégalais. *Revue européenne de migrations internationales* 10, no. 3 (1994) : p. 137–51.

TALL, Serigne Mansour & TANDIAN, Aly. *Regards sur la migration irrégulière des Sénégalais : Vouloir faire fortune en Europe avec des pirogues de fortune.* San Domenico di Fiesole, Italy: European University Institute, 2010.

TANN, Ken. Imagining Communities: A Multifunctional Approach to Identity Management in Texts. Dans *New Discourse on Language: Functional Perspective on Multimodality, Identity & Affiliation*, dirigé par J. R. Martin & Monika Bednarek, p. 163–94. New York: Continuum, 2010.

TANNEN, Deborah. What's in a Frame? Surface Evidence of Underlying Expectations. Dans *Framing in Discourse*, dirigé par Deborah Tannen, pp 14–56. New York: Oxford University Press, 1993.

TAUBIRA, Christiane. *Mes météores : Combats politiques au long cours.* Paris: Flammarion, 2012.

TAYLOR, Robert Bartley. *Cultural Ways: A Concise Introduction to Cultural Anthropology.* Prospect Heights, IL: Waveland Press, 1980.

THANGARAJ, Stanley. *Desi Hoop Dreams: Pickup Basketball & the Making of Asian American Masculinity.* New York: New York University Press, 2015.

THAROOR, Ishaan. Italy's Election is Another Blow to the European Establishment. *Washington Post*, 5 mars 2018.

THOMAS, Dominic. *Africa & France: Postcolonial Cultures, Migration & Racism.* Bloomington: Indiana University Press, 2013.

THOMAS, Dominic. *Black France: Colonialism, Immigration & Transnationalism.* Bloomington: Indiana University Press, 2007.

THOMAS, Lynn. Skin Lighteners, Black Consumers & Jewish Entrepreneurs in South Africa. *History Workshop Journal* 73 (2012), p. 259–83.

TOGNETTI, Sergio. The Trade in Black African Slaves in Florence. Dans Earle & Lowe, *Black Africans in Renaissance Europe*, p. 213–24. Cambridge: Cambridge University Press, 2005.

TOMA, Sorana & CASTAGNONE, Eleonora. What Drives Onward Mobility within Europe? The Case of Senegalese Migration between France, Italy & Spain. *Population* 70, no. 1 (2015), p. 65–95.

TOSI, Arturo. *Language & Society in a Changing Italy.* Clevedon: England: Multilingual Matters, 2001.

TRUDELL, Barbara. Practice in Search of a Paradigm: Language Rights, Linguistic Citizenship & Minority Language Communities in Senegal. *Current Issues in Language Planning* 9, no. 4 (novembre 2008), p. 395–412.

TRUDELL, Barbara & KLAAS, Anthony R. Distinction, Integration & Identity: Motivations for Local Language Literacy in Senegalese Communities. *International Journal of Educational Development* 30, no. 2 (2010), p. 121–29.

TRUDGILL, Peter, ed. *Applied Sociolinguistics.* London: Academic Press, 1984.

TSHIMANGA, Charles, GONDOLA, Didier & BLOOM, Peter J., eds. *Frenchness & the African Diaspora: Identity & Uprising in Contemporary France.* Bloomington: Indiana University Press, 2009.

UNITED STATES CENSUS BUREAU, *2012–2016 American Community Survey 5-Year Estimates.* Consulté le 28 février 2018. census.gov.

UNITED STATES CENSUS BUREAU, *2012–2016 American Community Survey 5-Year Estimates: Quick Facts New York City. census.gov/quickfacts/fact/table/newyorkcitynewyork/POP815216#viewtop.*

UNITED STATES CENSUS BUREAU. 2015 *American Community Survey 1-Year Estimates: People Reporting Ancestry.* Consulté le 28 février 2018. *census.gov.*

UNITED STATES CITIZENSHIP & IMMIGRATION SERVICES. *The Naturalization Test.* 2014. *uscis.gov/us-citizenship/naturalization-test.*

VAN DER VALK, Ineke. Right-Wing Parliamentary Discourse on Immigration in France. *Discourse & Society* 14, no. 3 (2003), pp 309–48.

VAUGELAS, Claude Favre. *Remarques sur la langue françoise : Utiles à ceux qui veulent bien parler et bien escrire.* Paris : Vve J. Camusat et P. Le Petit, 1647.

VERDICCHIO, Pasquale. *Bound by Distance: Rethinking Nationalism through the Italian Diaspora.* Madison, NJ: Fairleigh Dickinson University Press, 1997.

VINALL, Kimberly. 'Got Llorona?' Teaching for the Development of Symbolic Competence. *L2 Journal* 8, no. 1 (2016), p. 1–16.

VITANOVA, Gergana. Gender Enactments in Immigrants' Discursive Practices: Bringing Bakhtin to the Dialogue. *Journal of Language, Identity & Education* 3, no. 4 (2004), p. 261–77.

WALKER, Alice. *The Color Purple.* Orlando, FL: Harcourt, 1982.

WALKER, Andy. Twitter: 'Africa's Going to the Final' after France Beats Belgium. *Memeburn*, 11 juillet 2018. memeburn.com/2018/07/france-african-twitter-world-cup.

WARD, David. 'Italy' in Italy: Old Metaphors & New Racisms in the 1990s. In *Revisioning Italy: National Identity & Global Culture*, dirigé par Beverly Allen & Mary J. Russo, p. 81–97. Minneapolis: University of Minnesota Press, 1997.

WARNER, Tobias Dodge. The Limits of the Literary: Senegalese Writers between French, Wolof & World Literature. PhD diss., University of California, Berkeley, 2012. ProQuest Theses & Dissertations (1081701616).

WEEDON, Chris. *Feminist Practice & Post-Structuralist Theory.* 2nd ed. Cambridge, MA: Blackwell, 1997.

WEINREICH, Uriel. *Languages in Contact: Findings & Problems.* 2nd ed. The Hague: Mouton, 1963.

WEKKER, Gloria. *White Innocence: Paradoxes of Colonialism & Race.* Durham, NC: Duke University Press, 2016.

WENGER, Étienne. *Communities of Practice: Learning, Meaning & Identity. Learning in Doing.* Cambridge: Cambridge University Press, 1998.

WILDER, Gary. *The French Imperial Nation-State: Negritude & Colonial Humanism between the Two World Wars.* Chicago: University of Chicago Press, 2005.

WISE, Tim J. *Between Barack & a Hard Place: Racism & White Denial in the Age of Obama*. San Francisco: City Lights Books, 2009.

WOOLARD, Kathryn & SCHIEFFELIN, Bambi. Language Ideology. *Annual Review of Anthropology* 23 (1994), p. 55–82.

WORLD BANK. Bilateral Remittance Matrix 2017. Migration and Remittances Data, Avril 2018.
worldbank.org / en / topic / migrationremittancesdiasporaissues / brief / migration -remittances-data.

YANO, Yasukata. World Englishes in 2000 & Beyond. *World Englishes* 20, no. 2 (juillet 2001), p. 119–32.

YULE, George. *Pragmatics*. Oxford: Oxford University Press, 1996.

ZARATE, Geneviève, LEVY, Danielle & KRAMSCH, Claire, eds. *Précis du plurilinguisme et du pluriculturalisme*. Paris : Éditions des archives contemporaines, 2008.

ZELEZA, Paul Tiyambe. Diaspora Dialogues : Engagements between Africa & Its Diasporas. In *The New African Diaspora*, dirigé par Isidore Okpewho & Nkiru Nzegwu, 31–58. Bloomington: Indiana University Press, 2009.

ZENTELLA, Ana Celia. *Growing Up Bilingual: Puerto Rican Children in New York*. Malden, MA: Blackwell, 1997.

ZHAO, Christina. Days after 'Shithole' Controversy, Trump Administration Bans Haiti from Applying for Low-Skilled Work Visa. *Newsweek*, January 18, 2018.

ZINCONE, Giovanna. A Model of 'Reasonable Integration': Summary of the First Report on the Integration of Immigrants in Italy. *International Migration Review* 34, no. 3 (2000), p. 956–68.

ZINCONE, Giovanna & CAPONIO, Tiziana. Immigrant & Immigration Policy-Making: The Case of Italy. *IMISCOE Working Papers* no. 9, 2004. *imiscoe.org*.

Enregistrements musicaux

AKON & SNOOP DOGG. *I Wanna Love You*. Sorti le 14 novembre 2006. Track 4 dans Konvicted. Universal. CD.

BABY IZI. Home Party. Sorti en 2012.
youtube.com/watch ?v=Np8h AIOyfGU.

BALOJI. *Tout ceci ne vous rendra pas le Congo* (Baloji). Sorti en 2010. Track 12 dans Kinshasa Succursale. Crammed Discs. CD.

BROWN, James. *Say It Loud—I'm Black & I'm Proud.* Enregistré le 17 août 1967– 18 octobre 1968. Track 1 dans Say It Loud—I'm Black & I'm Proud. King. LP.

MEEK Mill & YOUNG Chris. *House Party.* Sorti le 29 octobre 2011. Dreamchasers. Maybach Music Group. Téléchargement. *youtube.com/watch ?v= GKFzPv9vnB8.*

Index

À propos de l'auteur

Maya Angela Smith est professeure associée au département d'études françaises et italiennes de l'Université de Washington à Seattle. Elle a terminé ses études de premier cycle et de maîtrise à l'Université de New York dans le cadre du programme conjoint MA/BA avec l'Institut d'études françaises. Elle a ensuite obtenu son doctorat de l'Université de Californie à Berkeley en langues romanes et linguistique.

Ses recherches se concentrent principalement sur l'intersection des formations identitaires raciales et linguistiques parmi les groupes marginalisés de la diaspora africaine, en particulier dans le monde francophone postcolonial. Son récent livre, *Senegal Abroad: Linguistic Borders, Racial Formations & Diasporic Imaginaries*, a été publié avec l'University of Wisconsin Press en janvier 2019.

En plus de se concentrer sur la diaspora sénégalaise, Maya mène également des recherches sur la race et la langue dans les Caraïbes françaises et sur les pédagogies inclusives dans les classes de langues étrangères. De plus, elle s'engage dans l'érudition publique, publiant des articles sur l'identité raciale et culturelle dans des publications telles que le Boston Globe et Nerdist.

TBR BOOKS

Un programme de CALEC

TBR Books est un programme du Centre pour l'Avancement des Langues, de l'Éducation et des Communautés. Nous publions des chercheurs et des praticiens qui cherchent à engager diverses communautés sur des sujets liés à l'éducation, aux langues, à l'histoire culturelle et aux initiatives sociales. Nous traduisons nos livres dans diverses langues afin d'accroître notre impact.

⚟ LIVRES EN FRANÇAIS

Deux siècles d.enseignement français à New York : le rôle des écoles dans la diplomatie culturelle de Jane Flatau Ross

Le projet Colibri : créer à partir de "rien" de Vickie Frémont

Pareils mais différents : une exploration des différences entre les Américains et les Français au travail de Sabine Landolt et Agathe Laurent

Le don des langues : vers un changement de paradigme dans l'enseignement des langues aux USA de Fabrice Jaumont et Kathleen Stein-Smith

La Révolution bilingue : le futur de l'éducation s'écrit en deux langues de Fabrice Jaumont

⚟ ÉDITIONS BILINGUES

Peshtigo 1871 de Charles Mercier

The Word of the Month de Ben Lévy, Jim Sheppard et andrew Arnon

⚟ EN D'AUTRES LANGUES

Open Letters to Dual-Language Immersion Stakeholders. Part 1: Letters to Teachers de Valerie Sun.

One Good Question: How to Ask Challenging Questions that Lead You to Real Solutions de Rhonda Broussard

La Rivoluzione bilingue : Il futuro dell'istruzione in due lingue de Fabrice Jaumont

El regalo de las lenguas : Un cambio de paradigma en la enseñanza de las lenguas en Estados Unidos de Fabrice Jaumont et Kathleen Stein-Smith

Rewolucja Dwujęzyczna : Przyszłość edukacji jest w dwóch językach de Fabrice Jaumont

Can We Agree to Disagree? de Sabine Landolt et Agathe Laurent

Salsa Dancing in Gym Shoes de Tammy Oberg de la Garza et Alyson Leah Lavigne

Mamma in her Village de Maristella de Panniza Lorch

The Other Shore de Maristella de Panniza Lorch

The Clarks of Willsborough Point de Darcey Hale

Beyond Gibraltar de Maristella de Panniza Lorch

Two Centuries of French Education in New York: The Role of Schools in Cultural Diplomacy de Jane Flatau Ross

The Bilingual Revolution: The Future of Education is in Two Languages de Fabrice Jaumont

POUR LES ENFANTS (disponibles en plusieurs langues)

Rainbows, Masks & Ice Cream de Deana Sobel Lederman

Korean Super New Years with Grand ma de Mary Chi-Whi Kim et Eunjoo Feaster

Math for All de Mark Hansen

Rose Alone de Sheila Decosse

Nos livres sont disponibles sur notre site web et sur toutes les grandes librairies en ligne en livre de poche et en livre électronique. Certains de nos livres sont disponibles en allemand, anglais, arabe, chinois, coréen, espagnol, français, hébreu, italien, japonais, polonais, portugais, roumain, russe, swahili et ukrainien. Pour obtenir une liste de tous les livres publiés par TBR Books, des informations sur nos séries ou nos directives de soumission pour les auteurs, visitez notre site web : **tbr-books.org**

À propos de CALEC

Le Centre pour l'avancement des langues, de l'éducation et des communautés est une organisation à but non lucratif qui se concentre sur le multilinguisme, la compréhension interculturelle et la diffusion des idées. Notre mission est de transformer des vies en aidant les communautés linguistiques à créer des programmes innovants et en soutenant les parents et les éducateurs par la recherche, les publications, le mentorat et les contacts.

Nous avons servi de nombreuses communautés par le biais de nos programmes phares, parmi lesquels

- TBR Books, notre maison d'édition, qui publie des recherches, des essais et des études de cas en mettant l'accent sur les idées novatrices en matière d'éducation, de langues et de développement culturel ;

- Notre plateforme en ligne fournit des informations, un accompagnement, un soutien aux familles multilingues qui cherchent à créer des programmes bilingues dans les écoles ;

- NewYorkinFrench.net, une plateforme en ligne qui fournit des outils de collaboration pour soutenir la communauté francophone de New York et la diversité des personnes qui parlent français.

Nous soutenons également les parents et les éducateurs qui souhaitent faire progresser les langues, l'éducation et les communautés. Nous participons à des événements et des conférences qui favorisent le multilinguisme et le développement culturel. Nous offrons des services de conseil aux directeurs d'école et aux éducateurs qui mettent en œuvre des programmes multilingues dans leur école. Pour plus d'informations et de moyens, vous pouvez soutenir notre mission, visitez notre site internet : **calec.org**